高等院校公共基础课系列教材

公文写作

杜永红 主 编

何 媛 杨 慧 副主编

清华大学出版社

北 京

内 容 简 介

本书旨在帮助读者培养行政公文、商贸文书、财经文书、法律公文等多个领域的公文写作能力。本书共分为十章，包括公文概述、行政公文写作、事务文书写作、规章制度写作、会议文书写作、交际礼仪文书写作、商务贸易文书写作、财经文书写作、传播文书写作和法律文书写作。每章通过案例导读分析不同类型公文的内容结构、写作格式，以及写作要点和注意事项，并通过实践训练环节帮助读者领会和掌握公文写作的精髓与技巧。

本书为读者提供了理论与实践相结合的公文写作学习资料，无论是正在学习公文写作的学生，还是希望提升专业写作技能的工作人员，都可以从中获得有益的启示和帮助。

本书配套的电子课件、教学大纲和习题答案等可以到 http://www.tupwk.com.cn/downpage 网站下载，也可以扫描前言中的二维码获取。

图书在版编目(CIP)数据

公文写作 / 杜永红主编. —北京：清华大学出版社，2024.2
高等院校公共基础课系列教材
ISBN 978-7-302-65266-3

Ⅰ. ①公⋯　Ⅱ. ①杜⋯　Ⅲ. ①公文—写作—高等学校—教材　Ⅳ. ① H152.3

中国国家版本馆 CIP 数据核字 (2024) 第 014952 号

责任编辑：胡辰浩
封面设计：周晓亮
版式设计：孔祥峰
责任校对：成凤进
责任印制：沈　露

出版发行：清华大学出版社
　　　　　网　　　址：https://www.tup.com.cn，https://www.wqxuetang.com
　　　　　地　　　址：北京清华大学学研大厦 A 座　　　　邮　　编：100084
　　　　　社 总 机：010-83470000　　　　　　　　　　邮　　购：010-62786544
　　　　　投稿与读者服务：010-62776969，c-service@tup.tsinghua.edu.cn
　　　　　质 量 反 馈：010-62772015，zhiliang@tup.tsinghua.edu.cn

印 装 者：三河市龙大印装有限公司
经　　销：全国新华书店
开　　本：185mm×260mm　　　印　　张：20.5　　　字　　数：525 千字
版　　次：2024 年 2 月第 1 版　　　印　　次：2024 年 2 月第 1 次印刷
定　　价：79.00 元

产品编号：101639-01

◆ 前 言

公文是组织内外进行沟通和交流的主要工具，也是组织对外展示形象和传递信息的重要手段，还是组织内部决策和行动的依据。公文写作对于各行各业的工作人员都至关重要、各行各业的工作人员都应具备良好的公文写作能力。

本书包括公文概述、行政公文写作、事务文书写作、规章制度写作、会议文书写作、交际礼仪文书写作、商务贸易文书写作、财经文书写作、传播文书写作和法律文书写作十个章节，内容覆盖政府、企业等多个领域，在与公共事务相关的各个领域也有对应的学习内容。

我们在编写本书时，着重强调公文写作的三个主要特征：综合性、双向性和时代性。

综合性是公文写作的第一个特征。本书从行政公文开始切入，涵盖范围广泛，包括事务、制度、会议、商贸、财经、传播、法律等各个领域。为了帮助读者全面理解和掌握公文写作，本书在每个章节专门讨论一种类型的公文写作，这样的结构设计可以帮助读者在学习的过程中有机会了解和实践公文写作的各个方面。

双向性是公文写作的第二个特征。理论学习必须与实践应用相结合，这是我们在编写本书时始终坚持的"理实一体化"原则。为此，我们在每个章节都精选了大量真实的公文案例，旨在让读者通过对这些案例的学习和分析，能够深入理解公文写作的规则和技巧，并在实践中不断提升自己的写作能力。

时代性是公文写作的第三个特征。公文写作并不是一成不变的，而是需要随着社会和时代的变化而变化。为了让本书与时俱进，我们在编写的过程中特别注意引入新的社会发展情况，以帮助读者在学习公文写作的同时，了解新的社会动态和发展趋势。

本书由杜永红担任主编，负责总体规划。第一章、第二章、第十章由杜永红编写，第三章、第四章由杨慧编写，第五章、第六章、第七章由何媛编写，第八章、第九章由王思懿编写。在编写的过程中，本书注重与相关国家法律、法规及相关规定相结合，并借鉴其他作者的前期研究，对公文写作中经常涉及的人们在交往活动中频繁使用的实用文体进行归类，然后进行撰写。

本书为读者提供了理论与实践相结合的公文写作学习资料，无论是正在学习公文写作的学生，还是希望提升专业写作技能的工作人员，都可以从中获得有益的启示和帮助。

在编写本书的过程中，我们参考了相关文献，在此向这些文献的作者深表感谢。由于时间较紧，书中难免有错误与不足之处，恳请专家和广大读者批评指正。我们的电话是010-62796045，邮箱是992116@qq.com。

本书配套的电子课件、教学大纲和习题答案等可以到http://www.tupwk.com.cn/downpage网站下载，也可以扫描下方的二维码获取。

编者

2023年10月

目录

第1章

公文概述

 案例导读

教育部关于同意广东白云学院
变更办学地址的批复

教发函〔2023〕23号

广东省教育厅：

　　《广东省教育厅关于广东白云学院变更办学地址的请示》(粤教规〔2022〕16号)等材料收悉。根据《中华人民共和国民办教育促进法》《民办高等学校办学管理若干规定》等有关规定，经研究，现就有关事项批复如下。

　　一、同意广东白云学院办学地址由"广东省广州市白云区江高镇学苑路1号"变更为"广东省广州市白云区江高镇学苑路1号、广东省广州市白云区钟落潭镇九佛西路280号"。

　　二、你厅要依法履行管理服务职责，指导广东白云学院进一步改善办学条件，提高办学质量，服务地方经济社会发展。

教育部
2023年3月2日

■ 案例分析

(1) 公文种类和发文字号：这是一份批复，批复通常用于对下级机关或同级机关的请求做出正式的回复。发文字号"教发函〔2023〕23号"中，"教发函"代表发文单位是教育部，"2023"是发文年份，"23"是该年度的公文序号。

(2) 标题：公文标题直接、明确地描述了公文的主要内容，即"关于同意广东白云学院变更办学地址的批复"。

(3) 收文单位：收文单位是广东省教育厅，说明该公文是对广东省教育厅的回复。

(4) 引用以往公文：公文中引用了广东省教育厅之前的请求公文，《广东省教育厅关于广东白云学院变更办学地址的请示》(粤教规〔2022〕16号)，有助于读者理解背景和上下文。

(5) 引用相关法规：公文中引用了《中华人民共和国民办教育促进法》《民办高等学校办学管理若干规定》等相关法规，这是批复决定的法律依据。

(6) 决定内容：公文明确表示同意广东白云学院办学地址的变更，并具体指明了新旧地址。

(7) 公文的作用：公文对广东省教育厅提出了要求和指导，即依法履行管理服务职责，指导广东白云学院进一步改善办学条件，提高办学质量，服务地方经济社会发展。

(8) 发文单位和日期：公文以发文单位的名称和日期结束。这里的发文单位是教育部，日期是2023年3月2日，这些信息有助于证明公文的正式性和权威性。

公文是组织内部和组织之间进行沟通和交流的主要工具，规范的公文写作能够确保信息的准确传达和清晰表达；公文是组织对外展示形象和传递信息的重要手段，规范的公文写作能够体现组织的专业性和权威性；公文是组织内部决策和行动的依据，正确的公文写作能够确保文件的合规性和合法性。公文写作应遵循以下要求。

一是公文写作需要遵循特定的格式要求，简明扼要地表达内容，逻辑清晰。

二是公文写作需要使用正式用语和术语，语法准确，文字规范。

三是公文写作需要客观中立，谨慎使用缩写词等。

学习目标

1. 了解公文的概念
2. 了解公文的分类
3. 掌握公文文种的选用依据
4. 掌握公文的格式、规则和语言

1.1 公文的概念

公文即公务文书，古代也作"牒牍"。公文有广义和狭义之分，广义的公文是指各种法定的社会组织在处理公务的过程中形成并使用的具有法定效力和规范体式的文书；狭义的公文是指党政机关实施领导、履行职能、处理公务时所使用的文书。

《党政机关公文处理工作条例》第三条规定：党政机关公文是党政机关实施领导、履行职能、处理公务的具有特定效力和规范体式的文书，是传达贯彻党和国家的方针政策，公布法规和规章，指导、布置和商洽工作，请示和答复问题，报告、通报和交流情况等的重要工具。

1.1.1 公文的内涵

公文的内涵主要指公文作为一种特殊文书所承载的特定意义和功能，通常涉及公文的权威性、公正性、标准性、公开性和实效性等方面。

(1) 权威性。公文作为政府机关、企事业单位或社会团体的正式文件，具有一定的权威性。其内容代表了相应机构的决策和指示，具有法定效力，相关组织和个人必须遵守。

(2) 公正性。公文的内容应当公正无私，不偏袒任何一方，这体现了公务行为的公正性。任何公文的发表都必须基于公正公平的原则。

(3) 标准性。公文的写作、审批、发放和管理，都要遵循一定的规定和程序，这体现了公文工作的标准化和规范化。

(4) 公开性。除非涉及国家秘密和商业机密，公文一般应公开，让人民群众了解政府工作，提高政务透明度。

(5) 实效性。公文是为了实现特定的公务目标而发出的，因此，其内容必须具有明确的目标，能够产生实际的效果，这体现了公文的实效性。

1.1.2 公文的特点

公文的特点主要指公文在表现形式和写作风格上的特征，如正式性、准确性、简洁性、客观性和规范性等。

(1) 正式性。公文是一种正式的书面语言，因此它的语言风格必须正规、庄重。在公文的写作过程中，应避免使用口语、俚语或者非正式的表达方式。

(2) 准确性。公文需要传达清晰、具体的信息，因此必须要求用词准确。不能含糊不清，不能造成歧义。同时，公文的内容必须是真实的，不能夸大或者捏造事实。

(3) 简洁性。公文的语言要求简洁明了，尽量避免冗长和复杂的句子。每个词、每个句子都应该有其存在的必要性，不应有多余的修饰和赘述。

(4) 客观性。公文的写作需要保持客观公正的立场，不能带有主观的偏见和情感色彩。公文的目的是传达事实和情况，而不是传达个人的感情和观点。

(5) 规范性。公文有着严格的格式要求，标题、落款、日期等都有固定的写法。这是为了保证公文的正式性，也是为了便于读者阅读和理解。

1.1.3 公文的作用

公文的作用主要有以下五方面，分别是领导指导作用、规范制约作用、联系沟通作用、宣传教育作用和凭证依据作用。

(1) 领导指导作用。党和国家机关的领导作用，主要是通过制定路线、方针、政策，制定各种办法、措施等来体现和发挥的。而路线、方针、政策、措施等通常以制成各种公文的形式下达。上级机关下发的文件，就是把领导的意图直接发布出去，表明对有关问题的态度，并提出解决问题的意见、办法，这些文件对下级的工作起着领导和指导作用。

(2) 规范制约作用。公文作为管理国家和社会事务的重要工具，其本身所具有的法定性赋予了它很强的规范和约束作用。各级党政机关的各种法规、规章、政令、条例、决定等公文一经正式发布，便成为全党、全社会的行为规范，在它的有效时间和范围内，各级各类社会组织和个体成员都必须依照执行，不得违反。

(3) 联系沟通作用。一个机关的公务活动，涉及上下左右各机关的工作联系。公文是请示和答复问题、指导和商洽工作，以及沟通情况的重要手段，是加强机关部门之间横向联系的纽带。各级党政机关、社会团体、企事业单位之间，需要经常使用公文传递信息、沟通情况、商洽工作、交流经验。

(4) 宣传教育作用。公文的宣教作用，体现在公文文本中要提出工作方针、任务和措施，讲解工作意义，提高人们的认识；使人们不但知道要做什么，怎样去做，而且知道为什么要这样做，从而减少盲目性，增强自觉性，把党和政府的意图变为人们自觉的行动，由此把上下左右的意志都集中到完成共同的任务中来。

(5) 凭证依据作用。公文是办理公务的凭证和依据。公文立卷归档后，还具有文献的作用，是今后查考工作、研究历史的重要凭证。

1.1.4　公文的基本要求

公文是一种正式的文体，其目的是传达信息、表达观点和做出决策，其基本要求如下。

(1) 格式统一。公文应遵循统一的格式要求，包括页眉、页脚、字体、字号、行距等。

(2) 语气正式。公文要求使用正式、客观的语气，避免使用口语化的词汇和表达方式，可以使用一些公文常用的固定词组和套语等。

(3) 语言简洁。公文要求使用简练、准确、规范的语言表达。句子结构要清晰，避免使用复杂、冗长的句子。

(4) 逻辑严密。公文的内容应按照一定的逻辑顺序组织，各部分之间要有明确的逻辑关系，可以使用分段、分节等方式使内容结构清晰。

(5) 立场公正。公文应保持客观公正的立场，避免主观的偏见和情感色彩。其目的是传达事实和情况，而不是传达个人的感情和观点。

(6) 内容合法。公文要符合相关法律法规的规定，不得违反国家的法律制度和行政规章。

(7) 准确无误。公文在撰写完成后，需要经过仔细校对，确保语句通顺、无错别字和无标点错误等。

1.2　公文的分类

1.2.1　公文的分类标准

公文的分类标准是指根据公文的性质、用途和内容等不同方面，将公文分为不同的类别，以方便管理和归档，以下是一些常见的分类标准。

1) 根据性质分类

(1) 行政公文。行政机关发布的文件、通知、函件等。

(2) 党政公文。党委和政府发布的文件、通知、决议等。

(3) 法律公文。法院、检察院发布的判决书、起诉书等。

(4) 经济公文。与经济活动相关的文件、报告、决策等。

(5) 社会公文。社会组织、团体发布的文件、公告等。

2) 根据用途分类

(1) 决策性公文。用于重大决策和指导工作的文件，如决议、决定、指示等。

(2) 组织性公文。用于组织协调、管理运作的文件，如通知、命令、通告等。

(3) 纪律性公文。用于约束行为、规范纪律的文件，如规章制度、办法、条例等。

(4) 叙事性公文。用于叙述事件、情况的文件，如报告、备忘录、简报等。

3) 根据形式分类

(1) 书面公文。以书面形式表达的文件，如公函、公告、公报等。

(2) 口头公文。以口头形式发布的文件，如会议纪要、讲话稿等。

4) 根据内容分类

(1) 政策文件。法律、法规、规章制度等对社会生活和行为进行指导的文件。

(2) 工作方案。具体的工作计划、任务分配、实施步骤等文件。

(3) 会议纪要。会议讨论、决策过程的记录文件。

(4) 报告。对某个问题或工作进行调研、分析、总结后撰写的报告；向上级提出问题、请求指导或报告工作进展的请示报告。

5) 根据保密级别分类

(1) 绝密公文。对国家安全和利益具有特别重要性的文件。

(2) 机密公文。对国家安全和利益具有重要性的文件。

(3) 秘密公文。对国家安全和利益具有一般性的文件。

(4) 内部公文。仅在组织内部流转和使用的文件。

6) 根据层级分类

(1) 中央文件。中央政府发布的文件，适用于全国范围。

(2) 省级文件。省级政府发布的文件，适用于省内各地。

(3) 市(地)级文件。市(地)级政府发布的文件，适用于市(地)范围。

(4) 县(区)级文件。县(区)政府发布的文件，适用于县(区)范围。

(5) 乡镇(街道)级文件。乡镇(街道)政府发布的文件，适用于乡镇(街道)范围。

1.2.2 党政机关公文分类

根据《党政机关公文处理工作条例》第八条的规定，公文种类主要如下。

(1) 决议。适用于会议讨论通过的重大决策事项。

(2) 决定。适用于对重要事项作出决策和部署、奖惩有关单位和人员、变更或者撤销下级机关不适当的决定事项。

(3) 命令(令)。适用于公布行政法规和规章、宣布施行重大强制性措施、批准授予和晋升衔级、嘉奖有关单位和人员。

(4) 公报。适用于公布重要决定或者重大事项。

(5) 公告。适用于向国内外宣布重要事项或者法定事项。

(6) 通告。适用于在一定范围内公布应当遵守或者周知的事项。

(7) 意见。适用于对重要问题提出见解和处理办法。

(8) 通知。适用于发布、传达要求下级机关执行和有关单位周知或者执行的事项，批转、转发公文。

(9) 通报。适用于表彰先进、批评错误、传达重要精神和告知重要情况。

(10) 报告。适用于向上级机关汇报工作、反映情况，回复上级机关的询问。

(11) 请示。适用于向上级机关请求指示、批准。

(12) 批复。适用于答复下级机关请示事项。

(13) 议案。适用于各级人民政府按照法律程序向同级人民代表大会或者人民代表大会常务委员会提请审议事项。

(14) 函。适用于不相隶属机关之间商洽工作、询问和答复问题、请求批准和答复审批事项。

(15) 纪要。适用于记载会议主要情况和议定事项。

1.3 公文文种

公文文种是指根据不同的功能和用途，将公文划分为不同的类别或类型。每种公文文种都有其独特的格式、结构和表达方式，以满足特定的办公需求和传达目的。选用合适的公文文种，才能确保公文的严肃性和规范性，更好地发挥公文的权威作用和约束作用，提高组织的办事效率。

1.3.1 公文文种选用依据

公文文种的选用依据通常包括以下几方面。

(1) 功能要求。可以根据公文的功能和目的来选择文种，不同的文种有不同的表达方式和格式要求。

(2) 受众需求。应考虑公文的受众对象，选择适合他们阅读和理解的文种，不同的受众可能对信息的获取和理解有不同的需求。

(3) 权威性要求。可以根据公文所涉及的内容和重要性，选择具有一定权威性的文种。有些公文需要表达政府、机关或组织的决策和命令，此时应选择较为正式的文种，以彰显权威。

(4) 表达方式。应考虑公文中所要表达的内容和信息，选择最合适的文种进行表达。不同的文种有不同的表达方式和语气，例如，公告需要简洁明确，报告需要详细全面。

(5) 传达效果。可以根据希望实现的传达效果，选择最适合的文种。有些公文需要传达决策、指导和安排，此时应选择能够清晰传达意图的文种。

1.3.2 公文文种选用标准

应根据具体的办公需求和传达目的选择相应的公文文种，具体如下。

(1) 向特定对象或群体传达某项事务、活动或政策的通知，可以选择使用通知文种。

(2) 向公众发布特定信息、通告或公共事务的公告，可以选择使用公告文种。

(3) 汇报工作、调查研究结果、提出建议或分析问题，可以选择使用报告文种。

(4) 向上级机构或领导请示意见、征求批准或寻求指导，可以选择使用请示文种。

(5) 对下级机构或个人的请示事项进行答复、批准或决定，可以选择使用批复文种。

(6) 组织、团体或会议做出正式决策、表态或表决，可以选择使用决议文种。

(7) 向上级机构或相关部门提交申请、请求或申诉，可以选择使用申请文种。

(8) 向内部员工或相关单位传达重要信息、通报工作进展或安排，可以选择使用通报文种。

(9) 下达命令、指导工作或布置任务，可以选择使用指示文种或命令文种。

在选择公文文种时，还需要考虑目标受众的需求和阅读习惯，以及相应的法律、规章制度和组织要求。确保选择的文种能够准确、清晰地传达所需信息，并符合相应的格式和要求。

1.3.3 公文文种选用案例

某市政府要发布一份关于土地规划的公文，需要向相关部门、企事业单位及市民公开说明土地用途和规划方案。在这种情况下，可以选择使用行政公文文种中的通知。

通知作为一种行政公文文种，通常用于向特定对象传达具体的指示、要求或通告。它具有以下特点。

(1) 简明扼要。通知文种要求内容简洁明了，重点突出，不涉及过多的解释和理论。

(2) 具体明确。通知文种通常包含具体的指示、要求或通告，如规定某项工作的时间、地点、责任人等。

(3) 直接有效。通知文种的目的是快速传达信息，让受文者能够迅速采取相应的行动或了解相关事项。

使用通知文种可以通过正式的行政公文形式，向相关单位和市民发布土地规划的决策和要求。这样可以确保信息准确传达，方便受众了解土地规划的具体内容和相关要求。

通 知

各相关单位、企事业单位、市民：

根据《中华人民共和国土地管理法》有关规定，我市政府近期完成了土地规划工作，并制定了相关的土地用途和规划方案。现将有关事项通知如下。

1. 土地用途划分：根据市政府的决策，对我市各区域的土地进行了详细划分，涉及住宅用地、商业用地、工业用地、农业用地等。

2. 规划方案公开：为确保土地规划的透明度和公正性，我市政府决定将土地规划方案向全市公开，供各相关单位和市民了解。请各位关注我市政府网站(www.×××××××.gov.cn)上的公告栏，下载并查阅其中的规划方案。

3. 相关单位责任：各相关单位和企事业单位应根据土地规划方案，合理规划和利用自身所属土地资源。同时，各单位还要积极配合政府部门的监督和管理工作，确保土地规划的顺利实施。

4. 市民参与：我们鼓励市民积极参与土地规划的讨论和评议，提出宝贵意见和建议。请将您的意见提交至市政府办公室(地址：×××××××)，或通过电子邮件发送至×××××@×××××.gov.cn。

请各相关单位、企事业单位和市民密切关注和遵守上述通知内容，并按照规定进行相应的工作和配合。如有任何疑问或需要进一步了解，请与我们联系。

特此通知。

××市政府办公室

××××年××月××日

1.4 公文行文关系与行文方向

行文是指发文机关向收文机关发送文件，这是公文处理过程的一个重要环节。公文的行文关系和行文方向是公文管理和公文写作的重要组成部分，描述的是公文在组织内外的流动路径和方向。

1.4.1 公文行文关系

行文关系指的是公文在机关内部或者机关之间流动的关系，公文的行文关系通常被划分为三种类型：上行文、下行文和同级行文。

1) 上行文

上行文是指下级机关向上级机关提交的公文，主要是为了向上级机关汇报工作、请示决策或请示指示，如报告、请示等，具有以下作用。

(1) 报告工作情况。下级机关通过上行文向上级机关报告工作进展、完成情况、问题与困难等，以便上级机关了解下级机关的工作状况。

(2) 请示决策。下级机关在遇到需要上级机关决策的重大问题或难题时，可以通过上行文向上级机关请示意见、征求指示，以便上级机关给出相应的决策。

(3) 请求指示。下级机关在面临工作不明确、任务不清晰等情况时，可以通过上行文向上级机关请求指示，以便上级机关明确工作方向和目标。

2) 下行文

下行文是指上级机关向下级机关发出的公文，主要是为了传达上级机关的决定或指示，或者对下级机关的工作进行指导和管理，如通知、命令、决定等，具有以下作用。

(1) 下达任务。上级机关向下级机关下达工作任务、要求完成的特定工作内容等，以便下级机关根据上级机关的要求进行工作。

(2) 传达决策。上级机关向下级机关传达决策结果、政策指示等，以便下级机关了解上级机关的决策意图，并据此开展工作。

(3) 指导工作。上级机关向下级机关提供工作指导、方法指导、技术指导等，以便下级机关按照上级机关的要求和指导进行工作。

3) 同级行文

同级行文是指同级机关之间进行工作协调和信息交流的公文，用于协调工作、交流信息、征求意见，如函、备忘录等，具有以下作用。

(1) 协调工作。同级机关之间可能需要协调各自的工作，解决工作中的矛盾、问题和冲突，通过同级行文可以进行有效的协调和沟通。

(2) 交流信息。同级机关之间可以通过同级行文进行工作经验的交流、信息的共享、案例的汇报等，以便相互学习和借鉴。

(3) 征求意见。在制定重要政策、决策或处理复杂问题时，同级机关之间可以通过同级行文征求对方的意见和建议，以便综合各方意见做出决策。

1.4.2 公文行文方向

行文方向是指公文在行文关系中的流动方向，反映了公文在组织内的流动机制和组织的决策结构，包括如下方面。

(1) 纵向，即公文在上下级机关之间的流动，包括上行文和下行文。这是公文最常见的流动方向，它反映了组织的层级关系和指令链。

例如，命令是一种常见的下行文，主要用于下达命令、指示执行特定任务，它通常以严谨、明确的语言，按照特定格式和结构，向下属、部下或特定对象发布命令，要求其执行特定的任务或行动。

又如，请示是一种常见的上行文，通过向上级机关提出请求或征询意见，实现信息沟通和决策协调的目的。请示公文的撰写应当准确、清晰、完整，并具备逻辑严密和文风庄重的特点。

(2) 横向，即公文在同级机关之间的流动，如同级行文。这种流动方向反映了组织内部的协作和协调机制。

例如，函件主要用于同级机关或单位之间的书信往来，通常采用标准书信格式，包括信头、称谓、正文、落款等部分。函件的内容要求简洁明了，表达清晰，避免冗长和废话。函件在正式性方面要求相对较弱，显得亲切和友好。函件的语言应该得体，尽量使用规范的用语和礼貌的措辞。

1.5 公文行文要求

1.5.1 常见的公文行文要求

公文行文要求是指在撰写公文时，需要遵循一定的格式和规范，通常要求简明扼要、条理清晰、语言规范。常见的公文行文要求如下。

(1) 标题简明扼要。公文的标题应简明扼要地概括文件主题，并使用统一的格式，如《关于×××的通知》或者《×××规定》等。

(2) 发文机关完整。公文的发文机关应在文件的首部注明，包括完整的机构名称、单位地址、邮编、电话、传真等联系方式。

(3) 发布日期具体。公文的日期应写明文件发布的具体日期，通常位于发文机关下方。

(4) 正文结构清晰。公文的正文应包括开头、主体和结尾三部分。开头应简要说明发文的目的、依据和背景；主体部分应详细叙述事实、要求或决定；结尾部分可以包括落款、署名和附件等。

(5) 语言规范准确。公文的语言应规范、准确，避免使用口语化、随意性的表达。应注意使用专业术语，避免模糊词语和歧义。

(6) 逻辑顺序清晰。公文的内容应按照逻辑顺序进行组织，各个要点之间应有明确的层次关系和逻辑连接，段落之间应有合适的过渡。

(7) 用词客观得体。公文应使用得体、客观的用词，避免夸大、贬低或情感色彩过重的表达，以保持公正、中立的态度。

(8) 格式符合规定。公文的格式应符合规定的文件样式，包括纸张尺寸、文字大小、行距、标题居中等要求。

1.5.2 公文格式标准化

(1) 公文格式标准化是公文特定效力的必然要求。

公文是具有特定效力、必须强制执行的特殊文书，其强调庄重和统一。"不以规矩，不能成方圆"，因此必须通过格式标准化来体现公文的法定效力或强制性。例如，一般合同当事人签字即可，但公文必须加盖制发机关的印章，这就是体现法定效力的基本保证。公文格式的不规范，不仅影响公文的庄重美观，还会影响公文的效力。例如，没有主送机关就不知道谁来执行这个公文；没有发文字号，以后引用或执行时就无法对应到该公文上；成文日期不明确，可能就不知道法规从何时开始执行等。因此，标准化的公文格式，有助于体现公文的法定性、严肃性和权威性。

(2) 公文格式标准化是公文特定形式的必然要求。

公文所具有的特殊性质决定了其具有特定的格式。而公文格式规范与否，将直接影响公文质量的高低和美观与否，进而影响公文效力发挥的好坏，有时甚至会由于格式不规范造成各种谬误。例如，无主送机关，简称不规范，漏标密级，字号编排混乱，印章与日期分离，生效时间搞错，没有版记，标题与内容不一致，纸张前后大小不一，装订不规范等。这些问题会直接影响公文的严肃性和应有作用的发挥，有时甚至会发生重大失误。因此，公文格式的规范与标准不是简单的一件小事，应引起各级党政机关的高度重视。

公文处理工作是机关工作的一件大事，也是频次最高的一项日常工作。办文部门每天都在制发公文，如果没有一定的规则，一个领导一个要求，一个秘书一种格式，不仅大大增加了文秘人员的工作量，而且会影响党政机关的形象。如果对公文格式不重视，甚至认为它只是细枝末节，只要公文内容不出错，格式规不规范无伤大雅，那样不仅会损害机关工作的形象，而且会影响公文的质量和效率。因此，公文格式标准化是公文处理工作科学化、制度化和规范化的基本前提。

(3) 公文格式标准化是公文处理工作规范化的必然要求。

公文格式标准化是确保公文处理工作科学化、制度化、规范化的重要前提和技术支撑。公文格式的每一项内容，都有其存在的必要性，都是为保证公文处理所设立的。例如，公文的份号会显示公文的制发份数，这就能准确掌握公文特别是带有密级的公文的去向，防止或及时发现公文的丢失；紧急程度会告知公文的办理时限；秘密等级会警示公文的阅读范围和保密等级；公文标题会揭示公文的主要内容等。总之，公文处理的规范化要求公文格式的标准化与之相适应，公文格式的标准化又保证公文处理的规范化。

1.5.3 公文行文格式

公文行文格式是指公文各要素在公文文面上所处的位置和排列顺序，它是公文在形式上区别于一般文章的重要标志。《党政机关公文处理工作条例》第九条规定：公文一般由份号、密级和保密期限、紧急程度、发文机关标志、发文字号、签发人、标题、主送机关、正文、附件说明、发文机关署名、成文日期、印章、附注、附件、抄送机关、印发机关和印发日期、页码等组成。

《党政机关公文格式》将版心内的公文格式各要素划分为版头、主体、版记三部分。公文首页红色分隔线以上的部分称为版头；公文首页红色分隔线(不含)以下、公文末页首条分隔线(不含)以上的部分称为主体；公文末页首条分隔线以下、末条分隔线以上的部分称为版记。页码位于版心外。公文要素主要有如下几部分。

(1) 公文种类。公文的种类通常在公文的抬头部分明确标注，如通知、通报、指示、决定、意见、公告等。

(2) 发文字号。公文的发文字号通常包含年度和顺序号两部分，用于表示公文的发文年份和在该年份内的序列号。

(3) 发文机关和发文日期。公文通常需要标注发文机关和发文日期，用于表示公文的来源和时间。

(4) 正文。公文的正文通常包括引言、主题和结论三部分。引言部分通常简洁明了地介绍公文的背景和目的；主题部分详细阐述公文的主要内容和观点；结论部分总结全文，提出结论或者采取的行动。

(5) 附件。如果公文包含附件，应在公文的结尾部分明确标注。

行文格式是行政公文撰写的关键方面，保证了公文的正式性、规范性和有效性，详细内容可查阅《党政机关公文格式》国家标准。

1.6 公文行文规则

1.6.1 公文行文基本规则

公文行文规则主要涉及格式、语言风格、结构和内容等方面，主要包括以下几部分。

(1) 格式规定。公文通常需要按照特定的格式进行编写，包括文字的大小、字体、行距、边距等。公文的格式有助于保证其正式和统一的外观。

(2) 语言风格。公文的语言应该是正式、准确、清晰的，避免使用口语、俚语或不规范的语言。公文的语言应该是中性的，没有个人感情色彩，避免使用第一人称或第二人称。

(3) 结构规定。公文通常包括信头、抬头、标题、正文和信尾五部分。信头包括公文种类、发文字号、发文单位等；抬头指明接收公文的单位或个人；标题表明公文的主要内容；正文是公文的主要内容，通常按照事实、理由、决定或建议的顺序来组织；信尾包括发文单位和日期。

(4) 内容规定。公文的内容应该是真实、准确、全面的，不能有遗漏或错误。公文的内容应该是具体、明确的，避免使用模糊或含糊的语言。

(5) 行文关系。公文的行文关系通常分为上行文、下行文和同级行文。上行文是下级向上级报告情况或提出问题的公文；下行文是上级向下级传达决定或要求的公文；同级行文是同级单位之间交换意见或协调工作的公文。

1.6.2 公文行文格式规范

(1) 公文签发。公文签发是公文生效的必备条件，公文必须经过发文机关负责人签发才能正式生效，公文签发是发文机关负责人履行职责的重要体现。

(2) 涉密公文。涉密公文应当根据涉密程度分别标注"绝密""机密""秘密"和保密期限，还应当根据工作需要确定印发传达范围。

(3) 公文标题。根据《党政机关公文处理工作条例》第九条第七款的规定，公文标题"由发文机关名称、事由和文种组成"。

(4) 公文生效。公文落款中的署名、印章、成文日期是公文生效标志构成的三要素。

(5) 公文时效。要注重公文的时效，各类公文，特别是重大突发性事件、重要舆情等应及时上报。

(6) 传达范围。应在附注处注明公文的传达范围，对公文的发放范围、执行时需注意的事项加以说明。

(7) 附件说明。公文如有附件，则必须标注对应的附件说明，以确保公文结构的完整。

(8) 印发日期。标识印发日期是为了准确反映公文的生成时效，印发日期以公文付印的时间为准。

(9) 版记。版记应当标注在公文的最后一面，要规范标注版记要素，便于受文者查看版记要素。

(10) 发文字号。发文字号由发文机关代字、年份、发文顺序号组成。规范发文字号便于公文规范化管理。

(11) 份号。份号是同一件公文印制若干份时每份公文的顺序编号。涉密公文一定要标注份号。

(12) 保密期限。除有特殊规定外，绝密级事项不超过三十年，机密级事项不超过二十年，秘密级事项不超过十年。

1.7 公文行文语言

公文行文语言是指在编写和撰写公文时所采用的特定语言风格和表达方式。公文行文语言以实用为目的，以传递策令和信息为内容，因此它具有准确、庄重、简要和平实的特点。

1.7.1 公文行文语言的特点

(1) 准确。《党政机关公文处理条例》第十九条对公文起草提出了"表述准确"的要求。公文是用来指导工作、反映情况的，一词一句，一个概念，除了不能违反法令、政策，还必须十分贴切，即准确表达作者的意图，而且其含义只能有一种解释，不能有多种解释，更不能给习惯于在公文中钻空子的人留下漏洞。

要做到语言准确，一是词句的内涵与要表达的意图必须完全一致。公文用语都要经过反复推敲，每一次修改都是寻找最恰当的字眼表达意图。二是对词的外延要做适当和明确的限制，例如，在规定、合同等文书中，特别要注意词义限制，使之无懈可击。三是时间、方位的表述要有严密的限定，如果表述不准或限定不严，就会造成歧义，给工作带来损失。

(2) 庄重。一是公文语言要有端庄、严肃的格调，不能有半点的浮躁、油滑，对感情色彩浓的词语要慎重使用或不用。二是公文语言要规范化，才显得庄重严谨。三是公文语言要合体，要合乎相应的行文关系。公文分上行文、下行文和平行文，由于行文的方向不同，内容特点不同，因此措辞和语气会有所不同。

(3) 简要。公文语言必须简明扼要，要防止语言拖沓冗长，就要讲究修辞。一是用词要简洁明快，要注意选用概括性、综合性语言，适当用缩略语、成语和简称，从而达到以少寓多、言简意赅的功效。二是尽可能使用短句，表意简洁明快。三是反复锤炼语言，应从内容出发，把握住中心意思，选用最简短、最通晓的句子表达。

(4) 平实。平实就是实在、质朴，如实地叙述事物的本来面目。既不像文学语言那样形象，也不像科学论著语言那样抽象，而是具体、朴素、明白如话。

1.7.2 公文行文语言的表达

公文行文语言的表达，就是用语言文字把公文的思想内容表现出来，主要包括叙述、议论和说明。

(1) 叙述。公文的叙述要求简明，一是概括叙述，即对总体情况、发展过程的叙述；二是具体叙述，即对事物、人物某一方面的详细叙述。

(2) 议论。一是公文的议论不是全面铺开、成篇大套地论述，而是少而精地进行议论；二是直接用现成的事理、依据和显而易见的道理进行直接议论或间接议论。

此外，公文行文的语言还应该是准确无误的。这意味着公文中使用的词汇和短语需要精确，应避免模糊或模棱两可的表达。

(3) 说明。公文中使用说明的地方较多，如对方针政策及各种法规、规章的表达，对发生的事件、出现的问题进行阐述。一是定义说明，即用简练的文字将事物的本质概括出来，给人比较明确的概念；二是注释说明，即对事物的定义或事情的道理进行翔实、全面的解说；三是比较说明，即通过把两种相同或不同的事物、现象加以比较，来说明事物的特征或区别；四是引用说明，即引用一些资料来说明事物的特点。

1.8　公文行文案例分析

案例导读1

国务院关于废止和修改部分行政法规的决定

为了运用法治方式推进政府职能转变，进一步放宽市场主体准入条件，激发社会投资活力，依据2013年12月28日第十二届全国人民代表大会常务委员会第六次会议通过的修改公司法的决定，落实《注册资本登记制度改革方案》关于注册资本实缴登记改为认缴登记、年度检验验照制度改为年度报告公示制度，以及完善信用约束机制的内容，国务院对涉及的行政法规进行了清理。经过清理，国务院决定：

一、对2部行政法规予以废止。(附件1)

二、对8部行政法规的部分条款予以修改。(附件2)

本决定自2014年3月1日起施行。

附件：1. 国务院决定废止的行政法规

2. 国务院决定修改的行政法规

■ 案例分析

(1) 公文的文种。该案例中选用的文种是决定，决定是指党政机关对重大行动或重要事项制作的具有强制性、规定性、指导性及领导性的法定公文。该案例的名称是《国务院关于废止和修改部分行政法规的决定》，对全国各级行政机关具有强制性和规定性。

(2) 公文的结构。

① 标题。根据《党政机关公文处理工作条例》的规定，标题"由发文机关名称、事由和文种组成"。例如，《国务院关于废止和修改部分行政法规的决定》中的发文机关是"国务院"，事由是"关于废止和修改部分行政法规"，文种是"决定"。需要注意的是，在决定事由前通常用"关于"连接。

② 正文。根据《党政机关公文处理工作条例》第九条第九款的规定，正文是"公文的主体，用来表述公文的内容"。而决定的正文一般由三部分组成，即开头、主体部分、结尾。

 案例导读2

全国人民代表大会常务委员会关于批准2017年中央决算的决议

(2018年6月22日第十三届全国人民代表大会常务委员会第三次会议通过)

　　第十三届全国人民代表大会常务委员会第三次会议听取了财政部部长刘昆受国务院委托作的《国务院关于2017年中央决算的报告》和审计署审计长胡泽君受国务院委托作的《国务院关于2017年度中央预算执行和其他财政收支的审计工作报告》。会议结合审议审计工作报告，对2017年中央决算(草案)和中央决算报告进行了审查。会议同意全国人民代表大会财政经济委员会提出的审查结果报告，决定批准2017年中央决算。

　　■ **案例分析**

　　(1) 公文的文种。该案例中选用的文种是决议，决议的形成必须经过特定的会议(如人民代表大会、党员代表大会、职工代表大会，以及由这些代表大会选举产生的委员会、常务委员会等)进行讨论，并按照法定的程序表决通过，决议具有权威性和指导性。

　　(2) 公文的结构。决议一般由标题、题注、正文等部分组成。标题必须做到三要素齐备，即"会议名称+事由+文种"。题注即在标题之下的圆括号内注明通过决议的会议名称和日期，相当于一般文种的发文机关和发文时间。正文第一部分一般说明决议的根据和目的，或对所通过的决议的评价；第二部分具体写决议事项，或对有关事项的贯彻执行要求；最后以会议名义发出号召。

　　决定的写法与决议有很大区别，它没有太多理论阐述，而是会着重提出关于开展某项工作的具体措施、步骤或要求。决定要求写得具体、明确，所提出的措施也必须切实可行，其行政约束力较强，可以直接成为下级机关的行动准则。

本章小结

　　本章首先介绍了公文的概念，接着讲述了公文的分类和公文文种，然后又介绍了公文行文关系与行文方向、公文行文方式与格式，以及公文行文规则、公文行文语言等，最后讲述了公文行文案例演练，重点要掌握公文行文方式、公文行文格式和公文行文语言。

　　■ **思考与练习**

　　1. 党政机关公文文种有哪些？

　　2. 公文文种选用依据是什么？

　　3. 公文的行文关系主要有哪几种？

　　4. 公文行文语言的特点是什么？

第 2 章

行政公文写作

 案例导读

关于召开征求××市网约车管理意见座谈会的通知

各位代表：

近日，我局起草的《××市网络预约出租车经营服务管理暂行办法(征求意见稿)》引发争议。现拟召开座谈会，针对其中较受关注的问题听取公众意见。有关事项通知如下。

一、会议时间：××××年××月××日(周×)××点

二、会议地点：法制大厦301会议室

三、参会人员：相关从业代表各6名、市民代表10名

四、座谈提纲：1.对网约车准入条件的讨论；2.对网约车派单限制的讨论；3.对网约车硬件设施的讨论；4.对网约车软性优惠的讨论；5.对网约车管理办法可行范围的讨论。

五、其他事项：参会人员请围绕主题，提前准备好发言要点，理性分析与讨论。请安排好工作，提前15分钟到达会场。

××市法制办

××××年××月××日

■ 案例分析

该案例的文种为通知，通知的行文结构如下。

(发文单位)+关于事由+通知

通知对象：

开头(交代通知缘由：背景、内容、意义等，文末加上"有关事项通知如下")

主体内容(具体内容，建议分条展开论述，语言简洁、逻辑清晰)

一、…

二、…

三、…

落款(发文单位)

××××年××月××日

　　行政公文有两大显著特征，一是特定效力，二是规范体式。特定效力意味着公文是党和国家执政和行政的具体体现，具有法律层面上的要求；规范体式要求公文按照一定的书写和印制方式去表现。这对行政公文这一特定的文书形式也提出了更高的要求，特定效力要求公文在写作时要严肃、严谨、不能出差错，体现权威性；规范体式则要求公文的排布和标志要素统一规范，要标准化。两者相辅相成，互为支撑。

　　行政公文写作要求专业性、理论性、逻辑性，并蕴含政治意义和法律意义，因此，应深入公文本质，熟知公文理论，学会驾驭材料，遵守写作规范，善于积累素材，讲究语言得体等，从而提升公文写作能力。

学习目标

　　1. 掌握行政公文文种的选用
　　2. 了解各种行政公文的特点
　　3. 了解各种行政公文的结构
　　4. 掌握行政公文的写作方法

2.1　决议、决定、命令

2.1.1　决议

案例导读

中国共产党第二十次全国代表大会
关于十九届中央委员会报告的决议
(2022年10月22日中国共产党第二十次全国代表大会通过)

　　中国共产党第二十次全国代表大会批准习近平同志代表十九届中央委员会所作的报告。大会高举中国特色社会主义伟大旗帜，坚持马克思列宁主义、毛泽东思想、邓小平理论、"三个代表"重要思想、科学发展观，全面贯彻习近平新时代中国特色社会主义思想，分析了国际国内形势，提出了党的二十大主题，回顾总结了过去五年的工作和新时代十年的伟大变革，阐述了开辟马克思主义中国化时代化新境界、中国式现代化的中国特色和本质要求等重大问题，对全面建设社会主义现代化国家、全面推进中华民族伟大复兴进行了战略谋划，对统筹推进"五位一体"总体布局、协调推进"四个全面"战略布局作出了全面部署，为新时代新征程党和国家事业发展、实现第二个百年奋斗目标指明了前进方向、确立了行动指南。大会通过的十九届中央委员会的报告，是党和人民智慧的结晶，是党带领全国各族人民夺取中国特色社会主义新胜利的政治宣言和行动纲领，是马克思主义的纲领性文献。

　　大会认为，报告阐明的大会主题是大会的灵魂，是党和国家事业发展的总纲。全党要高举中国特色社会主义伟大旗帜，深刻领悟"两个确立"的决定性意义，坚决维护习近平同志党中央的核心、全党的核心地位，全面贯彻习近平新时代中国特色社会主义思想，弘扬伟大建党精神，自信自强、守正创新，踔厉奋发、勇毅前行，为全面建设社会主义现代化国家、全面推进中华民族伟大复兴而团结奋斗。

大会指出，……

大会高度评价十九届中央委员会的工作。……

……

大会号召，全党全军全国各族人民紧密团结在以习近平同志为核心的党中央周围，牢记空谈误国、实干兴邦，坚定信心、同心同德，埋头苦干、奋勇前进，为全面建设社会主义现代化国家、全面推进中华民族伟大复兴而团结奋斗！

■ 案例分析

文种：决议。

写作结构：

(1) 标题——《中国共产党第二十次全国代表大会关于十九届中央委员会报告的决议》，包含"发文机关(或会议名称)+事由+文种"。

(2) 正文：采用"分条列段式"的写法。

写作要点：

内容准确、语言凝练、结构严谨。

根据《党政机关公文处理工作条例》第八条第一款的规定，决议"适用于会议讨论通过的重大决策事项"。决议是一种指导性公文，具有权威性，其内容事关重要决策事项，一经公布，全党、全国上下都必须坚决执行。

1) 决议的特点

(1) 权威性。决议是经过相关会议关于重大事项讨论通过的，具有很大的法定效力，一经通过，必须遵照执行。

(2) 程序性。决议的草案必须经法定会议按法定程序讨论，按法定程序表决，经法定人数同意，方可形成最终决议。

(3) 指导性。决议表述的观点或对具体事项的评价都具有指导意义。

2) 决议的分类

根据决议内容和用途的不同，可将其分为如下几类。

(1) 审议批准性决议。即为审议批准法律、法规、文件、组织等而发布的决议。

(2) 方针政策性决议。着眼于从宏观，特别是在路线、方针、政策上统一人们的思想认识，以确定大计方针。

(3) 专门问题性决议。即就某一有关专门问题做出决定后而发布的决议。

(4) 公布号召性决议。主要用来宣布某一重要会议的精神及所取得的成果，号召人们认真贯彻会议要求，循此前进。

3) 决议的结构

决议一般包括标题、成文日期和正文三部分。

(1) 标题。决议的标题形式一般为"发文机关(或会议名称)+事由+文种"，如《中国共产党第二十次全国代表大会关于十九届中央委员会报告的决议》。

(2) 成文日期。即决议正式通过的日期，一般放在标题下，在小括号内注明通过时间及会议名称，如2022年10月22日中国共产党第二十次全国代表大会通过，也可只写年、月、日。

(3) 正文。根据不同类型的决议，分别采用不同的写作方法，具体如下。

一是"倒悬式"的写法。采用"倒悬式"，起句立意，开宗明义，一看开头就使人得到一个总的概念，一下子就抓住了要领，把握了全文的中心内容，从而起到提纲挈领的作用。主体部分先是一段"导语"。"导语"是一段非常简明的文字，是对全文中心内容及结论的高度概括，然后分段进行论述，形成"倒悬式"。

二是"豆腐块式"的写法。采用这种写法的大都是空间辐射面宽、时间跨度大的决议。正文由若干部分组成，各部分之间相互独立存在，每部分都有一个揭示中心内容的小标题置于上面中心位置。

三是"分条列段式"的写法。即把正文主体并列分成几个段落，段落之间既各自独立表达一个完整的意思，又相互依存、相辅相成。这种写法比较适用于有关专门性问题的决议。如《中国共产党第二十次全国代表大会关于十九届中央委员会报告的决议》。

4) 决议的写作要点

(1) 内容准确。决议内容要以事实为依据，切不可随意发挥。

(2) 语言凝练。语言简洁明了，避免使用复杂的词汇和长句子。

(3) 结构严谨。确保决议具备逻辑性、可读性和可操作性。

(4) 附件说明。一般在决议中附上相关的文件、数据或图表等支持材料。

2.1.2 决定

 案例导读

国务院关于取消和调整一批罚款事项的决定

国发〔2022〕15号

各省、自治区、直辖市人民政府，国务院各部委、各直属机构：

为进一步推进"放管服"改革、优化营商环境，国务院开展了清理行政法规和规章中不合理罚款规定工作。经清理，决定取消公安、交通运输、市场监管领域29个罚款事项，调整交通运输、市场监管领域24个罚款事项。

国务院有关部门要自本决定印发之日起60日内向国务院报送有关行政法规修改草案送审稿，并完成有关部门规章修改和废止工作，部门规章需要根据修改后的行政法规调整的，要在相关行政法规公布后60日内完成修改和废止工作。罚款事项取消后，确需制定替代监管措施的，有关部门要依法认真研究，严格落实监管责任，创新和完善监管方法，规范监管程序，提高监管的科学性和精准性，进一步提升监管效能，为推动高质量发展提供有力支撑。

附件：国务院决定取消和调整的罚款事项目录

国务院

2022年7月30日

(此件公开发布)

■ 案例分析

文种：决定。

写作结构：

(1) 标题——《国务院关于取消和调整一批罚款事项的决定》，包含"发文机关+事由+文种"。

(2) 正文：由三部分构成，即"决定缘由+决定事项+执行要求或号召"。

写作要点：

列举具体的执行要求和措施，确保决策能够顺利执行。

根据《党政机关公文处理工作条例》第八条第二款的规定，决定"适用于对重要事项作出决策和部署、奖惩有关单位和人员、变更或者撤销下级机关不适当的决定事项"。决定是机关、企事业单位或其他组织对重要事项或重大行动做出决策和安排时所使用的指导性公文。

1) 决定的特点

决定是一种指令性公文，具有决策性、指导性和指挥性、制约性、稳定性等特点。

(1) 决策性。决定体现了党政机关对重大行动安排或是重要事项所做出的决策，集中体现了党政领导机关的政治倾向、指挥意志和处置意图。

(2) 指导性和指挥性。决定是党政机关对重大行动或是重要事项做出的安排，因此它对下级机关具有指导性和指挥性。

(3) 制约性。决定比较集中地体现了上级领导机关对重大行动或是重要事项的政治倾向、处置意图和指挥意志，要求下级机关必须无条件地执行。

(4) 稳定性。决定的稳定性主要体现在党政领导机关一旦做出了决定，那么在很长一段时间内都不会发生改变，即该决定要在相当长的时间内贯彻执行。

2) 决定的分类

依据决定的内容和用途进行分类，可以分为以下几种类型。

(1) 政策性决定。用于对重要问题进行政策引导或政策交代，或规定重大方针政策的决定。

(2) 知照性决定。用于将所决定的事项传达给有关方面、有关人员，只要求下级机关单位及个人知道即可，不要求下级机关遵照执行。

(3) 奖惩性决定。用于对有关单位、个人或事件进行褒奖或惩处。

(4) 法规性决定。由国家权力机关或具有相应职权的政府机关制定、修订或发布法规性文件或行政法规的决定。

(5) 指挥部署性决定。对重大行动或工作做出安排的决定，用来制定重大决策或部署重要工作。

(6) 变更、修改或撤销性决定。用于变更、修改或撤销不适当决定事项的决定。

3) 决定的结构

决定一般包括标题、发文字号、主送机关、正文、附件说明、落款与成文日期、附注等几部分。

(1) 标题。标题一般由"发文机关+事由+文种"构成，如《国务院关于取消和调整一批罚款事项的决定》。

(2) 发文字号。发文字号由发文机关代字、年份、发文顺序号组成。联合行文时，使用主办机关的发文字号，如国发〔2022〕15号。

(3) 主送机关。决定属于下行文，一般要概括写明主送机关名称，例如，各省、自治区、直辖市人民政府，国务院各部委、各直属机构。如果该决定属于普发性公文，则无须写主送机关。

(4) 正文。正文的构成根据决定的不同类型会有所差异，但一般包括决定缘由、决定事项和执行要求或号召几部分。

① 决定缘由。即简要地阐明决定的原因、目的、根据或意义。要求语言简洁，具有概括性。例如，为进一步推进"放管服"改革、优化营商环境，国务院开展了清理行政法规和规章中不合理罚款规定工作。

② 决定事项。主要阐明决定事项的具体内容、落实的措施、解决的办法等，这是决定的主要部分。如果内容多，常采用列小标题或分条列项式结构；如果内容简单，则可以不分段，一气呵成。例如，决定取消公安、交通运输、市场监管领域29个罚款事项，调整交通运输、市场监管领域24个罚款事项。

③ 执行要求或号召。在文章的结尾处提出希望、号召和执行要求。有的决定省略了此部分，例如，有关部门要依法认真研究，严格落实监管责任，创新和完善监管方法，规范监管程序，提高监管的科学性和精准性，进一步提升监管效能，为推动高质量发展提供有力支撑。

(5) 附件说明。附件说明是公文附件的序号和名称，即对附件的情况进行简要标注，便于对公文正文内容有大致了解。对于有"附件"的情况，一般应在公文正文中涉及附件内容处加括号注明"见附件"或"附后"，如"附件：国务院决定取消和调整的罚款事项目录"。

(6) 落款与成文日期。决定应在文尾签署发文机关名称并盖发文机关印章，同时写明成文日期，如"落款：国务院""成文日期：2022年7月30日"。

如果该决定是经会议研究通过的，成文日期应标注在标题的正下方，在圆括号内写明什么时间、什么会议通过了此决定。

(7) 附注。附注是公文印发传达范围等需要说明的事项，对公文的发放范围、使用时需注意的事项加以说明。公文发放范围主要是针对下行文和平行文而言的，用以标明和限定所印发公文(特别是涉密公文)的传达范围、公开属性、阅读对象，如"此件公开发布"。

4) 决定的写作要点

决定是表达决策结果和具体要求的重要内容，撰写要点如下。

(1) 标题突出。应以"决定"二字为标题，突出决策的性质和目的。

(2) 事项明确。各项内容明确突出，要符合客观实际，实事求是。

(3) 结果准确。准确阐述决策的结果，简明扼要地说明决策的目的、意义和影响。

(4) 要求具体。列举具体的执行要求和措施，确保决策能够顺利执行。

(5) 表述简练。使用简练、明了的语言表达，避免使用模糊、含糊或歧义的词语，尽量遵循公文写作的规范和风格。

(6) 语气坚决。表现出决策者的决心，使读者能够清楚地感受决策的力度和决心。

(7) 合法合规。与党和国家的政策相一致，与现行的法律法规相一致，同时还要注意政策的连续性。

2.1.3 决定与决议的异同点

1) 相同之处

(1) 都是下行文。

(2) 都是对重大事项或重大问题做出安排。

(3) 都带有决策性质，并具有一定的强制性和约束力。

2) 不同之处

(1) 形成程序不同。决议必须经过重大正式会议讨论表决通过，以会议名义发布；会议通过决议，必须达到法定多数(过半数或三分之二以上等)。而决定的形成方式是在职权范围内由领导机关或领导个人做出，以机关名义发文，正式下达。

(2) 行文内容不同。决议的内容多是比较重大的有关全局的原则性问题，具有宏观性和战略指导性，大多旨在肯定会议成果，统一思想认识。决定大多涉及重大事件、法定事件或较具体的工作事项，内容比较单一、集中、具体、明确，针对性和可处理性强，重在安排落实，贯彻执行。

(3) 发文范围不同。决议一般要正式公布，发文范围较窄，通常只发到一定层级。决定的发文范围较宽，一般发到制文机关隶属各部门(单位)或有关人员。

(4) 从作用上区分，决议一律要求下级机关执行。而只有部署性决定要求下级机关执行，知照性决定一般不要求下级机关执行。

2.1.4 命令

案例导读

中华人民共和国主席令

第七号

《中华人民共和国对外关系法》已由中华人民共和国第十四届全国人民代表大会常务委员会第三次会议于2023年6月28日通过，现予公布，自2023年7月1日起施行。

中华人民共和国主席 习近平

2023年6月28日

■ 案例分析

文种： 命令。

写作结构：

(1) 标题——《中华人民共和国主席令》，包含"发文机关(或机关首长)+文种"。

(2) 正文：该案例属于发布令，正文一般很简短，写明经过什么机关或会议，在什么日期批准了何种文件。

写作要点：

该案例属于发布令，具有权威性，由中华人民共和国主席签署发布。

根据《党政机关公文处理工作条例》第八条第三款的规定，命令(令)"适用于公布行政法规和规章、宣布施行重大强制性措施、批准授予和晋升衔级、嘉奖有关单位和人员"。命令(令)由国家行政机关及其领导人发布，具有指挥性和强制性。

1) 命令的特点

(1) 权威性。命令一经发布，任何单位或个人都不得歪曲或修改，如果其他公文的内容与命令的相关内容或精神相抵触，也一律以命令为准。

(2) 强制性。上级机关所发布的命令，不管下级机关是否同意，不管存在什么问题或困难，都必须坚决无条件地予以执行。如果抗拒执行命令或违反命令，必将受到惩罚。

(3) 限定性。命令主要用于颁布各种法律、法规和行政规章；指挥和处理重大事件；表彰有突出贡献的个人或组织。内容只限于重大事件，一般公务、一般工作不能使用。

2) 命令(令)的分类

(1) 发布令。发布令是用于公布各种行政法规和规章的命令，因发布令一般都带有附件，故又称其为带有附件的命令。主要用于公布国家法律法规，如《中华人民共和国主席令》，用于公布全国人民代表大会及其常务委员会会议通过的国家法律，由中华人民共和国主席签署发布。

(2) 行政令。行政令是指国务院和地方人民政府针对某项工作发布的施行强制性行政措施的命令，主要适用于发布某些特别严肃、特别重要、特别稳定的政策措施，其所管辖范围内的单位和人员都必须无条件地贯彻执行。

(3) 嘉奖令。嘉奖令用于嘉奖有突出成就和重大贡献的单位或个人。如《国务院、中央军委关于授予钱学森同志"国家杰出贡献科学家"荣誉称号的命令》，就是国务院对钱学森所做出的嘉奖。

(4) 任免令。我国国家机关的干部任免仍然用"命令"的形式发布，这样的"命令"被称为任免令。如中华人民共和国主席习近平于2023年3月11日发布的《中华人民共和国主席令(第一号)》就发布了"根据中华人民共和国第十四届全国人民代表大会第一次会议的决定，任命李强为中华人民共和国国务院总理。"的命令。

3) 命令(令)的结构

命令(令)一般包括标题、发文字号、受令机关、正文、落款与成文日期、附注等几部分。

(1) 标题。命令的标题一般有三种形式：一是由"发文机关+发文事由+文种"构成；二是省略发文事由，由"发文机关(或机关首长)+文种"组成，如《中华人民共和国主席令》；三是省略发文机关，由"发文事由+文种"组成。

(2) 发文字号。命令的发文字号有两种形式：一是由领导人名义签署的命令，一般以领导人任期为界编写流水号，前面"第"的字样，从该届政府或领导人任职时开始编写，到任期届满为止，如《中华人民共和国主席令(第七号)》；二是发文字号的编写与其他公文相同。

(3) 受令机关。当命令仅限于发给某些单位时，要在标题下标明受令机关。如果属于普法性命令，则无须标明受令机关。

(4) 正文。命令的正文因种类的不同而略有差异，具体如下。

① 发布令的正文一般很简短，写明经过什么机关或会议，在什么日期批准了何种文件，如"《中华人民共和国对外关系法》已由中华人民共和国第十四届全国人民代表大会常务委员会第三次会议于2023年6月28日通过"。

② 行政令的正文一般由发文缘由及具体内容组成。缘由部分主要写明发布的原因、目的和依据，具体内容要做到详略得当、层次清晰。

③ 嘉奖令的正文一般包括奖惩根据、奖惩决定、希望和号召等。

④ 任免令的正文比较简单，一般包括任免的依据和任免的内容。任命的内容包括姓名、职务、时间。

(5) 落款与成文日期。在正文之后标明发文机关名称或领导人职务和姓名，署名后另起一行，标明成文日期，用阿拉伯数字将年、月、日标全，年份标全称，月、日不编虚位(即1不编为01)。

4) 命令(令)的写作要点

(1) 清晰明确。使用简单、明确的语言，避免使用模糊或含糊不清的词汇，确保浏览者能够清楚地理解命令的意思。

(2) 简洁准确。命令应尽量简洁明了，用最少的文字表达出具体的要求；避免冗长的句子或多余的描述，使命令更易于理解和执行。

(3) 可执行性。命令应该具体指明需要执行的任务或行动，并且确保被命令的人能够理解和执行。

2.2 公报、公告

2.2.1 公报

 案例导读

中国共产党第二十届中央委员会第二次全体会议公报

(2023年2月28日中国共产党第二十届中央委员会第二次全体会议通过)

中国共产党第二十届中央委员会第二次全体会议，于2023年2月26日至28日在北京举行。

出席这次全会的有中央委员203人，候补中央委员170人。中央纪律检查委员会副书记和有关部门负责同志列席会议。

全会由中央政治局主持。中央委员会总书记习近平作了重要讲话。

全会听取和讨论了习近平受中央政治局委托作的工作报告，审议通过了中央政治局在广泛征求党内外意见、反复酝酿协商的基础上提出的拟向十四届全国人大一次会议推荐的国家机构领导人员人选建议名单和拟向全国政协十四届一次会议推荐的全国政协领导人员人选建议名单，决定将这两个建议名单分别向十四届全国人大一次会议主席团和全国政协十四届一次会议主席团推荐。审议通过了在广泛征求意见的基础上提出的《党和国家机构改革方案》。习近平就《党和国家机构改革方案(草案)》向全会作了说明。全会同意把《党和国家机构改革方案》的部分内容按照法定程序提交十四届全国人大一次会议审议。

全会充分肯定党的二十届一中全会以来中央政治局的工作。……

全会强调，……

全会认为，……

……

全会号召，全党全国各族人民更加紧密地团结在以习近平同志为核心的党中央周围，高举中国特色社会主义伟大旗帜，弘扬伟大建党精神，牢记"三个务必"，自信自强、守正创新，锐意进取、顽强拼搏，扎实推进中国式现代化建设，为实现党的二十大确定的目标任务而共同奋斗。

■ 案例分析

文种：公报。

写作结构：

(1) 标题——《中国共产党第二十届中央委员会第二次全体会议公报》，包含"会议名称+文种"。

(2) 正文：该案例属于会议公报，其正文由"开头+主体+结尾"三部分构成。

写作要点：

该案例属于会议公报，在文字表述上周密、严谨、准确、严肃。

根据《党政机关公文处理工作条例》第八条第四款的规定，公报"适用于公布重要决定或者重大事项"。公报是党政机关和人民团体公开发布重要决定事项或重大事件的报道性公文，通常以书面形式发布，可通过官方网站、媒体发布会或其他渠道向公众传达。一经发布，会立即在国内外引起很大的反响。

1) 公报的特点

(1) 重要性。公报所涉及的内容是国内外、党内外普遍关心的重要决定和重大事件。

(2) 官方性。公报是由政府、组织或机构正式发布的文件，具有官方性质，代表发布者的立场和观点。

(3) 公开性。公报通常公开发布，供公众阅读和了解，以增加透明度和公信力。

(4) 新闻性。公报内容是新近发生的事件或者新近做出的决定，属于人民群众关心、应知而未知的事项，要求制作和发布迅速、及时，具有新闻性的特点。

2) 公报的分类

公报可以分为会议公报、新闻公报、联合公报、统计公报等。

(1) 会议公报。会议公报是用于报道重要会议或会谈的决定和情报的公报。这种公报一般用于党中央召开的会议，如《中国共产党第二十届中央委员会第二次全体会议公报》。

(2) 新闻公报。新闻公报具体是指就党政机关的某一重大问题、活动或事件所发布的带有新闻性的公文，如《金砖国家外长正式会晤新闻公报》。

(3) 联合公报。联合公报是一种特殊用途的公报，用以发布国家之间、党政之间、团体之间经过会议达成的某种协议，如《中华人民共和国和美利坚合众国联合公报》。

(4) 统计公报。统计公报是党政机关和人民团体公开发布重要决定或重大事项统计数据的公报，如《2022年度人力资源和社会保障事业发展统计公报》。

3) 公报的结构

公报一般包括标题、正文、落款和成文日期等几部分。

(1) 标题。公报的标题常采用"会议名称+文种""国名+联合公报""统计内容+文种""会议名称+新闻公报"等形式，基本为两项式。会议公报需在标题下括号内注明"×××时间×××会议通过"，其他类型公报的标题一般只需注明时间，如《中国共产党第二十届中央委员会第二次全体会议公报》(2023年2月28日中国共产党第二十届中央委员会第二次全体会议通过)。

(2) 正文。公报的正文一般由开头、主体、结尾三部分构成。

① 开头。会议公报的开头需写明会议基本情况，如会议的时间、地点、出席人员、主持人等；新闻公报的开头应当概述最核心、最重要的新闻事实，并写明事件的过程，以及与此有关

的立场、态度、做法、评价等；联合公报的开头部分包括时间、地点、人物、事件等；统计公报的开头需交代数据产生的背景和来源。

② 主体。会议公报的主体部分介绍会议议定的情况和主要精神；新闻公报和联合公报的主体部分写双方议定的事项，必要时分条列项；统计公报的主体部分列出相关数据。

③ 结尾。会议公报的结尾常常提出号召、希望和要求等；新闻公报和联合公报可补充意义、交代会议气氛或双方会谈肯定的态度，以及受回访的意向等，也可视情况省略结尾部分。

(3) 落款和成文日期。会议性公报和统计公报一般没有落款和成文日期；联合公报一般在正文后面写清楚双方签署人的身份、姓名、签署的日期，以及签署的地点，有时也可简略，只写签署的日期和签署的地点。

4) 公报的写作要点

(1) 写作严谨。公报所涉及的都是重大事件、重要会议和重要决定，所以文字表述上要周密、严谨、准确、严肃。

(2) 内容准确。公报应提供准确的事实和数据，避免主观臆断和不实传闻；应使用可靠的信息来源，在必要时注明出处，以增加公报的可信度。

(3) 重点突出。公报应简明扼要地概括事件或事项的主题，客观公正地陈述事实，突出重点，让浏览者能够迅速理解公报的内容。

2.2.2 公告

 案例导读

国家药监局关于众生胶囊处方药转换为非处方药的公告

2023年第77号

根据《处方药与非处方药分类管理办法(试行)》(原国家药品监督管理局令第10号)的规定，经国家药品监督管理局组织论证和审定，众生胶囊由处方药转换为非处方药。品种名单(附件1)及非处方药说明书范本(附件2)一并发布。

请相关药品上市许可持有人在2024年3月14日前，依据《药品注册管理办法》等有关规定就修订说明书事项向省级药品监督管理部门备案，并将说明书修订的内容及时通知相关医疗机构、药品经营企业等单位。

非处方药说明书范本规定内容之外的说明书其他内容按原批准证明文件执行。药品标签涉及相关内容的，应当一并修订。自补充申请备案之日起生产的药品，非处方药不得继续使用原药品说明书。

特此公告。

附件：1. 品种名单

　　　2. 品种非处方药说明书范本

国家药监局

2023年6月15日

■ 案例分析

文种：公告。

写作结构：

(1) 标题——《国家药监局关于众生胶囊处方药转换为非处方药的公告》，包含"发文机关+发文事由+文种"。

(2) 正文：该案例属于重要事项公告，其正文由"缘由+事项+结尾"三部分构成。

写作要点：

针对要公布的重大事项，做到一事一告，就实公告，直陈其事。

根据《党政机关公文处理工作条例》第八条第五款的规定，公告"适用于向国内外宣布重要事项或者法定事项"。公告是国家高级权力机关、行政机关向国内外宣布重要事项、重要决定或法定事项的知照性公文。

重要事项包括公布法律、法令、法规，公布重大国家事务活动、重要军事行动等。法定事项是按照法律条文向社会发布有关规定的公告。

1) 公告的特点

(1) 事项的重大性。公告所涉及的事项必须是能在国际和国内产生一定影响的重要事项，又或是按照法律规定必须向全社会公布的法定事项。这种事项一经公布，必定会在国际和国内引起不同程度的反响。不属于这类性质的事项，则不可以使用公告行文。

(2) 发文权力限制性。只有最高国家权力机关(全国人大及其常委会)，最高国家行政机关(国务院)，各省、自治区、直辖市行政领导机关，某些法定机关(如税务局、中国人民银行、海关、法院、检察院等)，有制发公告的权力。其他地方行政机关一般不能发布公告，党团组织、社会团体、企事业单位不能发布公告。

(3) 发布范围广泛性。公告的对象不仅包括国内所有社会组织和公民个人，而且包括国外人群。公告一旦发布，其涉及范围十分广泛，产生的影响重大。在我国，公告通常授权新华社发布。

(4) 传播方式新闻性。公告的事项是新近发生的、人民群众应知未知的事项，具有新闻的特点。公告一般不张贴、不用红头文件的方式传播，大多通过报纸、广播、电视及网络等新闻媒介公开传播。

2) 公告的分类

(1) 任免性公告。这类公告主要是向国内外宣布相关人员的职务任免事宜，这类人员大多是国家领导人和政府重要官员，例如，《中华人民共和国全国人民代表大会公告 (第一号)》向国内外公布了第十四届全国人民代表大会第一次会议于2023年3月10日选举习近平为中华人民共和国主席。

(2) 重要事项公告。这类公告主要是向国内外宣布重大事项、重要事件，例如，宣布重大国事活动、重大科技成果、重大军事行动，答谢国外有关部门对我国重大活动的祝贺等。《国家药监局关于众生胶囊处方药转换为非处方药的公告(2023年第77号)》属于此类公告。

(3) 法定事项公告。按照有关法律法规的规定，一些重要事情和主要环节必须以公告的方式向全民公布。

(4) 专业性公告。这类公告为专业性的或向特定对象发布的公告，例如，按照专利法规的规定申请专利的公告；按照国家民事诉讼法的规定，法院送达诉讼文书没有办法送达本人或代收人的时候，可以发布公告的方式间接送达。

3) 公告的结构

公告一般包括标题、发文字号、正文、落款与成文日期、附件说明等几部分。

(1) 标题。公告标题一般有三种形式，一是由"发文机关+发文事由+文种"构成，如《国家药监局关于众生胶囊处方药转换为非处方药的公告(2023年第77号)》；二是由"发文机关+文种"构成，如《中华人民共和国全国人民代表大会公告 (第一号)》；三是由"发文事由+文种"构成；四是只有"文种"一个要素。

(2) 发文字号。公告的发文字号一般采用"×年+第×号"或者"第×号"的形式，写在标题的下方。

(3) 正文。公告的正文一般由缘由、事项和结尾三部分组成。

① 缘由。写明发布公告的原因、目的和根据，有的公告会省略缘由，直陈事项。

② 事项。根据具体内容而定，如果内容单一则采取篇段合一的方式；如果内容较多，可以采用分条目叙述的方式。

③ 结尾。一般采用"特此公告"或"现予公告"等字样，于事项后另起一行书写，也可不写。

(4) 落款和成文日期。落款署发文机关的全称或者规范化简称，一般需要加盖发文机关印章。如果机关名称在标题中出现，在报纸上刊登时也常省略署名。

成文日期和前述的其他行政公文文种相同。

(5) 附件说明。若有附件，需添加附件说明。

4) 公告的写作要点

(1) 一事一告。针对要公布的重要或重大事项，要做到一事一告，就实公告，要直陈其事，不宜采用议论式的语言去描述。

(2) 言简意赅。公告写作要简明扼要，避免冗长的描述和无关的细节，尽量用简洁明了的语言表达要点。

(3) 重点突出。标题要醒目，能够准确概括公告的主题，内容重点要突出，公告要点放在开头部分，以便浏览者能迅速获取到关键信息。

2.2.3　公报与公告的异同点

(1) 二者共同之处是涉及内容均为党和国家的重要事项，而且均向国内外发布。

(2) 二者的差别在于习惯性。公布重要会议情况多用公报，公布党和国家领导人出访及人事变动多用公告。公布有关人口普查、经济发展和国家计划执行情况，多用公报。公布重要事项，则多用公告。

2.3 通告、意见、通知、通报

2.3.1 通告

 案例导读

国家税务总局海南省税务局关于检举税收违法行为奖励的通告

国家税务总局海南省税务局通告2021年第9号

为贯彻落实中央关于进一步优化税务执法方式的部署，有效动员社会力量参与税收精诚共治，守住海南自贸港税收管理风险底线，根据《税收违法行为检举管理办法》(国家税务总局令 第49号)及《检举纳税人税收违法行为奖励暂行办法》(国家税务总局 中华人民共和国财政部令 第18号)相关规定，现就全省涉税违法行为检举及奖励相关事宜通告如下。

一、涉税违法检举途径

为便于检举人对涉税违法行为进行检举，全省设立24个举报中心及纳税服务中心12366热线负责接收涉税违法行为检举，检举人可根据自身需要选择一处举报中心进行实名或匿名检举。检举可以采用书信、电话、传真、网络、来访等多种形式。具体检举方法如下：

(一) 书信、电话、传真及来访检举的，具体联系地址及电话详见附表；

(二) 网络方式请登录国家税务总局海南省税务局官方网址互动交流栏目中的税收违法行为检举信箱进行登记；

(三) 拨打12366纳税服务热线或通过微信关注海南税务微信公众号微办税栏目的举报通道进行登记。

二、涉税违法检举奖励(内容略)

三、检举人权利与义务

实名检举人应当提供营业执照、居民身份证等有效身份证件原件或复印件。检举人应对其所提供检举材料的真实性负责，不得捏造、歪曲事实，不得诬告、陷害他人，弄虚作假骗取奖励的，依法承担相应责任，构成犯罪的，移送司法机关处理。

实名检举事项处理情况由作出处理行为的税务机关的举报中心在15个工作日内反馈处理情况；实名检举事项查处结果由负责查处的税务机关的举报中心在检举事项办结后简要告知办理情况。

税务机关严格依照国家有关法律、行政法规等规定保密，严禁泄露检举人的姓名、身份、单位、地址、联系方式等情况。

特此通告。

附件：国家税务总局海南省税务局举报中心联系方式

国家税务总局海南省税务局

2021年6月10日

■ 案例分析

文种：通告。

写作结构：

(1) 标题——《国家税务总局海南省税务局关于检举税收违法行为奖励的通告》，包含"发文机关+发文事由+文种"。

(2) 正文：该案例属于知照性通告，其正文由"缘由+事项+结尾"三部分构成。

写作要点：

该案例通告内容单一，采用篇段合一的方法。

根据《党政机关公文处理工作条例》第八条第六款的规定，通告"适用于在一定范围内公布应当遵守或者周知的事项"。通告是在公布社会各有关单位和个人应当遵守或者周知的事项时所使用的公文文种。它既适合国家机关、企事业单位，也适合社会团体在所辖范围内公布有关事项。

1) 通告的特点

通告用于公布大部分人都要遵守或者周知的事项，主要有以下几个特点。

(1) 简洁性。通告通常以简明扼要的方式呈现信息，避免冗长或复杂的句子，使读者能够迅速获取核心内容。

(2) 明确性。通告要以简明扼要的语言，清晰、明确地呈现信息，避免使用含糊不清的语气和冗长复杂的语句，确保受众能够准确理解其内容。

(3) 公开性。通告通常是公开发布的，以便广泛传播和被接收对象共享。可通过多种途径进行发布，如张贴在公共场所、发送电子邮件或在网站上发布。

(4) 针对性。通告通常是为特定的受众群体编写的，以确保信息的针对性和有效性。因此，在编写通告时需要考虑受众的背景、知识水平和需求。

2) 通告的分类

通告主要分为以下三类。

(1) 知照性通告。知照性通告通常公布需要有关单位和个人周知的某些事项，如通告停电、停水等。

(2) 办理性通告。办理性通告通常公布要求有关单位和人员需要办理的事项。要求办理的事项多为注册、登记、年检等公共行为。

(3) 禁管性通告。禁管性通告通常公布一些令行禁止类事项。令行禁止的事项一般为交通管制、查禁违禁物品等事项。

3) 通告的结构

通告一般包括标题、发文字号、正文、落款和成文日期等几部分。

(1) 标题。通告的标题通常采用以下几种形式，一是由"发文机关名称+事由+文种"构成，如《国家税务总局海南省税务局关于检举税收违法行为奖励的通告》；二是由"发文机关名称+文种"构成；三是由"事由和文种"构成；四是只用文种"通告"做标题，如果遇到特别紧急的情况，可以在通告前加上"紧急"二字。

(2) 发文字号。如果是某一行业的管理部门所发布的通告，则可以采用"第×号"的形式，位置在标题之下正中；如果是政府发布通告，则要有正规的发文字号。

(3) 正文。正文主要包括通告缘由、事项和结尾。

① 缘由。主要阐述发布通告的背景、依据、目的、原因及意义等。

② 事项。事项是通告正文的核心部分，主要包括周知事项和执行要求。

③ 结尾。一般以"特此通告"等习惯性用语作结；有的通告也会提出执行时间、执行范围和有效期限，如"本通告自发布之日起实施"等。

(4) 落款和成文日期。落款署发文机关的全称或者规范化简称，一般需要加盖发文机关印章，如"国家税务总局"。成文日期和前述的其他行政公文文种相同。

4) 通告的写作要点

(1) 条理分明。通告内容单一，采用篇段合一的方法；通告内容多，应采用分条列项、递进式予以说明，以便浏览者迅速、正确地领会通告的核心。

(2) 明确具体。需要清楚说明受文对象应执行的事项，以便于理解和执行；要避免表述上的主次不分或忽轻忽重，让人产生繁杂无序的感觉。

(3) 清晰明了。通告应该简洁明了，用简洁的语言表达要传达的信息，避免使用过多的修饰词和复杂的句子结构。

2.3.2 公告与通告的区别

(1) 发文机关不同。公告一般由高级别行政机关发布，而通告各级均可使用。

(2) 发布范围不同。公告面向国内外各类人群，通告虽然也公开发布，但面向特定区域的特定人群。

(3) 发布方式不同。公告多数通过报刊、电台等传播，一般不用红头文件的方式下发，也不公开张贴，而通告通过以上方式发布均可以。

(4) 内容的重要程度。公告是用来发布重要事项和法定事项的，涉及的内容多是党和国家的大事，或者履行法律规定必须遵循的程序；通告用来发布的事项相对来说没有公告所发布的重大。

(5) 发布目的不同。公告以让人"知"为直接目的；通告虽有单纯知照性，但更多在于让人"知且行"。

2.3.3 意见

 **案例导读**

国务院办公厅关于上市公司独立董事制度改革的意见

国办发〔2023〕9号

各省、自治区、直辖市人民政府，国务院各部委、各直属机构：

上市公司独立董事制度是中国特色现代企业制度的重要组成部分，是资本市场基础制度的重要内容。独立董事制度作为上市公司治理结构的重要一环，在促进公司规范运作、保护中小投资者合法权益、推动资本市场健康稳定发展等方面发挥了积极作用。但随着全面深化资本市场改革向纵深推进，独立董事定位不清晰、责权利不对等、监督手段不够、履职保障不足等制度性问题亟待解决，已不能满足资本市场高质量发展的内在要求。为进一步优化上市公司独立董事制度，提升独立董事履职能力，充分发挥独立董事作用，经党中央、国务院同意，现提出以下意见。

一、总体要求(内容略)

二、主要任务(内容略)

三、组织实施(内容略)

国务院办公厅

2023年4月7日

(此件公开发布)

■ 案例分析

文种：意见。

写作结构：

(1) 标题——《国务院办公厅关于上市公司独立董事制度改革的意见》，包含"发文机关名称＋事由＋文种"。

(2) 正文：该案例属于指导性意见，其正文由"发文缘由＋具体意见"两部分构成，没有结尾。

写作要点：

该案例见解、主张明确，体现出意见语体的简明性；当涉及专业知识时，会清楚地解释主张什么、不主张什么，以保证意见语体的明确性特征得到体现。

根据《党政机关公文处理工作条例》第八条第七款的规定，意见"适用于对重要问题提出见解和处理办法"。意见具有行文多向性、内容广泛性、使用灵活性、作用多样性的特点。意见作为上行文，应按照请示的程序和要求办理，多经过上级批转。意见作为下行文，文中有明确的贯彻执行要求的，下级应该遵照执行；无明确执行要求的，下级应该参照执行。意见作为平行文，提出的意见供对方参考。

1) 意见的特点

(1) 内容的参考性。意见是对工作中遇到的重要问题或事项做出的具有建设性和参考性作用的文件，因此，其参考性的特点显而易见。

(2) 行文方向的多样性。从行文关系上来说，意见属于比较特殊的文种，它既可以下行文、上行文，也可以平行文，在行文方向上具有多样性。

(3) 原则性。意见大多数情况下不是具体的工作安排，它是从宏观上提出见解和意见，比起执行上级机关所发的指示有更大的灵活处理的余地。

2) 意见的分类

按照性质和用途的不同，意见可分为以下几类。

(1) 指导性意见。指导性意见是党政领导机关用以布置工作的下行意见，用于阐明工作原则、要求，提出见解和处理办法，做出工作安排。

(2) 建议性意见。建议性意见是下级机关向上级提出工作建议、设想的上行意见，可分为"呈报性意见"和"呈转性意见"。

① 呈报性意见是围绕工作中的重要问题向上级献计献策，出主意、想办法，所提的工作意见、建议供上级决策参考。

② 呈转性意见是职能部门为了搞好某方面的工作而提出的设想、打算，呈送领导审定后批转更广的范围去参照、执行。意见一经上级机关批转，则代表了上级机关的意见。

(3) 评估性意见。评估性意见是专业机构与业务职能部门就某项工作中的问题，经调查、研究后，把鉴定、分析、评估结果写成"意见"，提出工作上的见解与处理方法，提交有关方面参考，可分为鉴定性意见和批评性意见。

① 鉴定性意见是为了保证决策的科学性，对某一项工作的成果、某项决策的可行性进行调查论证、评估鉴定后，写成的意见。

② 批评性意见是偏重于对工作中出现的问题提出批评而写的意见。

(4) 规定性意见。规定性意见用于对所属机关、组织和人员提出规范性的要求和措施。这种意见常用于党的领导机关或组织、纪律部门为所制定的党组织及党员行为准则提出具体的执行方法和标准，也有党政联合发文关于行政方面的一些规定意见。

3) 意见的结构

意见一般包括标题、主送机关、正文、落款与成文日期、附注等几部分。

(1) 标题。意见的标题一般有两种形式，第一种由"发文机关名称＋事由＋文"三部分构成，如《国务院办公厅关于上市公司独立董事制度改革的意见》；第二种由"事由＋文种"两部分构成，这为省略性标题，省略了发文机关。

(2) 主送机关。主送机关在标题下、正文前，标明主送机关的名称。意见的主送机关分为两种情况：一种是直接发布的意见，要有主送机关，主送机关的排列方法与一般公文相同，如《国务院办公厅关于上市公司独立董事制度改革的意见》的主送机关是"各省、自治区、直辖市人民政府，国务院各部委、各直属机构"；第二种是需要转发的意见，例如，《国务院办公厅转发国家发展改革委等部门关于加快推进城镇环境基础设施建设指导意见的通知》没有主送机关这一项，但是转发该意见的通知，则要把主送机关写清楚，如下案例所示。

国务院办公厅转发国家发展改革委等部门
关于加快推进城镇环境基础设施建设
指导意见的通知

国办函〔2022〕7号

各省、自治区、直辖市人民政府，国务院各部委、各直属机构：

国家发展改革委、生态环境部、住房城乡建设部、国家卫生健康委《关于加快推进城镇环境基础设施建设的指导意见》已经国务院同意，现转发给你们，请认真贯彻执行。

国务院办公厅

2022年1月12日

(此件公开发布)

关于加快推进城镇环境
基础设施建设的指导意见

国家发展改革委　生态环境部　住房城乡建设部　国家卫生健康委

环境基础设施是基础设施的重要组成部分，是深入打好污染防治攻坚战、改善生态环境质量、增进民生福祉的基础保障，是完善现代环境治理体系的重要支撑。为加快推进城镇环境基础设施建设，提升基础设施现代化水平，推动生态文明建设和绿色发展，按照党中央、国务院决策部署，根据《中华人民共和国国民经济和社会发展第十四个五年规划和2035年远景目标纲要》，现提出如下意见。

……

(3) 正文。意见的正文一般由发文缘由、具体意见和结尾构成。

- 发文缘由。发文缘由主要写明提出意见的原因、依据或目的，有时也交代背景，如"为进一步优化上市公司独立董事制度，提升独立董事履职能力，充分发挥独立董事作用，经党中央、国务院同意，现提出以下意见"。

- 具体意见。具体意见是正文的主体部分，具体写明对重要问题的见解和处理方法，即具体的建议事项、实施要求或是措施办法等。这部分一般采用分条列项的方式，将意见表述清楚。如果意见的内容比较多，则可以列出小标题作为各大层次的标志，小标题下再分条表述。

- 结尾。意见的结尾部分可根据不同的种类灵活处理，如下行文的意见，可写成"以上意见，请各部门、各地区按实际情况贯彻执行"；上行文的意见，可写成"以上意见仅供参考"等。另外，还有些意见是没有结尾部分的，如《国务院办公厅关于上市公司独立董事制度改革的意见》。

(4) 落款与成文日期。在正文的最后写明发文机关，并标明成文日期，用阿拉伯数字将年、月、日标全，年份应标全称，月、日不编虚位(即1不编为01)。

(5) 附注。附注是公文印发传达范围等需要说明的事项，用于对公文的发放范围、使用时需注意的事项加以说明。

4) 意见的写作要点

(1) 意见用词应恰当、准确。意见主要用于推动、指导有关工作，并为改进某些机关的工作提供参考。一般情况下，它没有指令性作用，但是有很强的参考作用。因此，在撰写意见时，应注意见解、主张明确，体现出意见语体的简明性；当涉及专业知识时，应解释清楚主张什么、不主张什么，以保证意见语体的明确性特征得到体现。

(2) 行文要及时可操作。意见一般是为解决现实工作中亟待解决的问题而提出的，因此，意见的及时性特别重要，错过了时机便失去了其应发挥的作用和价值。此外，意见还要求具体可操作，符合实际情况，实事求是。

(3) 讲究政策、体现新意。意见大多针对现实工作中出现的新情况、新问题，要深入调查研究，深刻掌握党和国家的有关方针和政策，撰写意见要以相关政策为依据，引用相关研究、调查数据，用简明扼要的语言清晰地表达自己的观点和立场。

2.3.4 通知

案例导读

农业农村部办公厅关于进一步抓好
当前农业安全生产工作的紧急通知

各省、自治区、直辖市农业农村(农牧)、畜牧兽医、渔业厅(局、委)，新疆生产建设兵团农业农村局，部机关各司局、派出机构、各直属单位：

6月21日，宁夏银川市兴庆区富洋烧烤店发生燃气爆炸事故，造成31人死亡、7人受伤。习近平总书记作出重要指示强调，当前正值端午假期，各地区和有关部门要牢固树立安全发展理念，坚持人民至上、生命至上，以"时时放心不下"的责任感，抓实抓细工作落实，盯紧苗头隐患，全面排查风险。近期有关部门要开展一次安全生产风险专项整治，加强重点行业、重点领域安全监管，有效防范重特大生产安全事故发生，切实保障人民群众生命财产安全。为认真贯彻落实习近平总书记重要指示精神，按照党中央国务院决策部署，现就进一步抓好当前农业领域安全生产工作通知如下。

一、迅速传达贯彻习近平总书记重要指示(内容略)

二、狠抓细节扎实推进风险隐患排查整治(内容略)

三、广泛开展宣传教育持续提升安全意识(内容略)

四、加强值班值守强化应急响应和处置(内容略)

农业农村部办公厅

2023年6月23日

■ **案例分析**

文种：通知。

写作结构：

(1) 标题——《农业农村部办公厅关于进一步抓好当前农业安全生产工作的紧急通知》，包含"发文机关+发文事由+文种"。

(2) 正文：该案例属于指示性通知，其正文由"缘由+事项"两部分构成。

写作要点：

该案例属于遇紧急情况而进行的发文，根据实际情况写明"紧急通知"，以引起注意。

根据《党政机关公文处理工作条例》第八条第八款的规定，通知"适用于发布、传达要求下级机关执行和有关单位周知或者执行的事项，批转、转发公文"。通知是向特定的受文对象告知或转达文件或有关事项，让对象知道或执行的公文。

1) 通知的特点

(1) 广泛性。通知是各单位、各机关使用频率比较高的文种，用于传达上级的指示，向下级机关发布必须执行或周知的事项，以及转发上级或不相隶属机关的公文。

(2) 方便性。通知行文没有那么多的限定，比决定、决议、命令等公文方便，任何级别的党政军机关、企事业单位、群众团体都可以发通知。

(3) 时效性。有的通知还具有较强的执行性和约束力,其要求办理或执行的事情不能拖延,必须在限期内完成,否则可能失效或误事。

2) 通知的分类

(1) 指示性通知。指示性通知用于上级机关指示下级机关如何开展工作,是传达领导机关的指示精神的公文。

(2) 任免性通知。任免性通知是用于任免和聘用有关人员的通知。

(3) 事务性通知。事务性通知是用于处理日常工作中具体事务的文种,也常用于办理临时性的工作事项。这类通知要求把有关要素写得准确、具体、清晰。

(4) 周知性通知。周知性通知用于要求有关机关或单位周知某一活动或事项,它一般不具有强制性。

(5) 发布、批转、转发性通知。这类通知用于发布有关规章、条例,批转下级机关的公文,以及转发上级机关或不相隶属机关的公文。

3) 通知的结构

通知一般包括标题、主送机关、正文、附注、落款与成文日期等几部分。

(1) 标题。标题一般采用以下两种形式,一是"发文机关名称+事由+文种",如《农业农村部办公厅关于进一步抓好当前农业安全生产工作的紧急通知》;二是"事由+文种",如《关于认真开展2021—2022年度"菜篮子"市长负责制考核工作的通知》。

如遇紧急情况而需进行发文,可根据实际情况写明"联合通知、紧急通知、重要通知"等,以引起注意。

(2) 主送机关。通知一般应有主送机关,但有时也可省略。

(3) 正文。通知的正文一般由通知缘由、事项、结尾组成。

① 缘由。在正文的开头部分写明发布通知的原因、根据、目的或意义,如"为认真贯彻落实习近平总书记重要指示精神,按照党中央国务院决策部署,现就进一步抓好当前农业领域安全生产工作通知如下"。

② 事项。这是正文的主体部分,有关指示的事项、安排的工作、提出的措施、步骤等,都要有条理地表达,内容简单的可采用篇段合一的形式,内容复杂的可以分条列项,逐一阐释。

③ 结尾。这是正文的最后部分,一般在发布指示、安排工作时,可在结尾处提出执行的要求,如无必要,这部分可省略;如有必要,结尾处可附上联系方式。

(4) 附注。如有必要,可在附注处附上联系方式。

(5) 落款与成文日期。在正文下右下角部分,标明发文机关名称,并另起一行用阿拉伯数字将年、月、日标全,年份应标全称,月、日不编虚位(即1不编为01)。

4) 通知的写作要点

(1) 指明行动要求。在通知中如有相关行动要求,应明确指出具体细节,包括时间、地点、方式等,并提供必要的联系方式以便于沟通和确认。

(2) 内容简洁明了。通知要注意语言简洁,直奔主题,避免使用复杂或冗长的词语和句子,切勿长篇大论,以免造成误解或理解困难。

(3) 突出重点信息。通知中的重要信息应该被突出显示,可使用加粗、下画线或其他方式来强调关键词或句子,这样可以帮助读者更快地获取重要信息。

(4) 注重时效性。通知是时效性比较强的文种,特别是下行文,传达有关单位需要执行的事项必须注重时效性，以免误事或错失良机。

2.3.5 通报

 案例导读

关于2022年下半年环评信用管理对象
列入"黑名单"情况的通报

各省、自治区、直辖市生态环境厅(局)，新疆生产建设兵团生态环境局：

根据《建设项目环境影响报告书(表)编制监督管理办法》相关规定，现将2022年下半年环评信用管理对象受到禁止从事环境影响报告书(表)编制工作处罚、被环境影响评价信用平台(以下简称信用平台)列入环境影响评价失信"黑名单"(以下简称"黑名单")情况通报如下。

一、由朝阳众诚生态环境工程有限公司环评人员金××(信用编号BH021935)作为编制主持人和主要编制人员编制的《朝阳奥熠新材料科技有限公司利用废旧轮胎年产3万吨胶粉、3.5万吨再生胶及3万吨橡胶制品项目环境影响报告书》存在严重质量问题。该名人员依法受到五年内禁止从事环境影响报告书(表)编制工作的处罚，被辽宁省生态环境厅予以失信记分20分，自2022年12月29日起被信用平台列入"黑名单"。

二、由贵州博远环咨科技有限公司环评人员胡××(信用编号BH022794)作为编制主持人和主要编制人员编制的《东安县惠民医院建设项目环境影响报告表》存在严重质量问题。该名人员依法受到五年内禁止从事环境影响报告书(表)编制工作的处罚，被永州市生态环境局予以失信记分20分，自2022年10月17日起被信用平台列入"黑名单"。

三、由山东方维环境工程有限公司环评人员胡××(信用编号BH009981)作为编制主持人、闫××(信用编号BH036012)作为主要编制人员编制的《潍坊亚贝涂料有限公司锅炉技改项目环境影响报告表》存在严重质量问题。上述单位依法受到禁止从事环境影响报告书(表)编制工作的处罚，2名人员依法受到五年内禁止从事环境影响报告书(表)编制工作的处罚，被潍坊市生态环境局分别予以失信记分20分，自2022年8月4日起被信用平台列入"黑名单"。

各级生态环境部门要引导建设单位择优选取环评单位。根据《建设项目环境影响报告书(表)编制监督管理办法》第二十条第二款的规定，对列入"黑名单"的信用管理对象编制的环评文件，各级生态环境部门依法不予受理。各级生态环境部门要在审批过程中依法严格把关，强化环评文件编制质量的检查考核，并对下级部门审批的环评文件编制质量加大复核抽查力度，切实推动提升环评文件质量。

生态环境部办公厅
2023年2月15日

(此件社会公开)
抄送：环境工程评估中心。

■ 案例分析

文种：通报。

写作结构：

(1) 标题——《关于2022年下半年环评信用管理对象列入"黑名单"情况的通报》，包含"发文事由+文种"。

(2) 正文：该案例属于批评性通报，用叙述的手法客观真实地反映事实，对出现的错误做出惩处，再针对现实的需要提出要求。

写作要点：

该案例属于批评性通报，用以批评错误，宣布纪律处分结果。

根据《党政机关公文处理工作条例》第八条第九款的规定，通报"适用于表彰先进、批评错误、传达重要精神和告知重要情况"。通报是各级机关社会团体、企事业单位在规定的范围内所使用的知照性公文。

1) 通报的特点

(1) 告知性。通报的内容通常是现实生活中一些正面或反面的典型事例，或者带有倾向性的重要问题。

(2) 教育性。通报中所使用的事例具有一定的典型意义，一般通过树立典型或提供借鉴的方式，让相关部门或人员提高思想认识，避免出现类似错误。

(3) 客观性。通报重在叙述客观事实，用事实证明道理，并对现实生活中发生的先进事迹、反面教训或情况进行完整的叙述。

(4) 时效性。通报针对当前工作中出现的情况和问题而发，所涉及的大多是近期发生的事情，对当前的工作具有积极的指导意义或促进作用。

2) 通报的分类

(1) 表彰性通报。这类通报是表彰先进单位或个人的通报，着重介绍人物或单位的先进事迹，指出实质，提出希望和要求，然后发出学习的号召。

(2) 批评性通报。这类通报用以批评错误或者普遍存在的不良风气，宣布纪律处分结果。批评性通报旨在教育引导干部群众引以为戒，吸取失败的教训，如《关于2022年下半年环评信用管理对象列入"黑名单"情况的通报》。

(3) 传达性通报。这类通报用于传递某些特殊社会动态、人的思想状况，以及一定时期或某些方面的工作进展情况，以引起广泛关注；或者用于传达领导机关的意图，以统一认识和行动，共同完成任务。

(4) 事故性通报。这类通报用于报道重大事故，对事故的前因后果和来龙去脉进行综合分析，找出原因并讲清楚危害，从而让更多的单位和个人引以为戒，防止此类事件再次发生。

3) 通报的结构

通报一般包括标题、主送机关、正文、落款与成文日期、附注、抄送机关等几部分。

(1) 标题。标题一般有两种形式，一是由"发文机关+发文事由+文种"构成；二是由"发文事由+文种"构成，如《关于2022年下半年环评信用管理对象列入"黑名单"情况的通报》。

(2) 主送机关。通报通常需标明主送机关，周知性的关于事故处理情况的通报常常省略主送机关，如"各省、自治区、直辖市生态环境厅(局)，新疆生产建设兵团生态环境局"。

(3) 正文。对于不同类型的通报，写作内容有所不同。

表彰(批评)通报的正文一般包括四部分：首先，说明表彰或批评的原因，即写清楚先进事迹或错误事实的经过，要求用叙述的手法客观真实地反映事实；其次，对所叙述的事实进行准确的分析和中肯的评价，做到不缩小、不夸大；再次，对表彰的先进或批评的错误做出嘉奖或惩处。最后，针对现实的需要，发出号召或提出要求。

对于传达性通报，首先说明通报缘由，即简要叙述为何要对这一情况发出通报；其次，告知通报传达的情况；最后，根据需要提出下一步工作要求。

(4) 落款与成文日期。与其他类型的公文类似。

(5) 附注。附注是公文印发传达范围等需要说明的事项，用于对公文的发放范围、使用时需注意的事项加以说明等。

(6) 抄送机关。除主送机关外需要执行或者知晓公文内容的其他机关，使用机关全称、规范化简称或者同类型机关统称。

4) 通报的写作要点

(1) 发文的时效性。通报具有很强的时效性，因此，发通报要抓住时机，写作时要及时迅速，并予以及时通报，起到交流信息、指导工作的作用。

(2) "叙述+议论"的表达方式。通报的表达方式以叙述为主，要对引用的事例进行评论，既有议论又有叙述，对情况和原因的分析则应有鲜明的观点。

(3) 事例的真实性。事例必须客观存在，绝对不许捏造和虚构；叙述事例必须准确表述，不可以缩小或夸大，要实事求是；提出的希望和号召要切合实际，有针对性。

(4) 通报的指导性。通报应有普遍的指导意义，要选择典型性强、富有通报价值的事例，充分发挥通报对工作的教育引导作用。

2.3.6　通报与通知的区别

(1) 内容范围不同。通知告知的是工作情况及遵守执行的事项；通报是告知正反面典型或重要的精神或情况。

(2) 目的要求不同。通知的目的是布置具体工作，要遵照执行；通报的目的是交流、了解情况，或通过典型事例进行教育、宣传，从而提高认识。

(3) 表达方法不同。通知的表达方法主要是叙述；通报的表达方法则兼用叙述、议论，有感情色彩。

2.4 报告、请示、批复

2.4.1 报告

 案例导读

最高人民检察院关于开展公益诉讼检察工作情况的报告

——2019年10月23日在第十三届全国人民代表大会常务委员会
第十四次会议上
最高人民检察院检察长 张军

全国人民代表大会常务委员会：

根据本次会议安排，我代表最高人民检察院报告开展公益诉讼检察工作情况，请予审议。

探索建立检察机关提起公益诉讼制度，是党的十八届四中全会作出的一项重大改革部署，也是以法治思维和法治方式推进国家治理体系和治理能力现代化的一项重要制度安排。党中央对公益诉讼检察工作高度重视。习近平总书记在党的十八届四中全会上专门对建立这一制度作了说明，突出强调"由检察机关提起公益诉讼，有利于优化司法职权配置、完善行政诉讼制度，也有利于推进法治政府建设"。在致第二十二届国际检察官联合会年会暨会员代表大会的贺信中，习近平总书记再次深刻指出："检察官作为公共利益的代表，肩负着重要责任"。全国人大常委会加强公益诉讼检察立法保障，2015年7月作出决定，授权在13个省区市开展为期两年的试点；2016年11月审议试点工作中期报告；2017年6月修改民事诉讼法、行政诉讼法，正式建立这一制度；2018年10月、2019年4月又将公益诉讼检察职权写进修订的人民检察院组织法、检察官法。在以习近平同志为核心的党中央坚强领导下，在全国人大及其常委会有力监督下，公益诉讼检察制度从顶层设计到实践落地，从局部试点到全面推开、健康发展，形成了公益司法保护的"中国方案"，受到广泛关注。

一、公益诉讼检察工作全面推开以来的主要情况(内容略)

二、存在的问题(内容略)

三、下一步工作措施和建议(内容略)

委员长、各位副委员长、秘书长、各位委员，列席会议的各位代表：中国特色社会主义进入新时代，党和人民对维护国家利益和社会公共利益提出新的更高要求。全国检察机关将更加紧密团结在以习近平同志为核心的党中央周围，以习近平新时代中国特色社会主义思想为指导，不忘初心、牢记使命，以功成不必在我的态度和建功必定有我的担当，奋力开创新时代公益诉讼检察工作新局面，为实现"两个一百年"奋斗目标和中华民族伟大复兴的中国梦作出新贡献！

■ 案例分析

文种：报告。

写作结构：

(1) 标题——《最高人民检察院关于开展公益诉讼检察工作情况的报告》，包含"发文机关+发文事由+文种"。

(2) 正文：该案例属于工作报告，其正文由"缘由+主体+结尾"三部分构成。

写作要点：

该案例属于工作报告中的专题性工作报告，写作重点突出，实事求是。

根据《党政机关公文处理工作条例》第八条第十款的规定，报告"适用于向上级机关汇报工作、反映情况，回复上级机关的询问"。报告是向上级机关汇报工作、反映情况、提出意见或建议，答复上级机关的询问的公文，属于上行公文。

党政机关公文的报告，与一些专业部门从事业务工作时所使用的、标题中也带有"报告"二字的行业文书，如"审计报告""评估报告""立案报告""调查报告"等不是相同的概念。这些文书不属于党政公文的范畴。

1) 报告的特点

(1) 单向性。报告是下级机关向上级机关汇报工作、反映情况的单向的上行文，无须上级机关给予批复的文件。

(2) 陈述性。报告是下级机关向上级机关汇报工作或反映情况或答复询问的文件，因此，其所表达的内容和语言采用陈述性话语。

(3) 汇报性。报告主要用于下级机关向上级机关或业务主管部门汇报具体工作，让上级机关或是主管部门能够掌握基本情况并及时对自己的工作进行指导，因此，汇报性是报告的一个很显著特点。

(4) 事后性。多数报告都是在某项工作结束或已开展一段时间之后向上级做出的汇报，因此，事后性在报告中是非常明显的。

2) 报告的分类

(1) 工作报告。工作报告是用于总结工作经验，并向上级机关汇报工作进展情况的文件。下级机关要经常把本机关各项工作的开展情况汇报给上级机关。工作报告又可分为综合性工作报告和专题性工作报告。

(2) 情况报告。情况报告是旨在向上级机关反映有关情况的文种，一般所反映的情况是下级机关在工作中遇到的重大问题或特殊事件，如果隐情不报，则是一种失职的表现。

(3) 答复报告。答复报告属于被动行文，是答复上级机关询问的报告。对于较为简单的问题，可以进行口头答复，但涉及较为重要的问题时，往往要用书面报告的形式进行答复。

(4) 报送报告。报送报告是向上级报送文件、物件时所使用的报告。这种报告正文通常非常简略，只需三言两语说明报送的名称、数量、质量、报送的目的即可，如可写明"现将××报上，请指正(请查收)"。

3) 报告的结构

报告一般包括标题、主送机关、正文、落款和成文日期等几部分。

(1) 标题。标题一般有两种形式，一是"发文机关+事由+文种"，如《最高人民检察院关于开展公益诉讼检察工作情况的报告》；二是"事由+文种"，如《政府工作报告》。

(2) 主送机关。下级向上级机关汇报工作或反映情况等需要做出报告时，需要在标题之下、正文之上标明报送的主送机关。主送机关一般为一个上级机关，但受双重领导的机关报送时可以两个或两个以上。

(3) 正文。正文一般由缘由、主体、结尾三部分构成。

① 缘由。此部分先简要交代写报告的背景或目的，然后过渡到主体部分，有的报告没有过渡语，例如，2023年《政府工作报告》中的"本届政府任期即将结束。现在，我代表国务院，向大会报告工作，请予审议，并请全国政协委员提出意见"。

② 主体。主体是报告的具体内容，不同类型的报告其主体部分的写法也各有不同。例如，工作报告需要讲工作的情况、所取得的成绩、存在的问题、具体的经验教训，以及今后如何开展工作；情况报告则重点要将事情或问题的原委、性质写清楚，还要提出具体的看法，有的还可以提出初步的处理意见供上级参考；答复报告则一定要针对上级机关所询问的问题进行明确的答复，切忌节外生枝。

③ 结尾。通常用"请审阅""请审议""请查收""特此报告"等作为结语，有的报告则直接把此类结语写在前言部分，例如，《最高人民检察院关于开展公益诉讼检察工作情况的报告》的开始就提到"请予审议"。

(4) 落款和成文日期。落款署发文机关的全称或者规范化简称，一般需要加盖发文机关印章。成文日期和前述的其他行政公文文种相同。

如果是在会议中做工作报告，则在报告的标题下方署会议名称和报告人的职务和姓名，会议名称前加长中横杠，如"——2019年10月23日在第十三届全国人民代表大会常务委员会第十四次会议上 最高人民检察院检察长 张军"。

4) 报告的写作要点

(1) 重点突出。报告要分清主次轻重，进行概括说明。报告的重点是放在一定时期内的中心工作或急需解决的问题。

(2) 实事求是。下级机关向上级反映情况或问题时，要做到实事求是，既不能夸大成绩，也不能掩饰错误或问题。

(3) 报告中不得夹带请示事项。根据《党政机关公文处理工作条例》第十五条第四款的规定，"不得在报告等非请示性公文中夹带请示事项"。

2.4.2 请示

 案例导读

关于印发《黄浦区人民政府关于本区开展第五次全国经济普查的通知》的请示

黄浦区人民政府办公室：

根据《国务院关于开展第五次全国经济普查的通知》(国发〔2022〕22号)、《上海市人民政府关于本市开展第五次全国经济普查的通知》(沪府发〔2023〕2号)要求，区统计局已会同区委宣传部、区委编办、区发展改革委、区民政局、区财政局、区人力资源社会保障

局、区规划资源局、区房管局、区市场监管局、区税务局、区大数据中心等部门，起草了《关于本区开展第五次全国经济普查的通知》，拟请区政府发文。

妥否，请批示。

附件：《黄浦区人民政府关于本区开展第五次全国经济普查的通知》

联系部门：黄浦区统计局

联系人：李××

联系电话：××××-××××

黄浦区统计局
2023年3月2日

■ 案例分析

文种： 请示。

写作结构：

(1) 标题——《关于印发<黄浦区人民政府关于本区开展第五次全国经济普查的通知>的请示》，包含"发文事由+文种"。

(2) 正文：该案例属于请求批准的请示，其正文由"缘由+主体+结尾"三部分构成。

写作要点：

该案例属于请求批准的请示，所请求的事项要写得具体明确、条项清楚，方便上级机关给予明确批复。

根据《党政机关公文处理工作条例》第八条第十一款的规定，请示"适用于向上级机关请求指示、批准"。请示属于针对性很强的上行文，是下级机关就某项工作或某件事情向上级机关请求做出指示、答复、审核的呈请性、期复性公文。

1) 请示的特点

(1) 呈批性。请示是具有针对性的上行文，上级机关对下级机关所呈报的请示事项，不管是否同意，都必须给出明确的"批复"回文。

(2) 单一性。请示应该是一文一事，通常只写一个主送机关，就算需要同时送其他机关，一般也采用抄送形式。

(3) 明确性。请示中应明确指出所需决策、批复或指示，内容应具体、清晰，提出相应的行动要求，以便上级机关能够及时给予指示、决断。

(4) 时效性。请示事项一般属于下级比较急迫的问题或重大事项，上级机关收文后应尽快给予答复，避免造成重大的损失。

2) 请示的分类

根据内容、性质的不同，请示可以分成以下几类。

(1) 请求指示的请示。下级机关在工作中遇到无权解决或无力解决但必须面对的情况时，可以向上级机关说明有关情况，并请求上级机关给予答复或提出明确的处理意见。例如，下级机关需要上级机关对原有的政策规定进行明确解释，对如何处理突发事件或新情况、新问题做出明确指示，对需要变通处理的问题做出审查认定等。

(2) 请求批准的请示。下级机关针对某些具体事宜向上级机关请求批准的请示，主要是为了解决某些具体问题和实际困难，如《关于印发<黄浦区人民政府关于本区开展第五次全国经济普

查的通知>的请示》。

(3) 请求帮助的请示。下级机关在具体工作中遇到人、财、物方面的困难，自己因权限和能力所限无法解决，可以提出方案请求上级帮助解决。例如，请求审批某个项目并拨付资金和物资，工作中遇到困难需要上级在人、财、物等方面给予帮助等。

3) 请示的结构

请示一般包括标题、主送机关、正文、附件、附注、落款和成文日期等几部分。

(1) 标题。请示的标题一般有两种形式：一是"发文机关名称+事由+文种"；二是"事由+文种"，如《关于印发<黄浦区人民政府关于本区开展第五次全国经济普查的通知>的请示》。

(2) 主送机关。请示的主送机关是负责受理和答复该文件的机关，每件请示只能写一个主送机关，不能多头请示。

(3) 正文。正文一般由缘由、主体、结尾三部分构成。

① 缘由。事项缘由是请示是否成立的前提条件，也是上级机关做出批复的根据。缘由的叙述要求具体客观、充分合理。

② 主体。正文的主体部分主要说明请求事项，向上级机关提出具体请求。请示正文的主体内容单一，只适宜请求一件事；所请求的事项要写得具体明确、条项清楚，方便上级机关给予明确批复。

③ 结尾。结尾应该另起一段，习惯用语一般有"妥否，请批复""当否，请批示""以上请示如无不妥，请批转各地区、各部门研究执行"等。

(4) 附件。附件是公文正文的说明、补充或者参考资料。在正文的下方撰写附件信息，如"附件：《黄浦区人民政府关于本区开展第五次全国经济普查的通知》"。

(5) 附注。如有必要，可在附注处附上联系方式。

(6) 落款和成文日期。落款署发文机关的全称或者规范化简称，一般需要加盖发文机关印章。成文日期和前述的其他行政公文文种相同。

4) 请示的写作要点

(1) 一文一事。要遵守"一文一事"的原则，公文主旨要鲜明集中，一般只写一个主送机关，不能"多头"请示。

(2) 客观真实。请示的事项要客观真实，理由要充分，不能为了让上级领导批准而虚构情况，也不要因为没能认真调查而片面地摆情况、提问题。

(3) 恳切平实。写作语气要恳切平实，要以理服人，以期引起上级的重视，既不能出言生硬，也不能过于客套、谦卑。

2.4.3 请示与报告的区别

(1) 目的作用不同。报告旨在让上级了解情况，为上级部门决策提供依据。请示是请求上级指示、批准以解决问题时使用的文种。请示要求上级给予答复，报告上级可答可不答。

(2) 内容构成不同。报告属陈述性文体，不提请求事项，重在汇报工作。请示是请求性文种，重在请求批准指示。

(3) 使用时间不同。报告行文时间比较灵活，事前事后都可行文。请示必须事前行文。

(4) 制作要求不同。请示要求"一文一事"，且一般使用"红头文件"。报告可以一文多事，也不强求一定用红头文件。

2.4.4 批复

案例导读

国务院关于"十四五"新型城镇化实施方案的批复

国函〔2022〕52号

国家发展改革委：

你委《关于报送〈"十四五"新型城镇化实施方案〉(送审稿)的请示》(发改规划〔2021〕1940号)收悉。现批复如下。

一、原则同意《"十四五"新型城镇化实施方案》(以下简称《方案》)，请认真组织实施。

二、《方案》实施要以习近平新时代中国特色社会主义思想为指导，全面贯彻党的十九大和十九届历次全会精神，坚持稳中求进工作总基调，完整、准确、全面贯彻新发展理念，加快构建新发展格局，以推动城镇化高质量发展为主题，以转变城市发展方式为主线，以体制机制改革创新为根本动力，以满足人民日益增长的美好生活需要为根本目的，统筹发展和安全，深入推进以人为核心的新型城镇化战略，持续促进农业转移人口市民化，完善以城市群为主体形态、大中小城市和小城镇协调发展的城镇化格局，推动城市健康宜居安全发展，推进城市治理体系和治理能力现代化，促进城乡融合发展，为全面建设社会主义现代化国家提供强劲动力和坚实支撑。

三、各省、自治区、直辖市人民政府要加强组织领导，明确责任分工，完善工作机制，细化任务举措，将《方案》明确的重要任务和改革举措与本地区"十四五"时期经济社会发展紧密衔接，确保将各项目标任务和政策措施落到实处。《方案》实施中涉及的重要政策、重大工程、重点项目要按规定程序报批。

四、各有关部门要根据职责分工，加强协调配合，加大指导支持力度，形成推动新型城镇化的政策合力。充分发挥城镇化工作暨城乡融合发展工作部际联席会议制度作用，统筹推进重大事项，推动解决《方案》实施中的重大问题。国家发展改革委要加强综合协调，及时跟踪《方案》实施进展情况，适时总结推广典型经验。重大事项及时向党中央、国务院报告。

国务院

2022年5月31日

(此件公开发布)

■ 案例分析

文种：批复。

写作结构：

(1) 标题——《国务院关于"十四五"新型城镇化实施方案的批复》，包含"发文机关+发文事由+文种"。

(2) 正文：该案例属于肯定式批复，其正文由"缘由+主体"两部分构成。

写作要点：

该案例属于肯定式批复，批复的内容针对来文请示的事项，鲜明地表明态度。

根据《党政机关公文处理工作条例》第八条第十二款的规定，批复"适用于答复下级机关请示事项"。批复属于下行文，是上级机关专门就某事或是某一问题做出答复，其内容比较单一，批复的核心内容是就请示的内容、问题表示上级机关的态度，是同意还是反对，或有不同意见等，应在批复中直接申明。

1) 批复的特点

(1) 针对性。批复要针对请示事项表明是否可行或是否同意的态度，批复事项必须针对请示内容。

(2) 被动性。批复的行文以下级的请示为前提，先有上报的请示，后有下发的批复，一来一往，被动行文，这一点与其他公文不同。

(3) 明确性。批复的内容要具体明确，不能有模棱两可的语言，使得请示单位不知道该如何处理。

(4) 权威性。批复所表示的是上级机关做出的结论性意见，下级机关对上级机关的答复必须认真贯彻执行，不得违背，带有很强的权威性。

2) 批复的分类

(1) 按照批复内容的表达方式分为表态式批复和阐发式批复。

① 表态式批复内容比较简单，只针对请示事项表明同意或不同意的态度。

② 阐发式批复在明确表态的基础上，进一步阐发政策性、指示性意见，指导下级单位处理好有关问题。

(2) 按照批复内容的性质可以分为肯定性批复、否定性批复和解答性批复。

① 肯定性批复即同意下级单位请示事项的批复。

② 否定性批复即不同意下级单位请示事项的批复。

③ 解答性批复即针对下级单位请示中所询问的有关事项给予明确解答的批复。

3) 批复的结构

批复一般包括标题、发文字号、主送机关、正文、落款和成文日期、附注等几部分。

(1) 标题。一般批复的标题所采用形式为"批复机关+批复事项+批复文种"，如《国务院关于"十四五"新型城镇化实施方案的批复》。

(2) 发文字号。发文字号由发文机关代字、年份、发文顺序号构成，如"国函〔2022〕52号"。

(3) 主送机关。即来文请示的单位，其位置在标题之下、正文之上。批复具有针对性，主送机关是绝对不能缺少的，主送单位只能有一个。

(4) 正文。正文包括缘由、主体和结尾三部分。

① 缘由。该部分需明确批复的依据，说明是针对哪个请示所做出的批复，要求写得明确、严谨。

② 主体。主体写作内容会根据具体的请示事项而有所不同。一是针对某个具体事项的请示，批复的内容简单明了，直接表明态度。二是批复具有一定的普遍性，须较为详细地写明批复的态度，充分阐明理由。必要时，还需在同意的基础上，原则性地提出希望和要求。

③ 结尾。批复的结尾通常用"此复""特此批复"等习惯用语。

(5) 落款和成文日期。落款署发文机关的全称或者规范化简称，一般需要加盖发文机关印章。成文日期和前述的其他行政公文文种相同。

(6) 附注。公文印发传达范围等需要说明的事项。

4) 批复的写作要点

(1) 及时批复。上级机关接到请示后应立即进行周密的调查了解，掌握有关政策精神，及时进行研究并做出批复。请示的事项一般是下级机关在工作中所遇到的疑难问题或不能自行决定的事项，应及时对这些事项做出批复。

(2) 肯定明确。批复内容应该直陈直述，表义确切，不能产生歧义，以便下级机关准确掌握，顺利执行。

(3) 有针对性。批复的内容要针对来文请示的事项，鲜明地表明态度，不能答非所问，也不能说题外话。

2.5　议案、函、会议纪要

2.5.1　议案

 案例导读

关于借"治污"契机，深入推进"美丽海岛"建设的议案

嵊水县人民代表大会：

　　水作为生命之源、生产之要、生态之基，直接关系着一个地方的长远发展。今年，我县全面贯彻落实省、市关于"五水共治"的决策部署，在金沙社区全力推进实施以"治污水"为核心的污水管网改造工程，也进一步促进村庄环境整洁。随着我县旅游业发展，旅游人数攀升，环境承载力接近饱和，我县在新时期要突破发展瓶颈，提高"美丽海岛"建设水平，就要将"治污水"作为"五水共治"工作突破口，形成"天蓝、水净、地绿"的生态环境，加快建设沿线风光、面上整洁、产业配套的"美丽海岛"。

　　下面就借"治污"契机，深入推进"美丽海岛"建设提出以下几点建议：

一、要依托治污，注重细节，推动村庄整体风貌改造(内容略)

二、要借力治污，加大投入，完善村庄基础设施建设(内容略)

三、要紧扣治污，强化宣传，营造全县环境保护氛围(内容略)

四、要结合治污，综合整治，建立卫生保洁长效机制(内容略)

王国频等12名人大代表
2015年3月5日

■ 案例分析

文种：议案。

写作结构：

(1) 标题——《关于借"治污"契机，深入推进"美丽海岛"建设的议案》，包含"发文事

由+文种"。

(2) 正文：该案例属于建议性议案，其正文由"缘由+事项"两部分构成。

写作要点：

该案例属于建议性议案，事项明确具体，切实可行，符合国家和人民利益的需要，符合现行法律、法规和政策。

根据《党政机关公文处理工作条例》第八条第十三款的规定，议案"适用于各级人民政府按照法律程序向同级人民代表大会或者人民代表大会常务委员会提请审议事项"。议案是由具有法定提案权的国家机关、会议常设或临设的机构和组织，以及一定数量的个人，向权力机构提出进行审议并做出决定的议事案。

1) 议案的特点

(1) 法定性。根据国务院办公厅的规定，只有各级政府能向同级的人民代表大会提出议案，一般的团体、机构都无权提出、制发议案。

(2) 特定性。议案所提的内容，必须是该级人民代表大会或常务委员会审议范围内的事项。

(3) 时效性。议案必须在人民代表大会或其常务委员会举行会议时规定的期限内提出，且议案必须在规定的期限内予以审议、表决或提出处理意见，不能延误。

(4) 可行性。议案必须是关系当地国计民生的重要事项，符合当地人民群众的意愿和要求。议案所提出的解决方案，必须具有切实的可行性。

2) 议案的分类

(1) 立法性议案。一是在建议、请求某行政机构制定某项法规时使用；二是各级人民政府制定了某项法律法规之后需要提请人大审议通过时使用。

(2) 任免性议案。行政机关向人民代表大会或人民代表大会常务委员会提请任命、免去或撤销行政机关工作人员的职务，请求权力机关审议批准的议案。

(3) 重大事项的决策性议案。关于重大工程上马，以及政治、经济、科教文卫等领域中重大事项的决策、城乡发展规划、财政预算决算，需要提请人民代表大会审议批准时所使用的议案，就属于重大事项的决策性议案。

(4) 建议性议案。行政机关向权力机关提出建议，供人民代表大会审议、采纳，这种议案和建议报告类似。

3) 议案的结构

议案一般包括标题、主送机关、正文、落款和成文日期、附件等几部分。

(1) 标题。议案的标题一般采用"发文机关＋事由＋文种"的形式。

(2) 主送机关。议案的主送机关一般有两种情况：一是主送同级人民代表大会的议案，如全国人民代表大会；二是主送同级人民代表大会常务委员会的议案，如全国人民代表大会常务委员会。

(3) 正文。议案的正文一般包括缘由、事项和结尾三部分。

① 缘由。在议案的开头部分，阐述提出议案的原因、根据和目的

② 事项。即议案所提出审议的具体事项，主要是涉及重要事项的立案、立法案、选举案、罢免案、预决算案等。

③ 结尾。结尾常采用模式化的语言，如"以上议案，请审议""请予以审议"等。

(4) 落款和成文日期。按照要求写明发文机关名称并加盖发文机关印章，要标明成文日期，

用阿拉伯数字标明年、月、日。

(5) 附件。议案一般要带附件，即"草案"，"草案"是所要审议的具体事项。议案落款和成文日期之后，一般会附上附件的全文。

4) 议案的写作要点

(1) 议案的审议职权。议案的内容必须是符合本级人民代表大会职权范围内的事项，议案的审议应在人民代表大会或人民代表大会常务委员会职权范围内。

(2) 议案的时效性。议案的提交或提请必须在大会规定的时间内。

(3) 议案的可行性。议案明确具体，切实可行，要符合国家和人民利益的需要，符合现行法律、法规和政策。

(4) 一案一事。撰写议案是为了提请审议，只有一案一事才有针对性，因此一般议案所涉及的内容是一案一事。

(5) 审议附件。需要进行审议的法规草案、重大事项安排草案都需要将该草案列为附件，以供审议。

2.5.2 函

 案例导读

关于转发地方经验做法进一步加强院前医疗急救服务工作的函
联防联控机制医疗发〔2022〕260号

各省、自治区、直辖市及新疆生产建设兵团联防联控机制(领导小组、指挥部)、国务院联防联控机制各成员单位：

为进一步做好院前医疗急救服务保障，提升院前医疗急救服务能力和效率，满足人民群众非急救医疗服务需求，现将北京市、上海市、江苏省、浙江省的经验做法转发给你们，请结合实际参考使用，并重点做好以下工作。

一、扩容院前急救资源。各地要结合本地人口规模、年龄结构、新冠疫情进展情况，加大院前医疗急救车辆和人员配置力度，进一步扩容120电话线路，提高呼叫接听率和服务满足率。同时，加强院前医疗急救医务人员、驾驶员、调度座席等后备力量建设，以网络医院依托形成急救车辆、人员的机动力量，满足急危重症患者的转运需求。

二、完善120电话分流机制。充分发挥互联网医疗服务的积极作用，鼓励医疗机构提供24小时线上咨询，为患者提供就医、心理咨询、用药指导等服务。开设24小时日常咨询类和非急救电话专线、在政府门户网站开通留言专栏等方式，为群众提供健康咨询服务，倡导非急救不拨打120。

三、积极动员社会力量开展非急救患者转运。组建非急救患者转运工作专班，动员公交公司、第三方运输企业等社会力量，提供非急救转运服务。开设非急救转运热线电话并及时向社会公布，保障普通患者就医转运需求，缓解120院前医疗急救的转运压力。

　　四、畅通急危重症患者就医全流程绿色通道。做好院前医疗急救与医院急诊的衔接，指导医疗机构在急诊、发热门诊配置足够的担架车和轮椅，确保转运车辆送达的患者能够及时转接，不占用转运车辆及担架资源。理顺急诊与院内收治流程，畅通急诊患者快速分诊收治通道，提升住院患者收治效率。依托医联体建立患者上下转诊机制，将三级医院适宜下转的患者，及时转诊至二级医院或基层医疗卫生机构，提高床位周转使用效率。

　　发挥信息化的积极作用，建立院前医疗急救与院内急诊、院内急诊与各专科，以及医疗机构之间转诊的信息互联共享渠道，加快患者信息传递，提升医疗服务效率，支撑一体化的医疗服务模式。

国务院联防联控机制医疗救治组
2022年12月27日

■ 案例分析

文种： 函。

写作结构：

(1) 标题——《关于转发地方经验做法进一步加强院前医疗急救服务工作的函》，包含"发文事由+文种"。

(2) 正文：该案例属于告知函，其正文由"缘由+主体"两部分构成。

写作要点：

该案例属于告知函，函的事项部分内容单一，一函一事，行文时直陈其事。

根据《党政机关公文处理工作条例》第八条第十四款的规定，函"适用于不相隶属机关之间商洽工作、询问和答复问题、请求批准和答复审批事项"。函是典型的平行文，既适用于平行机关之间行文，也适用于不相隶属的机关之间行文，包括上级机关或下级机关行文。

1) 函的特点

(1) 单一性。一份公函只适宜写一个事项，一般要求一文一事、内容单一、语言简洁明了。

(2) 灵活性。一是格式灵活，除国家高级机关行文时所使用的公函必须严格按照公文的格式、行文要求外，其他函的格式则较为灵活；二是行文方向灵活，既可以平行行文，也可以向上行文或向下行文。

(3) 沟通性。函可以用于不相隶属机关之间互相商洽工作、询问和答复问题，具有良好的沟通作用。

2) 函的分类

(1) 按照性质可以分为公函和便函两种。

① 公函。机关单位进行正式的公务活动往来时用公函。

② 便函。便函主要用于日常事务性工作的处理。便函不属于正式公文，没有公文格式方面的要求，只需要在最后署上机关单位的名称、成文时间并加盖公章。

(2) 按发文目的可以分为复函和发函两种。

① 复函是为了回复对方所发出的函。

② 发函是为了某些工作事项而主动发出的函。

(3) 按照作用可以分为以下几种。

① 商洽函。用于请求支持、协助，协商解决某一个问题，如要求赔偿函、联系参观学习函、干部商调函等。

② 答复函。用于答复不相隶属机关之间询问相关方针政策等问题。

③ 询问函。主要用于询问某一具体事项、征求意见、催交物品等。

④ 告知函。用于将某一事项、活动函告对方知晓，或请对方参加会议、集体活动。

⑤ 请求批准函。用于向有关机关、部门请求批准，如果是下级机关向上级机关请求批准，则只能用请示而不能用函。

3) 函的结构

函一般由标题、主送机关、正文、落款与成文日期等构成。

(1) 标题。函的标题一般有三种形式：一是"发文机关+事由+文种"；二是"事由+文种"如《关于转发地方经验做法进一步加强院前医疗急救服务工作的函》；三是"发文机关+事由+受理机关+文种"。

(2) 主送机关。即受文并办理来函事项的机关单位，如"各省、自治区、直辖市及新疆生产建设兵团联防联控机制(领导小组、指挥部)、国务院联防联控机制各成员单位"。

(3) 正文。正文一般由缘由、主体、结尾构成。

① 缘由。发函要说明具体缘由，通常要求交代发函的目的、根据、原因等内容；复函的缘由要引述来文的标题、发文字号，并说明发文的缘由。

② 主体。此部分说明此函所涉及的事项。函的事项部分内容单一，通常是一函一事，行文时要直陈其事，要用简洁得体的语言将需要告知对方的问题或意见写清楚。

③ 结尾。发函的结尾通常是向对方提出希望和要求，然后以"特此函请""特此函告"等作为结束语，也可省略。不同类型的函有不同的结束语，具体如下。

- 商洽事项+协商、诉请语气的结束语，如"妥否，请函复""特此函商"等。
- 询问事项+答复要求或结束语，如"请研究函复""盼复""特此函询"等。
- 引述来文并表明态度+答复事项+结束语，如"特此函复"。

(4) 落款与成文日期。无论是主动发函还是被动复函，落款都必须标明发文机关，并加盖公章。成文日期与其他行政公文要求相同。

4) 函的写作要点

(1) 主题明确。内容应紧密围绕着函中所提出的问题和公务事项，要简洁明了，直陈其事，避免空话、套话和空泛的议论。

(2) 礼貌用语。函的用语要做到礼貌平和，切忌使用命令语气，但也不能为了解决问题而逢迎对方。

(3) 注意请示与请求批准函、批复与答复函之间的区别。请示适用于下级机关向有隶属关系的上级机关请求批准相关事宜，批复适用于上级机关回复有隶属关系的下级机关的请示，请批函、答复函适用于不相隶属的机关之间请求批准相关事宜。

(4) 时效性。复函应及时迅速，要像对待其他公文一样，及时地处理函件，保证公务活动的正常进行。

2.5.3 会议纪要

 案例导读

市政府第39次常务会议纪要

常务会议纪要〔2023〕19号

2023年6月12日上午，吴庆文市长主持召开市政府第39次常务会议，审议《苏州市促进个体工商户高质量发展的若干政策措施》《市政府关于废止部分行政规范性文件的决定》《苏州市人民政府关于公布继续施行的市政府行政规范性文件目录的通告》《苏州市鼓励"工业上楼"工作试点方案》和《苏州市促进数字金融实验室发展实施细则(试行)》。

会议议定以下意见：

一、审议《苏州市促进个体工商户高质量发展的若干政策措施》(内容略)

二、审议《市政府关于废止部分行政规范性文件的决定》和《苏州市人民政府关于公布继续施行的市政府行政规范性文件目录的通告》(内容略)

三、审议《苏州市鼓励"工业上楼"工作试点方案》(内容略)

四、审议《苏州市促进数字金融实验室发展实施细则(试行)》(内容略)

会议还研究了其他事项。

……

苏州市人民政府办公室整理

2023年6月21日

■ 案例分析

文种：会议纪要。

写作结构：

(1) 标题——《市政府第39次常务会议纪要》，包含"会议主持机关+会议名称+文种"。

(2) 正文：该案例属于办公性会议纪要，其正文由"会议概况+主体+结尾"三部分构成。

写作要点：

会议纪要应用语简练，用词精当，实事求是地反映会议的内容。

根据《党政机关公文处理工作条例》第八条第十五款的规定，会议纪要"适用于记载会议主要情况和议定事项"。纪要是在会议记录的基础上经过加工，整理出来的一种记叙性和介绍性文件。

1) 会议纪要的特点

(1) 概括性。会议纪要是依据会议情况综合而成的，会围绕会议主旨及主要成果进行整理、提炼和概括。

(2) 纪实性。会议纪要必须实事求是地反映会议的内容，传达会议所议定的事项和形成的决议，具有凭证作用和资料文献价值。

(3) 内部性。会议纪要可印发参会单位和其他单位，不需要向全社会公开；不能代替有关行

政执法文书，不能直接作为行政管理的依据。

(4) 指导性。参加会议的单位和相关部门要严格依据会议纪要开展工作，落实会议的议定事项。会议纪要一经下发，就会产生约束力。

2) 会议纪要的分类

(1) 办公性会议纪要。办公性会议纪要主要适用于机关日常工作中定期召开的例会或办公会议，召开一次就做一次会议纪要。

(2) 专题性会议纪要。各机关、团体、企事业单位的领导人主持召开的研究某一方面或某一专门工作会议而形成的纪要。

(3) 协议性会议纪要。协议性会议纪要主要用于记载双边或多边会议达成的协议情况，以便作为会后各方执行公务和履行职责的依据，对协调各方工作具有约束作用。

(4) 研讨性会议纪要。研讨性会议纪要主要用于记载专门职能部门或学术机构召开的专业会议或学术研讨会议的情况。

3) 会议纪要的结构

会议纪要一般包括标题、正文、落款和成文日期等几部分。

(1) 标题。会议纪要的标题一般有两种形式，一是"会议名称+文种"，如《加强土地统一管理的会议纪要》；二是"会议主持机关+会议名称+文种"，如《市政府第39次常务会议纪要》。

一般在纪要的标题下方居中位置标明会议时间，有时权威机关发文也使用标准的发文字号，如"常务会议纪要〔2023〕19号"。

(2) 正文。会议纪要的正文一般由会议概况、会议主体、纪要结尾构成。

① 会议概况。会议的概况可以采用概述式或分项式将会议的时间、地点、列席人、会议议程，以及会议讨论的主题等基本情况做一个介绍。

② 会议主体。该部分会根据会议记录分析、概括、提炼会议研究的问题，讨论的意见，做出的决定和对今后提出的任务、要求及措施等；还会将会议的主要精神和成果反映出来，而且要层次清楚，脉络分明。

③ 纪要结尾。结尾处要提出贯彻会议精神、搞好专项工作的说明、要求、希望或号召。内容简要、篇幅不长的会议纪要常省略专门的结尾。

(3) 落款和成文日期。落款应标明发文机关，可不加盖公章。成文日期(会议结束时间)与其他行政公文要求相同。如果在标题下方括号内已标明会议时间，则可省略成文日期。

4) 会议纪要的写作要点

(1) 用语恰当。应按照会议纪要的不同用途，恰当地使用不同的用语。纪要用语要简练，用词要精当，不能写得烦琐冗长，不能用"大概""可能"等不精确的词语，通常会使用"会议认为""会议提出""会议要求""会议强调""会议商定""会议号召"等用语。

(2) 综合分析。根据会议的宗旨，分析综合各种意见，既要集中反映符合会议中心要求的多数人的意见，又要注意吸收少数人正确的意见，形成纪要的中心，不能面面俱到。

(3) 总结提升。从会议的主题、议定事项的内涵、事情的变化和纪要产生影响的角度来综合分析认识，适当调整，总结提升。

(4) 对照检查。要对照会议记录，看看有无遗漏，看是否与会议精神相吻合，能否涵盖会议情况；要审视纪要，看能否体现会议情况，能否体现会议的决策意图。

2.6 行政公文常见错误

2.6.1 行政公文格式常见错误

以《党政机关公文格式》为标准，常见错误归纳起来主要如下。

(1) 单位名称简写不规范。规范的发文标志由发文机关全称或规范简称加"文件"二字组成。若简称不规范，会造成混淆。例如，"南大文件、南大党委文件"简写不规范，南昌大学、南京大学、南开大学等均有"南大"简称，应完整表述为"××大学文件、中共××大学党委文件"。

(2) 发文字号表述不规范。规范的发文字号应包括代字、年份、文号，年份用六角括号括起来，文号前不加"第"字，文号用阿拉伯数字表述，文号数字后加"号"字，不编虚位(如2不编为02)。例如，有的单位在印制文件或引用其他文件时，出现的"××字(2020)第01号""××字[2020]第01号""××字【2020】第01号"等情况，应写为"××字〔2020〕1号"。

(3) 紧急程度在标题中出现。紧急公文按"特急""加急"在公文首页版心的左上角位置标示，顶格编排，采用三号黑体字，标题中不出现紧急、加急字样。但有的单位在公文规定位置未标注紧急程度，公文标题中出现"紧急通知、加急通知"等错误，如《关于优化调整稳就业政策措施的紧急通知》。

(4) 签发人+姓名编写不规范。"签发人"三字采用三号仿宋字体，签发人姓名应采用3号楷体，但有些公文仍使用楷体字或仿宋体。

(5) 标点符号使用不规范，随意性大。

① 多个书名号或引号并列时使用顿号分隔，如"我们要认真执行《××》、《××》、《××》等文件精神"，正确用法应该为"我们要认真执行《××》《××》《××》等文件精神"。

② 结构序数编号后的标点符号使用不规范。正确的结构序数标点为："一、""(一)""1.""(1)"，但有些公文在序数后错误使用顿号，如"(一)、""1、""(1)、"。

③ 标示数值和起止年限时使用连接号不规范。地域、时间等起止连接符号，一般用占一个位置符的横线"—"标示，数值范围起止连接符号用波浪线标示。例如，2020—2025年，公司利润增长计划目标为3%～5%。

④ 图、表说明文字末尾滥用标点。

(6) 正文结束后"附件"排版不规范。若某个或某几个附件名称较长，换行后应与附件名称的首字对齐，附件名称末位不编标点符号，但有些公文出现附件名称换行后顶格，且附件名称末位使用分号或句号。

2.6.2 公文内容常见错误

1) 文种错用

很多单位在选择"请示""报告""函""批复""复函"等文种时容易混淆，应根据行文目的、要求和适用范围确定。

(1) "请示""报告"混用。请示与报告都是上行文，但是两者有严格的区别，有不同的用途和要求。请示适用于向上级机关请求指示、批准，属于事前行文，上级收到请示后必须答复。报告适用于向上级机关汇报工作、反映情况，回复上级机关的询问，属于事中行文或事后行文，不需要上级答复。但有些公文经常出现合并文种的情况，如《关于拨付科研基地产业园建设资金的请示报告》，这种典型的复合文体，有请示也有报告，上级机关难以回复，应改为《关于拨付科研基地产业园建设资金的请示》或《关于拨付科研基地产业园建设资金的报告》，类似的还有"意见报告""总结报告"，这些都不规范。同时，还有将请示、报告错用的现象，如《×××公司关于购买×××的报告》，从标题中的事由分析，是请求上级批准事项，应将"报告"改为"请示"。

(2) "请示""函"混用。请示是上行文，是直接向上级请求批准，函是平行文，是向平级或其他单位请示批准。有些公文应该使用"函"却使用了"请示"。如《×××水文局关于向×××气象局申请购买气象资料的请示》，水文局和气象局之间无隶属关系，应该用"函"，而不能用"请示"。

(3) "复函""批复"混用。批复是对请示的答复，上级对下级使用，上下级之间有隶属关系；复函是对函的答复，在无隶属的单位之间使用。如《×××省水利厅关于同意×××设计院改制方案的复函》，发文机关是×××省水利厅，主送机关是×××设计院，若两者具有隶属上下级关系，正确的标题应该是《×××省水利厅关于同意×××设计院改制方案的批复》。

2) 标题和主送机关表述不当

(1) 标题表述冗长。标题应高度概括，表述规范、准确、简洁。有些公文标题表述为《关于开展质量大检查的通知》，应改为《××公司关于开展质量大检查的通知》。还有些公文表述不规范，公文标题应有"关于"二字，如《××公司开展质量大检查的通知》应改为《××公司关于开展质量大检查的通知》。

(2) 标题结构错位。公文标题由"发文机关名称+事由+文种"构成，其结构顺序不可颠倒，如《关于××公司同意××分公司成立市场开发部的批复》，应改为《××公司关于同意××分公司成立市场开发部的批复》。

(3) 违反"一事一议"的原则。有些公文会出现一文多事、报告夹带请示等现象，如公文"下一步工作打算""拟采取措施"等章节夹带需上级批准后才能实施的事项。上级单位对报告文种通常作为阅件，一般不作答复，在报告中夹带请示，上级单位未回复的情况下容易耽误工作。如果把工作汇报向上级行文，但同时需要解决某些问题或请求上级批准的事项，则应形成两个文件，工作汇报采用报告文种，请求事项采用请示文种，或以请示文种为主，将工作汇报的内容作为附件。

(4) 主送多个机关。向上级机关行文"原则上主送一个上级机关，根据需要同时抄送相关上级机关和同级机关，不抄送下级机关"。如《××水利局关于申请××项目前期工作经费的请示》，主送机关是市人民政府、市财政局，显然存在多头主送的错误，正确的主送机关应当只写"市人民政府"。

3) 内容层次不清晰

公文要求观点明确，条理清晰，应先写事实，再写评析，最后写决定和要求，目的是解决实际问题，具有严格的结构层次和顺序要求。

如某通报的正文写道："××水库管理站长期以来无组织机构，未建立值班带班制度和相应岗位责任制，应急管理混乱。管理站仅有一位兼职工作人员从事大坝维护日常工作，大坝下游坡面杂草丛生，大坝险情难以及时发现，但始终未能引起该管理领导的足够重视。经查，八月十六日晚大坝下游坡面出现塌陷未及时发现并采取相应处理措施，导致险情加大危及大坝安全，属于严重的失职行为。为严肃工作纪律，××水利局决定撤销××管理站××站长职务。"这则通报的正文次序非常混乱。

应首先写"8月16日晚，××水库大坝下游坝坡出现塌陷，××管理站未及时发现并采用相应处理措施，导致险情加大危及大坝安全"。其次写"经调查，××水库管理站管理混乱，长期以来无组织机构……但始终未引起领导重视"。最后写"鉴于该管理站领导未能履职尽责，且无视上级管理规定，现决定撤销××管理××站长职务。希望各水库管理站从中吸取教训"。

4) 语法错误

(1) 主语使用错误。一是一个句子两个主语，一个完整的句子应该使用一个主语作为陈述对象，如"事故发生后，各单位严格落实有关防范措施"，前半句主语为"事故"，后半句主语为"各单位"，显然表述错误，应表述为"自事故发生后，各单位严格落实有关防范措施"。前半句作为首状语，"各单位"作为整个句子主语。二是滥用介词，造成主语缺失，如"经过培训教育对文秘岗位人员能力素质有较大提升"，应修改为"培训教育使得文秘岗位人员能力素质有较大提升"。

(2) 关联词使用错误。关联词在内容承上启下方面起着重要作用，但一旦用词不准，必然影响公文的表达意思。如"只要我们克服当前麻痹思想，就一定能打赢防汛抗旱的攻坚战"的表述就非常不准确，打赢防汛抗旱攻坚战需要克服麻痹思想、采取必要的工程和非工程措施等多种手段，并非只要克服麻痹思想唯一条件就能打赢防汛抗旱攻坚战。

(3) 违反"一面对一面"的原则。有些公文中出现前半句表达肯定意思，后半句表达两面的意思。如"有效控制好疫情蔓延，取决于管控措施是否到位"。有效控制疫情蔓延是肯定表达，但措施是否到位包括肯定和否定两重意思，准确表达应修改为"有效控制好疫情蔓延，取决于管控措施到位"或"能否有效控制好疫情蔓延，取决于管控措施是否到位"。当然，有些词语本身包括了肯定或否定的意思，如"技术骨干的工作态度，决定了项目生产能顺利完成"的表述也不准确，工作态度有好有坏，应改为"技术骨干的工作态度，决定了项目生产能否顺利完成"。

本章小结

本章主要围绕决议、决定、命令(令)、公报、公告、通告、意见、通知、通报、报告、请示、批复、议案、函、纪要这15种行政公文进行了详细介绍。本章通过案例分析详细介绍了每一种公文的特点、分类、结构与要作要点，最后还指出了如何避免行政公文常见的错误，要求学习者掌握行政公文的写作要求和写作方法。

■ 思考与练习

1. 请论述决定和决议的异同点。
2. 请论述通报的特点和分类。
3. 请示与报告有什么区别？
4. 行政公文格式常见的错误有哪些？

■ 实践训练

材料1：根据以下事件，请以其他省份的某市文化和旅游局工作人员的身份撰写一个以此为鉴的自查通知，字数500字左右。

某旅游大巴车前往景点途中，导游在车里讲解沿途风景和历史故事时，前排游客因睡觉打呼噜引发了导游不满。导游称要对人有起码的尊重，气愤道："要么你下车，要么我下车。"文化和旅游厅、文化市场综合执法监督局在2023年7月1日发布了该事件的初步调查的通报。

材料2：根据以下素材，请选择行政公文文种中的报告文种，以市长的身份撰写一份在2023年5月23日在第××届市人民代表大会常务委员会第××次会议上《关于B市民生民计情况的政府工作报告》，字数在1000字左右。

B市是一座正处于经济转型期的老工业基地和资源枯竭型城市。与其他城市相比，其所面临的民生问题更具有特殊性和复杂性。一是随着矿产资源的逐渐枯竭，原先的一批国有矿山相继破产关闭，导致下岗人员大量增加。由于产业单一，加之传统的手工操作，这些下岗人员普遍技能单一、年龄偏大，再就业能力较差。二是由于B市是一座随着煤矿资源的开发而发展起来的城市，城市布局不合理，老城区、老矿区居民集中，工厂和居民区混杂，居住条件恶劣，城市基础设施老化严重，广大群众要求尽快改善居住和生活环境的愿望十分强烈。三是B市作为经济不发达的西部城市，一直存在"大城市、小农村"的问题，社会事业发展不平衡，区域间义务教育发展有所差别，农村医疗卫生、城市社区卫生服务及城乡社会保障体系建设相对滞后。当地老百姓将这些问题形象地归纳为"五多六难"：下岗失业职工多、待业人员多、工亡遗属和工伤职工多、离退休人员多、不稳定因素多；住房难、行路难、入学难、就医难、就业难和生活难。经济最困难时期，该市广大群众收入低，在矿区甚至出现了有人因生活无望而自杀的极端事件。因企业破产、职工下岗、相关政策不平衡而引发的群体性事件时有发生。

■ 参考文献

[1] 高永贵. 公文写作与处理[M]. 北京：北京大学出版社，2020年.

[2] 陈涛涛. 党政机关公文写作实用案例精解[M]. 3版. 北京：中国法制出版社，2022.

[3] 党政机关公文写作处理：规范方法与范本[M]. 4版. 北京：中国法制出版社，2016.

[4] 李尧. 公文写作常见错误及对策探讨[J]. 办公室业务，2022(21)：10-12.

第 3 章
事务文书写作

陕西省"十四五"统计改革发展规划

　　为深入贯彻落实党的十九大和十九届二中、三中、四中、五中全会精神，学习贯彻习近平总书记来陕考察重要讲话精神，适应陕西新时代追赶超越发展需求，服务陕西高质量发展，充分发挥统计信息、统计咨询、统计监督职能作用，加快推进统计现代化改革，积极构建与国家治理体系和治理能力现代化相适应的现代化统计调查体系，全面服务党委政府宏观管理和科学决策，充分满足社会公众各方面统计需求，奋力谱写陕西新时代统计改革发展新篇章，根据《中华人民共和国统计法》《"十四五"时期统计现代化改革规划》《陕西省国民经济和社会发展第十四个五年规划和二〇三五年远景目标纲要》，结合陕西实际，制定本规划。

第一部分　规划背景

一、"十三五"时期陕西统计改革发展成就(略)

二、"十四五"时期陕西统计面临机遇和挑战(略)

第二部分　总体要求

一、指导思想(略)

二、基本原则(略)

三、发展目标(略)

第三部分　重点工作任务

一、持续推进依法统计依法治统(略)

二、推进统计制度方法改革(略)

三、打造高质量"数库"(略)

四、打造高水平"智库"(略)

五、优化统计组织体系(略)

六、加强统计干部队伍建设(略)

> **第四部分　保障措施**
> 一、全面加强党的建设(略)
> 二、加强组织领导(略)
> 三、强化经费保障(略)
> 四、增强协作配合(略)
> 五、做好滚动发展(略)

■ 案例分析

文种： 计划。

特点：

(1)预见性，即"十四五"时期陕西统计面临机遇和挑战。

(2)约束性，体现在第三部分的重点工作任务是对"十四五"期间统计改革发展的部署规划，未来的工作必须严格围绕重点工作任务开展。

(3)具体性，即为了保障计划的顺利开展，提出第四部分的具体保障措施。

写作结构：

(1) 标题——《陕西省"十四五"统计改革发展规划》，包含规划事物及适用时间。

(2) 正文：包括"前言+主体内容"(总体要求+主要任务+保障措施)。

(3) 将可能遇到的问题，以及处理突发问题的应对方案写入其中，如案例中的保障措施。

事务文书是机关、团体、企事业单位在处理日常事务时用来沟通信息、安排工作、总结得失、研究问题的实用文体，是公文写作的重要组成部分，如计划、总结、简报、述职报告、调查报告等。事务文书属于广义的公文范畴。写作事务文书时，需要遵循以下要求。

一是表达清晰明了，避免使用复杂的句子和术语，确保读者易于理解。

二是采用合理的结构，以确保论证逻辑清晰合理。

三是确保文书信息和数据准确无误，避免错误和不实陈述。

四是符合相关法律法规和规范的要求，确保文书的合法合规性。

✎ **学习目标**

1. 了解计划、总结、述职报告、简报、调查报告

2. 熟悉计划、总结、述职报告、简报、调查报告的写作框架

3. 掌握计划、总结、述职报告、简报、调查报告的写作

3.1 计划

全民健身计划

(2021—2025年)

　　"十三五"时期，在党中央、国务院坚强领导下，全民健身国家战略深入实施，全民健身公共服务水平显著提升，全民健身场地设施逐步增多，人民群众通过健身促进健康的热情日益高涨，经常参加体育锻炼人数比例达到37.2%，健康中国和体育强国建设迈出新步伐。同时，全民健身区域发展不平衡、公共服务供给不充分等问题仍然存在。为促进全民健身更高水平发展，更好满足人民群众的健身和健康需求，依据《全民健身条例》，制订本计划。

一、总体要求

(一) 指导思想。(略)

(二) 发展目标。(略)

二、主要任务

(三) 加大全民健身场地设施供给。(略)

(四) 广泛开展全民健身赛事活动。(略)

(五) 提升科学健身指导服务水平。(略)

(六) 激发体育社会组织活力。(略)

(七) 促进重点人群健身活动开展。(略)

(八) 推动体育产业高质量发展。(略)

(九) 推进全民健身融合发展。(略)

(十) 营造全民健身社会氛围。(略)

三、保障措施

(十一) 加强组织领导。(略)

(十二) 壮大全民健身人才队伍。(略)

(十三) 加强全民健身安全保障。(略)

(十四) 提供全民健身智慧化服务。(略)

■ 案例分析

文种：计划。

写作结构：

(1) 标题——《全民健身计划(2021—2025年)》，包含计划事物及适用时间。

(2) 正文：包括"前言+主体内容"(总体要求+主要任务+保障措施)。

写作要点：

将可能遇到的问题，以及处理突发问题的应对方案写入其中，如案例中的保障措施。

"凡事预则立，不预则废"，无论做什么事情，事先有计划才能成功，没有计划，就可能导致失败。

计划是为完成某一时期的预定任务而对完成任务的步骤做出具体安排的事务性文书，主要用于党、政、工、青、妇机关和企事业单位及学校等。计划范畴广泛，如规划、安排、要点、方案等都是计划的一种。

(1) 规划一般是对未来总体工作目标做出整体性、长期性(5年及以上)、基本性问题的思考和考量，是较为全面、长远的计划，如《××省"十四五"统计改革发展规划》。

(2) 安排一般指当前短期计划，是就某一项工作或事务做出详尽、具体的计划，如《××大学2023年度工作计划及重点工作安排》。

(3) 要点一般指比较简明、扼要的计划，是反映一个单位某一时期主要工作的计划，如××省防灾减灾救灾工作委员会发布的《2023年防灾减灾救灾工作要点》。

(4) 方案是对未来的工作做出最佳安排的计划，是具有较强的专业性和约束性的计划，如《××省2022年粮食机收减损实施方案》，包含指导方针、主要目标、工作重点、实施步骤等方面。

3.1.1　计划的特点

(1) 具体性。计划是为了完成工作任务而做的事先筹划，在制订计划时，要根据不同情况综合考虑各种因素，包括资源、时间、人力、财务等方面的限制和要求，尽可能地做出详尽的安排。例如，如何开展具体的行动步骤和实施方式，工作阶段如何划分与过渡，外部环境变化如何灵活调整内部工作等都要予以谋划，使计划可以具体指导工作开展。

(2) 预见性。计划是对事物发展主导趋势大致情况做出的推断，也是对未来事业设计的蓝图，是在工作开展之前对工作目标、工作步骤、工作方法等做出具体安排，且都是在事前做出，这就决定了计划具有预见性的特点。计划的预见性意味着能够提前预测并应对可能发生的各种情况，进而指导工作更好地开展。可以说，预见的科学性和准确性是计划有效指导工作的关键。

(3) 约束性。计划一般是根据上级机关下达的工作任务制订的，制订后，一般也要经过上级机关批准。所以计划一经通过、批准或认定，在其所计划的范围内，对工作就有指导作用，对员工就有约束作用，有关方面和人员必须认真遵照执行，按计划的内容开展工作和活动。如果需要调整和修改，一般要履行一定的审批手续。

3.1.2　计划的分类

按照不同的标准，计划可以分成不同的种类。

(1) 按照时间长短划分，可以分为长期计划、中期计划和短期计划。长期计划一般指一年以上的计划，中期计划涉及中等时间范围内的目标和行动计划，通常是半年到一年的计划。短期计划涉及较短时间范围内的目标和行动计划，通常是数天到数月的计划。

(2) 按照层次划分，可以分为战略计划、战术计划和操作计划。

(3) 按照强制性划分，可以分为指令性计划和指导性计划。

① 指令性计划由国家或上级机关直接明确下达，并且提供必要的保证，要求必须完成。

② 指导性计划通过有关政策法令、利用经济杠杆和各种措施，提供必要的信息和咨询服务，给予必要的指导，将指标纳入国家或上级的计划之内，但不是强制执行的。

(4) 按照表达方式划分，可以分为文字计划、图表计划及文字图表并用的计划。

(5) 按照功能划分，可以分为工作计划、生产计划、学习计划、强基计划和研发计划等。

3.1.3　计划的结构

计划一般由标题、正文、制订时间三部分构成。

1) 标题

标题一般由单位名称、适用时间、计划事务和文种四个要素组成，如《自然资源部2023年立法工作计划》。这是计划标题常规且规范的写法，但标题四个要素不一定要完全具备，如《全民健身计划(2021—2025年)》，标题中未出现单位名称。此外，计划如果还需要征求意见，需要修改，应该在标题后用括号注明"讨论稿""草案"等字样，如《××市应急管理局"十四五"规划(讨论稿)》。

2) 正文

正文的结构一般包括前言、主体、结尾三部分。

(1) 前言。前言是计划的开头。若是较为长期、全面的计划，前言一般概述制订计划的目的、依据、指导思想和总的工作任务或总目标。若是较为具体的、短期的计划，前言一般概述计划的目的、依据及指导思想等。如《全民健身计划(2021—2025年)》中，目的是"促进全民健身更高水平发展，更好满足人民群众的健身和健康需求"，计划制订的依据是《全民健身条例》。

(2) 主体。主体部分是计划的重点内容，这一部分要写明工作的具体目标、工作的步骤、完成工作的措施。这三方面内容是计划主体部分的基本要素。

① 目标。总工作目标如果已在前言写明，在主体部分可以列出具体分项目标，也可以标注目标是否分解到具体下级单位。

② 步骤。工作任务一般在一个阶段、一个时期内完成，或者需要分阶段完成。因此，在主体写作中应该将总任务科学地分解为几个有机的阶段，根据轻重缓急做好安排，并对各阶段任务在时间上提出明确的要求。

③ 措施。措施即完成任务的方法和手段。有了目标，明确了工作步骤，接着就需要相应的措施及办法进行配合。措施包括组织领导力量的配备，工作量及人力、物力、财力的分配，上下左右关系的协调，部门或单位之间的协调、衔接，如遇突发事件应该采取什么对策，具体的考核办法，明确的奖惩制度，在任务完成的各个阶段如何检查验收等。

总之，计划的制订遵循"目标明确，步骤清晰，措施可行，逻辑清晰，内容全面，表述准确"即可。

(3) 结尾。结尾是计划的辅助和补充部分。计划的结尾根据行文需要来定。如果计划写完，内容表达清楚，且结构完整，可忽略结尾。如果需要结尾部分，可以加入展望计划实施的前景，或者发出号召，勉励大家为实现计划目标而努力奋斗，也可以强调实现计划目标的意义，进一步提出要求，或补充说明一些具体事项。

3) 制订时间

制订时间置于正文之后，通常放在和正文间隔一行的偏右位置，标明计划制订的时间(年、月、日)。

3.1.4　计划的写作要点

(1) 与国家的政策、法律法规保持一致。任何一个单位、一个部门都是国家全局中的一部分，每一个单位和部门所完成的任务，都是为国家实现总目标服务的，因此，工作计划的内容必须符合国家的方针、政策，确立的目标必须服从国家全局的需要，采取的措施必须符合国家的法律法规。

(2) 了解全局形势，掌握本单位的具体情况。计划的制订者，必须掌握党和国家的有关方针、政策和相关的法律法规，了解上级的战略意图和全局的基本情况，了解和掌握本单位的实际情况，包括单位现状、历史和未来发展趋势。只有在具备了这样的条件，在这样的背景下制订和写作出来的计划，才能符合客观规律和实际情况，才能切实可行。

(3) 要具备预见性。制订计划要有很高的预见性。预见性体现在两方面：一是要合理地确定目标和指标，一份科学的计划，它的目标和指标应该是经过努力才能实现的；二是在制订计划时，要尽可能地预测工作的进程和在工作中可能遇到的问题，以及处理这些突发问题的应对方案。

3.2　总结

 案例导读

××年××市公路收费站工作总结

随着公路建设的逐步完善，收费站管理水平也要随之提高，规范、有效的管理将成为服务社会的基本标准。然而现代车辆的快速增长相应增加了管理难度，干扰了正常收费程序。为达到收好费，服好务的基本目标，现对我站××××年公路收费站工作开展梳理。

一、现存问题

1. 收费人员安全意识淡薄，服务态度不积极。收费人员的工作环境相对来说比较舒适，安全意识淡薄。现场安全人员在执行相关规定时，安全监管力度太弱，敷衍了事。

2. 收费站内部管理制度不健全。单位没有建立相应的奖励机制和薪酬制度，无法满足员工对工作环境和工资待遇的要求，无法调动其积极主动性，从而形成一种消极的工作氛围。

3. 过往司乘人员与收费站岗位人员之间存在矛盾。两者之间存在的矛盾是过往司乘人员的素质偏低，主动缴费意识差引起的，有的对收费人员恶语相向、辱骂和进行人身攻击，甚至有故意找茬、闹事。

二、整治措施

1. 加强培训，提高收费人员整体素质。加强对收费人员的培训，包括思想政治教育、职业道德教育、政策法规教育、文明礼仪服务、业务技能培训，全面提高收费人员的整体素质，提高工作质量和收费站管理水平。

2. 完善管理制度。建立考核机制和奖励机制，将奖惩直接与员工的工作效益挂钩，改革用人机制，推行"末位淘汰制"，使得具有真才实学的一线员工实现自身价值，提高一线员工工作的主动性和积极性。

3. 采用多种方式，确保站口畅通。建立和完善各种突发事件的预警机制、协调机制、联动机制、应急处理机制等，以便在站口发生堵车时紧急启动，从容应对，并有条不紊地组织开展收费保畅工作。

××市收费站

××××年××月××日

■ 案例分析

文种：工作总结。

写作结构：

(1) 标题——公文式标题《××年××市公路收费站工作总结》。

(2) 正文：横式结构，包括"导入(问题+意义)+问题+对策"。

写作要点：

(1) 上文中的现存问题是对收费站过往存在问题的梳理，具有回顾性、客观性和自述性。

(2) 上文中的整治措施是经验性和理论性的体现，整治措施可能是日常工作中优秀工作方式方法的总结，也可能是对专业理论的应用。

总结是对过去工作进行全面回顾、系统分析，并从中得出对工作规律性认识的事务性文书。总结的含义，就应该从抓住"工作回顾""得出对工作规律性的认识"这两方面加以理解。

3.2.1 总结的特点

(1) 回顾性和客观性。总结具有回顾性，这和计划正好相反。计划是预测未来，对将要开展的工作事先进行谋划和安排，而总结是回顾过去，对已经完成的工作进行反思和检查。但是，这种回顾和反思是客观的，因为它以自身的社会实践活动为内容，所依据的事例和数据必须是真实可靠、确凿无误的。

(2) 经验性和理论性。总结的目的就是找出自身在社会实践活动中失败或成功的经验，以便对今后的工作起指导和借鉴作用。因此，总结具有经验性。同时，通过对经验的归纳、抽象、概括，从中找出对客观事物的本质、对工作规律性的认识，将其上升为理论的高度，使之成为今后工作的向导和准绳，因此，总结具有理论性。

(3) 自述性和群众性。总结是对自身工作进行回顾的产物，一般以第一人称来写作，其中的做法、成绩、问题、经验和教训都有自述性。总结是对工作的总结，而群众是工作的参与者，是工作业绩的创造者，总结所反映的内容，自然是群众的工作实践，是群众在工作中创造的经验。因此，总结具有群众性。

3.2.2 总结的分类

总结的种类较多，按照不同的标准，可以将其区分为不同的种类。

(1) 按照内容对象分，可以分为工作总结、学习总结、思想总结、生产总结、战斗总结、会议总结、劳动总结、活动总结和会议总结等。

(2) 按照内容范围分，可分为集体总结和个人总结，集体总结又可分为全国性总结、地区性总结、部门总结和班组总结等。

(3) 按照总结时限分，可分为年度总结、阶段总结、季度总结，以及月、旬总结等。

(4) 按照内容性质分，可分为综合(全面)总结、专题(单项)总结和个人总结等。

3.2.3　总结的结构

总结的结构一般包括标题、署名、正文、写作时间等几部分。

1) 标题

(1) 公文式标题。这种标题包括总结的单位名称、时间、事务及文种，如《××集团公司2023年生产总结》。这种标题分类可以根据行文具体情况，省略总结单位的名称这一要素，如《2023年一季度工作总结》，但总结单位名称应该在署名中标出。

(2) 新闻式标题。这种标题多用于专题性总结，如《以改革为动力促进信贷管理跃上新台阶》，这种标题揭示了总结的主题；再如《沿海经济开发区发展的启示》，这种标题概括了总结的主要内容。

(3) 正副标题。为了使标题和总结的内容更加贴切，往往使用正标题和副标题并用的方式，正标题揭示总结的主题，副标题表示总结的对象和内容，如《轻装踏上新征途——国营××厂改制的体会》。

2) 署名

如果是公文式标题的写法，可以不必另外署名。如果是在标题中省略了总结的单位，或者是其他部门为本单位写的总结，则应该把单位名称或作者的名字居中写在标题的下方、正文的上方。和计划的要求一样，也不要把署名放在总结的结尾处。

3) 正文

正文一般由导言、主体和结尾三部分构成。

(1) 导言。导言也称导语、前言，即总结的开头。这部分一般概括介绍工作的基本情况，包括工作的期限、主要过程、工作的依据和背景，以及指标完成的情况，为下一步深入分析和归纳做铺垫。

(2) 主体。主体是总结的核心部分。它写作的主要内容包括工作的主要方面、工作任务完成情况、采取的措施、取得的成绩、存在的问题、汲取的教训，以及今后的打算等方面。这些内容在一篇总结中不一定是平分笔墨，逐一写来。侧重写哪一方面，要根据总结的目的来定。主体部分通常采用的结构方式包括：纵式结构、横式结构、纵横式结构。

① 纵式结构。纵式结构就是按照工作的进展顺序、步骤展开回顾和总结。这种方式适合于时间跨度较长，阶段性明显的总结。在这部分，可以按照工作的阶段划分总结的层次，可以在每个层次里写工作各阶段的做法、经验、教训等。

② 横式结构。横式结构是在导语中交代清楚工作任务完成情况后，把采取的措施、取得的成绩、存在的问题和教训，以及今后的努力方向等归拢为几部分，在各部分里集中谈各自的内容。

③ 纵横式结构。这种结构方式比较复杂。它的结构特点是，全文在总体上按时间顺序，即工作进展的阶段、步骤展开，而在总结各阶段的工作时，采取的又是横向结构，即工作的各方面情况。这是标准的纵横式结构写法。

(3) 结尾。正文的结尾要看具体一篇总结的需要。如果需要有一段结尾文字才能使总结前后呼应，全文结构完整，而内容也确属必要，那么就可以用一段文字来收束全文。否则，主体部分写完即可结束。

4) 写作时间

写作时间置于正文之后。通常的写法是放在和正文间隔一行的偏右位置。

3.2.4　总结的写作要点

(1) 实事求是，一分为二。总结首要的就是必须端正思想路线，坚持实事求是的原则，如实地反映工作的实际情况，恰当地评价工作。成绩是主流，问题也应该说透。特别是对工作的全面总结，更应该如此。

(2) 遵循规律，写出特点。总结有着比较程式化的结构，有着固定的表现内容，有着比较规范的写作要求。但是，每个单位的工作内容是不同的，即使是工作性质相同的单位，其各自在工作中采取的做法，以及工作体会和工作经验也是不一样的，因此，总结的写作必须写出自己单位、自己部门的独特之处。

(3) 找出规律，突出重点。总结的价值在于通过对工作的总结，透过各种纷繁的现象，认识事物的本质，从中找出规律性的东西，从而使我们的认识得到一次飞跃，以利于今后在更高的层面上认识事物，把握工作规律，掌握工作的主动权，使我们的工作水平得到进一步提高，把工作做得更好。因此，总结的写作关键是对材料进行由此及彼、由表及里的分析，挖掘材料本身所具有的，而不是人为地主观强加给它的意义，并且深刻认识事物之间的有机联系，得出正确的结论。

(4) 熟悉情况，占有资料。首先，谁最先掌握第一手材料呢？当然是工作的参与者、亲历者。因此，总结的写作者应该是工作的直接参与者，最好是直接指挥工作的领导者。其次，即使是工作的参与者写作总结，仅靠一两个人掌握的情况是远远不够的。这是因为每个人不可能直接参与方方面面的工作，所以在工作资料获取方面是有局限的。另外，在认识事物的深刻性、准确性上，也会受到个人认知能力和角度的制约。因此，在写作总结之前，专门、有意识地征求各方面干部群众的意见，全方位地收集、充分地获取必要的资料是非常必要的。

3.3　述职报告

 案例导读

办公室主任职务转正考核述职报告

各位领导、各位同事：

去年5月，我通过竞争上岗走上办公室副主任岗位，主要负责文秘方面的工作。在当时的竞职演讲中，我曾经说过："不管竞职能否成功，作为在办公室岗位工作的一名工职人员员，我都要努力做到'五勤'、诚心当好'四员'。""五勤"就是眼勤、耳勤、脑勤、手勤、腿勤，"四员"就是为各级领导和地税事业当好参谋员、信息员、宣传员和服务员。一年来，我主要从四方面实践着自己的诺言，力争做到更高、更强、更优。下面，我就这一年的工作情况向各位领导作简要汇报，以接受大家评议。

一、努力学习，全面提高自身素质(略)

二、加强修养，时刻注意自我约束(略)

三、勤奋工作，回报领导和同事的关爱(略)

四、尽心履职，全心全意当好配角(略)

总而言之，总结一年来的工作，我可以问心无愧地说："自己尽了心，努了力，流了汗。"不管这次述职能否通过，我将一如既往地做事，一如既往地为人，也希望领导和同志们一如既往地待我！

述职人：×××

××××年××月××日

■ 案例分析

文种： 述职报告。

写作结构：

(1) 标题——办公室主任职务(职务)+转正考核(述职内容)+述职报告。

(2) 引言：包括工作岗位(副主任)、职责范围(为各级领导和地税事业当好参谋员、信息员、宣传员和服务员)、工作目标(努力做到"五勤"、诚心当好"四员")。

(3) 正文：具体成绩。

(4) 总结：未来展望。

(5) 落款。

述职报告是指担任领导职务的干部或单位负责人，根据制度规定或工作需要，定期或不定期向选举或任命机构、上级领导机关、主管部门及本单位的干部职工，陈述本人或单位在一定时间内履行岗位职责情况的书面报告。

3.3.1 述职报告的特点

(1) 个人性。述职报告是对自身所负责的组织或者部门在某一阶段的工作所开展的全面回顾，要从工作实践中总结成绩和经验，找出不足与教训，从而对过去的工作做出正确的评价。与一般报告不同的是，述职报告特别强调个人性。个人对工作负有职责，自己亲身经历或者督查的工作材料必须真实。这就需要在写作上更多地采用叙述的表达方式。还要据实议事，运用画龙点睛式的议论，揭示主题，写明层义，讲究摆事实、讲道理。事实是主要的，议论是必要的，语言应该带有一定的个性。

(2) 规律性。述职报告的目的在于总结经验教训，使未来的工作能在前期工作的基础上有所进步，因此，述职报告对以后的工作具有很强的借鉴作用，要继承以前工作中一些好的方面，去掉不好的方面，然后加以创新，工作才会有进步。

(3) 通俗性。面对会议听众，尽可能让个性不同、情况各异的与会代表全部听懂，这就决定了述职报告必须具有通俗性。即使是专业性、学术性很强的内容，也要尽可能明晰准确、通俗晓畅，以与会者能理解为标准。

3.3.2　述职报告的分类

按时间划分，可分为年度述职报告、阶段述职报告和任期述职报告。

(1) 年度述职报告是指员工在一年结束时，向上级或管理者汇报自己过去一年工作的情况和成果。

(2) 阶段述职报告是指员工在特定阶段(如项目阶段、岗位轮换阶段等)结束时，向上级或管理者汇报自己在该阶段工作的情况和成果。这种报告与年度述职报告的内容类似，但更注重该阶段的工作进展和成果。

(3) 任期述职报告是指员工在任期结束时，向上级或管理者汇报整个任期内的工作情况和成果。这种报告需要对整个任期内的工作进行回顾和总结，包括目标和计划的完成情况、工作成果和贡献、遇到的问题和困难、个人成长和发展等方面的内容。同时，这种报告也可以用于评估员工在整个任期内的表现和绩效。

按内容划分，可分为个人述职报告、集体述职报告。

(1) 个人述职报告是指个人员工向上级或管理者汇报自己在一定时间段内的工作情况和成果。

(2) 集体述职报告是由一个团队或部门的成员共同向上级或管理者汇报整个团队或部门在一定时间段内的工作情况和成果。

3.3.3　述职报告的结构

述职报告一般由标题、正文和落款三部分构成。

1) 标题

述职报告的标题有单标题和双标题之分。单标题一般为"述职报告"，也可以在"述职报告"前面加上任职时间和所任职务；双标题由正标题和副标题组成，副标题的前面加破折号。正标题是对述职内容的高度概括，副标题与单标题的构成大体相似。

2) 正文

正文一般由引语、主体和结尾三部分组成。

(1) 引语。引语一般写明自己的工作岗位、职责范围、工作目标等，扼要介绍任职以来的工作情况。

(2) 主体。这是述职报告的核心，应客观陈述自己履行岗位职责的情况。此部分主要写做法、实绩、经验、问题，内容要实事求是，客观真实，全面准确；不能夸大成绩，也不能回避问题。重点要突出，主要围绕采取了哪些措施，解决了哪些实际问题，取得了哪些成绩来写。对有创造性、开拓性的特色工作重点着笔，力求详尽具体。对日常性、一般性、事务性工作表述要尽量简洁，略做介绍即可；对于存在的问题，要客观分析问题产生的原因，提出今后改进的措施。语言尽量以陈述为主，不要抒情，更不能使用夸张性的语言。这部分内容涉及面广、量多，所以宜分条列项来写。

(3) 结尾。简要写结束语即可，可采用谦逊式结尾、总结归纳式结尾或表决心式结尾等形式，如"以上报告，请各位代表批评指正"等。

3) 落款

落款应注明述职时间。

3.3.4 述职报告的写作要点

1) 开篇问候及点题

述职报告的开篇，要向领导同事致以问候，并针对自己上一阶段的工作做一个总的概括总结。然后针对自己的岗位工作做出点评和概括，并对自己过去一阶段的工作态度和工作内容做一个简单的说明。让大家了解上一阶段你负责的工作内容有哪些？针对这些工作内容你是怎么做的，态度怎样？最终的工作业绩是多少？并写明述职报告是为了更好地总结经验，完善思路，实施方案，向大家做出汇报。

2) 工作情况回顾

针对你所负责的工作向大家做一个具体的说明，最好要做到事无巨细。从思想表现、日常工作、生活学习、人际关系、落实领导安排等方面说明是如何做的，做到什么程度。然后将自己对政治表现、工作方面、学习方面、生活方面、落实工作方面的感悟进行总结，将自己一年的进步情况向大家做一个汇报，让大家看到你的成长。

3) 工作业绩和工作亮点展示

在这一阶段，更重要的是要对上一阶段的工作进行梳理，把自己的工作业绩情况和工作中的亮点总结出来。在这一部分一定要注意亮点的总结，分门别类、分条进行罗列，让领导和同事看到你的优点和工作贡献，将自己上一阶段的主要成就完全展示。

3.4 简报

 案例导读

江苏精神文明建设简报

第 10 期

(新时代文明实践中心建设专刊 39)

江苏省文明办　　　　　　　　　　　　　　　　　　2023年5月22日

【工作交流】

徐州市贾汪区：推动建设群众举步即至的新时代文明实践点

连云港市连云区：积极打造新时代文明实践服务圈

南京市建邺区：探索婚俗改革新路径 打造文明实践新载体

徐州市贾汪区：推动建设群众举步即至的新时代文明实践点

2022 年以来，徐州市贾汪区在全区范围内实施新时代文明实践阵地拓展延伸工程，针对部分实践站建设条件受限不足，难以满足群众需求的情况，在自然村、居民小区布局建设新时代文明实践点，有效实现"家门口"宣传群众、教育群众、关心群众、服务群众。

盘活闲置资源，夯实阵地基础。(略)

用好活动载体，丰富实践活动。(略)

连云港市连云区：积极打造新时代文明实践服务圈

近年来，连云港市连云区持续深化拓展新时代文明实践中心建设工作，依托中心、所、站构筑的阵地网络，着力打造文明实践文化服务圈、生活服务圈、志愿服务圈，努力画好文明实践"同心圆"。

共建共享"新平台"，构建文化服务圈。(略)

创新实现"多路径"，密织公共服务圈。(略)

持续焕发"原动力"，扩大志愿服务圈。(略)

南京市建邺区：探索婚俗改革新路径 打造文明实践新载体

近年来，南京市建邺区积极开展倡导文明婚俗、弘扬良好家风等文明实践主题活动，不断拓展延伸群众身边的新时代文明实践阵地，为促进婚姻幸福、家庭和谐、社会稳定贡献文明实践力量。

多层次打造婚俗文化特色实践载体。(略)

多维度开展文明家风主题实践活动。(略)

多渠道推动实践队伍建设模式创新。(略)

报：中央文明办

　　省文明委主任、副主任、委员

发：各设区市、县(市、区)文明委、文明办，省文明委成员单位

(苏简字 1004 号 共印 400 份)

■ **案例分析**

文种： 简报。

写作结构：

(1) 报头——简报名称(江苏精神文明建设简报)、编发单位(江苏省文明办)、期号(第10期)、发行日期(2023年5月22日)。

(2) 正文：包括导语+做法。

(3) 报尾：包括报、发单位。

简报是传递某方面信息的内部小报，是具有汇报性、交流性和指导性特点的简短、灵活、快捷的书面形式。简报又称"动态""简讯""要情""摘报""工作通讯""情况反映""情况交流""内部参考"等。也可以说，简报就是简要的调查报告、简要的情况报告、简要的工作报告、简要的消息报道等。

3.4.1　简报的特点

简报具有一般报纸新闻性的特点，这是共性，但它又有自身的特点。

(1) 内容专业性强。简报一般由有关单位、部门主办，专业性十分明显。如《精神文明建设简报》《招生简报》等，分别由主办单位组织专人撰写，传递该项工作的各种信息，包括情况、经验、问题和对策等。简报可以方便一般读者了解工作进展情况，增强责任感；也可以方便各级领导掌握情况，有问题快速处置。

(2) 篇幅比较简短。一期简报可能只刊登一篇文章、几段信息，或一期几篇文章，总共一

两千字，长的也不过三五千字，读者可以用很短的时间把它读完。为适应现代快节奏工作的需要，简报的语言必须简明精练。

(3) 限于内部交流。简报一般在编报机关管辖范围内各单位之间交流，不宜甚至不能公开传播，特别是涉外机关和专政机关主办的简报更是如此。有的简报，往往是专给某一级领导看的，有一定的保密要求，不能任意扩大阅读范围。

3.4.2 简报的分类

简报依据时间、性质和内容等不同分为不同的种类。简报按时间分，有定期的简报和不定期的简报；按性质分，有工作简报、生产简报、学习简报和会议简报；按内容分，有反映综合情况的简报和反映特定情况的专题简报。

常见的简报有三种：一是会议简报，主要反映会议交流、进展情况；二是情况简报，反映人们关注的问题，供机关领导参考；三是工作简报，报告重大问题的处理情况，以及工作动态、经验或问题等。

3.4.3 简报的结构

简报一般由报头、标题、正文和报尾四部分构成，有些会加按语，共五个组成部分。

1) 报头

简报一般有固定的报头，包括简报名称、期号、编发单位、发行日期、保密等级和编号。报头部分与标题和正文之间，一般用一条粗线隔开。

(1) 简报名称。简报名称在简报第一页上方的正中处，为了醒目起见，字号宜大，应采用套红印刷。

(2) 期号。期号在简报名称的正下方，一般按年度依次排列期号，有的还可以标出累计的总期号。属于"增刊"的期号，要单独编排，不能与"正刊"期号混编。

(3) 编发单位。编发单位应标明全称，位置在期号的左下方。

(4) 发行日期。发行日期以领导签发日期为准，应标明具体的年月日，位置在期号的右下方。

(5) 密级等级。有些简报根据需要还应标明密级，密级要求印在报头的左上角顶格，分别标明"内部参阅""机密""绝密"等字样。

(6) 编号。编号位于报头右上方，保密性简报采用编号，一般简报不用编号。

2) 标题

标题类似新闻标题，要揭示主题，简短醒目。

3) 正文

一份完整的简报正文包括导语、主体、结尾和穿插在叙述中的背景材料，但不是全部必要。

(1) 导语。导语通常用简明的一句话或一段话概括全文的主旨或主要内容，给读者一个总的印象。导语的写法多种多样，有提问式、结论式、描写式、叙述式等。导语一般要交代清楚谁(某人或某单位)、什么时间、干什么(事件)、结果怎样等内容。如《江苏精神文明建设简报》中《连云港市连云区：积极打造新时代文明实践服务圈》一文开篇写道："近年来，连云港市连云区持续深化拓展新时代文明实践中心建设工作，依托中心、所、站构筑的阵地网络，着力打造文明实践文化服务圈、生活服务圈、志愿服务圈，努力画好文明实践同心圆。"

(2) 主体。主体用足够的、典型的、有说服力的材料把导语的内容具体化。

(3) 结尾。结尾或指明事情发展趋势，或提出希望及今后打算。如果主体部分已经把事情说清楚，可不加结尾。

(4) 背景。即对人物、事件起作用的环境条件和历史情况，可以穿插在各部分。

4) 报尾

报尾部分应包括简报的报、送、发单位。报，指简报呈报的上级单位；送，指简报送往的不相隶属的单位；发，指简报发放的下级单位。

5) 按语

按语是简报中的批注和说明，可以分为评论性、说明性、解释性三种，其中评论性按语是最主要的，按语的位置在报头下、标题前。它视需要而使用，并非必有。

3.4.4　简报的写作要点

(1) 格局要宏观。简报作者必须站在全局的高度去观察和分析问题，不要纠结于细节，要让阅读者能有所收获。

(2) 要有前瞻性。发布简报是为了日后更好地开展工作，因此要抓住未来的、趋势性的问题，指明工作方向。

(3) 内容准确。为了维护权威性，简报中的内容一定要核实到位，不能出现虚假、夸大不实的现象，要避免受心理、气氛等主观因素的影响。

(4) 简单明了。前面已经说过，简报都要求较为简短，因此要避免贪大求全，用尽可能简短的文字说清楚问题。如果某个主题涉及的事件太多，可以分几期来讲，一期一个重点。

(5) 发布时间快。作者应思维敏锐、行动敏捷，对问题反映得快，对材料分析得快，写作构思快，动笔成稿快。同时，还要求简报的编辑、签发、打印、发稿速度快，共同把握发稿时机。总之，快写快发是简报文种的一大特色。

3.5　调查报告

案例导读

阳江"7·2""福景001"起重船风灾事故调查报告

一、事故简况

2022年7月2日，福建华景海洋科技有限公司(以下简称福建华景)所属"福景001"起重船(以下简称"福景001")在广东阳江No.2大型船舶候潮防台锚地锚泊防台期间，受台风"暹芭"影响，船舶走锚，船体触碰海上风电场风机桩后断裂沉没，船上4人获救，25人死亡，1人失踪。

二、专业术语和标准用语标示(略)
三、调查取证情况

事故发生后，中华人民共和国海事局根据《中华人民共和国海上交通安全法》《中华

人民共和国海上交通事故调查处理条例》等有关法律法规成立了阳江"7·2""福景001"起重船风灾事故调查组(以下简称调查组),依法开展调查工作。(略)

 (一) 船舶相关情况(略)

 (二) 风电项目相关情况(略)

 (三) 沉船探摸及现场勘查(略)

 (四) 气象海况(略)

 (五) 通航环境(略)

四、防台组织及应急处置

(一) 相关政府部门的应急响应(略)

(二) 相关企业防台组织情况(略)

(三) 船舶走锚后相关企业的应急处置行动(略)

五、事故经过(略)

六、搜寻救助情况(略)

七、事故损失情况(略)

八、事故原因分析

(一) 船舶断裂沉没的原因(略)

(二) 造成重大人员伤亡的原因(略)

九、责任认定

十、调查发现的问题

(一) "福景001"(略)

(二) 相关企业及人员(略)

(三) 相关管理部门(略)

十一、处理建议

(一) 建议追究刑事责任的人员(略)

(二) 对事故相关单位和人员的处理建议(略)

(三) 对相关管理部门和人员的处理建议(略)

十二、安全管理建议

(一) 统筹协调解决海上风电用海和交通用海矛盾(略)

(二) 完善海上风电施工作业的相关制度(略)

(三) 切实落实海上风电项目安全管理责任(略)

(四) 加强海上风电安全监管能力建设(略)

■ **案例分析**

文种:调查报告。

写作结构:

(1) 标题——阳江"7·2""福景001"起重船风灾事故(调查事项)+调查报告(写作文种)。

正文:导言(事故简况)+正文(调查情况+主要原因+责任认定+处理建议等)。

写作特点:

凸显针对性,针对阳江"7·2""福景001"起重船风灾事故的真实情况展开调查,查明事故的经过、原因、人员伤亡和财产损失情况，认定事故的性质和责任。

中共中央办公厅印发的《关于在全党大兴调查研究的工作方案》提出，必须坚持问题导向，增强问题意识，敢于正视问题、善于发现问题，以解决问题为根本目的，真正把情况摸清、把问题找准、把对策提实，不断提出真正解决问题的新思路新办法。可见调查研究才是谋事之基、成事之道。

调查报告是对某种客观事物经过调查研究后写出的系统反映事物成因的文书。调查报告是一种在党政机关、人民团体、企事业单位和新闻领域广泛应用的事务性文书。党政机关、人民团体、企事业单位通过它来了解情况(包括利用新闻媒介中发表的调查报告)，新闻媒介通过它来发布新闻，推广经验，揭露时弊。

3.5.1　调查报告的特点

(1) 针对性。调查报告具有较强的针对性，必须针对具体的问题，且这一问题还一定是对社会、对工作具有一定影响的社会现象或事件，即人们和社会普遍关注的社会热点和焦点问题。了解并发布这一事物的起因、发展过程及结果，对于领导机关或公众掌握事实真相，了解社会现象和事件的性质，以及解决问题有极大帮助。

(2) 典型性。选择具有代表意义，能够反映同类事物本质特征的典型事件加以调查、加以报告，才能以点带面，才能收到事半功倍的调查效果。因此，调查报告具有典型性。

同时，调查报告的典型性还体现在写进调查报告的材料也要具有典型性。因为只有具有典型性的材料，才能具有概括性，才能准确地反映客观事物的本质，才能有力地支持和说明观点，得出正确的结论，使调查报告更具有科学性和理论性。

(3) 研究性。调查报告的各个阶段都伴随着"研究"。这种研究附着于调查与写作之中，应在调查时研究，边调查边研究；资料收集来了，要对资料进行集中分析、研究；进入写作阶段，也要边写作边研究。随着研究的不断深入，对事物的认识也在不断地深化。因此可以说，调查报告的产生过程，就是一个研究的过程，没有研究，就没有调查报告。

(4) 说理性。调查报告中的叙述，主要通过概述的手法来介绍事实材料，再现客观实际的真实情况。然后通过对客观事物的分析、讨论揭示事实真相及事物本质，厘清事物内在联系，得出符合客观事物发展规律的认识。这个分析讨论的过程，就是说理的过程。

3.5.2　调查报告的分类

根据不同的划分标准，调查报告可以分为不同的种类。

按照调查的范围和方式划分，调查报告可以分为综合调查报告和专题调查报告。

(1) 综合调查报告。此类报告是围绕一个方面、一类问题，采取普查或普查与抽查相结合的方式，对这一方面或这一类问题展开调查，对获取的资料通过综合的分析、研究，把调查研究的结果整理成报告。这类调查的特点是调查范围广，参与人员多，调查事项比较重大，侧重于全面调查把握基本情况。

(2) 专题调查报告。这类报告是专门就一项工作、一个问题或一项业务，进行深入细致的调查研究之后而写成的。这种调查报告的特点是调查范围较小，参加人员较少，侧重于弄清事实真相或者总结经验教训，解剖典型事例。

按照调查报告的内容性质划分，可以分为反映基本情况的调查报告、总结典型经验的调查报告、揭露问题的调查报告。

(1) 反映基本情况的调查报告。这类报告是针对社会上出现的或作者感受到的某种社会现象，经过调查、分析而写成的报告。它的选题范围比较宽泛，不受限制，政治、经济、军事、文化、教育、各行各业的基本情况，以及民风、民俗、老百姓的衣食住行等方面，都可以调查，都可以反映。它的作用主要是为领导机关了解情况，制定正确的方针政策提供参考和依据。各种新闻媒体经常进行此类调查，发表此类报告。

(2) 总结典型经验的调查报告。这类调查报告主要是对某一地区、某一行业、某一部门或某一单位，在某一方面取得的成绩进行总结而写成的。这种报告要选取典型的事例加以调查，加以反映。典型是指具有代表性的个别事物。通过调查研究，总结做法，概括经验，从中找出带有规律性的东西，加以宣传推广，为其他地区和单位提供工作借鉴。另外，这类报告还可以介绍在现实生活和工作中涌现出来的新思想、新风尚、新事物、新创造。它要求比较全面完整地介绍事物产生的背景、发展规律、现实意义和作用，为对社会进步具有推动意义的事物的成长开拓空间。

(3) 揭露问题的调查报告。这类报告主要针对工作或社会生活中暴露出的问题，通过深入细致的调查研究，弄清问题原委及危害。它的作用是引起人们对问题的关注，认清危害，提出解决问题的办法，从而避免同类问题再次发生。

3.5.3　调查报告的结构

调查报告一般由标题、署名、正文、写作时间四部分构成。

1) 标题

(1) 类似文章标题。这种调查报告的标题和一般文章的标题相近。这种标题的写法非常灵活，或者在标题中直接点出问题，如《盖章一百二，工程遥遥无期》；或者表明作者的观点，如《不可忽视的中学生生日消费》；或者形象地暗示文章的内容和中心，如《"航空母舰"逐浪经济海洋》；或者通过提问的语气，直接点明调查报告的内容，如《沈阳噪声控制设备厂为什么能迅速扭亏》。

(2) 类似公文标题。这类标题和公文的标题相近，但没有公文标题的要求严格。公文标题一般是"发文机关名称＋事由＋文种"的形式，而调查报告的标题一般不出现写作者的名称，只有调查的事项和文种两个要素，如《阳江"7·2""福景001"起重船风灾事故调查报告》。这样的标题好处是调查内容一目了然，缺点是容易使标题过长、平淡。

(3) 正副标题。这种写法和总结的正副标题写法一样，正标题一般揭示调查报告的主题和意义，副标题表示调查的范围、事项和文种。例如，一篇调查报告的标题是《一个贫困农村发展市场经济的成功实践——来自秦都区渭滨镇留印村的调查》，正标题"一个贫困农村发展市场经济的成功实践"揭示了调查报告所反映的事项的意义，副标题"来自秦都区渭滨镇留印村的调查"表明了调查的对象和范围。使用这种标题要注意避免正副标题在语义上重复。

2) 署名

如果标题中已经显示作者的单位，那么不必另外署名。但根据调查报告多是被调查对象以外的人来写作的特点，署名最好是居中放在标题下、正文上，不要放在正文后。

3) 正文

调查报告的正文一般由导语、主体、结尾三部分构成。

(1) 导语。导语即调查报告的开头，通常会简要地介绍调查的目的、调查的时间、地点、对象、经过及使用的调查方法等，概括地交代调查对象的基本情况、历史背景及调查结论。在开头交代清楚这些内容，有利于读者了解调查报告的基本内容和文章的重点。

(2) 主体。调查报告的主体是调查报告的主干和核心。这部分主要写调查对象的事实真相、调查结论等，具体包括工作做法、经验、教训、体会等。这部分内容复杂，材料很多，多采用叙述和议论的手法。

调查报告主体部分的结构和写法与总结主体部分的结构和写法相似，一般也采用纵式结构、横式结构、纵横式结构来安排层次。

① 纵式结构。即按照调查对象发展顺序或步骤，把要表达的内容划分为几个阶段来写，例如，事物的缘起、具体做法、取得的成效和得到的体会或启示。通常而言，解剖、揭露问题的调查报告多采用这种方式。这种结构方式有助于人们对事物发展的过程有深入的了解和准确的把握。

② 横式结构。调查者围绕一个主题，分别调查研究了几个对象，在反映这一主题时，不便将几个调查对象的情况综合来写，需要把几个调查对象的情况分别写出来。运用这种方式要围绕一个中心来运用材料说明观点。在具体写作时，可以用小标题，也可以用序数"一、二、三……"来标明各个层次。或者将所调查的情况按照它们的性质和意义，归为几方面，每方面都说明一个观点，而这几个观点没有先后顺序之分，它们分别从不同方面来共同支持和说明全文的主题。

③ 纵横式结构。这种结构方式比较复杂。它的结构特点和总结中纵横结构的特点是一致的，即全文在总体上按事物发展的时间顺序，或者事物的内在联系来安排结构，而在表现事物的每一个发展阶段的情况时，采取的又是横向结构。也可以采用在文章的前一部分按时间顺序，即按照所反映事物的时间顺序或内在联系来写，然后在下文中按照横式结构来介绍成绩和经验、存在的问题和教训，得到的启示等。

(3) 结尾。有的调查报告没有一个专门的结尾部分，正文写完就结束。有的调查报告如果没有一个专门的结尾部分，则显得结构不够完整，写作者的认识和结论也没有得到深化。这种情况就要认真地写结尾部分来收束全文。通常的结尾部分的写法包括：一是照应全文，深化主题；二是提出问题，启发思索；三是写明建议，提供参考。无论使用哪种方法结尾，都要注意做到行文自然，收束有力，成为文章的有机组成部分。

4) 写作时间

写作时间一般写在与正文空一行的偏右位置。

3.5.4　调查报告的写作要点

(1) 认真做好调查工作。做出科学合理的决策，需要大量客观、真实、有效的信息，对现实情况的掌握越是全面、准确，就越能为谋划工作、制定决策提供科学支撑。因此，到基层调查要一下到底，寻求"源头活水"；既要抓重点、搞好典型调查，也要注重调查研究对象的广泛性；敢于"钻矛盾窝"了解实情，少看"花瓶和盆景"，多看看"后院和角落"。用好交换、比较、反复的方法论，力求准确、全面、深透地了解情况，才能为进一步开展工作打好基础。

(2) 善于提炼，得出正确结论。发现问题、找准问题，是解决问题的前提。深入调查所收集的资料是零散的，它对于认识事物的内在联系是远远不够的。调查研究不仅要全面深入细致地了解实际情况，还要善于分析矛盾、发现问题。既要总体分析面上的情况，又要深入"解剖麻雀"，透过现象看本质，提炼出规律性认识和正确的结论。

(3) 注意务实、致用。开展调查研究，根本目的是解决问题。不解决问题就是形式主义，对问题听之任之就会酿成大错。衡量调查研究做得好不好，不是看调查研究的规模有多大、时间有多长，也不是光看调研报告写得怎么样，关键要看调查研究的实效，看调研成果的运用，看能不能把问题解决好。因此，调研形成的建议必须兼顾需要和可能，提出切实可行的具体措施。拿出符合实际、可行性强的对策，真正实现"调"以务实、"研"以致用，才能让调查研究成果更好地破解难题、推动工作。

本章小结

本章依次介绍了计划、总结、述职报告、简报、调查报告的概念、分类、特点、结构及写作要点，要求学习者了解各种事务文书的概念、分类、特点，掌握各种事务文书的结构和写作要点。

■ 思考与练习

1. 调查报告的写作特点是什么？

2. 简报的报头包括哪些内容？

3. 简述述职报告的概念与分类？

■ 实践训练

1. 针对城市中越来越突出的噪声扰民问题，F市环保局拟于近期集中开展一次噪声污染集中整顿行动，假如你是F市环保局工作人员，请你结合背景资料1和材料2，制订避免噪声扰民的工作计划，供领导参考。

要求：内容合理、针对性强，条理清晰，字数在500字左右。

材料1：

你的邻居有一条狗，邻居富有，它不眼红，邻居贫穷，它不嫌弃，邻居睡觉，它趴在床前，犹如一名"警卫员"，每天都能给邻居带来欢乐和温暖。拥有这样一条狗狗，一定让你特别羡慕。但是如果告诉你，你的邻居们都有一条狗狗，并且一到晚上夜深人静的时候就开始叫，你是不是立刻厌烦了？3月2日，家住F市保利小区的刘先生就向F市环保局反映，旁边的别墅区里，每户人家都养了一条到两条大型犬，一到晚上就吵得周边居民无法安睡。

据了解，《F市城区限制养犬管理办法》规定，F市的城区为限制养犬区域，在限养区内养狗的单位和个人，都必须经过当地公安部门的审批。但保利小区辖区派出所负责人罗所长表示，现在市区内居民养狗越来越多，流动性也很大，但几乎没有狗主人来登记过。

在任何时候，自由都不是为所欲为，自由从一开始就意味着对自身行为的拘束、对他人权益的尊重，以及对公共利益的妥协，这是公共意识和规则意识的基础。当地警方表示，养狗若是扰民，建议业主到就近派出所报警，公安局先受理，联合环保部门做噪声鉴定，如果事件成立，再依法对养犬人进行劝诫、警告和处罚。那么，当地公安局和环保局为什么就没有提早"听见"狗狗深夜"大合唱"？"打盹"的监管机制，显然也应该反思。

狗狗深夜"大合唱"像一个精神标本，折射出一些人公共意识的缺乏。"破山中贼易，除心中贼难"，杜绝权力的滥用，涵养公共的文明，让狗狗们的"大合唱"谢幕很容易，难的是涵养人们的公共意识和规则意识。

材料2：

跳广场舞竟然跳进了警局！两年前，中国大妈在纽约跳广场舞被抓的消息，让国人十分意外。不过，记者在近日走访中发现，对于在公园跳舞，F市市民也是颇有意见，认为跳舞时音乐声过大、时间过长，他们的休息受到了干扰。对此，公园管理处称，协调矛盾需要双方互相体谅和包容。

公园内的广场舞噪声扰民，原因不外乎两个：其一，公园的规划设计先天不足，未能形成良好的隔音效果；其二，公园管理不到位，致使公园广场舞变成了扰民噪声。不管是出于何种原因，公园管理方和逛公园的市民都应该恪守权责边界，规避噪声扰民。

以N公园为例，虽然有十来个跳舞的群体，而且音量一直以来都较大，但附近居民并不觉得困扰。为何？因为该公园做了合理规划，在前期设计时，就将公园与马路隔开，避免了广场舞带来噪声。

当然，F市大多数公园年代久远，设计之初并未流行大规模的广场舞，时至今日广场舞流行，公园的规划也无法重新来过。如何对这些公园的功能区域重新划分，在满足一些市民跳广场舞健身的需求的同时，避免噪声扰民，成为困扰F市环保部门和公园管理处工作人员的难题。

2. 根据材料1至材料3，请你以西安市人民政府办公厅的名义，写一篇如何履行政务服务职责简报，字数600~800字。

材料1：

西安市以创建全国普惠金融示范区为契机，打造形成保姆式金融服务体系，持续为中小微企业健康发展纾困解难、注入活力。建立完善"123"政金企融资对接机制。制定《西安市政金企融资对接工作机制》，构建金融助企发展长效机制，支持金融机构与企业开展线上融资对接与成果跟踪，缩短融资对接时限，进一步畅通政金企融资沟通渠道。支持金融机构进一步了解产业和企业发展现状，向有融资需求的企业精准推送融资政策、金融产品，进一步提升了企业融资便利度和整体"获贷率"。发起设立首期100亿元规模的西安市创新投资基金，依托"秦创原"创新驱动平台资源，鼓励和加大社会资本对创新领域的投资力度，为首次贷款的中小微企业提供全生命周期"一站式"金融服务。充分挖掘核心企业和供应链所属企业的融资能力，对以商业汇票为主的供应链金融资产流通融资进行信息整合，为广大供应链企业提供线上一站式银企对接服务，实现货币政策工具、信贷及产业政策精准直达，系统解决重点供应链所属企业融资难题。

材料2：

长安区常态化开展"一把手走流程、坐窗口、跟执法、处投诉"活动。该区从去年以来，在全区开展了"一把手走流程、坐窗口、跟执法、处投诉"活动，由区营商办统筹协调，组织涉及行政审批、行政执法、公共服务事项的各单位的主要负责同志、分管负责同志、科(室)负责同志以工作人员身份"坐窗口"，以企业或群众身份"走流程"，以执法人员身份"跟执法"，以"12345"市民热线工作人员身份"处投诉"，切身体验办事过程和感受，发现办事、执法流程中存在的问题，去冗去繁，再造办事流程。今年，该区将"一把手走流程、坐窗口、跟执法、处投诉"活动常态化展开，区营商办有计划地组织相关单位主要负责同志深入一线开展"沉浸式体验"，有效解决一批"急难愁盼"问题，打通市场主体和市民群众办事难点堵点，推动营商环境推进从问询监管单位向问询服务对象转变，从听汇报、看材料向现实场景转变，从数据分析向场景描述转变。去年该区37个部门主要领导、分管领导、科室负责人分别参与活动81人次、215人次、356人次，体验共涉及行政审批、行政执法、公共服务事项267项（行政审批14项、行政执法56项、公共服务197项），先后接待企业群众1249人次，受理业务1245件，有效督导办结1198件，开展满意度回访506人次，共发现问题167个，全部整改解决，整改完成率100%。

材料3：

陕西省人社厅及时发放失业保险补贴，推出失业保险种类，提高失业保险补贴标准；创新稳岗返还申领发放模式，推行"不见面"办理，为企业提供全链条、一站式服务；根据群众呼声，设立"潮汐窗口"；开展线上审批，足不出户把事办。

3.假如你是S市应急管理局事故防治管理处的主任科员，事故处理完成后，请你代表房屋坍塌事故调查组写一个调查报告，字数500字左右。

7月23日下午，S市第三十四中学体育馆屋顶坍塌事故引发各方强烈关注。7月24日上午10时，从S市第三十四中学校体育馆楼顶坍塌事故救援指挥部获悉，最后一名被困学生已搜救到，已无生命体征。此次事故共造成11人死亡。

■ **参考文献**

[1] 席忍学. 应用文写作导练[M]. 成都：西南交通大学出版社，2018.

[2] 张永璟，李锦云，王瑶，张夏梦. 行政公文写作通解[M]. 北京：清华大学出版社，2015.

[3] 尹双红. 把情况摸清、把问题找准、把对策提实[N]. 人民日报，2023-04-10(004).

第**4**章
规章制度写作

 **案例导读**

全国普通高校毕业生就业创业指导委员会章程

第一章 总则

第一条 全国普通高校毕业生就业创业指导委员会(以下简称就指委)是由教育部组建，开展高等学校毕业生就业创业工作的全国性、非营利性专家组织，具有非常设机构性质。

第二条 就指委以习近平新时代中国特色社会主义思想为指导，落实党中央、国务院关于高校毕业生就业创业工作的重要决策部署，坚持就业优先政策，健全高校毕业生就业支持体系，广泛汇聚市场化社会化就业创业资源，多渠道拓展就业空间，促进高校毕业生更加充分更高质量就业。

第二章 职责(略)

第三章 组织机构(略)

第四章 委员(略)

第五章 工作制度(略)

第六章 工作支持

第十九条 各省级教育主管部门、高等学校以及委员所在单位应通过多种途径支持就指委工作。各行业就指委(专家组)主任委员所在单位应为就指委日常工作开展，提供适量经费和保障支撑。

就指委可以项目形式为行业就指委(专家组)提供一定经费。全国及行业就指委(专家组)可以接受社会各界赞助，但应遵守国家有关规定，并不得影响公正履职。

第七章 附则

第二十条 各行业就指委、专家组可依据本章程制订工作细则。

第二十一条 本章程自公布之日起施行，由就指委秘书处负责解释。

■ **案例分析**

文种：章程。

写作结构：

1.标题、签发机关

(1) 标题——《全国普通高校毕业生就业创业指导委员会章程》。

(2) 签发机关：教育部办公厅。

2. 总则、分则及附则

(1) 总则：说明委员会的名称、性质、遵旨等。

(2) 分则：说明委员会的职责(具体任务)、机构组织、委员(基本条件、权利及义务)、工作制度等。

(3) 附则：说明生效期、解释权等。

规章制度是一个由"规章"和"制度"两个词组成的汉语词组，它指的是一系列的章程、条例、规范、办法、细则等，用来规范和约束某个组织、机构或者团体的行为和管理。规章制度是现代社会中各个领域都必须遵守的基本法规，对于保障社会和谐稳定、促进社会发展具有重要的作用。制定规章制度时，需要遵循以下要求。

一是必须在国家法律、法规所规定范围内开展。

二是有一定的规范作用和约束力，作用于组织内部，依靠全体成员共同实施。

三是形式上是条文式或者章条结构。

四是写作过程中的语言选择要极为准确、概括、通俗、简洁、规范。

五是其制定与现实生活是紧密相关，根据国家现状和社会生活中出现的、带有倾向性的问题制定而成。

1. 了解章程、条例、规定、办法、细则

2. 熟悉章程、条例、规定、办法、细则的结构框架

3. 掌握章程、条例、规定、办法、细则的写作

4.1 章程

中国人民政治协商会议章程

(1982年12月11日中国人民政治协商会议第五届全国委员会第五次会议通过　根据1994年3月19日中国人民政治协商会议第八届全国委员会第二次会议通过的《中国人民政治协商会议章程修正案》、2000年3月11日中国人民政治协商会议第九届全国委员会第三次会议通过的《中国人民政治协商会议章程修正案》、2004年3月12日中国人民政治协商会议第十届全国委员会第二次会议通过的《中国人民政治协商会议章程修正案》、2018年3月15日中国人民政治协商会议第十三届全国委员会第一次会议通过的《中国人民政治协商会议章程修正案》和2023年3月11日中国人民政治协商会议第十四届全国委员会第一次会议通过的《中国人民政治协商会议章程修正案》修订)

总纲

中国人民在长期的革命、建设、改革进程中，结成了由中国共产党领导的、以工农联盟为基础的，有各民主党派、无党派人士、人民团体、少数民族人士和各界爱国人士参加的，由全体社会主义劳动者、社会主义事业的建设者、拥护社会主义的爱国者、拥护祖国统一和致力于中华民族伟大复兴的爱国者组成的，包括香港特别行政区同胞、澳门特别行政区同胞、台湾同胞和海外侨胞在内的最广泛的爱国统一战线。(详细内容略)

第一章 工作总则

第一条 中国人民政治协商会议全国委员会和地方委员会，依照中国人民政治协商会议章程进行工作。(略)

第二章 组织总则

第二十一条 中国人民政治协商会议设全国委员会和地方委员会。(略)

第三章 委员

第三十条 中国人民政治协商会议全国委员会委员和地方委员会委员应热爱祖国，拥护中国共产党的领导和社会主义事业，维护民族团结和国家统一，遵守国家的宪法和法律，保守国家秘密，廉洁自律，在本界别中有代表性，有社会影响和参政议政能力。(略)

第四章 全国委员会

第四十条 每届中国人民政治协商会议全国委员会的参加单位、委员名额和人选及界别设置，经上届全国委员会主席会议审议同意后，由常务委员会协商决定。(略)

第五章 地方委员会

第五十条 省、自治区、直辖市设中国人民政治协商会议的省、自治区、直辖市委员会；自治州、设区的市、县、自治县、不设区的市和市辖区，凡有条件的地方，均可设立中国人民政治协商会议各该地方的地方委员会。(略)

第六章 会徽

第六十一条 中国人民政治协商会议会徽为一颗五角星、齿轮和麦穗、四面红旗和缎带、中国地图和地球、"1949"和"中国人民政治协商会议"组成的图案。(略)

■ 案例分析

文种： 章程。

写作结构：

1. 标题——中国人民政治协商会议(组织或社团名称)+章程(文种)

2. 总则、分则

(1) 总则：包括工作总则、组织总则。

(2) 分则：说明委员会、全国委员会及地方委员会权利与义务、选举流程、会徽制定及使用等。

章程是一个党派组织、社会团体、企业为保证其组织活动的正常运行，系统阐明自己的性质、宗旨、任务，以及规定成员的条件、权利、义务、纪律及组织结构、活动规则，要求全体成员共同遵守的一种规则性文书，是一种根本性的规章制度。

4.1.1 章程的特点

(1) 约束性。章程的制定要以有关政策、法规为依据，并经过一定程序通过，一旦获得批准和正式发布，它就对组织内部有严格的规范和约束力，组织所有成员必须在章程规定的范围内行事。

(2) 稳定性。章程是组织或团体的基本纲领和行动准则，会在一定时期内稳定地发挥其作用，如需更改或修订，应履行特定的程序与手续(经组织全体成员或其代表审议通过)；有关单位开展业务工作的章程，是基本的办事准则，也应保持相对稳定，不宜轻易变动。

(3) 纲领性。章程有明确的宗旨、性质、任务、机构设置、组织原则，它确定了组织内所有成员的共同奋斗目标，确定了组织内所有行动的方向。组织内部所有其他规定都以章程为前提，不得凌驾于章程之上。

(4) 公正性。章程规定了权责分配和决策程序，保证了组织内部的公正性和公平性，防止权力滥用和不正当行为的发生。

(5) 灵活性。章程是由组织自行制定的，会根据组织的实际情况和需求来规定组织的各项规则和制度，具有一定的灵活性。

4.1.2 章程的分类

根据不同的组织或团体类型，章程可以分为公司章程、组织章程、政府章程、学校章程、协会章程、公益基金会章程等。具体的章程类型可以根据不同的组织或团体类型而有所变化。

(1) 公司章程。公司章程是指股份公司制定的基本管理文件，用于规定公司的组织结构、运营方式、股东权益等事项。

(2) 组织章程。组织章程是指非营利组织、社会团体、社区组织等制定的规范性文件，用于规定组织的宗旨、目标、组织结构、成员权利义务等事项。

(3) 政府章程。政府章程是指政府部门或机构制定的规范性文件，用于规定政府的职责、权力范围、行政程序等事项。

(4) 学校章程。学校章程是指教育机构(如大学、中学等)制定的规范性文件，用于规定学校的组织结构、教学管理、学生权益等事项。

(5) 协会章程。协会章程是指行业协会、专业协会等组织制定的规范性文件，用于规定协会的组织形式、会员权益、行业规范等事项。

(6) 公益基金会章程。公益基金会章程是指公益慈善组织制定的规范性文件，用于规定基金会的宗旨、资金管理、项目支持等事项。

4.1.3 章程的结构

章程一般由标题、正文两部分构成。

1) 标题

组织章程的标题，一般由组织或社团名称加文种构成，如《中国人民政治协商会议章程》

《中国共产党章程》。标题下面一般须写明什么时间由什么会议通过，并加上括号。

有关组织的代表大会通过了，就是正式章程。如果尚未经代表大会通过，则需要在标题末尾加上"草案"字样，如《中国人民政治协商会议章程修正案(草案)》。

2) 正文

正文一般包括总则、分则和附则三部分。

(1) 总则。总则又称总纲，从总体说明组织的性质、宗旨、任务和作风等。

(2) 分则。分则规定：成员，讲成员条件、权利、义务和纪律；组织，讲全国组织、地方组织、基层组织、代表大会、理事会、常务理事会、专业小组、名誉职务；经费，讲经费来源和使用管理等。

(3) 附则。附则用于附带说明制定权、修改权和解释权等。

4.1.4 章程的写作要点

(1) 内容完备。章程的内容包括社团名称、宗旨、任务、组织机构、会员资格、入会手续、会员权利义务、领导者的产生和任期、会费的缴纳和经费的管理使用等。必要的项目要完备，既要突出特点又要全面。

(2) 结构严谨。全文由总到分，要有合理的顺序。分的部分，一般是先讲成员，后讲组织；先讲全国组织，次讲地方组织，后讲基层组织；先讲对内，后讲对外。一环扣一环，体现严密的逻辑性，使章程成为一个有机的统一体。

章程的条款要完整、单一。一条表示一个意思，不要把一个完整的意思拆成几条，也不要把几个意思合在一条之中。这样才便于陈述，便于执行，便于引用。

(3) 简明易懂。章程特别强调明确简洁，要尽力反复提炼，用最少的话把意思明确地表达出来。章程用断裂式文法，用条文表达，句与句、段与段之间有一定的跳跃性，一般不用"因为……所以……""虽然……但是……"等关联词语。章程的语言多用词语的直接意义，不用比喻、比拟、夸张和婉曲等修辞手法。这样，章程的语义便毫不含糊，没有歧义，让人一看就懂。

(4) 合法合规。在写作章程时，要确保章程符合相关的法律法规和组织的内部规定。章程中的内容和规定不能违反法律法规，也不能违背组织的内部规范和价值观。可以在写作前进行相关的调研和参考，以确保章程的合法合规性。

(5) 审慎订定。章程是组织的基本法规，对组织的运营和发展具有重要的影响。在写作章程时，要审慎订定每一条规定，确保其能够真实反映组织的需要和要求。可以多方面征求意见和建议，经过反复修改和完善，最终制定出合适的章程。

(6) 定期更新。组织的运营环境和需求是不断变化的，因此，章程也需要定期进行更新和修订。章程的更新应该及时跟进组织的变化，确保其与组织的实际运营相适应。可以设定适当的更新机制和程序，确保章程的持续有效性。

4.2 条例

 案例导读

中国共产党政治协商工作条例

(2022年5月27日中共中央政治局会议审议批准

2022年6月13日中共中央发布)

第一章 总则

第一条 为了加强党对政治协商工作的领导，提高政治协商工作的科学化制度化规范化水平，坚持和完善中国共产党领导的多党合作和政治协商制度，巩固和发展爱国统一战线，根据《中国共产党章程》，制定本条例。

(略)

第二章 组织领导和职责(略)

第三章 政治协商对象和内容(略)

第四章 政治协商活动筹备(略)

第五章 政治协商活动开展(略)

第六章 政治协商成果运用和反馈(略)

第七章 政治协商保障机制(略)

第八章 附则

第三十条 本条例由中央统战部负责解释。

第三十一条 本条例自发布之日起施行。

■ 案例分析

文种：条例。

写作结构：

1.标题、时间、签发机关

(1) 标题——《中国共产党政治协商工作条例》。

(2) 时间：条例自发布之日起施行(2022年6月13日中共中央发布)。

(3) 签发机关：中共中央。

2.总则、分则及附则

(1) 总则：说明原则、目的、基本方式、涉及对象、依据。

(2) 分则：说明组织领导和职责、政治协商对象和内容、政治协商活动筹备、政治协商活动开展、政治协商成果运用和反馈、政治协商保障机制，如案例中的第二章至第七章。

(3) 附则：说明生效期、解释权。

条例是阐述某一事宜的要求或者规定某一组织的宗旨、任务及其成员的职责权限的法规性文种。

4.2.1　条例的特点

(1) 格式固定性。条例在形式上的突出特点是条文式或者章条结构。

(2) 制发机关特定性。条例只能由党的中央机关，以及国家最高行政机关、省级权力机关颁发。

(3) 执行强制性。条例具有一定的约束力和法律效力，要求相关的主体必须遵守和执行。违反条例的行为可能会受到相应的法律处罚，以确保规范的有效性和执行的效果。

(4) 内容稳定性。条例的内容只固定在规定国家政治、经济等领域的重大事项，或长期性工作，或某些部门、人员的职责、权限等方面。

(5) 补充性和细化性。条例对于特定领域的规范会更加具体和详细，对于法律中的一些原则和规定进行具体化和细节化的规定。它针对具体的问题和情况进行规定，可以填补法律的空白，使法律更具体、更完善，确保规范的有效性和实施性。

(6) 局部性和地方性。条例通常是针对特定地区或特定领域制定的，具有一定的局部性和地方性。不同的地区和领域可能会有不同的条例，以适应不同地方的情况和需要。

(7) 灵活性和变动性。条例相对于法律而言，制定和修改的程序相对较快，更具灵活性。当特定领域或问题出现变化时，可以通过制定或修改条例来及时做出调整和规范。

4.2.2　条例的分类

根据不同的领域和目的，条例可以分为行政条例、地方性条例、职业道德条例、环境保护条例、食品安全条例、基本法律条例等。具体的条例类型还可以根据不同的领域和目的而有所变化。

(1) 行政条例。行政条例是政府机构制定的具有法律效力的规范性文件，用于规范行政管理事务、行政程序、行政行为等方面。

(2) 地方性条例。地方性条例是地方政府制定的具有法律效力的规范性文件，用于规范本地区的特定事项，如土地利用、城市管理等。

(3) 职业道德条例。职业道德条例是某些行业或职业组织制定的规范性文件，用于规范从业人员的职业道德、行为准则、职业责任等。

(4) 环境保护条例。环境保护条例是为了保护环境和生态系统而制定的具有法律效力的规范性文件，用于规范环境污染、资源利用、生态保护等方面的行为。

(5) 食品安全条例。食品安全条例是为了保障公众健康和食品安全而制定的具有法律效力的规范性文件，用于规范食品生产、加工、销售等方面的行为。

(6) 基本法律条例。基本法律条例是基于国家宪法制定的具有法律效力的规范性文件，用于对国家的基本法律原则和制度进行具体规定和补充。

4.2.3　条例的结构

条例一般由首部和正文两部分构成。

1) 首部

首部包括标题、时间和依据等项目。

(1) 标题。条例的标题一般有两种构成形式：一种由事由和文种构成，如《中华人民共和国领事保护与协助条例》；另一种由施行范围、事由和文种构成，如《私募投资基金监督管理条例》，施行范围是私募领域，事由是投资基金监督管理，文种是条例。

(2) 时间和依据。一般在标题之下用括号注明条例通过和签发的日期与机关名称，具体如下。

私募投资基金监督管理条例

(2023年6月16日国务院第8次常务会议通过

2023年7月3日中华人民共和国国务院令第762号公布

自2023年9月1日起施行)

有的条例随"命令""令"等文种同时公布，具体如下。

中华人民共和国国务院令

第763号

《中华人民共和国领事保护与协助条例》已经2023年6月29日国务院第9次常务会议通过，现予公布，自2023年9月1日起施行。

总 理 李 强

2023年7月9日

中华人民共和国领事保护与协助条例

(略)

2) 正文

正文由总则、分则和附则三部分组成。

(1) 总则。总则即正文的开头或前言部分，一般应写明制定和发布条例的法律、政策依据，交代制定本条例的原因、目的，说明条例所涉及对象的有关范围。紧接着以承启用语"制定本条例"过渡到下文。总则是关于制定条例的目的、意义、依据、指导思想、适用原则、范围等的说明性文字，表达要简洁、明了。

(2) 分则。分则是条例中的条规项。条规项是写作条例的主体部分，其内容有长有短，要视条例的具体内容而定，但有一点是共同的，即条例的条规要有"条"有"例"。"条"是从正面阐述条例的条文，应该讲明"做什么，不该做什么"；"例"是从反面加以说明，即若做不到会怎么处理。"条"和"例"的结构顺序一般是前"条"后"例"，以"条"为主，以"例"为补充。"条"的"做什么"和"不该做什么"可以糅合在一起写，而"例"则必须单独列出，即规范项，这是条例的实质性规定内容，是要求具体执行的依据。

(3) 附则。附则是对分则的补充说明，其中包括解释权、修改权、公布实施的时间等内容。

4.2.4 条例的写作要点

(1) 目的清晰明确。确保条例的制定是为了解决特定问题或规范特定行为。

(2) 逻辑结构清晰。按照逻辑顺序和结构编排条例的各部分，确保规定的条文清晰有序。

(3) 语言精练易懂。使用简明扼要的语言表达，避免使用复杂的词汇和句子结构，确保条例易于理解和解释。

(4) 公众参与和意见征集。在制定条例过程中，可以征求公众意见和专家建议，增加条例的合理性和可行性。

4.3 规定

人力资源服务机构管理规定

(2023年6月29日人力资源社会保障部令第50号公布　自2023年8月1日起施行)

第一章　总　　则

第一条　为了加强对人力资源服务机构的管理，规范人力资源服务活动，健全统一开放、竞争有序的人力资源市场体系，促进高质量充分就业和优化人力资源流动配置，根据《中华人民共和国就业促进法》《人力资源市场暂行条例》等法律、行政法规，制定本规定。

第二条　在中华人民共和国境内的人力资源服务机构从事人力资源服务活动，适用本规定。

第三条　县级以上人力资源社会保障行政部门依法开展本行政区域内的人力资源服务机构管理工作。

第四条　人力资源社会保障行政部门应当加强人力资源服务标准化、信息化建设，指导人力资源服务行业协会加强行业自律。

第二章　行政许可和备案

第五条　经营性人力资源服务机构从事职业中介活动的，应当在市场主体登记办理完毕后，依法向住所地人力资源社会保障行政部门申请行政许可，取得人力资源服务许可证。从事网络招聘服务的，还应当依法取得电信业务经营许可证。

本规定所称职业中介活动是指为用人单位招用人员和劳动者求职提供中介服务，包括为用人单位推荐劳动者、为劳动者介绍用人单位、组织开展招聘会、开展网络招聘服务、开展高级人才寻访(猎头)服务等经营性活动。

第六条　申请从事职业中介活动的，应当具备下列条件:

(略)

第三章　服务规范

第十五条　人力资源服务机构接受用人单位委托招聘人员的，发布招聘信息应当真实、合法，不得含有民族、种族、性别、宗教信仰等方面的歧视性内容。

人力资源服务机构不得违反国家规定，在户籍、地域、身份等方面设置限制人力资源流动的条件。

第十六条　人力资源服务机构接受用人单位委托招聘人员的，应当建立招聘信息管理制度，依法对用人单位所提供材料的真实性、合法性进行审查，并将相关审查材料存档备核。审查内容应当包括以下方面:

(略)

　　第四章　监督管理

　　第三十一条　人力资源社会保障行政部门采取随机抽取检查对象、随机选派执法人员的方式和法律、法规规定的措施，对经营性人力资源服务机构实施监督检查。被检查单位应当配合监督检查，如实提供相关资料和信息，不得隐瞒、拒绝、阻碍。

　　（略）

　　第五章　法律责任

　　第三十九条　违反本规定第五条第一款规定，未经许可擅自从事职业中介活动的，由人力资源社会保障行政部门依照《人力资源市场暂行条例》第四十二条第一款的规定处罚。

　　违反本规定第九条第一款规定，开展人力资源服务业务未备案，违反本规定第十二条、第十三条规定，设立分支机构、办理变更登记或者注销登记未书面报告的，由人力资源社会保障行政部门依照《人力资源市场暂行条例》第四十二条第二款的规定处罚。

　　（略）

　　第六章　附　　则

　　第四十九条　在实行相对集中行政许可权改革或者综合行政执法改革的地区，对经营性人力资源服务机构从事人力资源服务活动的行政许可、监督管理等职责，法律、行政法规和国务院决定等另有规定的，依照有关规定执行。

　　第五十条　公共就业和人才服务机构的设立和管理，依照《中华人民共和国就业促进法》《就业服务与就业管理规定》等规定执行。

　　第五十一条　本规定自2023年8月1日起施行。此前人力资源社会保障部发布的人力资源服务机构管理有关规定，凡与本规定不一致的，依照本规定执行。

　　■ 案例分析

　　文种：规定。

　　写作结构：

　　1. 标题、时间、签发机关

　　(1) 标题——人力资源服务机构管理(事由)+规定(文种)。

　　(2) 时间：本规定自2023年8月1日起施行。

　　(3) 签发机关：人力资源社会保障部。

　　2. 总则、分则及附则

　　(1) 总则：说明指导依据、目的、适用等。

　　(2) 分则：说明行政许可和备案、服务规范、监督管理、法律责任等相关流程及事宜。

　　(3) 附则：说明有关执行要求，例如，法律、行政法规和国务院决定另有规定的，依照有关规定执行。

　　规定是规范性公文中使用范围最广、使用频率最高的文种。它是领导机关或职能部门对特定范围内的工作和事务提出相应措施，要求所属部门和下级机关贯彻执行的法规性公文。规定是局限于落实某一法律、法规，加强某项管理工作而制定的，具有较强的约束力，而且内容详细，可操作性较强。

4.3.1　规定的特点

(1) 普遍性。规定针对的是具有一般性和普遍性的问题，涉及的是大多数的人和事，并非少数的人和事。并且，规定的适用范围很广，社会团体、企事业单位、党政机关都可以适用。在人们的生活中，只要是需要规范人们的行动，要求相关人员统一协调的事情，都可以采用规定这种文体进行约束。

(2) 约束性。约束性是指规定对某一方面的活动所提出的具体的规范性要求，如果违反了这种规范性要求，轻则受到批评，重则受到纪律和刑事处分。从约束力和法定效力两方面来看，规定具有极强的强制约束力，它的效力是由法定作者的法定权限和规定的公文内容决定的，其中包括效力所涉及的时间、空间、机关、人员等。

(3) 规范性。从规定产生的程序看，规定的产生需要遵循严格的审批手续和正式的公布程序，所以规定就显得极为严格与规范。它要求语言极为准确、概括、通俗、简洁、规范。

(4) 灵活性。从规定的制定发布来看，规定是灵活多变的，有时可以像其他法规性公文一样作为附件，通过发文通知的形式发布；有时又可以通过文件的形式直接发布。而且，规范的对象也可大可小，时效、篇幅可长可短，所以规定的制定发布所受的限制是比较少的。

(5) 针对性。规定是针对国家生活和社会生活中出现的、带有倾向性问题而制定的，规定的制定与现实生活紧密相关，因此规定具有明显的针对性。

4.3.2　规定的分类

根据不同的领域和目的，规定可以分为行政规定、职业规定、企业内部规定、地方性规定等。具体的分类可能根据不同的领域和目的而有所变化。

(1) 行政规定。行政规定是由行政机关制定的规范性文件，用于指导和规范行政管理工作，包括行政程序、行政行为等方面。

(2) 职业规定。职业规定是某些行业或职业组织制定的规范性文件，用于规范从业人员的职业行为准则、职业道德要求、职业技术标准等。

(3) 企业内部规定。企业内部规定是企业组织制定的规范性文件，用于指导和规范企业内部管理和员工行为，包括公司章程、内部规章制度等。

(4) 地方性规定。地方性规定是地方政府制定的规范性文件，用于规范本地区的特定事项，如土地利用、城市管理等。

4.3.3　规定的结构

规定一般由首部和正文两部分构成。

1) 首部

首部包括标题、时间和依据等项目。

(1) 标题。一般有两种构成形式：一种由发文单位、事由、文种构成；另一种由事由和文种构成，如《烟草专卖行政处罚程序规定》。

(2) 时间和依据。用括号在标题之下注明规定发布和签发的时间和依据。有的规定是随命令等文种同时发布的，具体如下。

中华人民共和国工业和信息化部令

第 61 号

《烟草专卖行政处罚程序规定》已经2023年4月26日工业和信息化部第1次部务会议审议通过，现予公布，自2023年7月20日起施行。

部　长　金壮龙

2023年5月16日

烟草专卖行政处罚程序规定

(略)

2) 正文

正文一般由总则、分则和附则构成。总则交代制定规定的缘由、依据、指导思想、适用原则和范围等；分则即规范项目，包括规定的实质性内容和要求具体执行的依据；附则说明有关执行要求等。正文的表述形式一般采用条款式或章条式。

4.3.4　规定与条例的区别

1) 规定

(1) 规定是指为实施贯彻有关法律、法令和条例，根据其规定和授权，对有关工作或事项做出局部的、具体的规定。

(2) 规定是法律、政策、方针的具体形式，是处理问题的法则，主要用于明确提出对国家或某一地区的政治经济和社会发展的某一方面或某些重大事故的管理或限制。

(3) 规定重在强制约束性。

2) 条例

(1) 条例是具有法律性质的文件，是对有关法律、法令做辅助性、阐释性的说明和规定。

(2) 条例是指对国家或某一地区政治、经济、科技等领域的某些重大事项的管理和处置做出比较全面、系统的规定。

(3) 条例是指对某机关、组织的机构设置、组织办法、人员配备、任务职权、工作原则、工作秩序和法律责任做出规定或对某类专门人员的任务、职责、义务权利、奖惩做出系统的规定。

(4) 条例的制发者是国家最高权力机关、最高行政机关(国务院各部委和地方人民政府制定的规章不得称"条例")。

4.3.5　规定的写作要点

(1) 不得超越法律和伦理。确保规定符合相关法律法规的要求，同时考虑伦理原则和公共利益。

(2) 目的明确。紧紧围绕解决特定问题或规范特定行为而制定。

(3) 规定可操作。在规定制定过程中，具体的行为要求、限制、程序等必须具备可操作性和明确性。

(4) 逻辑结构合理。按照逻辑顺序和结构编排规定的各个部分，确保规定的条文清晰有序。

4.4 办法

 案例导读

公务员录用考察办法(试行)

(2021年8月25日中共中央组织部制定

2021年9月17日发布)

第一条 为规范公务员录用考察工作,严把公务员队伍入口关,建设信念坚定、为民服务、勤政务实、敢于担当、清正廉洁的高素质专业化公务员队伍,根据《中华人民共和国公务员法》和《公务员录用规定》等有关法律法规,制定本办法。

第二条 本办法适用于各级机关录用担任一级主任科员以下及其他相当职级层次公务员的考察工作。

第三条 公务员录用考察坚持党管干部原则,突出政治标准,坚持实事求是、公道正派,坚持德才兼备、以德为先,坚持人岗相适、人事相宜。考察情况应当全面、客观、真实、准确。考察情况作为择优确定拟录用人员的主要依据。

第四条 省级以上公务员主管部门负责公务员录用考察工作的管理、指导和监督。(略)

第五条 考察人选所在单位(学校)以及相关单位应当配合考察工作,客观、真实提供有关情况。(略)

第六条 招录机关根据报考者的考试成绩等确定考察人选。(略)

第七条 考察时,应当全面了解考察人选的德、能、勤、绩、廉,严把政治关、品行关、能力关、作风关、廉洁关,主要考察下列内容:(略)

第八条 对于下列人员,除了考察第七条规定的内容外,还应当注意考察与之相应的有关情况:(略)

第九条 考察人选有下列情形之一的,不得确定为拟录用人员:(略)

第十条 对考察人选应当进行实地考察,除特殊情况外,一般不得以函调、委托考察等形式代替。(略)

第十一条 考察应当组成考察组。考察组由2人以上组成,一般由组织(人事)部门的人员和熟悉招考职位情况的人员共同组成。(略)

第十二条 考察工作一般按照下列程序进行:(略)

第十三条 考察工作应当在省级以上公务员主管部门规定的期限内完成。有下列情形之一的,完成期限可以适当延长,一般不得超过90日;情况复杂的,经省级以上公务员主管部门批准,可以再延长,但不得超过30日:(略)

第十四条 招录机关根据考试成绩、体检结果和考察情况等,集体研究确定拟录用人员。(略)

第十五条 考察人选达不到公务员应当具备的条件或者不符合招考职位要求时,是否递补考察人选、具体递补原则和办法,由省级以上公务员主管部门确定。

　　第十六条 实行考察工作责任制。因失察失责造成不良后果的，应当根据具体情况，按照有关规定追究相关单位和人员的责任。(略)

　　第十七条 考察工作接受监督。公务员主管部门、招录机关和相关部门应当及时受理信访、申诉、控告或者检举等，并按照规定权限和程序处理。

　　第十八条 参照公务员法管理的机关(单位)中除工勤人员以外的工作人员的录用考察，参照本办法执行。(略)

　　第十九条 本办法由中共中央组织部负责解释。

　　第二十条 本办法自发布之日起施行。

■ 案例分析

文种： 办法。

写作要点：

1. 注意标题、时间、签发机关

(1) 标题——公务员录用考察(事由)+办法(文种)。

(2) 时间：2021年8月25日中共中央组织部制定，2021年9月17日发布实施。

(3) 签发机关：中共中央组织部。

2. 注意不必拘泥于"总则、分则、附则"结构要求，只要逻辑合理，可以分章或者分条叙述

　　办法是有关机关或部门根据党和国家的方针、政策及有关法规、规定，就某一方面的工作或问题提出具体做法和要求的文件。

4.4.1　办法的特点

　　办法具有以下特点。

(1) 办法的法规约束性侧重于行政约束力。

(2) 办法的条款要具体、完整，不能抽象笼统。

(3) 办法具有解释性和操作性。办法通常是为了更好地解释法律、法规、条例、规定，以及指导实践操作。它会对法律、法规或条例的一些模糊或不明确的规定进行解释，并提供具体的操作指南和要求，以便在实际操作中准确执行。

4.4.2　办法的分类

　　办法根据内容、性质的不同可以分为以下两类。

(1) 实施办法。实施办法以实施对象为成文主要依据，具有附属性，是对原文件的一种具体化，或对原文件整体上的实施提出措施办法，或对某些条文提出施行意见，或根据法规精神结合本单位实际提出实施措施。它是具体实施细则，用于解释和明确法律法规的具体适用范围、执行程序和实施要求。其内容通常包括适用范围和对象、执行程序和要求、行为规范和标准、权责划分和职能分工、监督和检查机制等。实施办法的制定和执行有助于明确原文件的具体实施要求和执行方式，提高原文件的可操作性和实效性。

(2) 管理办法。管理办法是各类机关单位在各自的管理权限范围内，为了规范和指导管理工作而制定的一种规范性文件。其内容通常包括管理目标和原则、组织结构和职责、决策流程和程序、行为规范和要求、奖惩措施和监督机制等。管理办法的制定和执行有助于规范管理行为、提高管理效能，保障公平公正的管理决策和公共利益的实现。同时，管理办法也应该与相关法律法规保持一致，以确保管理工作的合法性和合规性。

4.4.3 办法的结构

办法一般由首部和正文两部分构成。

1) 首部

首部包括标题、制发时间和依据等项目内容。

(1) 标题。标题由发文机关(非必要)、事由、文种构成，如《干部选拔任用工作监督检查和责任追究办法》。

(2) 制发时间和依据。标题之下用括号注明办法制发的时间和会议；或通过的会议、时间及发布的机关、时间；或批准的机关、时间等。有的办法随"命令"等文种同时发布，具体如下。

国家市场监督管理总局令

第 77 号

《合同行政监督管理办法》已经2023年5月15日市场监管总局第9次局务会议通过，现予公布，自2023年7月1日起施行。

局 长 罗 文

2023年5月18日

合同行政监督管理办法

(略)

2) 正文

正文一般由依据、规定、说明三部分构成，可分章、分条叙述。办法中的各条规定是办法的主体部分，要将具体内容和措施依次逐条写清楚。办法的结尾，一般是交代实施的日期和对实施的说明。

4.4.4 办法的写作要点

(1) 明确目的。明确办法的制定目的和背景，说明为什么需要制定这个办法，以及解决什么问题。

(2) 明确适用范围和对象。明确办法适用的范围、领域或对象，避免歧义和混淆。

(3) 逻辑清晰明确。清晰地列出办法的主要内容和要求，按照逻辑顺序进行组织。可以使用标题、编号、条款等方式进行分章节和分条叙述。

(4) 注意附则和补充说明。根据需要在办法末尾增加附则和补充说明，包括附表、附图、示例等内容，以进一步解释和补充办法的实施细节。

4.5 细则

 案例导读

中国共产党发展党员工作细则

第一章 总则

第一条 为了规范发展党员工作，保证新发展的党员质量，保持党的先进性和纯洁性，根据《中国共产党章程》和党内有关规定，制定本细则。

第二条 党的基层组织应当把吸收具有马克思主义信仰、共产主义觉悟和中国特色社会主义信念，自觉践行社会主义核心价值观的先进分子入党，作为一项经常性重要工作。

第三条 发展党员工作应当贯彻党的基本理论、基本路线、基本纲领、基本经验、基本要求，按照控制总量、优化结构、提高质量、发挥作用的总要求，坚持党章规定的党员标准，始终把政治标准放在首位；坚持慎重发展、均衡发展，有领导、有计划地进行；坚持入党自愿原则和个别吸收原则，成熟一个，发展一个。

禁止突击发展，反对"关门主义"。

第二章 入党积极分子的确定和培养教育(略)

第三章 发展对象的确定和考察(略)

第四章 预备党员的接收(略)

第五章 预备党员的教育、考察和转正(略)

第六章 发展党员工作的领导和纪律(略)

第七章 附则

第四十三条 本细则由中央组织部负责解释。

第四十四条 本细则自发布之日起施行。《中国共产党发展党员工作细则(试行)》(中组发〔1990〕3号)同时废止。

■ 案例分析

文种：细则。

写作要点：

1. 标题、时间、签发机关

(1) 标题——《中国共产党发展党员工作细则》。

(2) 时间：本细则自发布之日起施行。

(3) 签发机关：中央组织部。

2. 总则、分则及附则

(1) 总则：说明该办法的目的、依据、原则等。

(2) 分则：说明发展党员的程序、发展党员工作的领导和纪律等。

(3) 附则：说明该办法的施行日期、解释权等。

细则是主体法律、法规、规章的从属性文件，由原法令、条例、规定的制定机构或其下属职能部门制定，它对法令、条例、规定或其部分条文进行解释和说明，制定细则的目的是补充法律、法规、规章条文原则性强而操作性弱的不足，以利于贯彻执行。

4.5.1 细则的特点

(1) 规范性和约束性。细则是对法律、法规、规章的细化和补充，自然具有法律、法规、规章的规范特点，具有一定的约束力，需要受到相应的执行和遵守。

(2) 补充性和辅助性。细则是主体法律、法规、规章的从属性文件，它对法令、条例、规定或其部分条文进行细化、补充、解释、说明，制定细则的目的是补充法律、法规、规章条文原则性强而操作性弱的不足，以利于理解和执行。

(3) 可操作性强。细则对有关法律、法规、规章的具体条款和要求进行详细解释和规范，规定具体适用的标准及执行程序，从而使主体规范性文件具有更强的可操作性。

4.5.2 细则的分类

根据其内容和对象的不同，细则可以分为实施细则、技术细则、管理细则、操作细则、安全细则、财务细则等。具体的细则分类可以根据实际需要和管理领域的不同进行适当调整和补充。

(1) 实施细则。用于明确主文件的实施要求和执行细节，包括适用范围、程序、标准、要求等。

(2) 技术细则。用于规定和指导特定领域或行业中的技术标准、规范、规程等，以确保相关活动的安全、质量和效率。

(3) 管理细则。用于规范和指导组织、企业或行政机关的管理工作，包括组织结构、职责分工、管理流程、决策程序等。

(4) 操作细则：用于规定和指导具体操作活动或工作流程的细节，包括操作步骤、操作规范、检查要求等。

(5) 安全细则：用于规定和指导安全管理工作，包括安全操作规程、安全防范措施、事故应急预案等。

(6) 财务细则：用于规范和指导财务管理工作，包括会计准则、报表编制规则、财务审核程序等。

4.5.3 细则的结构

细则一般由首部和正文两部分构成。

1) 首部

首部包括标题、制发时间和制发依据等项目。

(1) 标题。几乎由"适用范围+实施+文种"构成，适用范围多由母体公文标题来充当。一般细则的标题有以下两种形式。

① 由地区、法(条令、规定、办法)名称和文种组成，如《中华人民共和国市场主体登记管理条例实施细则》。

② 由法(条例、规定、办法)名称和文种组成，如《人类遗传资源管理条例实施细则》《"菜篮子"市长负责制考核办法实施细则》。

(2) 制发时间和制发依据。标题之下用括号注明细则制发时间。

2) 正文

一般由总则、分则和附则三部分构成。

(1) 总则说明制作本细则的目的、根据、适用范围、执行原则。

(2) 分则根据法律、法规、规章的有关条款制定出具体的执行标准、实施措施、执行程序和奖惩措施。

(3) 附则说明解释权和施行时间，有的细则还对一些未尽事宜做出说明。正文结构形式有两种：章条式和条项式。

① 在章条式细则中，第一章是总则，最后一章是附则，中间各章是分则，每章有若干条款，如"第一章、第二章、第三章……"。

② 条项式细则不分章，各条项内容相当于章条式各条，但项目略少，内容更加具体，如"第一章、第二章、第三章……"。

一般来说，根据法律制定的细则多采用章条式，根据条例或办法制定的细则多采用条项式。

4.5.4 细则的写作要点

(1) 任何细则都是为贯彻执行某一条规定而制发的，必须首先说明制定细则的条文根据，条文根据有几条就注明几条，不能随意增减。

(2) 必须注意细则的补充性和辅助性，着重体现"细"，把有关条规具体化、细密化，而不是跳出原有条规，再来一个"补充说明"。

(3) 要注意细则条文的逻辑顺序，一项一事，体现独立性。

(4) 细则写作必须根据上级机关的有关条规，联系本地区、本系统的实际，提出具体的实施细则。

本章小结

本章依次介绍了章程、条例、规定、办法、细则的概念、特点、结构及写作要点，要求学习者了解各种规章制度的概念、分类、特点，要重点掌握章程、条例、规定、办法、细则的写作结构及写作要点。

■ 思考与练习

1. 请思考规定与条例的区别。

2. 细则写作要注意哪些方面？

3. 简述章程的概念与特征。

■ **实践训练**

1. 为贯彻落实《××市生活垃圾管理条例》，××学院决定制定相关实施细则，请草拟《××学院生活垃圾分类投放工作实施细则》整体框架。

2. 假如你是某学院的人事部门工作人员，为了树立良好的教师队伍整体形象，请草拟有关《××学院教师着装仪容的管理规定》，字数在600字左右。

■ **文献阅读**

舒雪冬. 公文写作范例大全：格式、要点、规范与技巧[M]. 北京：清华大学出版社，2016.

第5章
会议文书写作

案例导读

公司员工：

　　为使我公司各部门工作顺利展开，并且保证各部门之间能够衔接顺畅，有效提高工作效率，公司领导研究决定，将定期召开公司员工例会。具体通知如下。

　　例会召开时间：每周五下午4：00。

　　例会召开地点：公司小会议室。

　　参会人员：公司总经理及全体员工，如有紧急工作不能参会请提前通知行政部××。

　　例会主题及安排：各部门员工本周工作总结及下周工作计划，需协调待解决的工作。

　　本通知自发布之日起执行。

××人事行政部

××××年××月××日

■ 案例分析

　　上述案例是一份公司内部的通知，目的是促进公司各部门之间的沟通与协作，提高工作效率。定期召开员工例会可以让各部门员工分享本周的工作总结和下周的工作计划，并解决协调工作中的问题。

　　会议文书是指记录和总结会议内容的文件或文档。它通常包括会议议程、与会人员名单、会议纪要、决议或行动计划等信息。会议文书的目的是确保会议的信息和决策能够被准确地记录下来，并为参会人员提供参考和回顾。写作会议文书时，需要遵循以下要求。

　　(1) 准确记录。确保会议文书准确地记录了会议的重要内容，包括讨论的主题、决策的结果、行动计划和责任人等。

　　(2) 简明扼要。会议文书应该简洁明了，用简练的语言概括会议的要点和关键信息，避免冗长和重复。

　　(3) 结构清晰。会议文书应该具有清晰的结构，包括标题、日期、与会人员名单、议程、主要讨论内容、决策和行动计划等部分。可以使用标题、段落和编号等方式来组织信息。

　　(4) 客观中立。会议文书应该客观中立，准确反映会议的内容和决策，避免个人偏见或主观评价。

　　(5) 语言规范。会议文书应使用规范的语言和专业术语，避免使用模糊或不准确的词语。另外，还要注意文书的语法、拼写和标点等方面的正确性。

(6) 时效性。会议文书应该及时完成，确保在会议结束后的短时间内分发给与会人员，以便他们能够及时回顾会议内容。

总之，会议文书是对会议内容的记录和总结，需要准确、简明、结构清晰，并遵循规范的语言和时效性要求。

学习目标

1. 了解会议开幕词、会议闭幕词的写作要点
2. 理解会议方案的写作结构
3. 掌握会议通知、会议总结的写作方法

5.1　会议方案

案例导读

××学校××周年庆典大会工作方案

总负责：××校长

总协调：××

一、需要各部门配合保障的工作

1. 由后勤集团(电工班)确保会议用电供应，确保不中断供电，并有预备方案。

2. 由校保卫部负责交通引导与管制，做好大会的保安工作。

3. 由宣传部负责联系校外新闻媒体对大会进行报道，并派出本校记者照相和报道。

4. 由教务处派出我校电教人员对大会进行录像。

5. 由校医院在校区建立医疗急救及医疗服务保障点。

(略)

二、会议的组织

(一) 郭××同志为主负责和协调的工作

1. 由郭××同志负责大会的总体协调，李××同志配合。

2. 在10月15日前由李××同志负责、黄××、××等配合完成会议议程、会议主持词、各种代拟稿、庆典大会前播音稿的修订工作(相关人员配合)。

3. 协调、安排男女播音员在大会上宣读贺信和庆典大会前播音的工作(相关人员配合)。

4. 向庆典公司提供各种标语和庆贺文字(相关人员配合)。

5. 联系××市批准挂气球或者指导庆典公司挂庆贺标语(相关人员配合)。

(略)

22. 在10月8日前由相关负责人与有关公司一起选定大会使用的《国歌》《歌唱祖国》音乐和歌片；10月9日开始负责组织学生学唱《国歌》和《歌唱祖国》；负责组织50名学生礼仪队员参加庆典大会的迎宾和礼仪工作。

(二) 由××同志为主负责和协调的工作

1. 由林××同志负责台上位置的排名(相关人员配合)。

2. 向庆典公司送各种桌牌的文字要求(相关人员配合)。

3. 完成主席台和台下贵宾区桌上各种材料的摆放,检查桌牌文字(相关人员配合)。

4. 15日前完成庆典大会前播音稿的初稿。

5. 负责协调各联络小组的工作,提出要求,汇总信息,负责与宾馆接待小组反馈来宾信息(相关人员配合)。

(略)

13. 落实下雨时主席台的预备方案(相关人员配合)。

三、学校邀请的领导、嘉宾和校友代表的位置安排方案(相关人员配合)

1. 台上贵宾区的排位(由副省级以上来宾构成,约30人)。

2. 台下贵宾区的安排(由高校代表、境外嘉宾和校友代表、国内嘉宾和校友代表、校领导和原校领导、离退休老同志代表组成,约430人)。

3. 检查桌子和椅子要符合要求(相关人员配合)。

四、学院邀请的校友、学院和各单位组织参会的教职工的位置安排方案(由×××提出方案学生处落实)

1. 各学院邀请的校友700人会场位置安排。

2. 各学院、各单位教职工代表300人会场位置安排。

3. 10月24日配备1000张椅子到位(学生处)(相关人员配合)。

五、庆典大会学生观众的位置安排与组织(由程××同志负责10月10日前完成方案,由林××同志配合)

1. 规划好庆典大会学生的位置,做好所有参加庆典学生的组织与安排。

2. 组织好学生预备观众(足够人数),在庆典大会开始前,组织学生预备观众进入台下嘉宾区、校友区、教工区的空位。

3. 组织好全体学生按照统一指挥,有秩序地入场和退场。

六、各学院邀请的校友、来宾报到区的安排(相关人员配合)

1. 在10月15日前完成各学院校友来宾报到区的帐篷规划分布图交校庆办阮××处发布。

2. 在10月22日前完成报到帐篷的布置并交给各学院。

3. 在10月15日左右开协调会(相关人员配合)。

七、学校邀请的领导、贵宾、嘉宾报到点与休息区的规划与布置(相关人员配合)

1. ×××同志负责配合完成以上报到点与休息区的规划(包含校庆氛围布置)要求

2. ×××和××同志共同负责确保在10月22日前完成布置,请图书馆配合。

3. 由××同志负责供应会议的茶水和矿泉水(由×××同志跟踪检查贵宾、嘉宾和会议茶水、矿泉水的配给)。

八、各项工作要准时到位,确保大会顺利进行

1. 工作要尽量提前完成。

2. 工作要细致到位。

3. 各项工作要互相配合。

4. 每个部门、每个人的工作都要到位。

■ 案例分析

文种： 会议方案。

写作结构：

(1) 标题——《××学校××周年庆典大会工作方案》，包含"召开单位或范围+会议名称+文种"。

(2) 正文：采用"分条列项"的写法。

写作要点：

注意语言简练、表达清晰，尽量使用简洁明了的句子和段落，使整个方案易于阅读和理解。

会议方案是在会议召开前对构成会议的各个要素做出系统周密的书面安排的会议文书，一般是为大中型或重要的会议所做的预设方案，企业内部召开的小规模例会可通过简易会议计划或会议通知来预先安排好会议事务。

5.1.1　会议方案的特点

会议方案具有两个显著特点：一是针对性，它主要是针对大中型或重要会议所做的规划安排；二是指导性，它对会议的整个进程有指导作用。

5.1.2　会议方案的分类

会议方案一般按照会议性质划分，主要有工作会议方案、代表会议方案和表彰奖励性会议方案。其中，工作会议方案是比较笼统的说法，企业内部大多数会议方案均可称为工作会议方案。

1) 工作会议方案

工作会议方案是企业或组织采用会议形式，采取一系列有关方案、政策和措施来解决问题的途径。它的目的是制定出对当前和将来活动的具体安排，并确保活动能够按预期效果完成。工作会议方案有助于企业实施高效的协调机制，提高企业内部管理沟通的效率，加强员工之间的合作和竞争，建立企业团队文化。写作范例如下。

××机械厂关于召开职工教育工作会议的方案

××市机械局：

为了贯彻落实中共中央、国务院《关于加强职工教育的决定》，我厂定于5月10日至15日，在厂招待所召开职工教育工作会议，特制定会议方案如下。

一、会议目的。认真学习中共中央、国务院《关于加强职工教育工作的决定》，传达省市教育工作会议精神，结合我厂实际情况，制定加强职工教育的规划，研究落实中青年职工的"双补"教育工作。

二、会议规模。主管教育工作的厂党委书记、厂长；厂部有关科室负责人、工作人员；各分厂主管教育工作的负责人；各车间主管教育工作的主任；工会、共青团各级主管教育工作的负责人，共58人。

三、会议日程。5月10日，传达省市教育工作会议精神，学习中共中央、国务院《关于加强职工教育工作的决定》。大会传达后，分组讨论，吃透上级精神，提高认识，端正态度。5月11日至15日，结合我厂实际情况制定加强职工教育规划，研究落实"双补"教育任务，解决"双补"教育中的各种实际问题。

四、会议采取大小会相结合的方法进行。10日上午举行开幕式，大会传达上级会议精神及中央文件，由党委书记×××作动员报告。15日下午举行闭幕式，宣读我厂加强职工教育规划，部署开展"双补"教育任务和措施。

五、会议准备工作。厂里准备抽调十名熟悉教育工作的同志，用半个月时间通过调查研究，上下结合，写出一份加强我厂职工教育工作特别是开展"双补"教育工作的实施方案，并制定出加强职工教育工作五年规划(草案)，拿到会议上讨论修改。

六、会议经费。为了集中精力开好会，所有参加会议人员一律在招待所住宿。其各项开支见附表。(略)

七、请局领导参加我们的会议，并请分管教育工作的×××局长在开幕式上讲话。关于讲话稿的撰写，将派专人面谈。

以上方案，当否，请批示。

××机构厂(公章)

××××年××月××日

2) 代表会议方案

代表会议的参加人数一般较多，召开时间较长，会议程序严格，且不同级别的代表会有不同要求，所以这类会议方案的写作比较复杂，写作范例如下。

职工代表大会方案

关于印发《第×届第×次职工代表大会筹备方案》的通知

集团各部门、各子公司：

经研究决定，现将《××集团公司第×届第×次职工代表大会筹备方案》下发你们，请根据方案要求认真遵照执行。另外，各单位在×月×日前做好选举工作，并将选举结果上报职代会筹委会。

特此通知。

附：××集团公司第×届第×次职工代表大会筹备方案

××集团公司第×届第×次职工代表大会筹委会

××××年××月××日

(此件公开发布)

附：

××集团公司第×届第×次职工代表大会筹备方案

根据《中华人民共和国工会法》及《××集团公司职工代表大会实施细则》的有关规定，集团拟定于××年××月××日召开××集团公司第×届第×次职工代表大会。

一、大会指导思想和任务

以××年第×届全国人民代表大会×次会议和全国政协×届×次会议精神为指导，贯彻公司××年战略和经营指导思想，坚持全心全意依靠职工智慧和力量办企业的根本方针，广泛体现职工参与企业管理的意志，团结和动员广大职工，为集团战略目标的全面实现和企业未定成熟努力奋斗。

二、职工代表换届选举步骤

依据《职工代表大会实施细则》第×条"职工代表大会每届任期×年"，职代会已到换届时间，故此次职工代表大会进行换届选举。换届选举工作的基本方法如下。

1. 各单位推选职工代表候选人。

2. 职工代表候选人列入《筹备方案》报公司党总支和董事会。

下发《筹备方案》(正式稿)，各单位民主选举确定职工代表。

三、大会筹备工作

1. 成立筹委会，筹委会下设秘书组和会务组。

时间：×月×日前完成。

责任领导和责任人：×××××。

2. 拟定职代会筹备方案。

3. 时间：初稿在×月×日前完成，提交稿在×月×日前完成。

责任领导：×××；责任人：×××。

3. 召开职代会筹备讨论会议。

时间：第一次讨论会议×月×日，第二次讨论会议×月×日。

责任领导：×××；责任人：×××。

4. 职工代表候选人上报工作。

时间：××月××日至××月××日。

责任领导：×××；责任人：×××。

要求：下列责任人××月××日前完成并上报。

(1) 集团部门选举(责任人为×××)。

职工代表候选人：××××××××××××××××××××××××。

(2) ××公司进行选举(责任人为×××)：××人。

3) 表彰会议方案

表彰奖励性会议除会议本身外，因涉及奖旗、奖状和奖品之类的物品，所以财务和物资方面要做好准备工作，会议方案的写作也会比较复杂，写作范例如下。

年度总结暨表彰大会方案

  ××年是公司蓬勃发展的一年，公司所取得的每一点进步和成功，离不开全体员工的辛勤劳动和无私奉献！为总结××年的经验教训，指导××年的发展规划，同时为了增强企业凝聚力，表彰先进树立楷模，激励员工奋发上进，特制定××年度总结表彰大会会议方案及评比方案。

  一、会议名称：××公司××年度总结暨表彰大会。

  二、会议主题：总结××年工作，表彰先进、展望未来。

  三、会议主持人：××总经理。

  四、会议时间：初定××年1月28—31日(其中一天)。

  五、会议地点：公司××楼××厅。

  六、出席人员：集团领导、全体员工及合作单位代表，合计约×人。

  七、评优具体标准及内容：见附件《关于年终评选先进的通知》。

  八、会议议程：见附件《集团××年度总结表彰大会议程》。

  九、会议工作组负责事项如下。

  1. 行政人事部负责如下事项

  (1) 制发会议通知、邀请函，编写《关于年终评选先进的通知》及会议议程。(负责人：×××)

  (2) 会议进行过程中与会人员的发言提示，控制好发言时间和顺序的正常进行。(负责人：×××)

  (3) 会前通知参会人员开会时间。(负责人：××)

  (4) 台牌、横幅、荣誉证书、椅子、会场的背景布等准备工作。(负责人：××)

  (5) 做好会议签到、编排位次、检查引领与会人员入席及纪律检查工作。(负责人：×××)

  (6) 将各部门的年总结、年计划、预算方案打印并发到相关人员手上。(负责人：×××)

  (7) 董事长发言稿。(负责人：××)

  (8) 负责××厅会前和会后的清洁工作。(负责人：×××)

  (9) 开会员工接送用车。(负责人：××)

  (10) 负责会议拍照。(负责人：×××)

  (11) 负责会前奖项排序的最终确定和奖金的到位情况。(负责人：×××)

  (12) 晚上文化娱乐活动的组织与安排。(负责人：××)

  2. 总部基建组负责事项

  负责向行政人事部报基地合作单位代表名单并发送邀请函，做好合作单位代表聚餐、联欢引导工作。(负责人：×××)

  3. 基建机修组负责事项

  负责检查音控机、灯光、话筒、投影仪和开会时的音控工作等。(负责人：××)

  4. 后勤组和总部采购组负责如下事项

  (1) 负责拟两份××元一桌菜单及酒水交到行政人事部审核，并控制好成本。(负责人：××)

  (2) 负责清点桌子、椅子和餐具等，保障用餐有序。(负责人：×××)

  (3) 晚上文化娱乐活动水果、酒水和零食的采购。(负责人：××)

(4) 组织协助食堂聚餐的工作。(负责人：×××)

(5) 协助文化娱乐活动会场布置。(负责人：×××)

5. 安保组负责如下事项

(1) 协助行政人事部负责会场、食堂的秩序，以及清退会场中无关人员，保证会议、用餐地点的安全。(负责人：××)

(2) 当班人员负责大门岗守卫工作，公司外地人员做好身份登记。

5.1.3　会议方案的结构

会议方案通常由标题、正文和落款三部分构成。

1) 标题

最标准的会议方案标题格式为"召开单位或范围+会议名称+文种"，如"××集团公司第×届第×次职工代表大会筹备方案"。有时可省略会议召开单位这一要素，如"年终总结暨表彰大会方案"。需要撰写者明确的是，会议方案的文种名称不仅仅是"会议方案"，还可以是"方案""筹备方案""筹备接待方案""计划""策划方案"等。

2) 正文

会议方案的正文一般由开头、主体、结尾三部分构成。

(1) 开头。对会议的基本要素进行说明，如召开会议的缘由、根据、单位、会议名称、时间、地点和会期等，引出下文。

(2) 主体。一般分条列项，写出会议的宗旨、主题(内容、议题)、规模(与会人员)、议程、日程、会议形式、会晤机构的组织和分工、会议文书、会议经费、保障措施及筹备情况等事项，相当于一般计划中的"目标要求""措施方法"和"实施步骤"等。

(3) 结尾。书写结束语要根据会议方案的性质而定。属于下级机关请示上级机关的会议方案，可写类似于请示报告的结尾语，如"以上方案，当否，请批示"，而上级机关通知下级机关的会议方案，一般不需要单独写结束语。

3) 落款

会议方案的落款部分一般要写明方案的制发单位或机关的名称，签署日期，并加盖公章。

5.1.4　会议方案的写作要点

撰写者在具体写作会议方案时，要考虑全面、科学安排，如会前把举行会议的有关规定、各种程序、各方面可能遇到的情况都进行考虑和估计，全面统筹；要明确要求、安排细致，尤其是涉及人数多、头绪烦、内容杂的大中型会议，要对材料撰拟、分发、会标制挂、座位排列制作、安全保卫和医疗服务等做出明确安排，准确计算会议衔接时间；要灵活机动，留出弹性空间，防止安排太紧；要层次分明，合理安排条款间的逻辑顺序。

在会议召开前对会议的目的、规模、时间、地点设施、内容、议程、日程、组织形式、会议文件、经费和后勤服务等要素做出周密安排，能促进会议顺利进行，取得满意的预期效果。注意，有些会议还需要向上级机关请示核准，此时会议方案便作为上级审核批准的重要依据。还有一些会议方案可发挥通知的作用，向联办或与会单位通报筹备情况，以便做好必要的会议准备。因此，会议方案具体应包括以下内容要件。

(1) 确定会议名称、议题、指导思想和任务要求。

(2) 确定与会人员、时间地点、会议期限、日程安排和会议领导。

(3) 确定会议通知内容、会议通知跟进落实、程序和要求，以及会场布置要求。

(4) 确定会议文件资料的种类、内容和要求，以及会议设备和用品的种类与要求。

(5) 会议后勤安排、会议记录安排、会场服务安排、会议预算安排。

(6) 议定事项催办和反馈的程序、要求、责任人，以及其他注意事项。

5.2　会议通知

 案例导读

年会组织通知

尊敬的爱心企业负责人：

您好！5月15日是国际助残日，也是市义工团成立两周年之日，一直以来，特教事业的发展得到了全社会关心和支持，是你们浓浓的爱心，让残疾学生感受到社会大家庭的温暖。学校的职业教育和信息化水平跻身全省山区县先进行列，为残疾学生提供了更好的教育服务，一批又一批的残障孩子离校后成了自食其力的劳动者。而我们市义工团奉行赠人玫瑰，手有余香的精神，以"义工在行动，爱心在传递"为口号，以"让爱成为习惯，行动从心开始"为服务理念，致力于社会公益、爱心事业，为和谐社会做出了应有的贡献。

在国际助残日来临之际，为感谢大家多年的鼎力支持与厚爱，定于5月15日(星期日)晚上7点30分在××市特殊学校内举办××市特殊学校国际助残日暨市义工团成立两周年公益晚会，在此诚挚邀请您拨冗光临！让我们一起为特殊群体献出爱心，让特殊学生们得到关爱和帮助，健康快乐成长。

顺致

崇高敬意！

×××

××××年××月××日

■ 案例分析

文种： 会议通知。

写作结构：

(1) 标题——《年会组织通知》，包含"事由＋文种"。

(2) 正文：布告形式。

写作要点：

完整齐全、具体确切。

会议通知是上级对下级、组织对成员或平行单位之间部署工作、传达事情或召开会议等所使用的一种常见应用文体。

5.2.1 会议通知的特点

会议通知运用广泛，几乎各行各业都会用到。会议通知的内容事项，一般比较完整齐全、具体确切，会对与会者起到告知作用，其特点如下。

(1) 目的明确。会议通知的首要特点是明确会议的目的和议程。通知中应清楚说明会议的主题、时间、地点和持续时间，以及会议的目标和预期结果。

(2) 具体内容。会议通知应包含具体的内容，如会议主题、议程安排、需要准备的材料或文件等。通知中还可以提供与会人员的名单，以便参会者了解与会人员的身份和职责。

(3) 提前通知。会议通知应提前发送给参会人员，以便他们有足够的时间准备和安排自己的日程。一般而言，会议通知应提前至少一周发送，以确保参会人员的参与度和准时到场。

(4) 清晰简洁。会议通知应以简洁明了的语言撰写，避免使用复杂的词汇或术语。通知的内容应简明扼要，重点突出，以便参会人员能够快速理解和回复。

(5) 重要信息突出。会议通知应将重要信息突出显示，如会议的日期、时间和地点，以确保参会人员能够准确获取这些关键信息。

(6) 渠道多样。会议通知可以通过多种渠道发送，如电子邮件、企业通信软件、公司内部网站等。根据公司的通信方式和参会人员的习惯，选择合适的渠道发送通知。

(7) 回复确认。为了确保参会人员的参与度和准时到场，会议通知可以要求参会人员回复确认。这样可以让组织者了解参会人员的出席情况，并及时进行后续的安排和准备工作。

5.2.2 会议通知的分类

根据会议的性质和内容，可将会议通知分为行政性会议通知、经济性会议通知及学术性会议通知。

1) 行政性会议通知

行政性会议通知是指行政机关举行会议时发出的通知，对参加者有一定的约束力，通知通常含有会议时间、地点、出席人员、议题等内容。写作范例如下。

卫生工作会议通知

各街道党工委、办事处，区级有关部门：

经区委、区政府研究，定于××××年××月××日召开20××年××区卫生工作会议。现将有关事项通知如下。

一、会议内容

贯彻落实全省、全市卫生工作会议精神，总结我区去年卫生工作，部署20××年全区卫生工作。

二、会议时间

20××年1月12日(星期四)下午2：00—2：20签到，2：30准时开会。

三、会议地点

区机关食堂二楼。

四、参会人员

市卫生局领导；区委、区政府、区人大、区政协分管领导；区爱卫会成员单位分管领导；各街道分管副主任及卫生干事；区卫生局各直属单位党、政负责人；爱卫工作"十佳单位"和"十佳社区"。

五、会议要求

请参会人员安排好工作，准时参加会议。

××区人民政府办公室

××××年××月××日

2) 经济性会议通知

经济性会议通知是指从事经济活动的企事业单位组织、召开会议时发出的通知，它着眼于实现经济目标，主要是有关经济方面的决定，写作范例如下。

经济工作会议通知

××大学将在20××年12月17日—18日承办第××届"WTO、中国和亚洲经济"会议，此次会议由××商学院主办，××大学国际经济研究中心、××银行及××大学协办。会议旨在让世界各国的学者共同研究、交流中国加入世界贸易组织之后如何发展与亚洲及世界各国经贸关系这一涉及中国和亚洲未来发展的课题，以促进相关领域的广泛学术交流和深入合作研究。

1. 学术研讨议题和领域。

2. 中国加入WTO对其他国家经济的影响，尤其是对其他亚洲经济体的影响。

3. 中国和其他亚洲经济体之间的贸易和投资关系、竞争及相互依赖。

4. 发展中国家所面临的与WTO相关或不相关的贸易问题。

5. 亚洲危机之前、期间和之后的中国和其他亚洲经济体。

6. 中国和其他亚洲经济体的贸易和货币政策。

7. WTO与发展中国家。

会议时间安排如下。

回执：20××年××月××日前

提交论文摘要或初稿：20××年××月××日前

提交论文成稿：20××年××月××日前

报到：20××年××月××日

会议：20××年××月××日至××日

会议语言：英语

执行主席：中××大学商学院×××院长

联络人：×××××

地址：×××××××××；邮编：××××××

联络电话及传真：××××××××

E-mail：××××××××

大会网页：××××××××××××××××

注意：请用英文写论文摘要，控制在500～2000字。论文摘要附在回执上一并寄回。

同时将电子版发回大会电子信箱中。

供稿：××××

××××年××月××日

3) 学术性会议通知

学术性会议通知是指举行学术性会议的学术研究机构发出的通知，主要涉及学术讨论和交流，通知中包括会议时间和地点等内容，写作范例如下。

关于召开20××年水资源论证技术研讨会的通知

各有关单位：

为全面落实最严格水资源管理制度，充分发挥水资源论证在水资源开发利用的决策关口作用，共同研究和探讨水资源论证技术和管理等环节的关键问题。经研究，定于20××年12月中旬在贵州召开水资源论证技术研讨会，现就有关事项通知如下。

一、会议内容

1. 交流新形势下水资源论证制度建设与发展。

2. 分析讨论水资源论证报告书编制与审查的重点和难点。

3. 规划水资源论证的重点和关键技术。

二、参会人员

1. 部分流域机构，省、自治区、直辖市水利(水务)厅(局)从事水资源论证的有关专家或技术人员。

2. 提交全国水资源论证技术研讨会论文的部分作者。

三、时间及地点

会议时间：20××年12月18日至19日，17日报到。

会议地点：贵州××酒店(贵州省贵阳市××，电话：×××××××)。

四、具体事项

1. 请参会单位组织选派1至2名有关专家或技术人员参加会议，并将报名回执表(见附件)于12月11日前发电子邮件或传真至水利部水资源管理中心。

2. 根据《关于全国水资源论证技术研讨会论文征集的通知》(水资源资质〔20××〕238号)，会后将对论文的采用情况在水资源论证网上予以公告，并印发《20××年水资源论证技术研讨会论文集》。

3. 会议期间食宿统一安排。

五、联系人及联系方式

联系人：×××

联系电话：××××

电子邮箱：××××

附件：20××年水资源论证技术研讨会报名回执表.doc

××部(印)

××××年××月××日

5.2.3 会议通知的结构

会议通知的写作比较简单，一般由标题和正文两部分构成。

1) 标题

标题主要起事项告知作用，其有两种形式，一种是直接事由＋文种，另一种是制发机关＋事由＋文种，受文者可以是机关、单位、部门，也可以是个人。

2) 正文

正文要写明会议名称、议题、目的、召开时间、地点、出席人员，以及对其提出的要求、会议日程安排、会议组织者的联系方式及其他事项。

5.2.4 会议通知的写作要点

撰写会议通知，需要注意以下事项。

以布告形式贴出的会议通知，要把事情通知有关人员，如学生、观众等，通常不用称呼。书信形式的会议通知，要发给有关人员，此种通知写作形式同普通书信，只要写明通知的具体内容即可。会议通知要求言简意赅、措辞得当、时间及时。

5.3 会议开幕词

案例导读

会议开幕词

尊敬的各位嘉宾、与会者：

大家好！非常荣幸能够在这里欢迎大家参加今天的会议。首先，我代表组织者向各位表示最热烈的欢迎和诚挚的感谢。感谢您们在百忙之中抽出时间参加本次会议，与我们一同讨论重要的议题。

本次会议的主题是_____(会议主题)，这是一个具有重要意义和被广泛关注的话题。在这个快速变化的时代，我们面临着许多挑战和机遇。通过本次会议，我们希望能够深入探讨这个主题，分享和学习相关的最佳实践，以促进企业的发展和创新。

本次会议汇聚了来自不同领域的专家和业界精英，他们将与我们分享他们在相关领域的经验和见解。我们将听取他们的演讲和案例分享，并进行互动和讨论，以获得深入的洞察和启发。我们相信，通过他们的分享，我们将能够拓宽我们的视野，开阔我们的思路。

除了专家演讲和案例分享，我们还将组织小组讨论和工作坊等形式的活动，以促进与会者之间的互动和交流。我们鼓励大家积极参与，分享自己的观点和经验，共同探讨解决方案和最佳实践。我们相信，通过大家的共同努力和集体智慧，我们将能够找到更好的解决方案，推动企业的发展和成功。

最后，我衷心希望本次会议能够为大家带来新的思路和灵感，激发创新和改进的动力。让我们共同努力，为企业的发展和成功做出更大的贡献。

祝本次会议圆满成功！谢谢大家！

■ 案例分析

文种： 会议开幕词。

写作结构：

(1) 标题——开幕词。

(2) 正文：由三部分构成，即"开头+主体+结尾"。

写作要点：

篇幅简短，内容明快，语言热情，富有感染力。

开幕词是在一些大型会议开始时由会议主持人或主要领导人所做的开宗明义的致辞。开幕词是大会的前奏，内容一般为提出会议的指导思想、中心任务，阐明会议的目的、要求和重要意义，对开好大会具有指导性的意义。

5.3.1　会议开幕词的特点

(1) 篇幅简短，内容明快。会议开幕词是对会议内容和有关事项的概要说明，其主要作用是宣告、导入，并进行简要动员。因此，开幕词的篇幅不宜过长，内容力求简洁明快。

(2) 语言热情，富有感染力。开幕词的语言要简洁上口，具有较强的感情色彩，富有一定的鼓动性和感染力，要能够激发与会者主动参与的热情，生动活泼，热情洋溢。

5.3.2　会议开幕词的分类

开幕词可以分为一般性开幕词和侧重性开幕词，每种类型的重点阐述内容各有不同。下面进行详细介绍。

1) 一般性开幕词

一般性开幕词只对会议或活动的目的、议程、基本精神和来宾情况等做简要概述，不会做长篇大论发言，写作范例如下。

尊敬的各位嘉宾、亲爱的同事们：

大家好！很高兴能够在这个美好的时刻，与大家共聚一堂，共同参加这次重要的会议。首先，我代表×××公司，向大家表示热烈的欢迎和衷心的感谢！

本次会议的召开，是为了促进我们公司的发展和进步，共同探讨和分享最新的行业动态和经验。我们相信，通过这次会议，我们将能够汇聚智慧和力量，为公司的未来发展制定更加明确的方向和策略。

在过去的一年里，我们公司取得了令人瞩目的成绩和进展，这离不开每一位同事的辛勤付出和团队的协作精神。同时，我们也要清醒地认识到，面临的挑战和竞争也日益加剧。因此，这次会议的意义非常重大，我们需要共同思考和努力，为公司的未来制定更加明确的发展战略。

在接下来的会议中，我们将听取各位嘉宾的精彩演讲和报告，听他们分享其在各自领域的成功经验和见解。同时，我们也将进行深入的讨论和交流，共同探讨如何应对行业的挑战和变革，为公司的发展寻找更多的机遇和突破口。

最后，我衷心希望这次会议能够取得圆满成功，成为我们共同进步的契机。让我们紧密团结在一起，发扬团队合作的精神，共同努力，为公司的发展贡献自己的力量。

谢谢大家！祝愿本次会议圆满成功！

2) 侧重性开幕词

侧重性开幕词往往会对会议或活动召开的历史背景、重大意义、中心议题或活动详情等做重点阐述，其他问题一笔带过，写作范例如下。

××学院汽车工程系第一次团员代表大会开幕词

(××××年××月××日)

各位代表、各位来宾、青年朋友们：

在这似火的时节，共青团××学院汽车工程系第一次团员代表大会隆重开幕了！

首先，我谨以大会的名义，向高度重视和关心共青团工作的各位领导致以崇高的敬意和衷心的感谢！向莅临大会的学院党政领导和学院各部门、各单位负责人表示热烈的欢迎！向全院青年团员和青年师生致以亲切的问候和良好的祝愿！

"接天莲叶无穷量，映日荷花别样红"。青春的盛会，火红的事业。今天，出席这次大会的团代会代表人，肩负着全系团员青年的期望和重托，共商汽车工程系的团学工作发展大计！

在系党总支、院团委的正确领导和亲切关怀下，在各部门的大力帮助和关心支持下，我系团总支团结带领全系团员青年，以服务大局、服务青年为己任，用青春的激情投身学院建设与发展，为学院建设与发展做出了积极努力。

新的起点，新的目标；新的征程，新的奋斗。今后几年，是我院加快建设和发展的关键几年。在这一历史性时刻，召开共青团××学院汽车工程系第一次代表大会，认真总结××学院近两年我系共青团工作的新经验，分析当代青年的新特点，研究青年工作的新形势，确定今后几年我系共青团工作的指导思想、奋斗目标和主要措施，意义重大而深远。我们要以这次大会为新的起点，明确新任务，开创新局面，创造新业绩，为实现我系及学院跨越式发展贡献青春和力量！

各位代表、同志们，这次大会主要议程有两项：一是听取并审议(本次大会主席团)共青团××学院汽车工程系团总支第一次代表大会筹备委员会的工作报告；二是选举产生共青团××学院第一届委员会。与会全体代表一定要深刻认识自己肩负的历史重任，珍惜自己的权利；充分发扬民主，以饱满的热情和主人翁精神，畅所欲言；献计献策，高质量完成这次大会预定的各项任务，把这次大会开成一个集思广益、民主决策的大会，一个团结鼓劲、创新务实的大会，一个带领全院团员青年为××学院的改革，建设和发展满怀信心，开拓进取的大会！预祝大会圆满成功！

发言人：×××

5.3.3 会议开幕词的结构

开幕词通常由标题、称谓及正文三部分构成。

1) 标题

会议开幕词的标题，常见的有以下四种写法。

(1) 只写文种"开幕词"。

(2) 由致词人姓名、大会名称、文种组成，如《×××同志在××××大会上的开幕词》。

（3）另拟主标题，以会议名称加文种作为副标题，如《我们的文学应该站在世界的前列——中国作家协会第四次会员代表大会开幕词》。

（4）由大会名称加文种组成，如《中国共产党第十二次全国代表大会开幕词》。需要注意的是，无论是哪一种标题，开幕词的时间都要加括号标注在标题下的正中位置(有时也可省略)。

2) 称谓

会议性质不同，称谓也不同。如果是党的会议，称谓为"同志们"；如果是代表大会，称谓为"各位代表"；如果是国际会议，要按照国际惯例来排列顺序，称谓为各位来宾、各位朋友或"女士们、先生们"等。

3) 正文

正文可分为开头、主体、结尾三部分。

（1）开头。开头的主要内容是宣布大会开幕。最简单的说法是"××××大会现在开幕"。宣布大会开幕时，会议的名称要写全称，以示庄重、严肃。开头的内容还可以对会议的规模和意义、在什么形势下召开、出席会议的人员情况、会议的筹备情况等进行简要的介绍，并且要对会议的召开及与会人员表示祝贺。

（2）主体。主体是开幕词的核心部分，主要包括以下几方面的内容：阐明会议的重要意义，概括说明与会议有关的形势及会议的目的；阐明会议的指导思想、主要议程和安排；向与会者提出希望和要求，从而保证会议的圆满完成。

（3）结尾。开幕词的结尾一般用祝颂语结束全文，如"最后，祝大会取得圆满成功。祝各位在北京愉快。谢谢！"。结尾的语言一定要富有鼓动性和号召力。

5.3.4　会议开幕词的写作要点

在写作过程中，要注意用简练、亲切的语言，避免过分正式和烦琐的辞藻。同时，要注意掌握开幕词的时间，不要过长，以免让与会者失去兴趣。最后，可以事先准备好开幕词的草稿，并进行反复修改和演练，以确保流畅和自信地发表。

5.4　会议闭幕词

案例导读

公司工作会议闭幕词

(××××年××月××日)

各位同仁：

经过大家的共同努力，××保险××分公司××年度保险工作会议圆满完成了各项议程，现在就要闭幕了。

这次会议虽然只有半天时间，但主题明确、议程紧凑、内容丰富。会议传达了分公司××年度工作会议精神，大家进一步明确了全省经营管理目标，增强了工作信心。××总经理向大会作了题为《坚定信心勇担重任价值发展推动××年经营管理工作再上新台阶》的年度工作报告，进一步明确了年度指导思想、工作要求、工作目标和工作思路，发出了围绕"四大战略"，实施"六大战术"，提升"五大能力"的动员令。会议上，大家认真听取了业务发展分析、理赔业务分析和财务工作分析，隆重表彰了××年度先进单位和先进个人。会议始终充满了团结、求实、奋进的气氛，充分体现了广大员工对实现××年度各项目标的坚定信心，展现了艰苦创业、永不言败、争先创优的精神风貌。这次大会的成功召开，对于团结和动员全市两级机构全面贯彻落实科学发展观、加快发展步伐、转变发展方式、防范经营风险和提升盈利能力，必将起到积极的推动作用。

同志们，××年度是××保险全面实施××战略发展规划的关键时期，是××保险加快融入经济社会发展大局，紧紧跟上行业发展步伐的关键之年，我们要切实围绕本次工作会议确定的指导思想、工作要求、工作目标和工作思路，以只争朝夕的紧迫感、从我做起的责任感、爱我家园的使命感，积极投身于各项业务推动中，追求卓越，发展价值，合规经营，努力实现新年开门红，努力完成各阶段工作目标，确保圆满完成××年度各项工作任务，在××战略发展的道路上迈出坚实的步伐。

关于贯彻落实这次会议精神，我认为，吃透会议精神是贯彻落实的前提，采取有效措施是贯彻落实的关键，经营结果是检验贯彻落实的最终依据。希望各县市公司、营销部、各部门要及时召开会议，迅速贯彻落实××中支年度保险工作会议精神，认真部署××年度工作，并强力组织推动。各单位要在××月××日前上报贯彻落实会议精神的情况。

同志们，站在新的历史起点，发展的道路上充满了机遇和挑战。我们相信，在分公司党委总经理室的正确领导下，经过全体员工的辛勤努力和扎实工作，××保险××中支一定会战胜各种艰难险阻，全面夺取各项工作的新胜利！

现在我宣布：××保险××中支××年度保险工作会议闭幕！

发言人：××

■ 案例分析

文种：会议闭幕词。

写作结构：

(1) 标题——《公司工作会议闭幕词》，包含"事由+文种"。

(2) 正文：包括感谢与会者、总结会议内容、引用重要发言和建议、总结会议成果、表达对参与者的期望和鼓励、展望未来和再次感谢与会者。

写作要点：

篇幅要短小，语言要热情，内容要简洁，行文要有高度的概括性。

会议闭幕词是一些大型会议或活动结束时，由有关领导人或德高望重者代表会议举办单位向会议参与者所作的讲话。其内容一般是概述会议或活动所完成的任务，对会议或活动的成果做出评价，对会议或活动的经验进行总结等。

5.4.1 会议闭幕词的特点

闭幕词具有简明性和口语化这两个显著特点。凡是重要会议或活动，有开幕词就有闭幕词。闭幕词的具体特点如何。

(1) 总结性。闭幕词是在会议或活动的闭幕式上使用的公文稿件，要对会议内容、会议精神和进程进行简要的总结，并做出恰当的评价，肯定会议的重要成果，强调会议的主要意义和深远影响。

(2) 概括性。虽然闭幕词是对会议或活动的进展情况、完成议题及取得的成果等进行高度概括，但因为临近会议或活动结束，所以其篇幅不宜过长，应短小精悍、简洁明了，避免引起与会者或活动参与者的焦急、反感。

(3) 号召性。为了激励参加会议或者活动的全体成员实现会议或活动中提出的各项任务而奋斗，增强与会者或参加活动的人贯彻会议或活动精神的决心和信息，闭幕词的行文通常充满热情，语言坚定有力，富有号召性和鼓动性。

(4) 口语化。用于现场讲话、朗读，因此文字要适合口头表达，写作时要让语言通俗易懂、生动活泼。

5.4.2　会议闭幕词的分类

闭幕词不像开幕词，可根据写作侧重点不同进行分类。闭幕词一般是对会议或活动进行总结性发言，重点都是会议或活动的收获、成果、影响和意义。这里以会议闭幕词和活动闭幕词来举例讲解。

5.4.3　会议闭幕词的结构

会议闭幕词的写作格式由标题、称谓、正文和结束语三部分构成。

1) 标题

标题通常有以下四种形式。

(1) 只写文种，即"闭幕词"。

(2) 事由+文种，如××公司年终会议闭幕词。

(3) 致词人+事由+文种，如"××董事长在××会上的闭幕词"。

(4) 复式标题，主标题揭示会议或活动的宗旨和中心内容，副标题与第二种和第三种标题的构成形式相同，如《我们的文学应该站在世界的前列——中国作家协会第×次会员代表大会闭幕词》。注意，同一会议或活动的闭幕词的标题书写要与开幕词标题一致。

2) 称谓

根据会议或活动的性质及与会者或参加活动的人的身份确定，如"各位老师、同学""各位专家"等。

3) 正文

闭幕词的正文也可分为开头、主体和结尾。

(1) 开头。在称谓之后另起一段首先说明会议或活动已经完成预定任务，现在就要闭幕了，然后概述会议或活动的进行情况，恰当地评价会议或活动的收获、意义及影响，两个要点可分段。

(2) 主体。该部分为闭幕词的核心内容，要写明会议通过的事项和基本精神或活动的具体开展情况；会议或活动的重要性和深远意义；向与会者或参加活动的人提出贯彻会议或活动精神的基本要求等。一般来说，这三方面的内容都不能少，且基本按照这样的顺序进行写作。

(3) 结尾。闭幕词的结尾一般以坚定的语气发出号召、提出希望并表示祝愿。

4) 结束语

以郑重的口吻宣布会议或活动胜利闭幕，如"现在我宣布：××活动取得圆满成功，胜利闭幕！"等。

5.4.4 会议闭幕词的写作要点

在写作闭幕词的正文主体部分时，要掌握会议、活动的情况，有针对性地对会议或活动的内容予以阐述和肯定，同时可以对会议或活动中未能展开却已认识到的重要问题做出适当强调或补充，行文要热情，文章要简洁有力，起到激发斗志、增强信念的作用。由于闭幕词用于会议或活动终了，因此要与开幕词前后呼应、首尾衔接，突出会议或活动开展得圆满、成功。

此外，撰写会议闭幕词时还要注意以下事项。

(1) 篇幅要短小，语言要热情，内容要简洁，行文既要有高度的概括性，又要富于感染力。

(2) 有的闭幕词有侧重性，往往对会议召开的历史背景、伟大意义或会议的议题等进行重点阐述，其他问题一带而过。

(3) 闭幕词出现在会议终了，因此，要写得与开幕词前后呼应、首尾衔接。

5.5 会议记录

 案例导读

会议记录

会议主题：××公司年度总结与展望会议

会议时间：2022年1月10日上午9:00—11:00

会议地点：××公司会议室

会议记录人：×××

参会人员：

1. 公司高层领导：张总、王总、李总、赵总

2. 各部门负责人：人力资源部、市场部、财务部、技术部、生产部等

3. 其他相关人员：行政人员、会计人员等

会议议程：

1. 开场致辞(张总)

2. 公司2021年度绩效总结与评估(人力资源部)

3. 市场营销工作总结与展望(市场部)

4. 财务报告及财务目标设定(财务部)

5. 技术创新与研发进展(技术部)

6. 生产运营情况总结与改进计划(生产部)

7. 公司未来发展规划与目标设定(公司高层领导)

8. 其他事项讨论与决策

9. 会议总结与下一步行动计划

会议记录：

会议开始于上午9点，由张总主持。

1. 开场致辞(张总)

张总对各位领导和同事们的到场表示欢迎，并简要介绍了本次会议的目的和议程。

2. 公司2021年度绩效总结与评估(人力资源部)

人力资源部负责人对公司2021年度绩效进行了总结与评估，包括员工绩效考核结果和人才培养计划等内容。

3. 市场营销工作总结与展望(市场部)

市场部负责人分享了2021年市场营销工作的总结和成果，并展望了2022年的市场发展计划和策略。

4. 财务报告及财务目标设定(财务部)

财务部负责人介绍了公司2021年的财务状况和财务报告，并提出了2022年的财务目标和预算计划。

5. 技术创新与研发进展(技术部)

技术部负责人汇报了公司在技术创新和研发方面的进展，包括新产品的研发情况和技术改进计划等。

6. 生产运营情况总结与改进计划(生产部)

生产部负责人总结了2021年的生产运营情况，并提出了2022年的改进计划和生产效率提升方案。

7. 公司未来发展规划与目标设定(公司高层领导)

公司高层领导围绕公司的未来发展进行了深入讨论，包括市场拓展、技术创新、人才培养等方面的规划和目标设定。

8. 其他事项讨论与决策

会议期间还对一些重要事项进行了讨论和决策，包括人员调整、项目合作等。

9. 会议总结与下一步行动计划

张总对本次会议进行了总结，并确定了下一步行动计划，包括各部门负责人落实会议决策和制定具体实施方案等。

会议于上午11点结束，张总再次感谢大家的参与和贡献。

■ 案例分析

文种： 会议记录。

写作结构：

(1) 标题——文种"会议记录"。

(2) 正文：包括组织情况、会议的内容和结尾。

写作要点：

会议记录要忠于事实，不能夹杂记录人员的任何个人情感，更不允许有意增删发言内容。

会议记录是指在会议过程中，由记录人员把会议的组织情况和具体内容记录下来，形成文档。由会议组织者指定人员记录的反映会务活动的重要材料，是传达、贯彻、执行会议精神的依据。

会议记录有"记"与"录"之分，记是指通过文字将会议的组织情况，以及会议的议题、发言、决议等具体情况写下来；录则是采取笔录、录音、影像记录等方式完整地再现会议情况。在实践操作中，通常将上述两种方式有效结合起来，以最终服务于会议，最大限度地还原会议的情境。

5.5.1　会议记录的特点

(1) 同步性。从整个记录的过程来看，大多数会议记录是由记录员随开会的过程进行同步记录的。

(2) 实录性。会议记录坚持的是"怎么讲就怎么记"的原则，并不允许记录者在记录中加入自己的倾向或观点，更加不能随意删改、增添发言者的言论，不能进行加工、提炼，也不能张冠李戴、移花接木。为了保证记录的实录性，要力求把发言者的话听准确、记完整，听不准或有疑问的地方要及时核准。

(3) 规范性。会议记录的规范性主要表现在以下几点。

一是要使用规范的记录符号。会议记录要求他人也能够辨认，字迹不能潦草，因此，要尽可能地使用缩略符号或规范的速记方法记录。二是使用单位统一的记录专用笔。三是要求按照统一的格式进行记录。

(4) 指导性。这一特点包含了两层含义：一是会议本身的权威性，二是会议记录是对会议决定事项和主要精神的集中反映，所以记录下发后将会对相关单位和人员产生约束力，起到类似决议、决定等指挥性公文的作用。

5.5.2　会议记录的分类

按照会议性质来分，会议记录包括办公会议记录、专题会议记录、联席(协调)会议记录和座谈会议记录等。下面主要对前两种会议记录进行详细介绍。

1) 办公会议记录

这种会议记录是机关、企业或事业单位等对那些综合性、重要的工作进行研究讨论、议决等加以记述的一种会议记录，写作范例如下所示。

会议记录

会议名称：公司总经理办公会议

会议时间：××年××月××日××时

主持人：×××

会议地点：公司××会议室

记录人：××

出席人员：

　　总经理×××

党委书记×××

总会计师×××

副总经理×××

列席人员：

总经理助理×××

经营规划部部长×××

党委办公室主任×××

人力资源部副部长×××

缺席人员：

×××副总经理(因公出差)

主要议程：

一、讨论修改职代会报告讨论稿

(一)×××主读职代会报告(讨论稿)

全年公司生产经营完成情况：生产汽车×万辆，其中××公司生产汽车×万辆，销售汽车×万辆；××公司生产汽车×万辆，销售汽车×万辆。实现工业增加值×万元。

(报告讨论稿附后)

(二)审议职代会报告讨论稿

××：全年公司在十分困难的情况下，生产经营情况同比有增长，但存在的困难不少，对困难的总结要全面、客观。

×××：全年在销售上我们采取了一系列有效政策，同意报告中对销售工作的总结。

(三)对职代会报告进行表决

××(总经理)：同意报告。

××(副总经理)：同意报告。

××(副总经理)：同意报告。

表决结果：应参加表决人数×人，实际参加表决人数×人，同意×人(其中×××通过主持人电话征求意见，表示同意)，会议一致通过职代会报告讨论稿

二、讨论确定××年公司生产经营计划

(一)经营规划部部长×××介绍××年公司生产经营计划草案

注：要求目前。

(二)审议××年公司生产经营计划草案

注：要求目前。

(三)对××年公司生产经营计划安排进行表决

注：要求目前

三、讨论确定干部调整方案

(一)听取人力资源部副部长×××报告部分干部调整方案

本次干部调整共×人，其中：岗位变动×人；免职×人；新提拔×人(详细调整名单附后)。

(二)会议讨论

注：要求目前。

(三) 会议表决

注：重要干部逐人表决，一般干部可实名制票决。

表决结果：××××××××××××××××××××××××××××××

散会

会议主持人签字：×××

会议记录人签字：××

(本会议记录共×页)

2) 专题会议记录

该类会议记录是专门记述座谈会讨论、研究情况与成果的会议记录，其主要特点是观点意见的分散性与主题的集中性相结合，既要将各种倾向性意见和不同观点都归纳、表达出来，又要归纳成比较统一、集中的认识，写作范例如下。

专题研讨会议记录

会议名称：××市××第×中心小学关于写字教学的专题研讨会

会议时间：××年×月×日×时—×时

会议地点：××中心小学××会议室

参加人员：全体教师

主持人：×××；记录人：××

应到人数：×人；实到人数：×人

主要议程：

一、浅谈对小学生写字教学的认识

主讲：×××

时间：×时—×时

主要内容：小学低年段写字教学应从以下几方面入手。

1. 明确写字的要求，培养良好的书写习惯。

2. 激发写字兴趣。

3. 教给写字方法，提高写字能力。

4. 重视写字教学，保证写字时间。

二、如何进行写字教学

主讲：××

时间：×时—×时

主要内容：对于低年级的写字教学，我认为可从以下几方面着手。

1. 榜样示范，以身作则。

2. 培养兴趣，持之以恒。

(1) 生动有趣的故事激励。孩子们爱听故事，爱讲故事，通过生动的故事，可以让孩子们明白道理，学到知识，从而引发他们对汉字的喜爱。

(2) 形式多样的竞赛激励。竞赛不但能调动学生练字的积极性，还能培养学生良好的竞争意识及互相合作的集体意识。

(3) 定期举办作业展览。

3. 观察字形，合理布局。

(1) 基本笔画；(2)字的偏旁；(3)字的结构。

4. 多加练习，因材施教。

5. 齐心协力，严格要求。

三、如何在小学语文教学中进行写字教学

主讲：××

时间：×时—×时

主要内容：

1. 培养学生的兴趣。

(1) 教师要和学生建立良好的师生关系，让学生对写字产生浓厚的感情。

(2) 给学生营造学习写字的氛围。

(3) 平时上课的内容要多让学生有更多的时间练习。

(4) 肯定学生的成绩和指出其的不足。

(5) 要经常举行写字比赛活动。

2. 培养学生书写习惯。

(1) 养成正确的坐姿习惯。

(2) 规范准确的执笔方法。

(3) 要安下心来，坐下人来。

5.5.3 会议记录的结构

会议记录的格式一般由会议的组织情况、会议的内容和结尾三部分构成。每个部分对应的具体内容如下。

1) 会议的组织情况

要求写明会议名称、时间、地点、出席人数、缺席人数、出席人数、主持人和记录人的姓名等。

2) 会议的内容

(1) 要求写明发言、问题、报告、传达人、建议、决议等，这是会议记录的核心部分。对于发言的内容，有摘要式记录和全文式记录两种方法。摘要式记录只记录会议要点和中心内容，即把发言者讲了哪几个问题，每个问题的基本观点与主要事实、结论、对别人发言的态度等记录下来，多用于一般性会议。

(2) 全文式记录需要记下会议的全部内容，且尽量记录原话，有录音机的可先录音，会后再整理成文字，没有录音条件的应由速记人员担任记录，没有速记人员的可多配置几名记得快的人担任记录员，会后互相校对补充，这种方法多用于某些特别重要的会议或特别重要人物的发言。

3) 结尾

会议结束，内容记录完毕，另起一行写"散会"二字。如果中途休会，要写明"休会"字样。

一般来说，会议记录大都按照会议议程的时间顺序逐次记录。有些公司为了更清楚地展示会议记录的各项内容，会事先编制会议记录表，记录人员只需在恰当的位置填写对应的内容即可，表5-1所示的是一种比较简单的会议记录表。

表5-1　会议记录表

会议名称：	
时间：	地点：
主持人：	记录人：
参加人：	
缺席人员及原因：	
会议内容：	

会议记录的技巧可概括为4点：快、要、省、代，具体如下。

(1) 记得快。做会议记录时，可将字写得小些、轻些，多写连笔字，顺着肘、手的自然趋势斜点写，可有效提高记录的速度。

(2) 择要而记。针对一次会议的记录，要围绕会议议题、会议主持人和主要领导同志发言的中心思想，以及与会者的不同意见或争议的问题、结论性意见、决定或决议等做记录。对某个人的发言的记录，要记录其发言要点、主要论据和结论，论证过程可以不记。对一句话的记录，要记住这句话的中心词，修饰语一般可以不记。

(3) 省略要正确。一般手法是使用简称、简化词语和统称，可以省略词语和句子中的附加成分，如"但是"只记"但"；也可以省略较长的成语、俗语和熟悉的词组；或者省略引文，只记起止句或起止词，会后查补。

(4) 简单代替复杂。用比较简单的写法代替复杂写法，一可用姓代替全名；二可用易写的同音字代替笔画多、难写的字；三可用一些数字和国际上通用的符号代替文字；四可用汉语拼音代替生词难字；五可用外语符号代替某些词汇等。但要将写法规范后才可进行印发。

5.5.4　会议记录的写作要点

负责做会议记录的人称为记录人员，他们一般会在开会前提前到达会场，并落实好进行会议记录的位置。该位置通常靠近主持人、发言人或扩音设备，以便准确清晰地聆听他们的讲话内容并做好记录。记录人员在做会议记录时应突出的重点如下。

(1) 会议中心议题和围绕中心议题展开的有关活动。

(2) 会议讨论、争论的焦点及其各方的主要见解。

(3) 权威人士或代表人物的言论。

(4) 会议开始时的定调性言论和结束前的总结性言论。

(5) 会议已经议决的或议而未决的事项。

(6) 对会议产生较大影响的其他言论或活动。

除了牢记会议记录的重点，记录人员还要重视会议记录的基本要求，主要如下。

(1) 准确写明会议名称(要写全称)、开会时间、地点及会议性质。

(2) 详细记录会议主持人，出席会议应到和实到人数，缺席、迟到和早退人数及其姓名和职务，记录人员自己的姓名。如果是群众性大会，则只记录参加的对象、总人数和出席会议的较重要的领导成员即可。如果出席会议的人来自不同单位，应设置签名簿，请出席者签署姓名、单位和职务等。

(3) 如实记录会议上的发言和有关动态，其他会议动态，如发言中插话、笑声、掌声、临时中断，以及别的重要的会场情况等。

(4) 记录会议的结果，如会议的决定、决议或表决等情况。

(5) 会议记录要忠于事实，不能夹杂记录人员的任何个人情感，更不允许有意增删发言内容。

(6) 会议记录一般不宜公开发表，若需发表，应征得发言者的审阅同意。

5.6 会议总结

 案例导读

20××年5月7日，在校二楼会议室召开了20××年上学期半期行政工作总结会议。校长、书记等校级领导，以及全体中层干部和各党支部书记参加本次会议。

各部门负责人以PPT简要阐述了本部门在上半期的工作中已取得的成绩及存在的问题，也提出了下阶段要整改的措施，为学校的可持续性建设与发展提出了有效与可行的设想。其中，课程中心重点介绍了"选课走班"与课程开发已经取得了阶段性的成绩。现今，我校在高一高二年级开展了"选课走班制"，并形成了课程开发、课程管理和课程评价三个体系，成为我校转型的亮点特色项目之一。另外，教师中心在努力提升教师队伍方面也做出了巨大贡献。现阶段，在培养青年教师队伍方面，教师中心结合"校长书记有约"系列活动，与青年教师协会共同打造了青年教师的幸福工程，做到了走心、用心。此外，学生中心上半期也重点加强了对校园环境、班级、寝室的日常管理，其工作成效更获得了市、区创卫办的高度评价。学校正处于转型发展的时期，各部门围绕学校工作的中心，做好了相互协调、无缝对接，做到了"人人有事干、事事有人管、人人干实事"的良好发展局面。

之后，学校党委××书记对各部门已经取得的成效表示肯定，对各位干部的肯干、实干、能干、巧干、善干给予高度评价，也对部分部门的一些问题进行了批评，并提出了新的要求。主持人××副校长在会上也提出，学校各部门只有秉承相互学习、相互交流、共同提高的精神，才能建立高素质的团队，打造好我校的品牌。

最后，××校长对于各位干部的工作成绩和各部门取得的工作成效表示赞扬。他首先指出，各部门成绩的获得与大家的相互交流、相互学习、相互激励是分不开的。今年是我校转型发展的关键年，我们要着力打造学校的十大工程，在谋发展的道路上，我们要凝心

聚力，多交流、多总结。学校的发展任重道远，由此，他强调今后的工作更要加强精细化管理，特别是干部值日，要进一步做好全面覆盖。在后阶段的工作上，他也进行了详细的部署，提出了严格的要求。只有秉承精益求精的工作态度，实行无缝对接的部门管理，才能构建砥砺前行的新学校，也才能真正地促使我校转型发展的顺利进行。

■ 案例分析

文种：会议总结。

写作结构：

(1) 标题——一般为"会议名称+文种"。

(2) 正文：概述会议情况，总体反思评价，提纲挈领，总括全文；分析会议内容，总结经验教训；分析会议中暴露的问题，明确今后的工作方向。

写作要点：

要突出会议的重点和成果，强调与会者的参与和贡献，以及对未来工作的期望。

会议总结是总结的一种，指社会团体、企事业单位在某次会议结束后进行回顾检查、分析评价，从而肯定成绩、得到经验、找出差距、得出教训和一些规律性认识，并形成一种书面材料，在工作中经常被用到。

5.6.1　会议总结的特点

会议总结有"三性"，即经验性、规律性和借鉴性。

1) 经验性

会议总结是事后成文，与计划刚好相反。会议总结是对开会经历所做的总结，写作上往往更多地采用叙述方式，而总结的内容通常是一些有规律性、经验性的点，充分体现会议总结的经验性特点。

2) 规律性

会议总结不是把会议上发生的事情罗列在一起，它必须对会议情况进行认真的整理、分析和研究，找出某种或一些带有普遍性的规律。会议总结要产生评价议论，即主题和小观点，但议论不是逻辑论证式，而是论断式，即推论判断。

3) 借鉴性

无论是会议总结，还是其他工作总结、教学总结、学习总结或生产总结，都对以后的工作、学习有借鉴和参考作用。

5.6.2　会议总结的分类

不同性质的会议，其会议总结的写作侧重点不同。下面介绍工作中经常用到的工作会议总结和谈判会议总结。

1) 工作会议总结

工作会议总结最常见，企事业单位对在运营过程中涉及的与工作内容相关的会议做出的总结，都可称为工作会议总结。其写作的重点在于会议上提出的与工作内容相关的问题、解决办法或措施，以及经营成果等，写作范例如下。

公司××年度工作会议总结

公司××年度工作会议历时×天半的时间，会议议程已全部进行完毕，总结本次会议的召开，有以下几个特点。

一、会议规模宏大，时间紧，任务重

本次会议扩大了参会人员的范围，与往年的工作会议相比，增加了公司本部全体人员、省外分支机构的参会代表；受表彰的优秀员工、优秀团队、突出贡献、优秀管理者的数量也增加了许多，参会人员数量近×人，是公司成立以来，规模最宏大的一次工作会议。

会议共进行了×个重要的议题，内容多，是历次工作会议之最。虽然历时×天半，时间较长，会议进行得非常紧张，会议休息的时间较少，但参会代表都克服疲劳，认真听取各项会议议程的报告内容，领会会议的精神，并利用会议召开的休息时间，讨论交流会议的精神、座谈会议的落实措施。

二、会议召开的形式新颖，效果好，影响大

本次会议改变过去只有公司内部人员参会的会议惯例，特别邀请了园区政府领导及各级政府行业主管部门领导参加会议，听取政府领导及行业主管部门领导介绍××行业一些新的发展方向，以及政府为促进行业发展出台实施的一些新政策，为公司的发展开拓了新的思路。同时，政府及行业主管部门领导通过听取总经理的工作报告，了解了公司的经营规模及发展战略，加大了公司对外宣传的力度，扩大了公司在政府与行业内的影响力，提高了公司的品牌形象，以便争取政府及行业主管部门领导给予公司更大的指导与支持。

会议隆重举行了《××学院》的开学仪式，为公司系统地打造学习型组织、加强员工技能培训拉开了新的序幕，同时还聘任了×名公司内外部优秀的管理人才和专业技术人才作为公司的内部培训师，组成公司内部培训的培训师团队，为全面提高员工职业素养、专业技能、综合管理水平创造了良好的学习和成长的环境平台。

会议借《××学院》开学的东风，组织了第一堂培训课，由公司聘任的高级培训师××教授给参会人员进行了《企业风险管理》培训。通过培训，大家提高了对企业风险的认识，充分认识到了公司生产经营管理过程中风险所在，并了解和掌握了如何发现、评估、应对和控制风险，以便在工作中加强责任心，减少公司的损失。

三、工作总结全面，工作部署条理清晰，目标明确，措施具体

一是总经理的工作报告从公司的法人治理、企业基础管理、业务运营、问题与不足这四方面对××年度各项工作进行了全面的总结，肯定了成绩，提出了不足。从总结情况看，××年度，公司各项工作都取得了辉煌的成就，各项经营指标都表明了超额完成目标任务，与上年度相比都有大幅度提高，成绩可喜可贺。对于问题与不足，我们下一步如何去解决克服，是大家需要提出具体实施方案的。

二是会议总结表彰了××年度在各级战线上涌现出的优秀员工、优秀团队、优秀管理者和突出贡献者。××年，公司优秀的个人与团队层出不穷，为公司全体员工树立了学习的榜样。通过表彰，弘扬先进，鼓舞士气，打造了公司积极向上、争优创先的企业文化氛围。

三是会议期间，到场的各分支机构负责人进行了任职期间的述职，各分支机构的负责人对任职期间的履职状况进行了总结汇报，总结回顾了各自任职期间各项工作取得的成绩，找出了工作中存在的不足与差距，提出了下一步克服不足，努力工作的方向，为进一步提高管理团队管理能力奠定了基础。

2) 谈判会议总结

谈判会议是指有关方面在一起相互通报、协商、交涉、商量或磋商，以便对某重大问题找出解决办法，或通过讨论对某事取得某种程度的一致或妥协的会议，而谈判会议总结就是对这一类会议的情况做出的总结文件，写作范例如下。

公司与××公司的商务谈判总结

我们小组作为××仪器设备有限公司代表与××汽车职业学院进行了谈判，并有效地销售出本公司的机械设备。我们的商务谈判已经结束，从谈判的整体上看，我们小组表现出了极佳的状态，谈判结果既达到了我们预定目标，也与对方建立了长期友好合作的关系，增进了双方之间的友谊，最终双方签订了合作的协议，达成了共赢。虽然在此次谈判中实现了我们最初既定的目标，但是在此次谈判中我们还是有许多值得吸取的经验教训及需要总结的问题。

一、谈判准备阶段

1. 谈判人员的职务分配：根据各组员的性格特点、组织能力、表达能力、应变能力确定小组成员的职务分配。

(1) 主谈人——×××，负责整个谈判流程。包括双方初次见面的握手礼节的设计、小组成员介绍、开局气氛的营造、谈判通则的最后确定、报出本方谈判的意图、根据谈判时的具体情形选择有代表性的3个左右的谈判策略并运用。

(2) 首席——×××，对谈判中的让步、协议进行决策，设置一两个谈判僵局，谈判中每个议题结束时进行谈判小结。

(3) 法律人员——×××，如对《中华人民共和国民法典》合同编、《经济合同法》等法律进行详细解读后在谈判中为我方提供法律支持。

(4) 财务人员——××，负责对谈判中涉及的财务问题提供支持。

(5) 记录人员——××和×××，负责谈判中双方谈判内容的记录(含：谈判时间、地点，参与人员，讨论的议题，已经达成的一致或存在的分歧；附：现场照片)。

(6) 总结人员除此之外，前期安排：谈判方案及合同——××、×××(针对××汽车教学模型和汽车驾驶模拟器)。

2. 谈判主题：谈判对手希望购买我方产品，即汽车驾驶模拟器、××汽车教学模型。

3. 准备谈判资料。

(1) 我方根据市场需求、营业方向选定相关产品的购买对象，并将相关产品的配置、参数、各地报价、市场情况调查清楚。调查谈判对方成员和对方经营、财务、信誉状况。

(2) 相关法律资料有《中华人民共和国民法典》合同编、《国际合同法》《国际货物买卖合同公约》《经济合同法》。

(3) 备注：①当事人一方不履行合同义务或者履行合同义务不符合约定的，应当承担继续履行、采取补救措施或者赔偿损失等违约的责任；②联合国《国际货物买卖合同公约》规定，不可抗力是指不能预见、不能避免并不能克服的客观情况，如自然灾害、经济危机等；③相关谈判资料合同范本，如背景资料、对方信息资料、技术资料、财务资料。

4.确立谈判目标。

(1) 战略目标：通过感情交流，向对方展示我们合作的诚意，争取实现双赢，以争取长期合作。

(2) 我方要求：我们争取对方报价的×%折扣比率成交，零部件必须配套购买。买方如需培训，公司可派出技术人员。费用另计。

(3) 我方底线：①以DIF价的×%价格成交；②付款定金不低于×%。

(4) 感情目标：通过此次合作，希望不仅能够达成合资目的，而且能够建立长期友好关系。

5.谈判对手的调查及协议的谈判条件。

谈判对手：××汽车职业学院。

5.6.3 会议总结的结构

会议总结与会议方案一样，主要由标题、正文和落款三部分构成。

1) 标题

会议总结的标题形式一般为"会议名称+文种"，如"××公司年终会议总结报告"。由于很多会议总结最终都以报告的形式成文并提交，所以标题中的文种通常用"总结报告"。

2) 正文

正文部分由开头、主体和结尾构成。

(1) 开头：概述会议情况，总体反思评价，提纲挈领，总括全文。

(2) 主体：分析会议内容，总结经验教训。

(3) 结尾：分析会议中暴露的问题，明确公司今后的工作方向。

3) 落款

署上撰写会议总结的人的姓名，同时注明会议总结的成文日期。

5.6.4 会议总结的写作要点

在写作过程中，要注意用简练、亲切的语言，避免过分正式和烦琐的辞藻。同时，要突出会议的重点和成果，强调与会者的参与和贡献，以及对未来工作的期望。最后，可以事先准备好会议总结的草稿，并进行反复修改和演练，以确保流畅和自信地发表。

本章小结

本章主要围绕会议文书写作展开讲述，如会议方案、会议通知、会议开幕词、会议闭幕词、会议记录、会议总结等，要求读者了解各种会议文书的概念、特点和分类，掌握各种会议文书的写作格式、写作要求及注意事项等。

■ 思考与练习

1. 会议文书的写作特点是什么？

2. 会议通知的六要素是什么？

3. 会议纪要和会议记录的区别是什么？

■ 实践训练

材料1：根据提供的材料，拟写一份会议通知，字数在300字左右。

中国工商银行决定于20××年12月15日在北京召开投资信息调查研究工作会议，传达贯彻行长对当前投资信息调查研究工作的指示精神，交流经验，布置20××年的工作。会期10天。各省(市)分行派一名主管这项工作的主任(或外长)参加，并自带本单位投资信息调查研究工作总结一式20份。

材料2：请根据以下情况，为××厂制订一份工作方案，字数在500字左右。

××厂为了调动职工的积极性，保证完成和超额完成生产任务，决定在全厂内推行××岗位责任制先进经验：要求开好三个会，即动员会、经验交流会、总结表彰会)，搞好试点工作，组织职工讨论，充分发扬民主，各方面配合，从7月上旬开始，利用一个半月至两个月，完成这项任务。

■ 参考文献

[1] 邓筱玲，许宝利. 应用文写作[M]. 2版. 北京：人民邮电出版社，2013.

[2] 王杰. 应用写作[M]. 3版. 北京：机械工业出版社，2020.

[3] 陈硕，王瑜辉. 实用应用文写作教程[M]. 北京：北京理工大学出版社，2018.

[4] 张舒. 办公室秘书公文写作方法探析[J]. 办公室业务，2021(04)：5-6.

[5] 牛凌霞. 优化办公室秘书公文写作能力的对策思考[J]. 办公室业务，2019(02)：5.

第**6**章
交际礼仪文书写作

 案例导读

邀请函

尊敬的先生/女士：

过往的一年，我们用心搭建平台，您是我们关注和支持的财富主角。

新年即将来临，我们倾情实现网商大家庭的快乐相聚。为了感谢您一年来对××的大力支持，我们特于××年1月10日14:00在青岛××大酒店一楼××殿举办××年度××客户答谢会，届时将有精彩的节目和丰厚的奖品等待着您，期待您的光临！

让我们同叙友谊，共话未来，迎接来年更多的财富，更多的快乐！

×××

××××年××月××日

■ 案例分析

(1) 邀请函的标题有文种和事由＋文种两种形式，顶格写称呼。

(2) 活动的各种事宜，如活动的内容、目的、时间、地点等，办公室工作人员要在正文里写得明确、周详。

(3) 一般用"致以敬意"等做结束语，落款署上邀请单位名称或发函个人姓名和日期。

交际礼仪文书是指在商务、社交或正式场合中，用于进行礼貌、规范和有效沟通的文书形式，可以是邀请函、感谢信、致辞稿、祝贺信等各种形式的书信或文书。交际礼仪文书的写作要求主要包括以下几点。

(1) 礼貌得体。交际礼仪文书需要使用礼貌、得体的语言表达。要注意使用适当的称呼和敬语，以示尊重和礼貌。避免使用冒犯或不适当的语言，确保文书的语气和表达符合礼仪规范。

(2) 清晰简洁。交际礼仪文书应该清晰明了，避免使用复杂的词汇和长句子。要用简洁的语言表达主题和要点，使读者能够迅速理解文书的意图和内容。

(3) 结构合理。交际礼仪文书应该有合理的结构，包括引言、正文和结尾等部分。在正文中，要按照逻辑顺序组织内容，确保信息的连贯性和条理性。

(4) 正确准确。交际礼仪文书应该准确地传达信息，避免错误和模糊的表达。要仔细核对文书的内容和格式，确保没有拼写错误、语法错误或格式错误。

(5) 适当得体。交际礼仪文书的语气和表达应该适当得体，符合场合和对象的要求。要根据不同的情况和人际关系，选择合适的措辞和表达方式，以确保文书的效果。

总体来说，交际礼仪文书的写作要求是礼貌得体、清晰简洁、结构合理、用词准确和适当得体。遵循这些要求可以帮助写作者进行礼貌、规范和有效的沟通，并获得良好的交际效果。

 学习目标

1. 了解答谢词、贺信、介绍信的写作方法
2. 了解批评信、辞职信的写作框架
3. 了解感谢信、道歉信、慰问信的写作要点
4. 了解决心书、倡议书、公开信的写作框架
5. 掌握邀请函、表扬信、推荐信等的写作方法

6.1　邀请函、答谢词、贺信

6.1.1　邀请函

 案例导读

晚宴邀请函

尊贵的×××品牌×××市场代理商、供应商、合作商：

　　×××年××月××日，×××有限公司将迎来其企业辉煌发展的第十个年头。十年来，我们与××共同成长，风雨与共。十年来，××家电由最初一个作坊式的小工厂，发展成为如今全球最大的电热水龙头制造商。十年来，××度过了无数个充满风雨与酷暑的日子，有欢声和笑语，也有辛酸和泪水，这来自创业的艰辛，这欢声和笑语，来自四面八方客人的尊敬与好评。我们激动，因为××事业有成、鹏程万里；我们感动，因为××"十年风雨、温暖有爱！"十年来，你们与"最受尊敬"称号共同倡导社会责任，你们因此造就了××企业的今天、明天，社会因你们的存在而变得更加温暖，你们是××品牌当之无愧的"温暖使命"！

　　在××家电十周年大庆典的日子里，我们怀着一颗感恩的心，诚挚地邀请您作为代表，出席××家电十佳庆典暨典及"××之星"颁奖活动。活动定于××年8月7日—12日在香港、泰国两地举行，具体会务事项请参阅活动细则。

×××制造公司

×××十周年庆典活动组委会

×××年××月××日

■ 案例分析

文种：邀请函。

写作结构：

(1) 标题——《晚宴邀请函》，包含"礼仪活动名称+文种"。

(2) 正文：主体部分写明商务礼仪活动的具体事项和要求、日程安排等。

写作要点：

礼貌、真诚、语言简洁明了。

邀请函是邀请亲朋好友或知名人士、专家等参加某项活动时所发的邀请性书信。在国际交往及日常的各种社交活动中，这类书信使用广泛。凡精心安排、精心组织的大型活动与仪式，如宴会、舞会、纪念会、庆祝会、发布会、单位的开业仪式等，只有采用礼仪活动邀请函邀请嘉宾，才会被人视为与其档次相称。礼仪活动邀请函有自己的基本内容、特点及写法上的一些要求。

1) 邀请函的特点

邀请函的特点主要表现在以下四方面。

(1) 礼貌性强。礼貌性是邀请函的最显著特征和基本原则。这体现在内容的赞美、肯定和固定礼貌用语的使用上，强调双方和谐友好交往。

(2) 感情诚挚。邀请函是为社交服务的专门文书，这使得它能够单纯、充分地发散友好的感情信息，适宜在特定的礼仪时机、场合，向邀请对象表达专门诚挚的感情。

(3) 语言简洁明了。邀请函是现实生活中常用的一种应用写作文种，要注意语言的简洁明了，通俗易懂。

(4) 适用面广。邀请函适用于国际交往及日常的各种社交活动，也适用于单位、企业、个人，范围非常广泛。

2) 邀请函的分类

与本书所介绍的催款函、询价函和报价函等商务函相比，邀请函偏重于"情"，能起到维护双方友好关系的作用。根据邀请对象的不同，邀请函有如下几种常见的类型。

(1) 给商业伙伴的邀请函。

商务活动中，经常遇到合作伙伴之间为了与工作相关的事情而邀请对方参加某项活动的情况，此时为了表示尊重，会向对方发出正式的邀请函。写作范例如下。

××公司××秋冬羊绒衫(补充)订货会邀请函

××先生/女士：

　　您好！

　　首先非常感谢阁下一直以来对本公司事业发展的理解和支持。

　　××年××秋冬羊绒衫(补充)订货会兹定于××年××月××日至××月××日在××商业中心×座×号盛大举行，届时诚邀阁下莅临现场品鉴，共握商机，齐创未来。

　　恭候

商祺

××公司

××××年××月××日

---

(2) 给知名人士或专家的邀请函。

当行政机构、企事业单位、组织或团体等写邀请函时，若要开展一个特殊的活动，或者一场特殊的会议，需要有知名人士或专家莅临指导、坐镇，则需要向他们发出正式的邀请，此时就会用到邀请函。写作范例如下。

邀请函

尊敬的××先生/女士：

　　××大会是××领域及××行业的一次盛会，也是一个中立和开放的交流与合作平台，它将引领软件人对中国软件产业做更多、更深入的思辨，积极推进国家信息化建设和软件产业化发展。

　　本届大会的主题是"×××"，将围绕软件工程、信息系统、行业动态、人才培养等方面进行深入广泛的交流。会议将为来自国内外高等院校、科研院所、企事业单位的专家、教授、学者、工程师提供一个代表国内软件行业产、学、研最高水平的信息交流平台，分享有关方面的成果与经验，探讨相关领域所面临的问题与动态。

　　本届大会将于××年××月××日至×日在杭州举行。鉴于您在相关领域的研究与成果，大会组委会特邀请您来交流、探讨。如果您有演讲的题目，请于××月××日前将您的演讲题目和详细摘要通过电子邮件发给我们，没有演讲题目和详细摘要的，我们将难以安排会议发言，敬请谅解。

　　另外，我们联系了酒店安排住宿，××月××日将在所在酒店设立接待处，如有需求，请将您的行程和住宿要求等情况填写在附表中，于××月××日前通过电子邮件反馈回组委会。

　　此致

敬礼

××大会组委会

××××年××月××日

(3) 给亲朋好友的邀请函。

通常，给亲朋好友的邀请函所涉及的事情大多是家事，如生日邀请函、婚礼邀请函、宝宝百日宴邀请函及乔迁邀请函等。这些邀请函的写作风格和用语基调基本一致，写作范例如下。

邀请函

××先生/女士：

　　兹定于××年××月××日上午×时整在××大酒店举办×××和××的婚庆典礼，届时邀请您携家眷大驾光临！地址：××市××街××大酒店。

　　恭请光临

敬邀

新郎：×××；新娘：××

××××年××月××日

　　一般来说，婚礼邀请函的正文内容很少，只需交代清楚婚礼举办的时间、地点，以及表达新人对被邀请者的诚挚邀请即可，不需要再说明新人结婚的原因，否则不符合常理。因为婚礼邀请函除了比较注重婚礼的具体安排，还很重视邀请函的外观设计，如果正文内容较多，会严重影响邀请函的美观，也不利于被邀请者获取新人婚礼的重要信息。

　　另外还需注意，如果邀请函的正文中没有提及新人的名字，则落款处应署名新郎和新娘的姓名，同时注明邀请函的制作日期。当然，正文中已经提及新人姓名的，落款处可重复注明，也可省略不写。另外一种比较个性化的婚礼邀请函，在实际生活中采用的频率更高写作范例如下。

邀请函

敬邀

光临××先生和××女士的婚礼

婚礼日期：××年××月××日(星期×)

婚礼时间：上午××时

地址：××市××区××物流中心××路×号

带着满心欢喜，邀您共享这份喜悦

相信您的祝福与莅临将使这婚礼更添色彩

也是我们最大的荣耀

　　3) 邀请函的结构

　　邀请函通常由标题、称谓、正文、敬语和落款五部分构成。

　　(1) 标题。①直接以"邀请函"3个字为标题；②礼仪活动名称+文种，如"阿里巴巴年终客户答谢会邀请函"；③礼仪活动名称+文种+个性化的活动主题标语，如"阿里巴巴年终客户答谢会邀请函——网聚财富主角"，这种形式通常分主副标题，其中个性化的活动主题标语常作为副标题，以体现举办方特有的企业文化特色。

　　(2) 称谓。邀请函的称谓一般使用统称，并在统称前加敬语，如"尊敬的××先生/女士"或"尊敬的××总经理"等。

　　(3) 正文。开头写明商务礼仪活动主办方正式告知被邀请方举办礼仪活动的缘由、目的、时间及地点等。主体部分写明商务礼仪活动的具体事项和要求、日程安排等。

　　(4) 敬语。一般要写常用的邀请惯用词，如"敬请光临""敬请参加""请届时出席"之类的敬语。有些邀请函可以用"此致敬礼""顺致节日问候"等敬语。

　　(5) 落款。写明礼仪活动主办单位的全称和邀请函的成文日期。

　　4) 邀请函的写作要点

　　邀请函最大的作用是邀请，只需将商务礼仪活动的时间、地点等基本情况告知被邀请者。因此内容要简洁明了，文字不能太多，否则导致函件不美观，同时掩盖了"邀请"这一主要目的。除此之外，在写作邀请函时还应注意以下事项。

(1) 被邀请者的姓名应写全，不应写绰号或别名。

(2) 在两个姓名之间应写上"暨"或"和"字，不能用顿号"、"或逗号"，"。网上或报刊上公开发布的邀请函，由于对象不确定，可省略称呼，或以"敬启者"统称。

(3) 应写明举办活动的具体日期，如××月××日，星期×。

(4) 写明举办活动的地点。

(5) "邀请函"三字是完整的文种名称，与公文中的"函"是两种不同的文种，因此不宜拆开写成"关于邀请出席××活动的函"。

(6) 严格遵守写作格式，称谓、邀请事由、具体内容、活动时间、活动地点、相关事宜、联系方式、落款等是必不可少的部分，不能遗漏信息。

(7) 邀请事项务必周详，使邀请对象可以有备而来，也会使活动举办的个人或单位减少一些意想不到的麻烦。

(8) 邀请函须提前发送，使受邀方有足够的时间对各种事务进行统筹安排。

6.1.2 答谢词

 案例导读

> 女士们，先生们：
>
> 我荣幸地代表来自世界各地的科学家，在这里答谢陈教授刚才热情洋溢的欢迎词。
>
> 使我感到特别荣幸的是我能代表所有参加此次国际会议的"外宾"讲话，因为这是我们第一次有幸在中国参加这一学术会议。
>
> 我感谢大会组织委员会对我们的邀请，感谢他们为这次会议的准备工作所付出的辛勤劳动和心血。我们刚到××不久，但大会的计划组织工作已给我们留下了深刻的印象。我们也感谢中国主人对我们的盛情厚谊。
>
> 科学是不分国界的，科学使我们走到一起。我希望今后几天的接触交流将使我们大家感到满意。看到这样盛大的国际聚会，我感到愉快，我向参加今天会议的所有人员表示祝贺。我相信他们的研究工作达到了本领域的高水平。
>
> 陈教授，谢谢你热情的欢迎词，也感谢你们埋头苦干的组织委员会。此外，我们还要感谢××市政府和人民，因为他们为了我们在这里过得愉快和留下深刻的印象已经做了并且还在做大量的工作。
>
> 谢谢！

■ 案例分析

文种： 答谢词。

写作结构：

(1) 标题——直接使用文种名称作为标题，即"答谢词"。

(2) 正文：对对方的优越性予以肯定，表达自己的荣幸和激动，对对方的情况做比较详细的介绍，以示尊重；提出希望与主人进一步发展关系的强烈意愿，同时再次向主人表示感谢。

写作要点：

感情真挚、坦诚热烈，评价适度且恰如其分。

答谢词指特定的公共礼仪场合，主人致欢迎词或欢送词后，客人所发表的对主人的热情接待和关照等表示谢意的发言。它也指客人在举行必要的答谢活动中所发表的感谢主人的盛情款待的发言。

1) 答谢词的特点

答谢词的特点主要表现在以下四方面。

(1) 内容与结构合乎规范。答谢词所涉及的写作内容和所运用的结构形式，各有其相对稳定的模式，写作时不能混淆，更不可随心所欲地"独创"，要尽可能地符合写作规范，否则会张冠李戴。

(2) 感情真挚、坦诚热烈。答谢应该动真情、吐真言，虚情假意、言不由衷或矫揉造作只会引起对方的反感。

(3) 评价适度且恰如其分。一般来说，对于对方的行动，"谢遇型"致辞不宜妄加评论、说三道四；而"谢恩型"致辞则可以就其"精神"或"风格"等做出评价，但要适度、恰如其分，不可故意拔高、无限升华，以免有"虚情假意"之嫌。

(4) 篇幅简短、语言精练。礼仪"仪式"不是开大会，致辞一般应尽量简短，绝不可以像某些会议报告那样冗长，最多不超过100字。相应地，语言必须精练，尽可能地将可有可无的字词、句、段删掉，努力做到言简意赅。

2) 答谢词的分类

根据不同的致谢缘由和致谢内容，答谢词可划分为两个基本类型，即"谢遇型"答谢词和"谢恩型"答谢词。

(1) "谢遇型"答谢词。

"遇"表示招待、款待，即"谢遇型"答谢词是用来答谢别人招待的致辞，常用于宾主之间，既可用于欢迎仪式、会见仪式，与欢迎词对应，也可用于欢送仪式、告别仪式，与欢送词对应。写作范例如下。

答谢词

××化肥厂领导和公关部的全体员工：

今天，我们参观团初临贵处，刚到厂就得到了你们的热情接待和悉心照料，你们非常周到地安排了参观、食宿，我们感到非常温暖。刚才厂长还亲自为我们介绍了贵厂的发展状况和经验，又指派高级工程师带我们参观，实地讲解，对我们非常热情、友好。在此，请允许我代表参观团的全体同事向你们，并通过你们向贵厂全体职工致以诚挚的问候和衷心的感谢！

贵厂因销售的各类化肥，生产技术先进，产品质量一流而广受好评，再加上热心公益活动而享誉全国。我们此次慕名而来，不仅是向你们学习怎样生产、怎样工作，而且要向你们致敬，向你们借鉴新思想和宝贵经验。贵厂厂长的介绍已经使我们受益匪浅，我们相信，在这几天的参观中，我们会学到更多的知识，领会到更新的精神，我们也相信，你们的先进思想和宝贵经验对我们会有极大的帮助和启迪。

再次感谢贵厂尤其是贵厂公关部全体员工的盛情!

谢谢大家!

××有限公司代表团

××××年××月××日

(2)"谢恩型"答谢词。

"恩"表示受到的好处或别人的帮助,即"谢恩型"答谢词是用来答谢别人的帮助的致辞,常用于捐赠仪式或某种送别仪式上。

"谢恩型"答谢词往往涉及的是施恩、助人、急人之难、"雪中送炭"式的义举,受恩或受助者最感动甚至终生难忘的,是义举发生的背景和来由(致谢缘由)。因而他们在表达谢意时,自然会将这种"致谢缘由"从根到梢地说清楚,很容易"喋喋不休"。而从施恩或施助者的心理角度来看,他们的义举本不图回报、不求回报,所以当面对答谢人的致辞时,他们并不想听到过多的感谢话,而希望听到"为什么要谢我"相关的话,即明确说明施恩或施助者所做的义举是什么,因为俗语有云"无功不受禄",致谢人只有将"致谢缘由"说清楚,才便于施恩或施助者接受。因此,"谢恩型"答谢词的写作重点应该是"致谢缘由"。写作范例如下。

答谢词

尊敬的各位来宾,老师们、同学们:

刚刚进入火红的6月,今天,我们小学非常荣幸地迎来了一批尊贵的远道来宾,他们是××科技有限公司的爱心代表,一行而来的还有长期协助此次活动的××计划××分社××志愿者们,我在此代表学校全体师生员工,对他们的到来表示热烈的欢迎。

直至今天,一个多月里,在××志愿者默默无闻的付出下,贵公司为我们学校捐赠了大量、多样的体育设施和用品,丰富了学生和教师的课余生活,让我们的操场上增添了活泼生机。万物书为贵,贵公司还为我们的所有班级配置了图书柜、展板,合计2000多本崭新的图书,让我们的每个教室变成了书籍的超市、知识的海洋、学习的乐园。自古寒门多学子,贵公司还将亲临学生家门,为我校的贫困家庭学生从物质和精神上给他们送去关注和关爱。明天,他们将为我们全校学生和老师带来丰富多彩的第二课堂,激发我们的学习热情和教育热情,把学生心中的梦想课堂变为现实的课堂。

我相信,在贵公司的爱心资助和鼓励下,我们的学校将越来越漂亮,我们的学生学习和生活将越来越快乐,我们的教师也将以更浓厚的教育热情投入工作中,把我们的学校办成人民群众心中的满意学校。

大音希声、大爱无言,对贵公司再多的感恩,我们将在今后以行动证明,也恳请贵公司今后能继续指导工作,带来大都市的"东风",让我们学校和学生走得更远,飞得更高。

最后,我代表我校全体师生,再一次对贵公司的爱心道声"谢谢",并祝××科技有限公司事业蒸蒸日上,贵公司领导员工及志愿者们身体健康、事业顺利、家庭和睦、万事如意!

致词人:×××

××××年××月××日

3) 答谢词的结构

答谢词与一般的讲话类公文的格式一样，主要由标题、称谓、正文和落款四部分构成。

(1) 标题。通常直接使用文种名称作为标题，即"答谢词"。

(2) 称谓。在标题下方另起行顶格书写致辞对象的姓名、头衔或职务，既可以是广泛的对象，也可以是具体对象，如"尊敬的各位来宾、各位同仁各位家属"或"女士们、先生们"等。

(3) 正文。开头对主人的盛情表示感谢；主体部分对对方的优越性予以肯定，表达自己的荣幸和激动，要对对方的情况做比较详细的介绍，以示尊重；提出希望与主人进一步发展关系的强烈意愿，同时再次向主人表示感谢。

(4) 落款。致辞人的姓名和职务，致辞的日期。实际致辞时，落款处的内容不必说出。

4) 答谢词的写作要点

为了能更好、更有效率地完成写作，撰稿者不光要了解答谢词的结构，一些注意事项也至关重要，如果忽略，可能导致答谢词不规范，甚至引起矛盾或误会。

(1) 客套与内容。"客套"是礼仪的表现，"内容"才是实际的东西。一方面需要客套，但另一方面客套要为内容服务。所以客套不宜过多，更不宜过分，以免造成对方的反感。

(2) 友谊与原则。在谈论双边关系时，既要充分表达友好之情、友谊之愿，又不可丧失原则立场。对于敏感性问题应尽可能地回避；对于回避不掉的矛盾与分歧，也应以坦诚的态度、温和的口吻、委婉的言辞做出恰当得体的表达，谨防出言不逊或不慎而伤害了对方的感情。

(3) 过去与未来。对于昔日的矛盾与分歧，不宜念念在口、耿耿于怀，应面向未来，化干戈为玉帛。所以致辞中应少讲昔日之"辛酸"，多谈未来之"亮丽"。

(4) 现实与设想。也许"现实"的双边关系不那么尽如人意，甚至存在较大的矛盾与分歧，对于这种情况，致辞中稍作点示即可，重点还是集中笔墨做较完美的"设想"。但是，"设想"毕竟不是"现实"，不宜说得太实在，忌用"必然"等副词修饰，宜用"虚笔"出之，如可采用假设连词及带有"感觉""希望"意义的意念性动词加以表达。

(5) 己见与人见。"己见"即自己的见解与意见；"人见"指别人的、对方的见解与意见。答谢词表述的主要是"己见"，但当自己的答谢处于对方的"欢迎词"或"欢送词"之后时，最好能将对方的意见引述过来，融入自己的意见之中。这样不仅可以丰富致辞的内涵，还可巧妙地融洽双方关系，增强和悦气氛。

(6) 言谢与行谢。"言谢"即以言语致谢，"行谢"指以实际行动致谢。实际上，"行"是取信于人的一个最重要方面。"谢恩型"答谢词一般要明确表达"如何以实际行动感谢对方的帮助"；而"谢遇型"答谢词则常将"行谢"的内容隐含在对未来的期望中，且一般不说自己将如何做，而常以"我们"来代指双方的共同行动。

(7) 直与曲。这是对"章法"及"表达"形式的辩证要求。"谢恩型"答谢词无论是章法结构还是表达形式，都应求"直"不求"曲"，应依照其结构形式和逻辑层次平直地写，无须章法上的起伏或曲折，文字表达也应直来直去，排斥任何形式的婉言曲语。而"谢遇型"答谢词则不然，它要求"章法求直，表达求曲"。

(8) 雅与俗。这是对致辞语言的辩证要求。与其他的讲话类文书一样，答谢词是诉诸听觉的，要想让人听得顺心悦耳，就应将优美雅洁的书面语与活泼生动的口语有机融合，以获得雅俗共赏的美感。

6.1.3 贺信

尊敬的××：

　　我谨代表[发信人名称/机构名称]，向您表示最热烈的祝贺和良好的祝愿！您在[获得成就的事项]上取得了巨大的成功，这是您努力工作和才华出众的结果。

　　我对您的成就感到非常骄傲和欣慰。您的努力和奉献在这个[行业/领域]中得到了认可，这不仅对您个人来说是一份荣耀，也为我们整个团队带来了鼓舞和动力。

　　您的[成就]是我们共同努力的结果，也是您个人努力和才华的体现。您的[成就]将为我们的团队树立榜样，激励我们不断追求卓越和创新。

　　在这个特殊的时刻，我想向您表示由衷的祝贺和感谢。您的[成就]不仅对您个人有着重要的意义，还对我们整个团队和行业有着深远的影响。

　　我衷心祝愿您在未来的道路上继续取得更大的成就。愿您的努力和才华继续闪耀，为我们带来更多的惊喜和骄傲。

　　再次祝贺您，衷心地希望您在未来的旅程中取得更大的成功！

　　最诚挚的祝福！

[发信人姓名/机构名称]

××××年××月××日

■ 案例分析

文种： 贺信。

写作结构：

(1) 标题——直接写"文种"。

(2) 正文：概括说明对方都在哪些方面取得了成绩，分析其成功的主观、客观原因。

写作要点：

内容紧扣庆贺对象和庆贺的事情，抓住重点，着力于概括，充分揭示祝贺内容的意义。

贺信是表示庆贺的书信的总称。当有关单位、个人有喜事时，都可以使用贺信的形式表示祝贺。

1) 贺信的特点

贺信的语言要平实、精练、得体，篇幅不宜太长。贺信的内容十分广泛，例如，婚嫁祝寿一类的喜事，重大的会议或重要的纪念活动，对方取得的优异成绩，领导人任职等。重要的贺信往往对广大群众有很大的鼓舞和教育作用。

2) 贺信的分类

根据不同的庆贺内容，贺信可划分为上级对下级、同级之间、下级对上级的贺信。

(1) 对上级的贺信。

这种贺信在表示祝贺之外，还表示下级单位或职工群众对完成某项任务的决心、行动。写作范例如下。

尊敬的×××：

　　您好！我衷心地向您表示最诚挚的祝贺和感谢。在您的领导下，我有幸成为您团队的一员，并且深切地感受到了您的卓越领导和悉心指导。

　　首先，我要感谢您对我的信任和支持。在过去的时间里，您给予了我充分的发展空间和机会，让我能够在工作中不断成长和进步。您对我的工作成果给予了高度的赞赏和肯定，这让我倍感荣幸和鼓舞。

　　其次，我要感谢您在工作中给予我的指导和建议。您总是以身作则，为我们树立榜样。您的专业知识和经验不仅让我受益匪浅，还激发了我不断学习和提高的动力。您的指导让我更加明确了自己的职业目标和发展方向。

　　再次，我要感谢您在团队合作中的卓越领导。您善于发挥每个人的优势，促进团队的协作和凝聚力。您的决策和管理能力让我们的团队更加高效和有序。在您的带领下，我们共同攻克了一个又一个的难题，取得了可喜的成绩。

　　最后，我对您的出色领导和卓越管理表示衷心的祝贺和感谢。您的努力和付出为整个团队带来了巨大的成功和发展。我相信，在您的引领下，我们的团队将继续取得更大的成就和进步。

　　祝您身体健康，事业腾飞！再次感谢您的辛勤付出和领导！

　　谨致

×××公司全体员工
××××年××月××日

(2) 同级之间的贺信。

这种贺信在表示祝贺之外，还要表示向对方学习，达到互相鼓励的效果。写作范例如下。

<h2 align="center">贺信</h2>

××纺织厂：

　　首先，请允许我代表××进出口公司全体员工向贵厂成立10周年表示热烈的祝贺。

　　贵厂技术力量雄厚，已建成年产×万米的×生产线，现生产30个品种为适销对路的产品，三年被晋升为国家二级企业。贵厂成绩卓越，经济高速发展，与建厂初期相比，××年工业总产值增长3倍，销售收入增长4.2倍；××牌砂洗真丝获××年全国消费者信得过产品金奖，××牌夫尔登呢获××年国家银质奖。贵厂建厂10年，取得了巨大的成就，为繁荣我国经济做出了贡献，可喜可贺。

　　最后，祝愿贵厂更加兴旺发达！

××纺织厂
××××年×月××日

(3) 对下级的贺信。

这种贺信有的是节日祝贺，有的是对所取得的成绩表示祝贺，并提出希望和要求。写作范例如下。

新年贺词

"一元复始山河美，万象更新锦绣春"，新年的脚步临近，××也将迈入新的一年。在此，××有限公司向全体员工致以新年的问候！祝我们的全体员工在新的一年里身体健康！事业顺利！生意兴隆！××××年，是××与全体员工共同进步、合作愉快的一年，是××与许许多多的新老同事携手共进、增进友谊的一年。祝所有的新老同事们在××××年，大展宏图，事业有成，身体健康，家庭幸福！

在新的一年里，愿我们在努力加快发展步伐的过程中，共同担负起发展的重任，抢抓机遇，团结协作，携手奋进，共铸××新的辉煌！

××有限公司

××××年××月××日

---

3) 贺信的结构

贺信一般由标题、称谓、正文、结尾和落款五部分构成。

(1) 标题。标题通常由文件名构成，如在第一行正中书写"贺信"二字。有些贺信的标题也写明发信单位或会议名称，如"×××给××的贺信"。

(2) 称谓。顶格写明被祝贺单位或个人的名称或姓名。写给个人的，要在姓名后加上相应的礼仪名称，如"同志"。称呼之后要用冒号。

(3) 正文。贺信可以庆贺婚嫁祝寿之类的喜事，也可以庆贺重大的会议或重要的纪念活动、某工程竣工、某科研项目成功、某人任职等。贺信的正文要交代清楚以下几项内容：结合当前的形势状况，说明对方取得成绩的大背景，或者某个重要会议召开的历史条件；概括说明对方都在哪些方面取得了成绩，分析其成功的主观、客观原因；表示热烈的祝贺。要写出自己祝贺的心情，由衷地表达自己真诚的祝福。还可以写鼓励的话，提出希望和共同理想。

(4) 结尾。结尾要写上祝愿的话。如"此致敬礼""祝争取更大的胜利""祝您健康长寿""谨寄数语，聊表祝贺与希望"等。

(5) 落款。写明发文的单位名称或个人的姓名，并署上成文的时间。

4) 贺信的写作要点

(1) 内容要紧扣庆贺对象和庆贺的事情，抓住重点，着力于概括，充分揭示祝贺内容的意义。

(2) 贺信正文的篇幅一般不宜过长。

(3) 结语要视不同情况而写。

(4) 感情要热烈而真诚，富有鼓舞人心的力量。

(5) 贺信要及时，要迅速发出。

(6) 文辞要优美。

6.2　感谢信、道歉信

6.2.1　感谢信

 案例导读

某乡水稻发生虫害之际，当地一农科所派出农业技术人员帮助其根治虫害。目前，丰收在即，该镇政府向农科所去信表示感谢。

感谢信

×××农科所：

20××年8月，我镇水稻发生大面积虫害，甚至面临着绝收危险。在这危急时刻，贵所派出全部农业技术人员来我镇帮助农户根治病虫害，并且取得了很大的成效。目前，作物长势良好，丰收在望。谨向你们表示衷心感谢！

我们决心努力搞好农业生产，以实际行动来报答你们的帮助。

　　此致

敬礼

××镇人民政府

××××年××月××日

■ 案例分析

文种：感谢信。

写作结构：

(1) 标题——单独由文种名称组成，如"感谢信"。

(2) 正文：该案例属于感谢信，其正文由"感谢事由+叙述+揭示意义"构成。

写作要点：

公开感谢和表扬，感情真挚。

感谢信是为了答谢对方的邀请、问候、关心、帮助和支持而写的公关礼仪书信。感谢信对于弘扬正气、树立良好的社会风尚、促进社会主义精神文明建设具有重要意义。

1) 感谢信的特点

感谢信的特点主要表现在以下三方面。

(1) 公开感谢和表扬。感谢信以宣传好思想、好作风、好风格，树立新风为宗旨。

(2) 感情真挚。感谢信以赞美、扬善、表达真情实意为写作的出发点。

(3) 表达方式多样。感谢信的表达方式灵活多样，不拘一格。

2) 感谢信的分类

从感谢对象的特点可划分为给集体的感谢信和给个人的感谢信，从感谢信的存在形式可划分为公开张贴的感谢信和寄往单位或个人的感谢信。公开张贴的感谢信包括登报、电台广播或电视台播报的感谢信等，都采用公开的形式。本书按照感谢对象的划分具体列举。

(1) 给集体的感谢信。

这类感谢信一般是个人由于在困难时，受到了集体的帮助，使自己渡过了难关，走出了困境，所以用感谢信的方式表达自己的感激之情。写作范例如下。

感谢信

××公安派出所：

我父亲××多岁，今年××月××日从××老家送我的小儿子到××××，在××换车时，他去厕所迷了路，找不到孙子了。贵所所长李××同志了解这情况后，立即发动所有同志去找，据我父亲说，你们找了一个来小时，在离火车开车前几分钟终于找到了我的小儿子，并将他们祖孙二人送上火车。我父亲要给大家买汽水，也被你们谢绝了。你们这种精神真值得我学习。在此，我代表我全家向贵所及全体同志表示衷心的感谢！

我是一名人民教师，我一定要像你们那样兢兢业业、热情周到地做好我的教育工作。

此致

敬礼！

市民×××

××××年××月××日

(2) 给个人的感谢信。

这类感谢信是个人或单位集体为了对某个人曾给予的帮助、照顾表示感谢而写的书信。写作范例如下。

致北京××路公交司机的感谢信

××路公交司机：

首先让我向您致以衷心的感谢。

××月××日下午下班后，我接孩子放学，坐上您驾驶的××路公交车，到站点下车时，我只顾着抱孩子没留意自己落了包在座位上。等我抱着孩子走到家门口时才突然意识到自己把包忘在公交车上了，糟糕的是我包里有一万多的现金，还有身份证、银行卡等，我一下子就慌了，更糟糕的是我手机在家，没法打电话。我于是先急跑着把孩子送回家，很快跟家人说了情况后我马上拿了手机就追出去了。我很快坐上了后面一班次的××车，我上车后马上跟开车的司机师傅说明了情况，他一听我包里有一万多现金也很着急，马上帮我联系了公交公司调度室，让调度室帮我联系前一班的司机帮我找包。然后就是焦急的等待，在经过了五六分钟的等待后我打去公交公司调度室，工作人员说司机已经找到我的包了，我才稍微松口气，因为还不能确定包里的钱有没有被动过，所以一颗心还是没法完全放下。我到公交总站后马上去了办公室，那里已经有三名民警和公交公司的多位领导在等我去领包。在仔细地确认核对了我的身份后他们才放心地把包交给我，我点了包里的钱，一分都没少！这时我的一颗悬着的心才完全放下来，真是万幸啊！

　　这次我能这么幸运地找到包感觉非常感动！我万分感谢公交公司××路的两位好心司机，一位是帮我找到包并交到公交公司的李××司机大哥，他及时帮我找到并保管好包，且拾金不昧，没动过包里的一分钱；另一位是后一班次的××的王××司机，因为他的热心帮助才能及时联系到公交调度室，请前一班次的司机帮我去找包！希望公交公司能给这两位热心助人、品德高尚的好司机表扬和奖励！

　　此致

敬礼

市民王××

××××年××月××日

　　3) 感谢信的结构

　　感谢信通常由标题、称谓、正文、结尾和落款五部分构成。

　　(1) 标题。单独由文种名称组成，如"感谢信"；由感谢对象和文种名称共同组成，如"致某某公司的感谢信"；由感谢双方和文种名称组成，如"××街道致××公司的感谢信"。

　　(2) 称谓。写在开头顶格处，要求写明被感谢的机关、单位、团体和个人的名称或姓名，然后加上冒号，如"××交警大队""×××同志"。

　　(3) 正文。感谢信的正文从称呼下移一行空两格开始写，要求写上感谢的内容和感谢的心情。应分段写出以下内容：感谢的事由，精练地叙述事情的前因后果，叙述对方的好品德、好作风；叙述时务必交代清楚人物、事件、时间、地点、原因和结果，尤其要重点叙述关键时刻对方的关心和支持；揭示意义，在叙事的基础上指出对方的关心支持和帮助对整个事情成功的重要性，以及体现出的可贵精神，同时表示向对方学习的态度和决心。

　　(4) 结尾。结尾要写上敬意、感谢的话，如"此致，敬礼""致以诚挚的敬意"等。

　　(5) 落款。感谢信的落款署上发文单位名称或发文者的姓名，并且署上成文日期。

　　4) 感谢信的写作要点

　　(1) 感情抒写要真诚朴素、恰如其分，不可漫无边际地空发议论。

　　(2) 在叙述对方对自己或本单位的帮助时，要把人物、时间、地点、原因、结果和经过写清楚。

　　(3) 语言要热情洋溢，诚恳地表达自己的感激之情。

　　(4) 要写得短小精悍。叙事要概括，议论要缘事而发，切忌摸不着边际。

6.2.2　道歉信

案例导读

中国工商银行牡丹卡中心致歉信

××大学广大教职员工：

　　由于我行牡丹卡中心清算部员工的工作失误，造成您单位本月工资延迟一天入账，给您单位的工作带来了很大的麻烦，也给广大教职员工的生活带来了影响和不便，为此我们深表歉意。

此问题发生后，我中心各级领导对此非常重视，立即召开了紧急会议对问题出现的原因及解决办法进行了商讨，同时对有关责任人进行了批评教育和处罚，并对我中心的业务操作流程进行了进一步的完善，以避免今后再出现此类问题。

对于我部给您单位教职员工的工作、生活造成的影响再次表示真诚的歉意。

中国工商银行牡丹卡中心清算部

××××年××月××日

■ 案例分析

文种：道歉信。

写作结构：

(1) 标题——《中国工商银行牡丹卡中心致歉信》，包含"事由+文种"。

(2) 正文：该案例属于道歉信，其正文由"道歉+事由+原因+补救"构成。

写作要点：

说明情况与理由，实事求是，简明扼要。

道歉信也称致歉信，是由于工作失误或其他客观原因，给对方造成不良影响，引起对方不快时，失误方工作人员要撰写的道歉信，以表示赔礼道歉，消除误解，增进友谊和信任。

1) 道歉信的特点

道歉信是一种书面形式的道歉表达，用于向他人或组织表示歉意和道歉，其特点如下。

(1) 歉意表达，诚恳真挚。道歉信的核心目的是表达歉意和道歉，清楚地表明自己对错误或过失的认识和后悔之情。道歉信应该表达出发信人真诚的态度和诚意，让对方感受到自己的诚挚和真心。

(2) 清晰明了，补偿措施。道歉信应该清晰地说明自己的过错或错误，并承认自己的责任和不当行为。道歉信中可以提出相应的补偿措施或弥补方式，以表明自己的诚意和决心，并表示会改正错误。

(3) 诚信重建，礼貌尊重。道歉信应该表达自己对于重建信任和友好关系的愿望，以及希望对方宽容和原谅的期望。道歉信应该以礼貌和尊重的语言表达，避免使用冷漠或傲慢的措辞。

总的来说，道歉信应该以诚挚、真诚和诚意的态度表达歉意和道歉，同时提出相应的解决方案和补偿措施，以期重建信任和友好关系。

2) 道歉信的分类

常用的道歉信有对公道歉信和对私道歉信两种。

(1) 对公道歉信。

对公道歉信是由于各种主客观因素，对某个团体造成不利影响而专门撰写的书信。办公室工作人员在写作道歉信时，态度要诚恳。写作范例如下。

致歉信

尊敬的各位业主：

感谢各位选购"××××××"1期商品住宅，各位选购××地产公司开发建设的商品住宅，是地段投资与住宅最明智的选择，是对××地产公司最大的支持与厚爱。我们表示热烈的欢迎与衷心的感谢。

与各位签订的商品房买卖合同表明，会在2006年9月28日前向各位交接所售房屋，但由于2004年开工以来不可抗拒的自然天气影响，冬季多雪、夏季高温、雨季加长，导致施工顺延拖后，未能按约向各位交接房屋，深表歉意。

目前已加强施工力量，想方设法排除自然天气的干扰，在保证工程质量的前提下抢工期、加班加点，望各位业主能给予谅解与支持。

谢谢！

××房地产开发建设有限责任公司

××××年××月××日

(2) 对私道歉信。

对私道歉信是代表个人或单位，对个人表达歉意的书信。写作范例如下。

道歉信

李主任：

我昨天没有参加代表大会，现在来信表示歉意。昨天的倾盆大雨是我非出于自愿缺席的原因。我家在××区，离市中心很远，大雨导致低洼地带的路都被水淹了，使得我无法出门。对于昨天的缺席，我深表歉意。假如李主任能将昨天开会的纪要给我一份，我将感激不已。如有任何通过的决议，需要我出力时，我将乐于承担责任。

谨致问候。

××

××××年××月××日

3) 道歉信的结构

道歉信主要由题、称谓、正文和落款四部分构成。

(1) 标题。通常直接使用文种名称作为标题，即"道歉信"。

(2) 称谓。在标题下方另起行顶格书写致辞对象的姓名、头衔或职务，可以是集体，也可以是个人。

(3) 正文。诚恳说明造成对方不满的原因，表示歉意，请予以理解和谅解；开头简单交代对何事进行道歉；主体部分解释事情发生的原因，消除误会和矛盾。

结尾再次表示遗憾和歉意，表明愿意补救的愿望，提出建议或安排。

(4) 落款。写明署名和日期。

4) 道歉信的写作要点

(1) 事情原委要解释清楚。

(2) 说明情况与理由，实事求是，简明扼要。

(3) 态度诚恳。

(4) 用词委婉，语气温和，得体。

(5) 表明致歉原因及日后补救方法，注意要"检讨自己"和"感谢对方"。

6.3 表扬信、批评信

6.3.1 表扬信

案例导读

××商贸公司在其大卖场进行商品促销活动。期间，有两名盗窃分子专门盗窃高档数码产品，碰巧被民警赵××遇见并将两人制服。××商贸公司为表示感谢，特向赵××同志所在的××派出所递交了表扬信。

表扬信

××派出所领导：

你们好！

我是××商贸公司的法定代表人李××。2015年5月1日，我公司于市中心附近的大卖场开展大酬宾活动。在促销活动期间，人员多而复杂，其中就有两名盗窃分子混入人群，专门趁卖场工作人员不注意时窃取高档手机、单反相机等贵重数码产品。此情景正巧被贵所的民警赵××看见，赵××在与我司保安简单策划后，随即投入抓捕盗窃者的行动。在短短五分钟内，他们就将两名盗窃分子制服。赵警官的及时援手，让我公司避免了一场损失。在此我非常感谢赵××同志，他作为一名警察，时刻保护着人民群众的生命财产安全。

"在繁华的城镇，在寂静的山谷，人民警察的身影，陪着月落，陪着日出，神圣的国徽放射出正义的光芒，金色的盾牌，守卫着千家万户"。这首歌唱出了警察的品质和职责，而赵××同志作为一名人民警察，也真正担负起了人民警察为人民的光荣职责。同时，赵××同志在卖场抓捕盗窃分子的行为，也为大家树立了见义勇为的好榜样。

赵××同志的行为值得我们表扬和学习，希望贵所对赵××同志予以嘉奖、宣传。

××商贸有限公司

××××年××月××日

■ 案例分析

文种： 表扬信。

写作结构：

(1) 标题——标题一般统一写"表扬信"，并且居中置于第一行。

(2) 正文：该案例属于表扬信，其正文由"事迹+表扬+向其学习"三部分构成。

写作要点：

叙事要实事求是。

表扬信是一种对被表扬者的品行表示赞扬、称颂的专用信函。表扬信是指作者在日常生活、工作中受益于他人的品行，或者耳闻目睹被他人的品行所感动，因此，特向被表扬者本人或其所在单位或其上级领导，或者向电视、报纸等新闻媒体单位致信，以期使被表扬者受到表彰、奖励等，使其相关精神被发扬光大。常见的表扬信主要有乐于助人表扬信、见义勇为表扬信、拾金不昧表扬信等。

1) 表扬信的特点

表扬要及时，表扬事迹要真实客观，能真实反映当事人的高贵品质，要以事实说话。

2) 表扬信的分类

从表扬双方的关系来看，可以分为两种：一是群众之间进行表扬的表扬信；二是上级对下级、团体对个人进行表扬的表扬信。

(1) 群众之间的表扬信。

群众之间的表扬信一般基于某个突发优秀事件的发生，如见义勇为等，这时受惠者可能会写信给被表扬者或被表扬者的单位。写作范例如下。

表扬信

××领导：

　　××月××日中午，由于孩子在家玩火，造成一场大火灾，当时我们尚未下班，贵校学生周××发现火情之后，不顾自己身体抱恙，奋不顾身冲进火海。由于火势很猛，屋里烟浓，周××冲进屋后，房门马上被紧紧地锁住，外面的人进不去，大家都为周××捏一把汗。周××在呼吸困难的情况下，临危不惧，急中生智，打破窗户玻璃，在屋里压力减轻后，成功将门打开。在周××的带领下，大火终于被扑灭，周××同学却被烧焦了头发，烫伤了双手。该同学的英勇表现使所有在场的人赞不绝口。

　　贵校学生周××不顾个人安危，临危不惧，挺身而出，抢救他人家庭财产。这一高尚行为为我们树立了良好的榜样。我们除向周××同学学习外，特写信向贵校建议，请贵校领导把周××的英雄事迹广为宣传，予以表彰，使广大学生以周××同学为榜样，将学雷锋运动推向高潮。

刘××

××××年××月××日

---

(2) 上级对下级的表扬信。

上级对下级写表扬信一般是由于下级单位在职责岗位上做出了喜人的成绩或突出的贡献。写作范例如下。

市政府给学校的表扬信

××学院：

在开展"全民文明礼貌月"活动中，你校的师生员工不仅从自己做起，从本校做起，搞好了清洁卫生，注意了文明礼貌，而且多次利用周休日走上街头清理垃圾，维持交通秩序，开展法律咨询与宣传，义务为群众做好事，为精神文明建设做出了可喜的成绩。在此，市政府特授予你校"精神文明先进集体"的光荣称号。

希望全校师生发扬优良作风，再接再厉，为取得更大的成绩而努力！

××市人民政府

××××年××月××日

---

3) 表扬信的结构

表扬信一般由标题、称谓、正文和落款四部分构成。

(1) 标题。标题一般统一写"表扬信"，并且居中置于第一行。

(2) 称谓。表扬信的称谓在开头顶格书写，一般写给被表扬人的上级领导单位，如××单位领导、××学校领导。写给个人的表扬信一般是姓名+同志等。如果要将表扬信直接张贴到某单位或公司，则不必在开头书写收文单位。

(3) 正文。正文一般在称谓下一行空两格书写，正文一般包括以下要素。事迹经过：概括书写表扬信的写作原因，即被表扬人的事迹，要叙述清楚事迹发生的过程，以及结果和意义。表扬的语句：通过赞美的语言表达对被表扬人的推崇。向表扬对象学习的语句：除了表扬，还要向受表扬对象进行学习，除此之外，还可以在结尾处提出建议，希望能对相关人员进行表扬。

(4) 落款。落款与大多数公文一样，要写明发文单位名称或个人姓名，并在下一行注明成文日期。

4) 表扬信的写作要点

(1) 叙事要实事求是，叙述被表扬人及事迹时一定要准确无误，既不夸大，也不缩小，恰如其分最好。

(2) 要用事实说理，要充分反映出对方的可贵品质，以事实为依据，不要以空泛的说理代替真实的事迹。

(3) 表扬信语气要热情、恳切，文字要朴实、精练，篇幅要短小精悍。

(4) 表扬信可以组织名义写，也可以个人名义写。除信中给予的表扬外，还可以建议有关部门给予表扬。

6.3.2 批评信

案例导读

> ××：
>
> 　　写信给您是因为我对最近发生的一些事情感到非常失望和担忧，我希望能够坦诚地表达我的观点和批评，并希望我们能够共同解决这个问题。
>
> 　　首先，我想指出的是您在工作中的表现。近期我注意到您的工作态度和效率有所下降，您经常迟到或早退，而且在工作中出现了一些明显的错误。这些问题不仅影响了您个人的工作质量，还给整个团队带来了负面的影响。
>
> 　　其次，我还注意到您在与同事和上级沟通时的方式和态度存在问题。您经常表现出不耐烦、冷漠甚至无礼的态度，这给团队合作和工作氛围带来了很大的困扰。这种态度不仅违背了我们公司的价值观，还影响了团队的凝聚力和效率。
>
> 　　我希望您能够认真对待这些问题，并采取积极的行动来改善您的工作表现和态度。首先，我建议您重新审视自己的工作态度和责任心，确保您始终保持专注和高效。其次，我希望您能够改变与他人沟通的方式，更加尊重和理解他人的意见和需求。
>
> 　　我相信，只要您能够真正意识到问题的严重性，并付诸行动来改善，您一定能够克服这些困难，重新展现出您的潜力和价值。
>
> 　　最后，我希望我们能够坦诚地进行沟通和合作，共同努力解决这个问题。我相信您有能力改变现状，实现个人和团队的发展和成功。
>
> 　　希望您能够接受我的批评，并且愿意与我一起努力改进。如果您需要任何帮助或支持，我都愿意提供。
>
> 　　最诚挚的祝愿。
>
> ××
××××年××月××日

■ 案例分析

文种：批评信。

写作结构：

(1) 标题——批评信的标题一般不居中写"批评信"三个字，而常以批评事项做标题，或者采用《关于×××的批评信》的方式。

(2) 正文：该案例属于批评信，其正文由"事由+批评+正确建议"三部分构成。

写作要点：

语言要简洁、庄重。

批评信通常是对集体或个人的错误言行提出批评，或对某事物剖析评论并评定其不足的书信。批评信的概念和性质，决定了批评信的内容要充分具体、感情要鲜明、条理要清晰，要让人信服。

1) 批评信的特点

批评信的特点主要表现在以下四方面。

(1) 真实性、告知性。批评信首先必须是真实的，应把现实生活中一些真实的正反面典型或某些带倾向性的重要问题告诉人们，使其知晓、了解。

(2) 典型性、代表性。批评的人和事总是具有一定的典型性，能够反映事物的本质规律，具有广泛的代表性和鲜明的个性。这样才能使人得到启迪，受到教益。

(3) 教育性、引导性。无论何种批评，其目的都在于通过典型的人和事引导人们辨别是非，总结经验，吸取教训，弘扬正气，树立新风。批评信不仅要让人知晓内容，还要让人知晓后从中接受教育，或警戒错误，引起注意，接受教训。

(4) 针对性、时效性。批评信针对当前工作中出现的情况和问题而发，其典型性、引导性都是就特定的社会背景而言的。随着客观情况的变化，一件在当时看来具有典型意义的事实，时过境迁后，未必仍有典型性。

2) 批评信的分类

根据批评对象的不同，可以将批评信分为对个人的批评信、对事件的批评信两种。

(1) 对个人的批评。

对个人的批评，其写法与表扬信基本一致，要求先写事实，再在分析评论的基础上叙写决定，最后提出希望和要求，让大家引以为戒。写作范例如下。

尊敬的××：

　　我写这封信的目的是表达我的不满和失望。在最近的一段时间里，我注意到你在一些行为和决策上表现得非常不成熟，这让我感到非常担忧。

　　首先，我发现你经常在团队会议上做出不礼貌的举动，例如，打断别人的发言，或者对别人的观点表示轻蔑。这些行为不仅影响了会议的效果，也破坏了我们团队的氛围。我认为这是非常不负责任的表现，因为你的行为不仅影响了你自己的形象，也影响了你团队其他成员的形象。

　　其次，我还发现你在处理工作上的问题时不够努力。你经常把任务推迟到最后期限，或者干脆忽略掉一些任务。这种行为不仅影响了我们的工作效率，也让我们很难相信你对工作的承诺和热情。我认为这是非常不负责任的表现，因为你的行为不仅影响了你自己的工作效果，也影响了你团队其他成员的工作效果。

　　最后，我想说的是，我理解你可能面临一些挑战和压力，但是这些都不能成为你表现不成熟和缺乏责任感的原因。我希望你能够认真反思自己的行为和决策，并采取积极的措施来改变自己的做法。如果你仍然坚持自己的行为方式，那么我恐怕不得不考虑你是否适合在这个团队中继续工作。

　　谢谢你的耐心阅读，也期待你的回应。

×××

××××年××月××日

---

(2) 对事件的批评。

这种批评旨在通过恶性事件的性质、后果，特别是酿成事故原因的分析，总结教训，从而达到指导工作的目的。写作范例如下。

"硬逼顾客吃饭"的做法不可取

编辑同志：

　　前不久，我出差去××市出差，在××街附近被一家个体饭店的服务员硬逼着吃了一顿饭，回味起来觉得不是滋味。在那条街上有六七家个体饭馆，几乎每家店前都有一两个年轻"女招待"。她们看见有人往饭馆张望，便连拉带扯地把客人弄进去，不容分说地把面条、水饺端到你跟前，硬逼着你吃。做生意笑脸相迎，热情待客是应该的，但买不买东西、吃不吃饭，应由顾客自愿，怎能逼客吃饭呢？生意的好坏，不仅与服务态度有关，还要靠经营商品的质量、品种和价格的合理，从而取得顾客的信任，那种用"拉""扯"的办法逼顾客吃饭是招不了更多客人的。

××

××××年××月××日

---

3) 批评信的结构

批评信一般由标题、称谓、正文、落款四部分构成。

(1) 标题。批评信的标题一般不居中写"批评信"三个字，而常以批评事项做标题，或者采用《关于×××的批评信》的方式。

(2) 称谓。顶格写批评对象，如果是批评个人的，应在姓名之后加上"同志""先生""女士"等字样，并在后边加冒号。

(3) 正文。主体部分写批评的缘由，表明自己的态度。写正文主体时需要注意，要以具体确凿的事实令人信服，用语要把握分寸，既要态度明确地进行批评，又要防止人身攻击。结尾需注意，如果是批评单位或领导者的，可对被批评的错误事项提出正确建议；如果是批评个人的，则要谈些鼓励话语。

(4) 落款。落款应署名，签上批评者或单位的姓名，并在下方注明年、月、日。

4) 批评信的写作要点

(1) 行文要准确及时。写作要及时迅速，才可指导当前工作，否则，就起不到很好的教育作用。

(2) 内容要真实、典型。批评的事实、所引材料，必须真实无误。动笔前要调查研究，认真核对，客观、准确地分析、评论，否则不但影响教育效果，还会有损发文单位声誉。此外，还须注意事例的典型性。

(3) 详略要得当。批评事例是写作重点，但须详略得当。事例过于简单会变成抽象的概述，人们难以受到教育，产生不了爱憎之情；事例过于详细，又会令人难以把握要领。

(4) 语言要简洁、庄重。应注意用语分寸，力求文实相符，不讲空话、套话，不讲过头的话。结尾提出的希望和号召，也应切合实际，具有针对性，使读者能够接受或受到启示。

6.4 介绍信、慰问信

6.4.1 介绍信

 **案例导读**

××：

　　写信给您是为了向您介绍一个我非常推荐的人/机构，我相信他们的能力和专业素养会给您带来很大的帮助和价值。

　　我认识这个人/机构已经有一段时间了，并且有幸与他们合作过。他们在自己的领域内拥有丰富的经验和专业知识，无论是在技术方面还是在解决问题方面，都展现出了卓越的能力和才华。

　　此外，他们对工作的热情和积极性也是我非常欣赏的。他们总是以高度的责任心和认真的态度对待工作，始终保持专注和效率。他们能够灵活应对各种挑战，并且能够在压力下保持良好的表现。

　　除此之外，他们在与人沟通和合作方面也非常出色。他们善于倾听他人的需求和意见，并且能够与不同的人建立良好的合作关系。他们的团队合作精神和领导能力也让我印象深刻。

　　综上所述，我强烈推荐这个人/机构给您，我相信他们会为您带来很大的帮助和价值。如果您需要更多的信息或者有任何疑问，请随时与我联系。

　　最诚挚的祝愿。

××

××××年××月××日

■ 案例分析

文种： 介绍信。

写作结构：

(1) 标题——一般只写文种名称。

(2) 正文：该案例属于介绍信，其正文由"介绍者的基本情况+接洽要求+谦言"三部分构成。

写作要点：

所接洽办理的事项写清楚，与此无关的不写。

介绍信在商务上应用范围非常广泛。介绍信分为两种，即私人介绍信和正式介绍信。正式介绍信是写信人因公把自己的同事介绍给某单位或某个人。

1) 介绍信的特点

介绍信要求语言和格式严谨、规范。由于介绍信是面呈的，故一般不写信封。私人介绍信的写法与普通书信相同，是写信人向自己的亲戚朋友介绍第三者，语气比较亲切随便。私人介绍信一般都要写信封。

对于持信人而言，介绍信具有介绍和证明的双重作用，能够使对方明晰其身份和目的，以便得到对方的信任和支持，完成相应的工作任务。

2) 介绍信的分类

介绍信有两种类型：事先印好格式和用公用信笺临时书写，这两种介绍信的写作格式基本相同。

(1) 填写式介绍信。

使用时只需在空白处填写有关内容即可。这种介绍信一般会有编号，并留存根。写作范例如下。

介绍信

××管理局：

　　兹介绍我校×××和×××等两位同志前来你处联系有关安排学生毕业实习等事宜，望接洽为盼！

　　此致

敬礼！

　　　　　　　　　　　　　　　　　　　　　　××学校(盖章)

　　　　　　　　　　　　　　　　　　　　　　××××年××月××日

(2) 书信式介绍信。

这种介绍信由于不受固定格式的限制，可以根据工作需要灵活掌握。写作范例如下。

介绍信

(××介字第×号)称谓：

　　兹介绍×××等×人前往你处办理×××事宜，请予接洽。

　　此致

敬礼！

　　　　　　　　　　　　　　　　　　　　　　单位(盖章)

　　　　　　　　　　　　　　　　　　　　　　××××年××月××日

　　　　　　　　　　　　　　　　　　　　　　(有效期：××天)

3) 介绍信的结构

介绍信一般由标题、正文和落款三部分构成。

(1) 标题。标题有两种写法：一种是只写文种名称，另一种是在文种名称前加上发信单位名称，如《××公司介绍信》。顶格写收信单位或接待人名称，单占一行。

(2) 正文。正文由三部分构成：写清被介绍者的姓名、身份、人数，如果联系的工作涉及保密事项，还应写清被介绍人的政治面貌、职务、级别等；主题部分写需要接洽的事项与要求；结尾部分主要是谦言，写上恳请或谦敬用语，如"请接洽""请协助"等，后边写"此致"，再另起一行顶格写"敬礼"。

(3) 落款。落款主要包括两部分：发信单位名称，如果需要有相应的公章，则还应盖公章；发信日期，要写全年月日，如果需要注明有效时间，则在结尾处右下角加括号注明(也可不加括号)。

4) 介绍信的写作要点

介绍信是介绍来人身份的一种有用的书信，它是建立一种良好的合作或有效办理某项事情的有效凭证，所以在书写或填写介绍信的时候，务必注意以下事项。

(1) 要填写被介绍人的真实姓名、身份，不得虚假编造，冒名顶替。

(2) 所接洽办理的事项要写清楚，与此无关的不要写。介绍信要简明扼要，不可太长。

(3) 介绍信务必加盖公章，以免以后造成麻烦。查看介绍信时，也要核对公章和介绍信的有效期限。

(4) 有存根的介绍信，存根联和正式联的内容要完全一致。存根底稿要妥善保存，以备今后查考。

介绍信书写不得涂改，要书写工整。有涂改的地方，可加盖公章，否则此介绍信将被视为无效。

6.4.2 慰问信

 案例导读

慰问信

尊敬的×××：

　　您好！我是×××公司的×××，特此写信向您表达我们对您的慰问和关心。

　　得知您最近遭遇了一些困难和挫折，我们深感遗憾和同情。作为您的朋友和同事，我们非常关心您的身心健康和生活情况。在这个困难的时刻，我们想告诉您，您并不孤单，我们与您同在。

　　在工作中，您一直以来都展现出出色的能力和敬业精神，为公司的发展做出了重要贡献。您的离开对我们来说是一次损失，但我们更希望您能够尽早走出困境，重新振作起来。

　　无论您面临什么困难，我们都愿意伸出援手，提供帮助和支持。请相信，困难只是暂时的，我们坚信您有足够的智慧和勇气克服困难，迎接新的挑战。

　　如果您需要任何形式的帮助，无论是物质上的还是精神上的，我们都会尽力提供。请随时与我们联系，我们将全力以赴地为您提供帮助和支持。

　　最后，再次向您表达我们的慰问和关心。希望您能够坚强面对困难，保持乐观的心态，相信未来会更好。期待您早日走出困境，重返工作岗位。

　　祝您身体健康，事业顺利！

×××公司全体员工
××××年××月××日

■ 案例分析

文种：慰问信。

写作结构：

(1) 标题——由文种名称单独构成，写"慰问信"即可。

(2) 正文：该案例属于慰问信，其正文由"慰问目的+叙述事实+愿望和决心"三部分构成。

写作要点：

要表示出无限亲切、关怀的感情，使对方感到温暖，即带上浓郁的感情色彩。

慰问信是一种向对方(包括同级之间或者上级对下级单位或个人等)表示关切、安慰、问候的专用信函。它是有关组织或个人，以其名义在对方处于特殊情况下，如重大节假日，发生自然灾害或战争时，向对方表示慰问，以鼓励、安慰对方的礼仪文书。

1) 慰问信的特点

写慰问信是为了表达安慰、关切、问候之意，所以撰写慰问信时，要表示出无限亲切、关怀的感情，使对方感到温暖，即带上浓郁的感情色彩。

2) 慰问信的分类

慰问信通常分为三种：表彰性慰问信、遇灾性慰问信和节日性慰问信。

(1) 表彰性慰问信。

这类慰问主要针对承担艰巨任务、做出了巨大贡献甚至牺牲，取得了突出成绩的先进个人或集体，如"慰问抗洪抢险的解放军战士""慰问保家卫国的边防军人""慰问春节期间仍坚守岗位的铁路工人"等。写作范例如下。

××市××局全体同志：

历史又翻开了新的一页，我们和全国人民一起在改革的洪流中告别了充满胜利喜悦的××××年，迎来了更加光辉灿烂的××××年。在新春佳节即将到来之际，我们向全市工作在××岗位上的同志们表示亲切的问候！向为支持你们工作而付出了辛苦劳动的家属同志们表示亲切的问候！并向大家拜年。

同志们，过去的一年里，你们积极贯彻执行党的方针政策，勇于实践，锐意进取，立足服务，促进繁荣，开创了××工作的新局面。许多同志克服了夫妻分居、住房紧张、身患疾病等困难，为了祖国的四化大业默默地工作着。在此，我们谨向同志们表示衷心的感谢。

同志们，你们肩负的任务是光荣的，也是艰巨的。我们相信，在新的一年里，同志们一定能够更加团结一致，群策群力，做好我市的各项工作，为改革的成功、为中华腾飞、为振兴我市而共同努力！

敬祝同志们身体健康，新年愉快！

××市××局党组

××××年××月××日

---

(2) 遇灾性慰问信。

这类慰问信常写给由于某种原因(如车祸、火灾、地震、暴雨等)而暂时困难或蒙受了巨大损失的集体或个人。在信中对他们表示同情和安慰，鼓励他们克服暂时的困难，以期尽早地改变现状。例如，对灾区人民的慰问，对老少边区群众的慰问等。写作范例如下。

××省粮食局抗震救灾慰问信

奋战在抗震救灾第一线和参与保障灾区粮油供应的同志们：

你们辛苦了！

灾情就是命令，时间就是生命。××等灾区粮食部门在地震的关键时刻，积极响应党中央、国务院和省委、省政府号召，紧急行动，全力以赴抗震救灾，特别是重灾县的同志们，忍着家园破碎和财产损失的悲痛，冒着余震不断的危险投入抗震救灾，全力以赴保障粮油供应，谱写了一曲可歌可泣的英雄赞歌！我们向战斗在第一线的同志们致以亲切的慰问！

一方有难，八方支援。全省各级粮食部门都在行动，心系灾区，情系灾民，齐心协力做好粮油应急调运准备，全力保障抗震救灾应急供应。各市(州)粮食局第一时间安排应急粮油加工企业和储粮单位做好应急粮油加工供应准备，时刻准备支援灾区。在此，我们向你们表示诚挚的问候，向你们致以崇高的敬意！

众志成城，同舟共济。当前，抗震救灾粮油保障已从应急供应转入救济供应阶段，灾区小春粮油收储工作即将全面展开，粮食系统灾后重建也要早做准备，任务依然十分艰巨。希望同志们继续发扬不畏艰难、不怕疲劳、连续作战、团结协作的精神，决不辜负省委、省政府的厚望，决不辜负全省人民的重托，抓好灾区军民粮油保障，抓好灾区小春粮油收储，抓好灾区恢复重建，为抗震救灾的全面胜利做出粮食人的重要贡献！我们坚信，在党中央、国务院和省委、省政府的坚强领导下，举全省粮食系统之力，想灾区人民之所想，急灾区人民之所急，解灾区人民之所难，办灾区人民之所需，一定能打赢抗震救灾这场硬仗。

××省粮食局

××××年××月××日

(3) 节日性慰问信。

这是一种上级对下级，机关单位对支援群众进行的节日问候。一般表示对他们以前工作的肯定和赞扬，并祝福他们在今后的工作、学习、生活中心情舒畅，做出更大的成绩，如"春节慰问""教师节慰问"等。写作范例如下。

尊敬的家属朋友们：

辞旧岁欣慰喜悦，迎新年祥和振奋。值此新春佳节来临的美好时刻，让我们向一直以来关心和支持工作的全体家属致以亲切的慰问和由衷的感谢！祝您春节愉快，家庭幸福，身体健康，万事如意，阖家欢乐！

我们××××公司今天所取得的成绩，离不开您亲人的支持，在此，我真诚地感谢您的亲人为我们公司所做出的努力与贡献。

20××年应是我们公司快速发展的一年。在过去的一年，我们不会忘记，在成长的道路上员工同艰苦、共患难；我们不会忘记，在公司发展的日子里员工们洒下的汗水和迸发出的智慧。公司能取得今天的成绩，不仅凝结着全体员工的智慧和汗水，体现了全体员工的敬业和奉献，还厚载着您的希冀、关爱、支持和鼓励。公司的发展离不开您这些幕后英雄，在家庭中所承受的担子和付出的辛劳。在此，请允许我发自肺腑地道一声：谢谢，您辛苦了！让我们对您的大力支持和无私帮助表示深深的敬意！

我们坚信，凭借着我们这支高素质的员工队伍，我们一定会做得更大更强，路越走越广。昨天，我们风雨同舟，荣辱与共；今天，我们众志成城，真情相依；明天，我们携手共进，再创辉煌。公司的发展依然需要您的理解、您的支持、您的奉献，我相信，有了您的全力支持和参与，我们一定能再创辉煌！

再次祝全体员工及家属龙年工作顺利，身体健康，家庭幸福，吉祥如意，阖家欢乐！

慰问人：××

××××年××月××日

3) 慰问信的结构

慰问信通常由标题、称谓、正文、落款四部分构成。

(1) 标题。慰问信的标题主要有以下几种组成方式：第一种由文种名称单独构成，写"慰问信"即可；第二种由慰问对象和文种名称共同组成，如"写给钱学森夫妇的慰问信"；第三种由发信者、慰问对象和文种名称共同组成，如"周恩来致邹韬奋夫人沈粹缜的慰问信"。

(2) 称谓。称谓应表示尊敬，如果写给单位，应当写单位全称，如"陕西省人民政府"；如果写给个人，应在其后加"先生/女士""同志"等，一般情况下，还会在姓名之前加上"敬爱的""尊敬的"等字样。

(3) 正文。正文主要写三方面的内容：慰问目的一般用简要文字陈述目前形势，写明慰问的背景和原因；叙述事实应比较全面、具体地叙述对方的模范事迹或遇到的困难，要实事求是地肯定其功绩，然后向对方表示慰问和学习；结语部分先结合形势与任务提出殷切的希望，接着表示共同的愿望和决心，最后用一句慰勉与祝愿的话作结。

(4) 落款。署名时需要注意的是，几个单位或个人联合发信时，应当将其名称或姓名一一写上。署名下一行写明成文的具体日期。

4) 慰问信的写作要点

(1) 凡需要写慰问信的事一般比较重要，所以情况一定要吃透，特别是给先进单位或受灾群众的慰问信，对具体的先进事迹和灾情的严重程度及群众的困难状况等，都要了解清楚，这样才能有的放矢地写好慰问信。

(2) 慰问信的重点在"慰问"，所以在表示慰问方面，一定要情真意切，使对方切实体会到组织和领导的亲切关怀，使他们真正感到温暖，受到鼓舞。

(3) 慰问信是一种公开信件，因此文字要简明、扼要，语气要朴实、感人。

6.5 决心书、倡议书、公开信

6.5.1 决心书

亲爱的自己：

　　我写这封信是为了向你表达我的决心。我意识到在过去的一段时间里，我可能没有达到自己的潜力和期望。我犯了一些错误，也没有付出足够的努力来实现我的目标。

　　然而，我现在决定改变这种状况。我意识到只有通过积极的行动和坚定的决心，我才能实现自己的梦想和目标。我不再愿意让自己沉溺于过去的错误和失败中，而是要积极面对并从中吸取教训。

　　首先，我要重新审视自己的目标和价值观。我要确保我的目标是真正对我有意义的，并且与我的价值观相一致。我要明确自己的优势和不足，以便更好地发挥自己的优势并改进自己的不足。

　　其次，我要制订一个明确的计划和行动步骤。我要设定具体的目标和时间表，以便我可以有条不紊地迈向成功。我要充分利用我的时间和资源，确保我能够达到我的目标。

　　再次，我要保持积极的心态和自律的习惯。我要充满信心地面对挑战，并且坚持不懈地努力工作。我要保持专注和耐心，不断学习和成长。

　　最重要的是，我要坚持自己的决心并且不轻易放弃。我知道成功不是一蹴而就的，它需要时间和努力。我要坚持自己的信念，并且相信自己的能力和潜力。

　　亲爱的自己，我希望你能够理解我的决心。我相信只要我坚持下去，就一定能够实现自己的梦想和目标。我希望你能够支持我，并且和我一起努力实现我们的共同目标。

　　最后，我要向你保证，我会努力克服自己的不足，并且不断进步。我相信自己有能力成为更好的自己，并且实现自己的梦想。

　　最诚挚的祝愿。

××
 ××××年××月××日

■ 案例分析

文种：决心书。

写作结构：

(1) 标题——在第一行居中的位置写上"决心书"的字样。

(2) 正文：该案例属于决心书，其正文由"开头+主体+结尾"三部分构成。

写作要点：

该案例属于决心书，在文字表述上言简意赅，量力而行。

决心书是向上级组织或群众表示决心而写的专用书信。办公室工作人员撰写决心书通常是为了响应号召、开展工作、完成任务，希望上级组织或广大群众给予指导、监督、检查。

1) 决心书的特点

写决心书一般是为了鞭策自己，鼓舞别人，创造一种同心同德完成任务的气氛，以便更好地完成任务，实现目标。决心书一般用信封装好直接呈送领导，或是在动员大会上当众宣读，或是用纸张张贴出来。决心书的正文部分主要包括两大内容：一是说明理由，即该任务的目的、意义，这部分要求简明、扼要，不必分析和论证；二是参加活动或完成任务的态度、措施等。

决心书的写作要讲事实。决心书务必做到切实可行，同时决心内容要具体实在，不说大话，不哗众取宠，以便今后执行；情绪要饱满，显示出必胜的信心。决心书要充满必胜的信心，措辞用语不消极低沉，要在简洁明确的行文中让人感到决心人的精神风貌。

2) 决心书的分类

根据作者的不同，可将决心书分为两类：集体决心书和个人决心书。

(1) 集体决心书。

由于工作安排或为了响应号召，办公室工作人员会以集体的名义，撰写决心书。写作范例如下。

××车间全体同志决心书

厂党委：

××间全体同志决心响应党委提出的"争做先进车间"的号召，决心做到以下几点。

(1) 坚持四项基本原则，坚定社会主义信念，两个文明一起抓。

(2) 到11月底完成全年生产计划，产品合格率在99％以上。

(3) 节约原材料10％，节约能源15％。

(4) 出勤率98％。

(5) 全年无工伤事故。

(6) 今年内70％的工人达到高中文化程度。

请领导和同志们严格监督执行。

××车间全体同志

××××年××月××日

(2) 个人决心书。

有时，办公室工作人员或学生需要以个人名义撰写决心书，以表明自己的某种态度和决心。写作范例如下。

××决心书

敬爱的校党委：

学生生活快要结束，毕业分配即将来临。我向党庄严表示，坚决听从党的召唤，祖国的需要就是我的志愿。

三年来，我感受到党对我的关怀，老师对我的教育，我在思想上有了进步，在知识上有了专长，我决心把所学知识用到建设中国特色社会主义宏伟事业中去！我知道，我国目前还是一个发展中国家，要改变这种面貌，光靠在城市办不到，乡村急需有专门知识的人才，因此，我决心无条件服从党的分配，到乡村去，以振兴中华为己任，努力为迅速改变乡村面貌，带领农民奔小康做出自己的贡献。考验我的时候到了，我将用行动来实践自己的诺言。

　　此致
敬礼!

××级×班毕业学生：×××

××××年××月××日

　3) 决心书的结构

　　决心书的格式与一般书信格式基本相同，只是前者需要设标题，而后者不必设置，一般由标题、称谓、正文、落款四部分构成。

　　(1) 标题。在第一行居中的位置写"决心书"，如果有必要，也可以写"×××决心书"。

　　(2) 称谓。即抬头，可在标题下行顶格处写清接受决心书的组织、机关、团体、单位、领导的名称。

　　(3) 正文。在称谓下行左起空两格开始写正文。这是整个决心书的主干，应认真写好。为了使行文条理分明、易读易懂，可以适当安排层次，分段书写。

　　(4) 落款。落款部分除写"此致敬礼""请予批准"等敬语外，还要在敬语的下行靠右署名。如果是个人，要署真实姓名；如果是单位、团体，在写清单位、团体的全称后，还要加盖公章。最后，在署名下面注明书写决心书的具体日期。

　4) 决心书的写作要点

　　(1) 要量力而行。决心书也是保证书，是为了响应号召、开展工作和完成任务而制作的，因此，这就决定了决心书的制作者一定要量力而行，自己达不到的不要写，否则，就成了吹牛皮，使之流于形式。当然，也不能因为要量力而行就缩手缩脚，不敢有更高的奋斗目标。实际上，只要自己有潜力，有自信心，行之有效、适当地把目标定得高点，也是可以理解的，这样做往往更能充分调动人的主观能动性和积极性，把任务和工作完成得更好，因此，量力而行的原则是辩证的。

　　(2) 要详细具体。决心书是将来用以检验表决心者实际兑现情况的主要依据。对于其中的具体事项，特别是具体的数字和步骤等，要在文字表达上做到清楚、准确、详细、具体。如果笼而统之、过于抽象含糊，会使接受决心书的单位或领导无法决定是否接受，即使决定接受，也很难以具体、详细的衡量标准来检查表决心者日后的实现情况。

　　(3) 要言简意赅。决心书不同于一般的其他文体，它是要向上级表明自己的决心，因此，在行文表述时，不必用太多的修辞，更忌华而不实。正确的写法应该是语言精练、明了透彻，这样才能使接受决心书的人看得清楚。

6.5.2 倡议书

 案例导读

尊敬的各位：

　　我写这封信是为了向大家倡议并呼吁我们共同行动起来，以解决我们面临的重要问题。我们身处一个充满挑战和机遇的时代，我们需要团结起来，共同努力，为我们的社区、国家乃至整个世界创造更美好的未来。

　　首先，我呼吁我们关注环境保护和可持续发展。全球变暖、资源枯竭、生态破坏等问题已经对我们的生活和未来造成巨大的威胁。我们需要采取积极的行动，减少碳排放，推动可再生能源的使用，保护生物多样性，建设更可持续的社会。

　　其次，我倡导我们关注教育和人才培养。教育是人类社会进步和发展的基石，它不仅能够提高个人的素质和能力，还能够培养出更多有创造力和领导力的人才。我们应该为教育投入更多的资源，并且改善教育的质量和公平性。

　　再次，我呼吁我们关注社会公平和公正。在我们的社会中，仍然存在着各种形式的不平等和歧视。我们应该努力消除贫困、改善医疗和教育条件，创造一个更加公平和包容的社会。

　　最后，我鼓励大家发挥自己的力量和影响力，积极参与社会公益活动和志愿者工作。每个人都可以为社会做出贡献，无论是通过捐款、义务工作还是传播正能量。我们应该鼓励和支持为社会做出贡献的人，并且自己也积极参与其中。

　　亲爱的各位，我们每个人都有责任和义务去关注和改变我们所面临的问题。通过我们的共同努力，我们可以创造一个更加美好、公正和可持续的未来。我希望大家能够积极响应我的呼吁，并且为实现我们的共同目标而努力。

　　最诚挚的祝愿。

××

××××年××月××日

■ 案例分析

文种： 倡议书。

写作结构：

(1) 标题——可以直接在第一行中间写"倡议书"字样。

(2) 正文：该案例属于倡议书，其正文由"提议原因+具体内容+号召"三部分构成。

写作要点：

倡议书旨在引起广泛响应，因此，在语言上要求措辞贴切、感情真挚，富有鼓动性、号召力，同时，篇幅也不宜过长。

倡议书用来倡导某项活动，是根据一定时期一定范围内存在的问题提出某种建议，鼓动别人响应以共同完成任务或解决问题的一种书面材料。

1) 倡议书的特点

倡议书和其他文体不太一样，其中之一就是倡议书的内容是有利于人民的好事，所提倡的条件有先进性和可行性，而且倡议书明确了倡议的目标、倡议的原因及对被倡议人的希望等。

2) 倡议书的分类

根据不同的发文角度，倡议书可以有多种分类法。根据发文人的不同，可以分为个人倡议书、集体倡议书、企事业单位、机关部门倡议书。从倡议内容的角度不同，可以分为具体事项型倡议书和思想精神倡议书。

(1) 具体事项倡议书。

针对某一具体生活事件问题的倡议书，即具体事项型倡议书。写作范例如下。

一起为环保出力：垃圾分类，我们行动起来！

亲爱的朋友们：

随着人类对地球环境的破坏日益严重，环保已成为一个全球性的问题，让我们从身边的小事做起，为环保贡献一份力量。今天，我们先来一起关注垃圾分类这个话题，共同为创建一个更加清洁、健康的环境而努力！

近年来，垃圾污染问题越来越严重。由于人们缺乏垃圾分类的意识和知识，大量有害垃圾被随意丢弃，这严重危害着环境和身体健康。为了改善这一状况，我国多个城市已经开始推行垃圾分类制度，但要全面实现垃圾分类仍需要我们每个人的共同努力。

(1) 增强垃圾分类意识。我们应在日常生活中养成垃圾分类的好习惯，将垃圾按要求分成可回收垃圾、有害垃圾、湿垃圾和干垃圾等四类。

(2) 学习垃圾分类知识。我们应该通过上网、查阅书籍等方式，了解各类垃圾的特点和处理方法，做到科学分类。

(3) 落实垃圾分类行动。我们应从自身做起，坚持做好家庭垃圾分类，将可回收垃圾和有害垃圾进行回收再利用。

(4) 宣传推广垃圾分类。我们应积极参与垃圾分类宣传，向身边的人传授正确的垃圾分类方法，让更多的人加入垃圾分类的行动中来。

垃圾分类，人人有责。让我们从现在起，养成垃圾分类的好习惯，把环保理念融入日常生活的每个细节。只有这样，我们才能为地球环境保护贡献自己的一份力量。相信在大家的共同努力下，我们的家园一定会变得更加美好！

×××

××××年××月××日

---

(2) 思想精神倡议书。

针对某种思想意识、精神状况的倡议书，即思想精神倡议书。写作范例如下。

倡议书

亲爱的同学们：

　　诚者，天之道也；思诚者，人之道也。诚实守信是中华民族的传统美德，是一切道德的基础，是现代文明的基石和标志，是《公民道德建设实施纲要》的基本要求，是为人处世最重要的品质。诚实守信是一种道义，是一种准则，是一种责任，也是一种声誉，更是我们当代大学生实现人生价值的重要一环。

　　作为××××大学的学生，我们应该铭记"明德厚学，爱国荣校"的校训，以诚信规范日常行为，诚信做人、诚信学习，把自己塑造成诚信大学生，努力打造诚信校园。为此，我们向广大同学发出以下倡议。

　　(1) 积极响应学校"明礼·诚信"主题教育号召，踊跃参加学校、院(系)组织的各项活动，大力营造诚信的校园环境。

　　(2) 树立个人诚信形象。在人际交往中相互理解、明理诚信、严守公民道德，倡导良好社会风尚；真诚待人，恪守承诺；崇尚科学，追求真知。

　　(3) 诚信处事，守时守信。言必行，行必果，不追求一己之私；不隐瞒事实真相，不做假学历，不做伪证件。诚信立身，自立自强；积极履行贷款合同，严格按期还贷，争做诚信表率。

　　(4) 在学术研究上讲诚信。杜绝散布伪科学和不负责任的言论，端正学习态度，做到考试不作弊，论文不抄袭；锐意创新，提升素质，尊重科学规律，实事求是，追求真理。

　　人无信不立，业无信不荣，家无信必衰，国无信必危。亲爱的同学们，让我们从自我做起，从小事做起，培养诚信意识，重视诚信价值，推动诚信教育；知荣明耻，厚德载物，以实际行动带动周围的同学，一起加入诚信的队伍，走诚信人生，创诚信校园！

　　此致
敬礼！

共青团××××大学委员会

××××年××月××日

3) 倡议书的结构

倡议书通常由标题、称谓、正文、落款四部分构成。

(1) 标题。标题的形式是发文机关＋事由＋文种，也可以直接在第一行中间写"倡议书"。

(2) 称谓。倡议书的称谓要求注明受文单位的名称或个人的姓名，要在标题下隔两行顶格写，后加冒号。

(3) 正文。首先要先阐明提出倡议的原因、理由，以及自己的目的、想法。这样往往可以使受文单位或个人从实际出发，考虑该倡议的合理性，为采纳你的倡议打下基础。其次写明倡议的具体内容。倡议的内容通常要分条列出，这样可以做到醒目。倡议要具体明白、切实可行；提出自己希望采纳的想法，但也应谨慎虚心，不说过头的话，不用命令的语气。最后，结尾一般写表示敬意或祝愿的话。

(4) 落款。落款要署上提倡议的单位或个人的称呼或姓名，并署上成文日期。

4) 倡议书的写作要点

(1) 倡议书旨在引起广泛响应，因此，在语言上要求措辞贴切、感情真挚，富有鼓动性、号召力，同时，篇幅也不宜过长。

(2) 倡议书必须写清楚发起倡议的根据、目的，有充分的理由，否则会使人觉得莫名其妙，难以响应。

(3) 倡议书的具体内容和要求要尽量分条开列，这样才能清晰明确，使人一目了然。

(4) 倡议书的内容应当符合时代精神，提出的要求和建议必须切实可行。

6.5.3　公开信

 案例导读

> 某市为申报新一轮全国文明城市奖，杜绝城市中层出不穷的不文明现象，决定在本市开展文明城市创建活动，故向广大市民发出一封共建美好家园的公开信。
>
> 共建美好家园公开信
>
> 市民朋友们：
>
> 　　为建设和谐奋进、幸福美好的新型文明城市，全体市民一直在不懈努力。也正是在全体市民的积极支持和踊跃参与下，我市近几年先后荣获"全国创建文明城市工作先进城市""全国文明城市"等诸多荣誉。文明城市的建设有效推进了全市经济、政治、文化和社会的全面发展，也推动了全市人民生活水平的不断提高。
>
> 　　然而，最近在市区发生了许多不文明的现象，如"乱贴小广告""随地大小便"等，严重影响了我市的市容市貌，既不利于外资和外来人才的引进，也有悖于我市取得的殊荣。为此，我们热切期望广大市民以"吾家吾爱"的主人翁姿态，一如既往地大力支持、参与我市的文明城市创建工作，共同建设美好家园。希望广大市民从我做起，从小事做起。
>
> 　　1. 自觉维护公共环境，爱护花草树木，保护公共设施。
>
> 　　2. 自觉参加公益活动，积极参与志愿者服务，弘扬"学习雷锋，乐于助人，奉献自己，服务社会"精神。
>
> 　　3. 自觉构建和谐人际关系，讲礼貌，讲友谊，讲感恩，用自己的实际行动来维护良好人际关系。
>
> 　　让我们一起努力，为创建文明城市添砖加瓦，为共建美好家园增光添彩，一起营造公正有序、团结友爱、舒适和谐的城市环境和生活氛围！
>
> ××市文明城市创建工作委员会
> ××××年××月××日

■ 案例分析

文种：公开信。

写作结构：

(1) 标题——《共建美好家园公开信》，包含"事由+文种"。

(2) 正文：该案例属于公开信，其正文由"事件背景+具体事件+表明态度"三部分构成。

写作要点：

案例为公开信，写作公开信时文字表述要倡导好风气，或者提出建议。

公开信是将内容公之于众的信件，其内容一般涉及比较重大的问题，具有普遍的指导、教育和宣传作用。公开信可以手写，也可印刷；可以张贴，也可刊登，还可以广播。它的公开对象比较广泛，可以是写给社会中的某一部分人，也可以是写给某个人。

1) 公开信的特点

公开信最大的特点就是内容广泛，不论是写给社会中的某一部分人还是写给个人，从写信者的角度看，都希望有更多人的阅读、了解，甚至讨论信中的问题。信的内容一般涉及比较重大的问题，具有普遍的指导作用、教育作用和宣传作用。

2) 公开信的分类

公开信可分为问候、表扬、鼓励类公开信，写给具体对象的公开信，私人信件公开发表的公开信，以及给予澄清的公开信。给予澄清的公开信是指群众反映某人在从事某种工作时涉嫌不合法操作，某人或相关部门给予澄清时使用的公开信。这类公开信比较常见，如在涉嫌抄袭事件时使用，在相关单位涉嫌损害公众利益时使用，或者在有关企业或人员涉嫌违法、违规操作时使用等。这类公开信的写法与普通书信相同，但由于一般要寄给报刊编辑部、广播电台或电视台，因此需要有信封。

(1) 问候、表扬、鼓励类公开信

这类公开信是指以领导机关、群众团体的名义，在纪念活动、传统节日或其他必要的情况下，给有关单位、社会阶层、集体、个人、发出的书信。这类公开信有问候、表扬、鼓励的作用，结构与普通书信基本相同。写作范例如下。

致司机朋友的公开信

司机朋友：

您好！

欢迎行驶××省高速公路！经××省人民政府批准，决定自2012年9月30日0：00至10月7日24：00时，对通行全省普通公路、高速公路的7座(含)以下小型客车免收通行费。具体规定如下。

1. 我省普通公路、高速公路免费通行的时间范围为春节、清明节、劳动节、国庆节四个国家法定节假日，以及当年国务院办公厅文件确定的上述法定节假日连休日。免费时段从节假日第一天00：00开始，节假日最后一天24：00结束(普通公路以车辆通过收费站收费车道的时间为准，高速公路以车辆驶离出口收费车道的时间为准)。

2. 免费通行的车辆范围为行驶我省收费公路的本省及外省、市、区7座以下(含7座)载客车辆，包括允许在普通收费公路行驶的摩托车。

3. 我省免费通行的收费公路范围为符合《中华人民共和国公路法》和《收费公路管理条例》规定，经依法批准设置的收费公路(含机场高速、收费桥梁和隧道)。

为了方便您的旅行，我们温馨地提醒您以下几点。

1. 请您在驶入高速公路收费站时要领取通行卡，并妥善保存，驶离高速公路时请将通行卡交给我们的工作人员。

2. 我们在交通繁忙的高速公路收费站，为7座以下小型客车设有专用通道，请您行驶专用通道时听从工作人员的交通指挥。

3. 我们已对高速公路电子不停车收费(ETC)系统进行升级，在重大节假日小型客车免费期间，符合免费条件的小型客车ETC用户，同样可以享受免费通行的优惠政策。

4. 在重大节假日交通高峰时段，为保证收费站安全畅通，我们的工作人员可能会将ETC专用车道临时转为人工收费车道，由此给ETC用户带来不便，我们表示深深的歉意！

非常感谢您对我们工作的支持，欢迎您对我们的工作提出宝贵意见和建议！您在行驶高速公路如遇到困难或需要帮助，请拨打12122高速公路客服电话，我们将竭诚为您服务。

祝您旅途愉快，一路平安！

××省交通运输局高速公路管理局

××××年××月××日

(2) 写给具体对象的公开信。

这类公开信是指领导机关、群众团体或个人针对某一问题写给有关对象的书信。这类公开信有的是表扬，有的是批评，有的是倡导好风气，有的是提出建议。写作范例如下。

致外来朋友们的公开信

从全国、全省各地来到×××务工、经商、居住的朋友们：

欢迎你们来到"×××××××"，×××山清水秀、气候凉爽。近年来，在你们的共同参与和支持下，经济社会发展取得了长远进步，城市面貌发生了翻天覆地的变化，已成为一座适宜居住、适宜创业的城市。感谢你们为××做出的巨大贡献！

亲爱的外来朋友们，为进一步给你们提供好服务，市委、市政府近期制定了加强和创新流动人口服务管理的一些具体措施，以使你们在××生活得更加舒适、方便，使社会更加和谐有序，让全体人民共享经济社会发展的成果。

根据市委、市政府的安排部署，我们将于××年××月××日起集中开展《××市居住证》办理试点工作。如果您在××居住了一个月以上并准备长期居住，就请您及时办理《××市居住证》。办证之后，您及您的家人即可享受诸多基本公共服务，如拥有平等的公共就业服务，您就读义务教育阶段学校的子女在收费和管理等方面将享受与本市学生同等的待遇。如果您符合条件，还可以申请公共租赁住房或贷款购买住房，也可以参缴城镇职工基本社会保险，同时在传染病防治、儿童预防接种、妇幼保健等方面享有与本市户籍人口同等的服务等。如果没有办证，您及您的家人在工作和生活中将会有诸多不便。

办理《××市居住证》不需要交纳任何费用，为简化办理程序，只需要您带上本人身份证或其他有效身份证明的原件和复印件，以及两张身份证照片，已婚育龄妇女还需带上户籍地出具的已审验婚育证明等资料，前往我们设置的办证大厅或您所在街道(社区)流动人口管理办公室(您所在区域的办证地点和办证程序及咨询电话我们将会另行详细告知)，我们的工作人员会为您提供热情周到的办证服务。

亲爱的外来朋友们，我们期待您的合作，期待您早日成为"新××人"。同时，希望你们自觉把自己当成××大家庭中的一员，热爱××、建设××，共同维护××开放和谐的良好形象，成为一名文明市民。

最后，真诚祝愿所有的外来朋友们在××安居乐业、工作顺利、身体健康、家庭幸福、如意吉祥！

××市流动人口服务管理工作领导小组办公室

××××年××月××日

(3) 私人信件公开发表的公开信。

这类信息通过报刊或广播公开发布，写信人和收信人双方有可能取得联系。如路遇未留名的好人好事，需表示感谢等，常以此种方式发出。写作范例如下。

致××律师事务所×××的公开信

×××：

对于××学术造假一事，××电子有限公司在××年××月按照相关程序，向××大学纪委等××所在单位的相关组织部门及领导进行了实名举报，也向国家专利局提出异议，要求国家专利局进行相关审查并提供了有关证据。这是对学术尊严的维护，是对相关单位名誉的维护，也是本企业对自身权益的维护，完全合规合法。

然而，举报人却接到了您发出的律师函，但遍查律师函，没有发现您具有发出该律师函的法律依据。您是受××科技有限公司委托发出律师函，但举报人举报的是××，并不是××科技有限公司。既然如此，我们认为您无权发出律师函，更没有权利代表××科技有限公司发出这样的律师函。作为持有××电子有限公司股份的股东，现要求您恪尽职守，立刻收回相关的以公司名义发出的律师函，否则，作为股东，将追究您的相关法律责任，并将相关情况向相关司法行政部门汇报，追究您不当职业的责任。

××电子有限公司

××××年××月××日

3) 公开信的结构

与其他书信类公文一样，公开信一般由标题、称谓、正文和落款四部分构成。

(1) 标题。常见的公开信标题有3种形式：直接用"公开信"3个字作为标题；受文对象+文种，如"致××公开信"；发文单位+受文对象+文种，如"××致××公开信"。

(2) 称谓。对受文对象的称呼，针对发信的对象多少和发信方式的不同，有的写集体称呼，如"同志们""朋友们""同学们"等；有的写个人姓名或职务。另外，在称呼之前，根据不同对象的身份特点，还可以使用相应的修饰语，如"尊敬的""亲爱的"等。

(3) 正文。开头写关怀、问候和祝愿之类的话，给人以亲切、温暖的感觉，同时还要写明问题或事件的原因和背景。主体部分如果是事件，则写明事件的经过和结果；如果是问题，则写明问题的主要表现和性质。同时，还要表明发文者对人物或事件的态度，或赞扬，或批评，或提出某种主张、建议等，有些公开信还会发出号召。结尾写表示祝愿的话，如"此致敬礼""祝全体居民"等。如果公开信正文主体部分涉及的问题、建议或者主张比较多，最好能分点列明，这样会更清晰明确，很容易使受文者掌握公开信的重点。

(4) 落款。写明发文单位名称或个人姓名，注明公开信的发文时间。

4) 公开信的写作要点

(1) 考虑需要与可能，的确有写公开信的必要，或者的确有实现公开信所说的目标的可能时，采用"公开信"这一公文类型。

(2) 既要诚心诚意地将发表公开信的理由告诉受文者，又要向受文者灌输公开信的基本思想，切忌夸大其词。

(3) 公开信是将不必保密的全部内容公之于众，让大家周知和讨论的信件。一封好的公开信，在宣传中会产生较大影响，能促进人们积极参与，树立良好社会风气，指导工作广泛开展和推动活动顺利进行。

6.6 辞职信、推荐信

6.6.1 辞职信

案例导读

辞职信

××：

我希望这封信能够表达我对公司的感激和对您的尊重。我写这封信是为了告知您，我决定辞去目前在公司的职位。

首先，我想对您和整个团队表示衷心的感谢。在过去的时间里，我得到了很多的支持和指导，这对我的个人和职业发展都起到了积极的影响。我非常感激您对我的信任和给我的机会，使我能够在公司中发挥自己的才能和能力。

然而，经过仔细的考虑和深思熟虑，我认为现在是时候寻找新的挑战和机会了。我相信自己有能力在新的环境中取得更大的成就，并且实现自己的职业目标。我希望能够在新的岗位上发展自己的技能和才能，并且为公司做出更大的贡献。

我将尽力确保平稳过渡，并且在离职前完成我目前的工作。我愿意配合公司进行知识和经验的转移，并且提供必要的支持，以确保团队的顺利运作。

再次感谢您和整个团队给予我的机会和支持。我衷心希望公司能够继续取得更大的成功，并且我相信在您的领导下，公司会走向更好的未来。

最后，请接受我最诚挚的祝愿和感激之情。我希望我们能够保持联系，并且有机会再次合作。

　　祝一切顺利！

×××

××××年××月××日

■ 案例分析

文种：辞职信。

写作结构：

(1) 标题——直接在正中写上"辞职信"。

(2) 正文：该案例属于辞职信，其正文由"申请辞职内容+具体内容+决心和个人要求"三部分构成。

写作要点：

该案例属于辞职信，在文字表述上态度分明，而且措辞委婉。

辞职信也称辞职申请、辞职书、辞呈，是辞职者向原工作单位辞去职务时写的书信。

1) 辞职信的特点

辞职信的特点要态度分明，且措辞委婉。如果想要更加正式，可以用辞呈，一般可以用"我已经写好了辞职信打算向您提交辞呈"。

2) 辞职信的分类

根据发文人，可分为集体辞职信和个人辞职信。写作范例如下。

辞呈

尊敬的公司领导：

　　您好！

　　在公司工作的一年中，我学到了很多知识，公司的营业状态也是一直表现良好态势。非常感谢公司给予了我这样的机会，让我能在良好的环境中工作和学习。虽然公司里基础的业务知识及专业知识我已经基本掌握，但俗话说"学无止境"，有很多方面我需要不断学习。提出辞职我想了很久，公司的环境对于业务员很照顾、很保护(至少对于业务风险来说)，鉴于我的个性，我要想在公司自我提升及成长为独当一面的能手，处于保护的环境下可能很难。我自己也意识到了自己的个性倾向于内向，你们也有经常提醒我这一点，其实，这不管是对于公司培育人才还是我自身完善都是突破的难点。

　　虽然我的观念是"人需要不断地发展、进步、完善"，我也一直在努力改变，变得适应环境，以便更好地发挥自己的作用，但是我觉得自己一直没什么突破，考虑了很久后确定了我需要变换环境来磨砺。

　　公司业务部近期人员变动较大，因此交接工作可能需要一个时期。我希望在10月24日左右完成工作交接。这个时间也许比较紧，如果实施上有太多困难，我愿意适当延迟一周。但是我还是希望副经理理解，现在临近年底，如果能给予我支配更多的时间来找工作，我将感激不尽！

　　我希望在提交这份辞呈之后，还未离开岗位之前，我的工作请主管尽管分配，我一定会尽自己的职责，做好应该做的事。另外，希望主管不要挽留我，其实，我很舍不得离开，原因自不用说明。但是既已决定，挽留会让我最终离开的时候更为难。谢谢！最后，希望公司的业绩一如既往、一路飙升！祝主管及各位同仁工作顺利！

　　此致
敬礼！

申请人：××
××××年××月××日

3) 辞职信的结构

辞职信通常由标题、称谓、正文、结尾、落款五部分构成。

(1) 标题。直接在正中写"辞职信"(或"辞职申请""辞呈"等)即可。

(2) 称谓。要求在标题下一行顶格处写出接受辞呈的领导人的称呼，并在称呼后加冒号。

(3) 正文。正文是辞职信的主要部分，正文内容一般包括三部分。开头部分提出申请辞职的内容，开门见山让人一看便知。主体部分讲述提出申请的具体理由，该项内容要求将自己有关辞职的详细情况一一列举出来，但要注意内容的单一性和完整性，条理清晰使人一看便知。最后，表明自己提出辞职申请的决心和个人的具体要求，以及希望领导解决的问题等。

(4) 结尾。结尾要求写上表示敬意的话，如"此致，敬礼"等。

(5) 落款。辞职信的落款要求写上辞职人的姓名及提出辞职申请的具体日期。

4) 辞职信的写作要点

(1) 在第一行正中写辞职申请。

(2) 称呼之后，书写正文。

(3) 明确表达辞职请求，写明辞职的理由，以及有关辞职的详细情况。

(4) 辞职的相关请求事项。

(5) 辞职人的姓名及提出辞职申请的具体日期。

6.6.2 推荐信

 案例导读

研究生推荐信

尊敬的××学院领导：

　　我写这封信是为了向您推荐我的学生×××申请贵校的研究生项目。我作为他的导师，有幸见证了他在本科阶段的学术成长和研究能力的提升。我对他的学术潜力和研究能力深信不疑，相信他将在贵校的研究生项目中取得卓越的成就。

　　×××在本科期间展现出了出色的学术成绩和研究能力。他在课堂上积极参与讨论，对学术知识有着深入的理解和独立思考的能力。他在各门课程中都取得了优秀的成绩，尤其在研究方法和实验设计方面表现出色。

作为我的研究助理,×××展现出了极高的工作热情和责任感。他在研究项目中表现出了出色的实验技巧和数据分析能力,他能够独立思考并解决问题,对研究领域有着深入的理解。他的研究成果在国内外学术会议上发表,并受到同行的高度评价。

除了学术能力,×××还展现出了出色的团队合作和领导能力。他在团队合作中积极参与并贡献自己的想法和意见,能够与团队成员有效沟通,并协调各方的利益,推动项目的进展。他的领导能力也在学生组织和社区服务中得到了充分展示。

综上所述,我毫不犹豫地向您推荐×××申请贵校的研究生项目。他具备良好的学术基础、出色的研究能力和优秀的团队合作能力。我相信他将在贵校的研究生项目中取得卓越的成就,为学术界和社会做出重要贡献。

如果您需要进一步了解×××的情况,请随时与我联系。谢谢您的考虑!

此致

敬礼

×××

××××年××月××日

■ 案例分析

文种:推荐信。

写作结构:

(1) 标题——一般直接以"推荐信"3个字为标题。

(2) 正文:其正文由"开头+主体+结尾"三部分构成。

写作要点:

该案例属于推荐信,在文字表述上推荐内容客观,行文目的明确。

推荐信是一个人或一个单位为了推荐另一个人去接受某个职位或参与某项工作而写作的信件,是一种应用写作文体。

1) 推荐信的特点

推荐信的特点主要表现在以下两方面。

(1) 推荐信行文目的明确。推荐信力图使自己推荐的人员能够被对方采纳,因此行文语言目的明确,简明扼要。

(2) 推荐内容客观。用推荐信向领导或用人单位举荐人才,建立在介绍其基本情况基础之上。因此,情况介绍必须真实、准确、客观,不能为了达到推荐的目的而夸大优点、遮掩缺点。

2) 推荐信的分类

每种类别的推荐信会用于不同的情况和环境,但每种类型也有相似之处,一般来说用于考察申请人各方面的资格和品质。以下是一些常用推荐信使用情况的介绍。

(1) 按推荐对象划分,有推荐人和推荐物两种类型。

(2) 按作者划分,有自我推荐和他人两种类型。

(3) 根据用人性质的不同,推荐书可以分为领导人选推荐书和专业人员推荐书两种。领导人选推荐书用于为各级领导班子推荐候选人,专业人员推荐书用于为各种专业及特殊岗位推荐有专长的人才。

(4) 根据推荐书表达方式的不同，可以分为信函式推荐书和表格式推荐书两种。前者以书信的形式介绍推荐对象的基本情况；后者也称推荐表或考察表，对推荐对象情况的介绍是按表格栏目填写的。

(5) 还有些是上述推荐信的综合，如公职候选人可能会请某人写推荐信，商人可能会请他人推荐产品或服务，销售人员可能会请求同事以参考信的形式对其进行介绍，也有人会要求他人书写评价某人表现的推荐信或类似于表扬信的推荐信。下面就来具体看看自我推荐和他人推荐信。

① 自我推荐即写自荐信，表明作者自己适合担任某项工作或从事某种活动。写作范例如下。

自荐信

尊敬的领导：

你好！

首先，真诚地感谢你从百忙之中抽出时间来看我的自荐材料。

我叫张××，是××大学的毕业生，所学的专业是环境保护与污染治理，主攻的方向是水污染治理工程。

我来自农村，艰苦的条件磨炼出我顽强拼搏、不怕吃苦的坚韧个性。我很平凡，但我不甘平庸。未来的道路上充满了机遇与挑战，我正激起豪情、满怀斗志准备迎接。我坚定地认为：天生我材必有用，付出总会有回报！

大学时期，在抓好专业课学习的同时，我更注重的是综合素质的提高。在校期间，我选修了中国革命史、公共关系、领导科学、写作等课程；自学了网页制作、计算机编程等，掌握了制作网页的技能，通过了全国计算机二级；阅读了大量与专业有关的书籍。专业上，我扎扎实实地学好了有关水污染治理、大气污染治理、固体废物处理等相关知识，并多次获得奖学金。

实践是检验真理的唯一标准。我深深地懂得实践的重要性，我担任过宣传委员、实践部干事、环保协会理事等职位。暑假期间，我积极地参加了学校组织的深入社区的社会实践，受到当地居民的一致好评。20××年度被评为优秀学生干部，20××年度被评为优秀团干和入党积极分子。

我深深地觉得，昨天的成绩已成为历史，在竞争激烈的今天，只有脚踏实地、坚持不懈地努力，才能获得明天的辉煌；只有不断培养能力，提高素质，挖掘内在的潜能，才能使自己立于不败之地。

本着检验自我、锻炼自我、展现自我的目的，我来了。也许我并不完美，但我很自信，给我一次机会，我会尽我最大的努力让你满意。我将以自己的青春和智慧无悔地奉献给贵单位。"敢于创新，勇于开拓"是我执着的追求，天道酬勤是我的人生信念。

基于我所学的专业及意向，我求职的方向为：环保类工作或计算机类工作及其相关方向。

最后，祝贵单位事业更上一层楼！全体员工健康进步！

此致

敬礼！

自荐人：×××

××××年××月××日

② 他人推荐即写信单位或个人向收信单位或个人介绍第三人的情况，希望对方能给予帮助或录用。写作范例如下。

推荐信

×××文学研究所：

欣闻贵所最近要招收一批学以致用的年轻研究人员，我谨推荐李××同学到贵所工作。

李××同学××××年毕业于××大学中文系古典文学专业，硕士学位，在校期间各种成绩优良。该同学毕业后在××大学任教，于××××年考入本校中文系古典文学专业攻读博士学位，跟从×××教授专攻秦汉文学。在校期间，该同学学习刻苦，成绩优良，发表论文共××篇，计××万字，其中，《××××××》曾引起学术界很大重视。

李××同学对中国古典文学尤其是秦汉文学有较深的理解，具备一定的研究能力，富有刻苦钻研精神，最近刚通过博士论文答辩。李××同学有志于中国古典文学的研究，希望能学以致用。切盼贵所能采纳我的推荐意见，招收他为贵所研究人员。

顺致研究！

××大学校长××

××××年××月××日

3) 推荐信的结构

推荐信通常由标题、称谓、正文和落款四部分构成。

(1) 标题。一般直接以"推荐信"3个字为标题。

(2) 称谓。即接收推荐信的单位名称或个人姓名，姓名后可加"同志""先生""女士"等称呼。

(3) 正文。正文可分为开头、主体和结尾。开头部分叙述写信目的、推荐人的身份、推荐人与申请人的关系、推荐人在什么环境下认识的被推荐人、相识多久、申请人需要推荐信的理由。主体部分写明推荐人对申请人的资格评估和个人特质评估，如推荐人初识被推荐人时对他有何种特别印象、被推荐人的沟通能力、成熟度、抱负、领导能力、团队工作能力、品质，以及还有哪些需要改进的地方等。结尾部分写明推荐人对于被推荐人的整体评估结论，如推荐人的身份、在何种身份下认识被推荐人、认识多长时间或何时认识、被推荐人的表现、学习能力、成绩、工作能力、领导能力和团队合作能力等各方面的具体评估结果。

(4) 落款。出具推荐信的单位名称或个人姓名，并署名出具时间，若是单位出具，需加盖单位公章。

4) 推荐信的写作要点

写作推荐信时要注意，一是尊重事实，客观推荐，写推荐信的人要本着对自己、对用人单位、对被推荐人负责的态度，客观、公正地向用人单位提供被推荐人的真实情况；二是篇幅要短小精悍，礼节周全，介绍被推荐人时，不要面面俱到，只需把被推荐人具有能胜任某一方面工作的才能说清楚即可，内容要详略得当。

本章小结

　　本章主要介绍了交际礼仪文书，如邀请函、答谢词、贺信、感谢信、道歉信、表扬信、批评信、介绍信、慰问信、决心书、倡议书、公开信、辞职信、推荐信的概念、特点、分类，以及结构和写作要点，要求学习者了解交际礼仪文书的概念、特点和分类，掌握交际礼仪文书的结构和写作要点。

　　■ 思考与练习

　　1. 感谢信与表扬信的区别是什么？

　　2. 感谢信、慰问信与贺信在写作时分别有哪些注意事项？

　　3. 邀请函的写作要求是什么？

　　■ 实践训练

　　材料1：请根据以下邀请函，以马校长的名义起草一份答谢函，答应10月26日启程到上海，带四个人同往。

邀请函

尊敬的马校长：

　　上次未能前去武汉参加"×××集团人才培养基地"的揭幕仪式，深表歉意，同时，对贵校聘请我为名誉教授，表示衷心的感谢。产学结合共同培养人才是一种新的尝试，合作过程中的许多问题需要我们共同探讨，同时我司愿意在此合作基础上，进一步扩大合作领域。为此，我代表×××集团公司，以我个人名义，诚挚地邀请您于本月25至26日拨冗赴沪，共商合作之事，如能成行，我将十分荣幸！

　　顺祝

秋安

×××(集团)公司总裁×××

××××年××月××日

　　材料2：在教师节来临之际，请以校学生会的名义，给全校教师写一封感谢信。

　　材料3：××百货公司营业员A捡到皮包一个，内有人民币5000余元、工作证一个及发票若干张，营业员A还给失主。当失主感谢时，营业员A说："这是我应该做的。"请就此事拟写一封表扬信。

　　材料4：××地区暴雨成灾，大部分地区被淹，交通受阻，许多人的生命和财产安全受到威胁和损失。××公司员工因距离较远，不能前去抗涝救灾，决定捐些钱和衣物寄回去。在寄钱和衣物的同时，还准备寄去一封慰问信。请你代为起草这封慰问信。

　　材料5：××厂建厂30周年，请拟写一份主管该厂的××总公司对该厂发出的贺信。

■ 参考文献

[1] 李锦萍. 提升秘书公文写作能力的对策探索[J]. 长江丛刊，2018(06)：92.

[2] 黄颖瑜. 办公室秘书公文写作能力的提升方法[J]. 大科技，2019(47)：26-27.

[3] 史英新. 应用写作[M]. 济南：山东人民出版社，2016.

[4] 欧阳周. 实用文秘写作教程[M]. 2版，长沙：中南大学出版社，2010.

[5] 卢秋蓉. 机关事业单位数字化档案管理现状与优化对策[J]. 办公室业务，2017(08)：167.

第 7 章
商务贸易文书写作

 **案例导读**

报价函

××公司：

　　我公司拟对燃煤质检区域安装网络高清视频监控系统进行比选，特邀请贵公司投标。请贵公司于20××年12月29日上午10:00前将投标文件派专人送达或邮寄至×××发电公司计划经营部。

　　1. 投标文件应提供以下资料(各一式2份)

　　(1) 法定代表人授权书。

　　(2) 企业营业执照副本复印件。

　　(3) 企业业绩证明材料，至少具有两套工业厂房内百万高清网络数字视频监控系统两年成功运行业绩。

　　(4)《技术规范书》。

法定代表人(签字)：××

××××年××月××日

　　注1：比选报价除要报总价外，还应按《技术规范书》所列资料进行分项报价。

　　注2：费用包含《技术规范书》规定的投标方职责的全部资料，同时包含因违反比选人对现场管理要求或发生安全事故被罚款等各项风险费用。

　　注3：分项报价为合同期内不变价。

　　注4：项目实施中可能会根据实施情况增减部分项目，所以要求各比选申请人对以上各项目进行详尽的分项报价，完成后将按实际完成项目进行结算。

　　注5：项目费用为增值税含税价，请注明增值税率，以作为评比价格时进行调价的依据。

■ 案例分析

　　(1) 邀请函的标题有"文种+事由"和"文种"两种形式，顶格写称呼。

　　(2) 活动的各种事宜诸如活动的内容、目的、时间、地点，以及办公室工作人员等要在正文里明确写出。

　　(3) 一般用"恳请光临""致以敬意"等做结束语，落款署上邀请单位名称或发函个人姓名和日期。

商务贸易文书是商务活动中使用的书面文件，用于记录和传达商务交流、合作、合同、付款等信息。常见的商务贸易文书包括报价单、商务函、催款函、理赔函、索赔函、询价函、报价函投标书、招标书等。写作商务贸易文书时，需要注意以下几点要求。

(1) 准确性。文书内容应准确无误，包括商务信息、合同条款、价格、数量等，避免产生歧义和误解。

(2) 清晰简洁。文书应表达清晰，语言简洁明了，避免使用模糊、含糊不清的词语和句子，确保对方能够准确理解。

(3) 结构完整。文书应具备完整的结构，包括标题、正文、签名、日期等部分，确保文书的完整性和合法性。

(4) 规范性。文书应符合相关的法律法规和行业规范，遵循国际商务惯例和规定，确保文书的合规性。

(5) 语言规范。文书应使用规范的商务语言，避免使用口语化或不当的用词，不用俚语保持专业性和正式性。

(6) 文书保密。商务贸易文书涉及商业机密和敏感信息，写作时应注意保密，避免泄漏重要信息。

总之，商务贸易文书的写作要求是准确、清晰、结构完整、规范、专业、格式规范、语法正确和保密。这些要求能够确保文书的有效传达和合法性，促进商务交流和合作的顺利进行。

学习目标

1. 了解商务函、催款函、理赔函、索赔函的撰写方式
2. 掌握询价函、报价函的写作要点
3. 掌握投标书、招标书的写作框架

7.1 商务函

 案例导读

> 尊敬的先生/女士：
>
> 　　我是×××公司的销售经理，我写这封信是想就我们公司的产品与您进行商务合作的可能性进行讨论。
>
> 　　我了解到贵公司在市场上享有很高的声誉，并且对于市场需求有着深入的了解。我相信我们公司的产品将能够满足贵公司的需求，并为贵公司带来更多的商机和利润。
>
> 　　我们公司是一家专注于生产高品质电子产品的企业。我们的产品包括智能手机、平板电脑和智能家居设备等。我们采用最先进的技术和工艺，确保产品的质量和性能达到行业领先水平。此外，我们还拥有一支经验丰富的研发团队，能够根据客户需求提供定制化的解决方案。

我希望能够与贵公司建立长期的合作关系。我们可以提供具有竞争力的价格和灵活的交付方式，以满足贵公司的需求。我们可以提供样品供贵公司测试，并根据贵公司的反馈进行产品的改进和优化。

如果您对我们的产品和合作方式感兴趣，我希望能够安排一次面谈，进一步讨论合作的细节和条件。我相信我们的合作将能够带来双赢的结果。

期待您的回复，并告诉我您方便的时间和地点，以便我们安排面谈。非常感谢您的关注和支持，期待与您的合作。

祝好！

×××公司销售经理

联系方式：××××××××××

邮箱：×××××××

××××年××月××日

■ 案例分析

文种： 商务函。

写作结构：

(1) 标题——常见的格式是"事由+文种"。

(2) 正文：该案例属于会议公报，其正文由"开头+主体+结尾"三部分构成。

写作要点：

该案例属于会议公报，在文字表述上周密、严谨、准确、严肃。

商务函也称商务信函，属于商务礼仪文书，是指企业与企业之间在各种商务场合或商务往来过程中所使用的简便书信。它的主要作用是在商务活动中建立经贸关系、传递商务信息、联系商务事宜、沟通和商洽产销、询问和答复问题，以及处理具体交易事项。

7.1.1 商务函的特点

商务函有七个特征。撰写人要以这些特征为准，撰写符合要求和使用场合的商务函。

(1) 语言风格口语化。每一封商务信函的往来都是不同的企业之间或企业领导者之间的一种情感交流，人都是感性的，所以商务信要更加体现感性的一面，读信函时要使人感到热情、友好，就像朋友之间的谈话那样简单、自然和人性化，而不是所谓的"生意腔"。

(2) 函件内容直接性。企业中的相关工作者每天可能会阅读大量信函文件，为了加快商务活动的进程，让阅读者快速了解信函的来意，写函件不需要用华丽的词句，而是用简洁朴实的语言简明扼要地提出要点，使信函读起来简单、清楚、直接。如果涉及数据或具体的信息，如时间、地点、价格和货号等，用语要更精确。

(3) 语气态度真诚性。由于商务函用于商务活动，便于各方取得联系、进行沟通，所以要能充分体现真诚、礼貌。这里的礼貌并不是简单地用一些礼貌用语，而是要体现一种为他人考虑，多体谅对方心情和处境的态度，因此撰写时要带着足够的诚意。

(4) 行文主旨单一性。商务信函具有纯粹的业务性，所以要求专文专事，内容集中单一，围绕公务，突出主旨。

(5) 行文格式规范化。商务信函的结构类似于一般的书信，包括称呼、正文和署名。如果是外贸商务函(电)，其写作还必须依照国际惯例，用英语或对方国家官方使用的语言书写，在文法和书写格式上也要符合对方的语言规范和习惯。

(6) 人物地位平等性。商务信函是两个平等法人之间的往来文书，反映双方平等、互惠互利的关系，所以写作时要注意相互尊重，以礼相待。

(7) 收发具有时效性。商务信函是在商务活动的每个环节中形成的，每一封信函都是一定时限内双方意愿的明确表达，因此，向对方发送函件要及时，最好能在所涉及的公务处理或发生之前提前发出。在接收对方发来的函件后要及时回复，保证公务能按时并顺利进行。目前，商务函的传递更多地使用图文传真、电子邮件等快速传递形式，以适应这一特征。

7.1.2 商务函的分类

按具体业务项目或内容，一般分为联络函、咨询函、推销函、订购函、催款函、寄样函、索赔函、理赔函、报价函、还价函、致歉函、谈判函、调解函、婉拒函等。

按行文对象，可分为对上级主管部门、对客户或协作单位、对兄弟部门等。对上级主管部门多以公函形式出现，属于行政公文范畴；对客户或协作单位，是商务开展过程中最常见的沟通手段。

按行文方向，可分为去函和复函。

商务函的种类较多，下面综合对其中几种进行介绍，询价函、报价函、推销函、订单函等在后面章节进行详细介绍。

1) 介绍经营业务的信函

这种信函内容上要准确明了地介绍自己的业务范围、经营理念及经营宗旨等，语气上要礼貌谦和。介绍经营业务的信函一般反映的是商务往来中的基础信息，所以在写作过程中要真实、具体。写作范例如下。

> ××：
>
> 　　我们从我国驻××××使馆××××处得悉贵公司的名称和地址，现借此机会与你方通信，意在建立友好业务关系。
>
> 　　我们是一家国有公司，专门经营台布出口业务。我们能接受顾客的来样订货，来样中可说明具体需要产品的花样图案、规格及包装要求。
>
> 　　为使你方对我各类台布有大致的了解，我们另寄最新的目录以供参考。如果你方对产品有兴趣，请尽快通知我方。一收到你方具体询盘，我方即寄送报价单和样品。
>
> 　　盼早复。
>
> ××
> ××××年××月××日

2) 寻求建立业务关系的信函

这种信函内容上要明确表达谋求合作的态度并要表明合作的基础、可行性及前景，如有需要还可以写明合作的内容和方式。包括主动方的致函和被动方的复函，写作语气要礼貌谦和。写作范例如下。

××：

　　我们和××交往多年，承蒙他向我们推荐了贵公司。

　　目前，我们专门从事××××地区的××××贸易，但尚未与贵公司有贸易交往。由于我们对推销××××感兴趣，故特致函，以求能早日与贵方建立直接的贸易关系。

　　我们期待贵方能寄来你们有兴趣出售的各种××××(货物)的详细说明和外销价格。我们将愉快地调查我方市场可能销售的情况。

　　另外，若承蒙关照，贵公司愿从我方购买产品，请将你们感兴趣的货物逐项列表，一并寄来，以便视我方供货能力，向贵公司提供一切所需的资料。

　　盼早日答复。

××
××××年××月××日

3) 恢复业务关系的信函

这种信函内容上首先表达继续合作的愿望，可以回顾以往的合作成果，也可以展望未来的合作前景，进而通过对客观的合作利益的表达，恢复业务，谋求新的合作。写作范例如下。

××××：

　　回顾去年贵我双方业务往来的记录，我们发现已很久未获贵公司的订单。想来贵公司仍在经营我公司的商品，承蒙告知贵方最近的推销打算。

　　如果你们对我公司在订货方面有什么意见或建议，请予提出，以便我们慎重研究。

　　我们的产品在工艺和包装等方面都已做出一系列的改进，现特邮寄若干贵公司过去订货的新型式样品，你们将会发现这些新型方式会更符合贵方要求，这将致使贵我双方友好业务联系的恢复和发展。

　　希望得到你们的积极响应。

××××
××××年××月××日

4) 商洽价格的信函

这种信函要准确写明价格洽谈所指对象，可以针对商品或劳务，明确表达对价格的期望，给出意见或建议。必要时，要写明确切的价格数据和数量，不能含糊其词。写作范例如下。

×××：

　　谢谢你们对旗下自行车报价的来函。

　　我们虽然赞赏你们自行车的质量，但价格太高不能接受。

　　请参阅×××号销售确认书，按此销售书我方订购了相同型号的自行车1000辆，但价格比你方现报价格低10%，自从上次订购以来，原材料价格跌落很多，你们自行车的零售价也下跌了5%。接受你方现时的报价意味着我们将有巨大亏损，更不用谈利润了。

　　然而如果你们至少降价1.5%，我们将非常愿意向你方续订。否则，我们只能转向其他供应者提出类似需求。

　　我们希望你们认真考虑我方建议，并及早答复我方。

×××

××××年××月××日

　　5) 婉拒业务关系的信函

　　这种信函首先要对对方的合作意愿表示感谢，再以恰当合理的理由明确表达拒绝此次业务关系的意思。一般拒绝业务关系的信函都要为将来可能会有的合作留有余地，所以最后通常会表达对今后合作的期待。写作范例如下。

×××:

　　谢谢你方1月20日关于100辆"××牌"轻便车的订单，然而我方遗憾地认为有必要将其暂时存档，以供将来参考，因为目前我方难以接受订单。这主要是由于国内外对我方生产的自行车需求甚殷，特别是近来的能源危机，西欧买主的订货量不断增加。

　　对暂时不能接受你方订单，我们深表遗憾。一旦供货情况好转，一定电告你方。

×××

××××年××月××日

7.1.3　商务函的结构

　　商务函一般由信头、正文和信尾三部分构成。

　　1) 信头

　　信头就是商务函的开头，由标题、发信人名称和地址、函号、称谓，以及收信人地址和单位等构成。

　　(1) 标题。标题有两种形式，常见的一种是"事由+文种"，如"关于要求承付打印机货款的函""索赔函"等；另一种是先写"事由"二字，然后加冒号提示，再写函件的内容，如"事由：机动车索赔"。标题中的事由要求能概括出函件的主旨、中心，使收信人通过标题就能大致了解函件的主要内容。

　　(2) 发信人名称和地址。一般写明发信人所在企业或单位的名称和详细地址，以及电话号码、电报挂号专用电码、电传、传真和网址等商务联系信息。

　　(3) 函号。函号分为对方函号和己方函号，一般在外贸业务信函的信头较常使用。注明函号可使信函便于管理和查阅。函号的位置一般在标题右下方或信头的左上方，常见的两种形式为：仿效行政公文发文字号的格式，采用"××函〔××〕×号"或"(××)函第×号"；采用直接编号，如"第×号"。

　　(4) 称谓。对收信人或收信单位的称呼，一般写受文者的尊称，这是商务函不能缺少的一个要素，位置一般在标题或函号的左下方，单独占行，顶格书写，后用冒号。可用泛指尊称，如"尊敬的先生/女士""尊敬的办公室主任"等；也可用具体称呼，即指名道姓的尊称，如"××先生/女士""尊敬的办公室×主任"等，这种称呼一般用于写信人和收信人彼此认识或非常熟悉的情况。

(5) 收信人地址和单位。写明收信人所在的企业或单位的名称和详细地址。

2) 正文

商务函的正文由问候语、主体和结束语三部分构成。

(1) 问候语。即应酬语或客气话，这也是商务函中不可缺少的内容，主要用于向收信人打招呼，一般用两句礼貌的客气话表示，如"您好""近来生意可好"。如果是初次联系，可使用"久仰大名"之类的话；如果是回函，此处可使用"惠书敬悉，不胜感激"之类的话表示感谢来函。

(2) 主体。这是商务函正文的核心，主要用于说明具体事项。虽然不同的商务函正文主体内容不同，但一般会包括两方面的内容：①发函缘由，直截了当、简明扼要地说明发函的目的、根据和原因等，如果是回函，此处要引叙对方来函的要点，以示回函的针对性；②发函事项，根据发函缘由详细陈述具体事项，或针对所要商洽的问题或联系事项阐明自己的意见，阐述时语气要平和、问题要明确、事实要清楚且表达要明白。例如，商洽函的正文主体包括商洽缘由、商洽内容和意愿要求；询问函的正文主体包括询问缘由、询问事项；答复函的正文主体包括答复缘由、答复内容；商品报价函的正文主体包括产品价格、结算方式、发货期、产品规格、可供数量、产品包装和运输方式等。如果正文主体内容较多，逻辑上可采用篇、段结构；如果正文主体内容简单，可采用分段式结构。

(3) 结束语。正文结束后，一般要用精练的语言将主体所叙之事加以简单概括，并提出本函的有关要求，强调发函目的。例如，请求函的结束语一般为"拜托之事，希望协助解决为盼"；希望回函的结束语一般是"不吝赐函，静候佳音"。

该部分用于叙述商务往来联系的实质问题，写作时要求内容单一、一文一事，文字简明、事实有据且行文礼貌。

3) 信尾

商务函的信尾一般由祝颂语和落款构成，有时还会有附件。

(1) 祝颂语。所有商务函都要写明祝颂语，祝颂语包含请候语和安好语。请候语在正文结束后另起行空两格书写，如"敬祝""顺颂""恭祝"等；安好语在请候语之后另起行顶格书写，表示对对方的尊重，如"金安""生意兴隆""商祺"等。

(2) 落款。落款包括署名和发信日期，署名可根据企业的要求或发信人的意见来确定是签名还是用印，有些企业署名以单位名称加盖公章的方式，有些企业要求发信人直接签名，以示对函件的内容负责，个人签名一定要由发信人亲手签名。日期一般是发信的具体时间，方式有两种：阿拉伯数字形式，如"2018年12月7日"；国际标准简写法形式，即用阿拉伯数字标记年、月、日，并在一位数的月、日前加"0"，如"2018年12月07日"。无论哪种写法，日期务必写全，尤其年份不能简写。

(3) 附件。附件是随函附发的有关材料，如报价单、发票、确认书和单据等。如果需要标注附件，则在函件落款下方标注；如果附件是两个以上，则要分别标注"附件一""附件二"等。

7.1.4　商务函的写作要点

(1) 内容准确、目的清楚、表述具体。产品价格、名称、规格、数量要写清楚。观点要正确，文字表达要准确。条理要清晰，忌笼统粗犷、含糊其词和抽象化，如"虽然我公司同意回收完好的退货，但我方无法同意回收有缺损的退货，我公司只接受可再度销售的退货"。

(2) 文字简洁、态度礼貌、语气委婉，如"贵方在提交订购产品清单时遗漏了交代产品型号，请速致函我公司贵方尚未提交的产品清单型号，以使我公司立即将订货发出"。

(3) 明确责任、划定界线、分清权限，如"出于对合作顺利开展的负责态度，我公司认为，贵公司在资产重组正式法律文本还没有正式签署之前，要求我公司提供详尽的财务报表，似乎甚为不妥"。

7.2　询价函、报价函

7.2.1　询价函

 案例导读

询价函

尊敬的××公司销售经理：

我方对贵公司生产的××产品有浓厚的兴趣，需订购××节能灯管。品质：一级。规格：每箱25只。望尽快按下列条件报价。

1.单价；2.交货期限；3.结算方式；4.质量保证方式。

如贵方价格合理，且能给予优惠，我公司将考虑大量进货。

××发展有限公司

××××年××月××日

■ 案例分析

文种：询价函。

写作结构：

(1) 标题——可以直接写"询价函"。

(2) 正文：该案例属于询价函，其正文由"询价依据+询价内容+愿望和要求"三部分构成。

写作要点：

该案例属于询价函，在文字表述上直接、精确。

询价函是买方向卖方询问有关商品交易条件所写的商务信函。询价的目的是请对方报价，询价对交易双方都没有法律上的约束力。询价函即专用于买方询价的商务函。

1) 询价函的特点

(1) 直接性。询价函一定要写得简明扼要，短小精悍，切中要点。

(2) 精确性。当涉及数据或者具体的信息时，如时间、地点、价格、货号等，应尽可能做到精确，这样会使交流的内容更加清楚，能够加快处理事务的进程。

2) 询价函的分类

根据询价商品的种类，询价函可以分为单一询价函和综合询价函。单一询价函只就一种商

品询价；综合询价函一次可以询问多种商品价格。根据询价商品的不同，询价函可以分为不同的类型，如汽车询价函、房屋询价函等。

询价函

各位领导、各位来宾：

　　尊敬的中山商场，在贵方网站发布招标采购信息后，在几天时间内，我方收到了所有的应答文件。经过认真阅读，现将我方的意见反馈如下：我方一直致力于为客户提供优质服务，在竞争激烈的市场中不断努力求进步，力图为贵方提供更完善、更合理的选择，能够解决贵方的后顾之忧，使贵方的业务不受我方价格影响而得以顺利开展。在此，希望能有机会与贵方建立良好关系，更进一步接触，并向贵方做出保证：如果我方最终被贵方录用，我们愿意从合同签订之日起，为贵方服务两年。我们保证遵守贵方的规章制度，严格执行我方制定的各项管理制度，维护和遵守贵方的利益和形象。我们坚信在双方真诚合作下，贵方的事业定会欣欣向荣。最后祝贵方财源广进，事业蒸蒸日上！

　　此致

敬礼！

××××

××××年××月××日

询价的目的是请卖方报出商品或服务的价格，因此出具单位应该是买方。要注意，询价对交易双方都没有法律上的约束力，即法律不强制规定卖方一定要给出报价并发送报价函。

有些询价函没有称谓部分，但在正文之前会写明供需双方的单位全称、联系人姓名、电话和传真等信息。

3) 询价函的结构

询价函一般由标题、称谓、正文、落款四部分构成。

(1) 标题。标题可以直接写"询价函"，也可以是"发文机关+询价内容+文种"，如《政府办公用品采购询价函》。

(2) 称谓。在标题下另起一行，顶格写受函人(公司)名称。

(3) 正文。正文一般由开头、主体和结尾三部分构成。开头写明项目名称、询价的依据和目的。主体是询价函的重心，主要内容包括：询价函编号、报价人资质要求、复函和报价须知、应承担的法律责任、结算方式、联系方式等。需要向卖方索要主要商品目录本、价格单、商品样品、样本时，也可以用询价单或发订单的方式询问某项商品的具体情况。结尾表明合作的诚意和愿望，如"特此函复、特此函告"。

(4) 落款。询价单签字，标明年月日，并加盖公章。

4) 询价函的写作要点

(1) 态度真诚、礼貌。

(2) 注意用语和语调。

(3) 表达直接，语言简洁凝练。

7.2.2　报价函

 案例导读

报价函

尊敬的先生/女士：

感谢贵公司对我们的关注和支持。我代表×××公司，很荣幸向贵公司提供以下产品的报价。

产品名称：[产品名称]

规格：[产品规格]

数量：[产品数量]

单价：[产品单价]

总价：[产品总价]

此外，我们还提供以下服务和优惠：

1. 免费样品供贵公司测试和评估；

2. 提供定制化的解决方案，以满足贵公司特定的需求；

3. 灵活的交付方式，包括快递、海运或空运等；

4. 长期合作客户可享受优惠折扣。

请注意，以上报价仅供参考，最终价格可能会根据订单数量和其他因素进行调整。我们会尽力提供最具竞争力的价格，并确保产品的质量和性能达到行业领先水平。

如果贵公司对以上报价感兴趣或有任何疑问，请随时与我联系。我将尽快回复并提供进一步的协助。

再次感谢贵公司对我们的关注和支持，期待与贵公司建立长期的合作关系。

祝好！

×××公司销售经理

联系方式：×××××××××

邮箱：××××××××

××××年××月××日

■ 案例分析

文种： 报价函。

写作结构：

(1) 标题——可以直接书写"报价函"。

(2) 正文：该案例属于报价函，其正文由"感谢对方询价+产品具体信息答复+礼貌语"三部分构成。

写作要点：

该案例属于报价函，在文字表述上周密、准确，对付款方式、优惠政策等做细致的介绍。

报价函是商务活动中作为卖方在接到客户的询价函后发出的回复性信函。

1) 报价函的特点

对于卖方而言，一封报价函可能意味着一次销售的好时机，所以回复的报价函一定要及时、确切、周到，不要因为某些小疏忽而失去了潜在的客户。

2) 报价函的分类

报价函可以根据不同的分类进行划分，以下是几种常见的报价函分类。

(1) 产品报价函。该类报价函用于向客户提供具体产品的价格和相关信息，包括产品名称、规格、数量、单价和总价等。

(2) 服务报价函。该类报价函用于向客户提供特定服务的价格和详细信息，如咨询服务、维修服务、技术支持等。

(3) 工程报价函。该类报价函用于向客户提供特定工程项目的价格和相关细节，包括工程范围、工期、人力资源和材料费用等。

(4) 定制报价函。该类报价函用于向客户提供定制化产品或服务的价格和相关信息，根据客户的特定需求进行报价。

(5) 批发报价函。该类报价函用于向批发商或分销商提供大宗商品的价格和相关信息，通常以批发单位或批发数量为基础。

(6) 长期合作报价函。该类报价函用于向长期合作的客户提供特定产品或服务的优惠价格和条件，以促进长期合作关系的建立和维护。

根据不同的情况和需求，报价函的分类可能会有所不同。在编写报价函时，根据具体的业务类型和目标受众选择适合的分类，并确保准确、清晰地传达价格和相关信息。

3) 报价函的结构

报价函是指企业向顾客提供商品的有关交易条件的信函。报价函一般由标题、称谓、正文、结语和落款五部分构成。

(1) 标题。即件名或主题，在第一行中用较大字体标注，指出信函的主要内容。可以直接书写"报价函""报价信"等字样。

(2) 称谓。在标题之下另起一行或直接在第一行顶格书写受信者的名称，称谓后加冒号。

(3) 正文。在称谓之下另起一行空两格开始书写，一般首先简要说一句感谢对方的询价，然后具体答复价格及相关信息，如产品的质量、规格、包装、交货方式、优惠政策等，最后礼貌地写上"欢迎再询"等关切的话。

(4) 结语。在正文之下另起一行空两格书写"此致""顺祝"等表示恭谨之意的词语，再另起一行顶格书写"敬礼""商安"等表示祝愿的话，后面不必加标点符号。

(5) 落款。在正文或结语的右下方署上写信者的名称，在署名的下方写上写信的日期。

4) 报价函的写作要点

(1) 报价函的内容应该包括报价单位、报价人及报价单位的联系电话或联系传真。

(2) 如果是项目形式，还要列出项目名称、项目负责人及详细的联系电话或传真。

(3) 如果是产品，则要对产品的序号、产品名称、规格、数量、单位、单价、金额等进行详细介绍。

(4) 对付款方式、优惠政策等进行细致的介绍。

写作范例如下。

报价函

尊敬的××有限公司：

感谢贵公司的信任和支持，能为贵公司提供产品和服务，是我司的荣幸。我司位于××市××区，年产×万吨中高档铝合金型材，引进瑞士、意大利、日本等国家的先进设备和技术，是目前××地区投资最大、技术最先进、品种规格最齐全、交货最快捷的铝型材生产基地之一。

幸闻贵公司新开发项目，将采用高档铝型材。鉴于此，我司经缜密商议，针对贵公司所需产品，并本着长期合作、共同发展的理念，特向贵公司提供我司铝型材的报价。

表面处理方式	价格	备注
素材	23 400元/吨	
电泳银白	26 000元/吨	
氧化古铜	25 400元/吨	
氟碳烤涂(二涂二烤)	32 900元/吨	

注：

1. 铝锭价按下单当日××有色金属网(www.××.com.cn)铝锭价中间价计算；

2. 以上报价包括增值税及距离公司××公里范围内的运费，其他报价方式如下。

(1) 理论结算：在上述加工费价格基础上上调(素材：500元/吨；氧化材：1000元/吨；喷涂材：2000元/吨)。

(2) 塑封包装：在上述加工费价格基础上上调，1000元/吨。

(3) 氟碳烤漆78元/平方米，若按吨计价，则在素材单价基础上另加9500元/吨。

(4) 氧化、电泳等其他着色系列报价，在银白的价格上另加，800元/吨。

以上为我公司的优惠价格，如有异议或疑问请致电我方(××：×××××)，热切期盼贵公司的回复，并诚邀贵公司领导到我司实地考察。

敬祝商祺！

××建材有限公司

××××年××月××日

7.3 推销函、订购函

7.3.1 推销函

 案例导读

尊敬的先生/女士：

我代表×××公司，非常高兴向您介绍我们的产品和服务。我们是一家专注于提供高质量×××产品的公司，致力于满足客户的需求并为他们带来卓越的价值。

我们的产品具有以下优势和特点。

1. 高品质：我们严格控制产品的制造过程，确保每个产品都符合最高的质量标准。

2. 创新设计：我们的产品采用了最新的技术和创新的设计，以提供卓越的性能和用户体验。

3. 定制化服务：我们提供定制化的解决方案，以满足客户特定的需求。

4. 竞争力价格：我们提供具有竞争力的价格，确保客户获得物超所值的产品和服务。

5. 及时交付：我们拥有高效的供应链管理和物流系统，确保及时交付产品到客户手中。

为了让您更好地了解我们的产品，我们愿意提供免费样品供您测试和评估。我们相信，您一旦使用了我们的产品，将对其质量和性能印象深刻。

我们非常希望能与贵公司建立合作关系，并为您提供最佳的产品和服务。如果您有任何疑问或需要进一步了解，请随时与我们联系。我们期待着与您的合作，并共同发展壮大。

谢谢您的时间和关注，期待您的回复。

×××公司销售经理

联系方式：×××××××××

邮箱：×××××××××

××××年××月××日

■ 案例分析

文种： 推销函。

写作结构：

(1) 开端语——开端语必须醒目，突出显示产品特色和优点，如"我们是一家专注于提供高质量×××产品的公司，致力于满足客户的需求并为他们带来卓越的价值"。

(2) 正文：需要提供产品介绍、提供产品优势、优惠方式等。

写作要点：

该案例属于推销函，在文字表述上呈现产品特色，严谨、准确、突出特点。

推销函是为向对方推销产品而使用的一种业务信函，是一种常见常用的商业专函。

1) 推销函的特点

(1) 引人注目。推销函的开头通常需要引起读者的兴趣和注意力，可以使用吸引人的标题或开场语来吸引读者继续阅读。

(2) 个性化。推销函应该根据目标客户的需求和兴趣进行个性化定制，以增加读者的兴趣和共鸣。了解目标客户的背景和偏好，可以更好地定制推销函的内容。

(3) 清晰明了。推销函应该简洁明了，清晰地传达产品或服务的优势和特点；避免使用过于复杂的行话或技术术语，确保读者能够轻松理解。

(4) 重点突出。推销函应该突出产品或服务的最重要的卖点和价值，以引起读者的兴趣和欲望；使用强调、列表或图表等方式，突出产品的特点和优势。

2) 推销函的分类

推销函可以根据不同的分类标准进行分类。以下是几种常见的推销函分类方式。

(1) 根据目标受众分类。潜在客户推销函：针对尚未成为客户的个人或企业，旨在引起他们对产品或服务的兴趣，并促使他们采取进一步行动。现有客户推销函：针对已经是客户的个人或企业，旨在向他们介绍新产品、升级服务或提供增值服务，以促进客户关系的发展和增加销售额。

(2) 根据发送方式分类。电子邮件推销函：通过电子邮件发送的推销函，可以快速、便捷地将信息传达给目标受众，并提供链接或按钮以便进一步行动。信函推销函：以纸质信函的形式发送的推销函，通常用于正式场合或需要更加个性化的沟通。

(3) 根据内容形式分类。产品推销函：重点介绍产品的特点、优势和用途，以激发目标受众的购买兴趣。服务推销函：重点介绍服务的特点、优势和价值，以吸引目标受众选择并使用服务。业务推销函：重点介绍企业的业务能力、经验和解决方案，以建立信任和合作关系。

以上是推销函的一些常见分类方式，根据实际情况和目标受众的需求，可以选择适合的分类方式进行推销函的定位和策划。

3) 推销函的结构

推销函一般由开端语、正文、结尾三部分构成。

(1) 开端语。开端语必须醒目，能够突出显示产品及其优点，要有独创性，并要求做到简明扼要。

(2) 正文。正文部分包括介绍产品、提供证据及数据、提出保用期和免费试用，以及价格合理性。介绍产品必须保持全面细致，语言力求生动活泼，突出强调产品能够吸引顾客的特点。提供证据时应继续强调产品的突出特点，使用具体的语言、客观地进行说明，可适当运用用户的表扬信，然后提出保用期和免费试用。正文的最后，大多介绍价格的合理性。除非价格具有突出特点，否则不要在首段或末段谈价格，要在正文概括产品优点的句子中提及价格。要用一个较长的复合句，用具体数字说明购买该产品可省钱若干。报价时要用小单位，如可行可与具有类似特点的同类产品进行比较。

(3) 结尾。信的结尾要充满信心和热情地呼吁，要激发读者的购买意欲。

写作范例如下。

推销工艺品函

××公司：

从我国驻×××使馆商务处来信中获悉，贵公司希望与我国经营工艺品的外贸出口公司建立业务联系。我们高兴地回复贵公司，我们愿意在开展这类商品的贸易方面与贵公司合作。

我公司经营的工艺品有绣品、草竹编、灯具、涤纶花、珠宝首饰，以及仿古器物和书画等。这些品种均制作精美，质量上乘。特别是涤纶花，样式新颖，色泽鲜艳，形态逼真，可与鲜花媲美。目前在欧美、亚洲等许多地区极为畅销，深受消费者的喜爱。现寄上涤纶花样照一套，供参考。欢迎来信联系。

××进出口公司

××××年××月××日

4) 推销函的写作要点

(1) 了解目标受众。在写推销函之前，要先了解目标受众的需求、痛点和兴趣。根据这些信息，定制推销函的内容，使其能够与读者的需求紧密契合。

(2) 突出产品或服务的价值。推销函应该清晰地传达产品或服务的价值和优势。突出产品的特点、解决问题的能力，以及与竞争对手的区别，以激发读者的购买欲望。

(3) 提供证据和案例。为了增加信任和可信度，推销函可以提供客户的案例研究、满意度调查结果或其他证据来支持产品或服务的效果和价值。

(4) 强调行动号召。推销函的结尾应该包含明确的行动号召，鼓励读者采取进一步行动；提供便捷的联系方式，并指导读者如何进行下一步的购买或合作。

7.3.2 订购函

 案例导读

订购函

×××先生：

  贵厂××月××日的报价单获悉。贵方报价较合理，特订购下列货物。

  EPSON LQ-100打印机；10台，单价1 500元，总计15 000元。

  STAR AR-2463打印机；10台，单价900元，总计9 000元。

  CICIAEN CKP-5240打印机；10台，单价1 500元，总计15 000元。

  交货日期：××××年××月底之前。

  交货地点：××市××仓储部。

  结算方式：转账支票。

  烦请准时运达货物，以利我地市场需要。

  我方接贵方装运函，将立即开具转账支票。

  请予以办理。

××公司

××××年××月××日

■ 案例分析

文种：订购函。

写作结构：

(1) 标题——直接使用"订购函"即可。

(2) 正文：该案例属于订购函，其正文采用将订购函作为订单的形式。

写作要点：

针对订购函，明确订购意图，提供详细信息。

订购函是一种书面形式的文件，是买方按照与卖方协商好的条件限期订购所需货物时所用的一种商用文书。

1) 订购函的特点

(1) 明确的意图。订购函的目的是明确表达订购方的意图，即订购特定的产品或服务。它提供了一个正式的渠道，让订购方能够向供应商明确传达他们的需求和要求。

(2) 具体的细节。订购函需要提供具体的细节，包括所需产品或服务的名称、数量、规格和其他要求。这些细节对于供应商来说是非常重要的，以便他们能够准确理解和满足订购方的需求。

(3) 双向确认。订购函通常需要供应商在指定日期之前确认订购。这种双向确认的方式可以确保供应商收到订购函，并确认他们能够满足订购方的需求，这样可以减少误解和纠纷的发生。

(4) 法律约束力。一旦订购函被双方确认并签署，它便具有法律约束力。这意味着双方有责任履行合同中规定的条款和条件，并承担相应的责任和义务。

(5) 保留备份。订购函的订购方通常会保留一份备份作为记录和参考。这样可以在需要时进行核对和证明，以确保双方之间的交流和约定得到充分的记录和保护。

2) 订购函的分类

订购函一般分为两种，一种是前面的接收函已经对所需订购的货物做了详细的介绍；另一种是把订购函写成订单的形式，以表格的形式列明各项交易的内容。订购函一般应该包括商品的名称、牌号、规格、数量、价格、结算方式、包装、交货日期和地点、运输方式、运输保险等。

订单确认函

××股份有限公司：

贵公司于20××年××月××日发出第××号订单收悉。

贵公司订购××台××牌××，我方已经按照贵公司的要求予以办理，并将在规定期限内运抵指定地点。

根据双方订购函的有关规定，贵公司须在本月××日前将定金××万元人民币电汇至我公司账户，开户银行为：中国建设银行××省分行××分理处，账户为：××；余款希望贵公司在收到货物后××天内付清。贵公司如果还有什么要求，请在××天内与我公司市场营销部联系，联系电话为：××。

感谢贵公司对我公司产品的信赖和惠顾，希望能与贵公司保持长期贸易合作关系。

顺颂商祺！

××制造有限责任公司

××××年××月××日

---

3) 订购函的结构

订购函的结构可以根据具体的需求和业务进行调整，通常由以下几部分构成。

(1) 信头。订购函的信头应包括发件人的名称、地址、电话号码、传真号码和电子邮件地址，这样可以让供应商知道订购方的联系方式，并能够与其进行沟通和确认。

(2) 收件人信息。订购函的收件人信息应包括供应商的名称、地址和联系方式。这样可以确保订购函能够准确地发送给正确的供应商。

(3) 日期。订购函应包括发出的日期，以便确定订购函的有效期限和时间顺序。

(4) 主题/标题：订购函的主题或标题应简洁明了地概括订购的内容，如"关于订购产品的通知"或"订购服务的请求"。

(5) 正文。订购函的正文是最重要的部分，它应该清晰、准确地表达订购方的意图和要求。正文应包括以下内容。

① 引言。订购函的引言应表明订购方的身份和意图，如"我们是一家×××公司，现在向贵公司订购×××产品/服务"。

② 产品/服务详细信息。在正文中提供所需产品或服务的具体细节，包括名称、数量、规格、质量要求等。这些细节对于供应商来说是非常重要的，以便他们能够准确理解和满足订购方的需求。

③ 交付要求。如果有特定的交付要求，如交付日期、地点或方式，请在正文中明确指出。

④ 价格和付款方式。如果适用，订购函应明确说明价格和付款方式，以确保供应商和订购方之间的权益和责任得到明确的约定和保护。

⑤ 其他要求。如果有其他特殊要求，如保修条款、售后服务等，请在正文中明确说明。

(6) 结语。订购函的结语通常包括对供应商的感谢和期望的表达，如"我们期待与贵公司建立长期的合作关系"。

(7) 签名和联系信息。订购函应包括订购方的签名和联系信息，以确保订购函的真实性和可追溯性。

(8) 附件。如果有必要，订购函可以附上相关的文件、规格书、合同等附件，以提供更多的信息和支持。

4) 订购函的写作要点

(1) 明确标明订购意图。在订购函的开头明确表达订购的意图，包括所需产品或服务的名称、数量和规格，确保准确无误地描述所需的项目。

(2) 提供详细信息。在订购函中提供详细的信息，包括订购方的名称、地址、联系人和联系方式等。同时，还要提供供应商的信息，以便双方能够进行沟通和交流。

(3) 确定价格和付款方式。在订购函中明确说明产品或服务的价格，并提供付款方式和条款。如果有特殊的折扣、优惠或支付安排，请在订购函中明确说明。

(4) 确定交付和运输方式。在订购函中明确说明产品或服务的交付方式和时间要求，如果有特殊的运输或交付要求，请在订购函中详细描述。

(5) 强调保修和售后服务。如果适用，订购函中可以提及产品的保修期限和售后服务政策，确保供应商清楚了解订购方对产品质量和售后支持的期望。

(6) 设定截止日期和确认方式。在订购函中设定截止日期，要求供应商在指定日期之前确认订购。同时，还要明确确认的方式，如要求回复电子邮件或传真。

(7) 专业和礼貌。订购函应该使用专业和礼貌的语言，避免使用不当的措辞或语气，确保表达清晰、准确，并遵循商务信函的写作规范。

7.4 催款函、理赔函、索赔函

7.4.1 催款函

 **案例导读**

[公司名称]

[公司地址]

[公司电话号码]

[公司电子邮件地址]

[日期]

[供应商公司名称]

[供应商公司地址]

[供应商公司电话号码]

[供应商公司电子邮件地址]

主题：关于未付款项的催款函

尊敬的[供应商公司名称]：

我代表[公司名称]，在此向贵公司提出一份关于未付款项的催款函。根据我们之前的商业合作协议，我们已经向贵公司购买了以下产品/服务。

产品/服务名称：[产品/服务名称]

数量：[数量]

单价：[单价]

总金额：[总金额]

然而，我们遗憾地注意到，截至今天，我们尚未收到贵公司对以上订单的付款。根据我们的记录，付款截止日期已经过去了[付款截止日期]天。我们希望贵公司能够尽快处理这笔未付款项，并将款项汇入我们的指定账户。

我们理解可能存在一些意外的情况导致付款延迟，但我们希望贵公司能够尽快解决这个问题，以确保我们的合作关系能够顺利进行。付款的延迟不仅对我们的财务状况造成了困扰，也可能对我们的业务运作产生不良影响。

为了解决这个问题，我们请求贵公司立即采取以下措施。

1. 确认未付款项的准确金额，并提供付款的计划和时间表。

2. 尽快将款项汇入我们的指定账户，以下是我们的账户信息。

银行名称：[银行名称]

账户名称：[账户名称]

账户号码：[账户号码]

联行号码：[联行号码]

3. 如果存在任何问题或困难，我们建议贵公司立即与我们的财务部门联系，以便我们能够共同探讨解决方案。

我们希望贵公司能够尽快回复并采取必要的行动，以确保这笔未付款项得到妥善处理。我们相信贵公司会认真对待这个问题，维护我们之间的商业合作关系。

如果贵公司对以上内容有任何疑问或需要进一步的信息，请随时与我们联系。我们期待贵公司的积极回复和合作。

谢谢！

×× 公司

×××× 年 ×× 月 ×× 日

■ 案例分析

文种： 催款函。

写作结构：

(1) 标题——标题一般要注明编号，以便以后查询和联系，而且一旦发生了经济纠纷而走上法庭，它也是一份有力的凭证。编号不是必须有的。

(2) 正文：写出双方发生往来的原因、日期、发票号码、欠款的金额及拖欠的情况，收文单位查明情况，及时地付款。

写作要点：

要求欠款户说明拖欠的原因。重新确定一个付款的期限，希望对方按时如数交付欠款，再次逾期不归还欠款将采取的罚金或其他措施。

催款函是一种催交款项的文书，是交款企业或个人在超过规定期限，未按时交付款项时使用的通知书。

1) 催款函的作用

(1) 查询。催款函可以及时了解对方单位拖欠款的原因，沟通信息，以便采取相应的对策和措施，起到协调双方关系的作用。

(2) 催收。债权方为了加快资金流动或合理周转，扩大再生产，会对债务人拖欠付款的行为采取催款措施。通过催款可以及时追回拖欠款，尽可能避免经济损失。

(3) 凭证。如果由于拖欠付款给债权方造成了实际经济损失，催款函又可以起到记载凭证作用，即当催款单位在向有关方面提出追究对方的经济责任时，催款函可以作为一种有力的凭证。

2) 催款函的分类

催款函主要分两种形式。一是便函式，便函式是指以信函的形式写作。二是表格式，表格式是指人们在长期实践的基础上约定俗成的固定表格，使用时直接填写即可。

3) 催款函的结构

催款函的结构一般由标题和编号、催款和欠款单位的名称和账号、催收内容、处理意见、落款等五部分构成。

(1) 标题和编号。如果催收的是紧急的款项，可在标题前写上"紧急"二字。标题一般要注明编号，以便日后查询和联系，而且一旦发生了经济纠纷而走上法庭，它也是一份有力的凭证。编号不是必须有的。

(2) 催款和欠款单位的名称和账号。催款函要明确地写上双方单位的全称和账号。必要时，要写明催款单位的地址、电话及经办人姓名，若是银行代办催款，还必须写明双方开户银行的名称及双方账号名称和账号。

(3) 催收内容。这是催款函的主体部分，应清楚、准确、简明地写出双方发生往来的原因、日期、发票号码、欠款的金额及拖欠的情况，收文单位查明情况后应及时付款。

(4) 处理意见。催款方在催款函上提出处理办法和意见。这种意见一般从以下三方面予以说明：要求欠款户说明拖欠的原因；重新确定一个付款的期限，希望对方按时如数交付欠款；再次逾期不归还欠款将采取的罚金或其他措施。

(5) 落款。写明催款单位的全称，并加盖公章，然后注明发文日期。

4) 催款函的写作要点

(1) 温和但坚定。在催款函中要保持礼貌和专业，但同时要表达出你对款项的迫切需要。

(2) 提供详细信息。在信中提供准确的账单信息，包括款项的金额、到期日期和付款方式。

(3) 强调付款延迟的影响。明确说明款项未付对你的经济状况和业务运营产生的负面影响，如导致现金流问题、延迟项目进展等。

(4) 提供付款选项。如果可能的话，提供多种付款选项，如在线支付、银行转账等，以方便客户选择最方便的方式。

(5) 强调合作关系。提醒客户你们之间的合作关系，以及你们一直以来的良好合作，表达出希望能够继续合作下去的愿望。

7.4.2 理赔函

 案例导读

质量不符理赔函

××贸易有限公司：

你公司××月××日函收悉。所提合同19号项下红木家具部分接口有破裂一事，已引起我方关注。经向有关生产单位了解，出厂家具安全符合合同要求，并经检验合格。至于部分接口破裂，是由我方在出仓时搬运不慎造成的，对你方的损失，我们深表歉意。请贵公司提供家具受损的具体数字，以及公证人检验证明书，我方将按实际损失给予赔偿。

候复。

××公司(公章)

××××年××月××日

■ 案例分析

文种：理赔函。

写作结构：

(1) 标题——一般写"理赔函"三字，该案例的标题格式为"事由+文种"。

(2) 正文：对索赔函要点进行概述，如理赔方面的意见和看法，以及最后处理办法等。

写作要点：

针对理赔函，做到礼貌专业，清晰陈述，提供支持证据。

理赔函是一种特殊的书信格式，是在贸易过程中产生争议或发生纠纷后，理赔方根据索赔方的意见和要求提出自己意见和解决办法的回复信函。

1) 理赔函的特点

(1) 正式性。理赔函通常需要采用正式的书信格式，包括日期、称呼、致辞、正文、结尾等。这种正式性有助于传达申请人认真和专业的态度。

(2) 事实性。理赔函需要清晰、详细地陈述事故的发生过程和相关信息。申请人需要提供准确的时间、地点、目击证人等细节，以便保险公司进行调查和核实。

(3) 证据支持。为了支持理赔申请，申请人通常需要提供相关的文件和证据，如事故报告、医疗记录、照片等。这些证据有助于证明事故的发生和造成的损失。

总之，理赔函具有正式性、事实性、证据支持、合同约定、请求调查和处理、专业和礼貌等特点。正确使用这些特点可以增加理赔申请的成功率，并促进申请人与保险公司之间的合作和沟通。

2) 理赔函的分类

理赔函可以根据其目的和内容进行分类。

(1) 理赔申请函。这是最常见的理赔函类型，用于向保险公司提出理赔申请。它包括事故的描述、损失的详细说明、相关证据的提供，以及请求保险公司进行调查和处理的要求。

(2) 追加理赔函。有时在理赔申请后，申请人可能发现还有其他损失或遗漏的信息需要补充申报。追加理赔函用于向保险公司提供额外的信息和证据，以补充原始理赔申请。

(3) 理赔拒绝函。保险公司有权根据合同条款和相关法律规定，拒绝某些理赔申请。理赔拒绝函用于向申请人通知理赔被拒绝的原因，并解释相关条款和规定。

(4) 理赔补偿函。当保险公司同意理赔申请并批准赔偿时，会向申请人发出理赔补偿函。该函件包括赔偿金额、支付方式和相关细节，通知申请人将获得的赔偿款项。

(5) 理赔延期函。在某些情况下，保险公司可能需要更长时间来调查和处理理赔申请。理赔延期函用于向申请人通知理赔处理延期，并解释延期的原因和预计处理时间。

(6) 理赔异议函。如果申请人对保险公司对理赔申请的处理结果有异议，可以通过理赔异议函向保险公司提出异议。该函件包括对处理结果的不满和理由，请求重新审查和处理。

3) 理赔函的结构

理赔函一般由标题、正文、落款三部分构成。

(1) 标题。标题一般写"理赔函"即可，必要时可注明理赔原因，如《质量不符理赔函》等。

(2) 正文。正文主要包括对索赔函要点的概述，理赔方面的意见和看法，以及最后处理办法等。

(3) 落款。落款写理赔方的名称、签章和日期。

4) 理赔函的写作要点

(1) 陈述理赔要求。明确说明你的理赔要求，包括受损物品的价值、损失的原因、保险责任范围等。

(2) 强调保险合同条款。引用保险合同的相关条款，说明你的理赔要求符合保险合同的规定。

(3) 设定最后期限。明确提醒保险公司处理理赔的最后期限，并提醒他们逾期可能导致的后果，如投诉、法律诉讼等。

最重要的是，保持专业和耐心，并与保险公司保持有效的沟通，以解决任何理赔问题。如果需要，你也可以咨询专业的保险代理人或律师以获取更多的帮助和建议。

7.4.3　索赔函

质量不符索赔函

××茶具厂：

随函寄上××市××检验所的检验报告(95)××号。报告证明贵方售出的玻璃茶具中，有一部分的质量明显低于贵方所提供的样品，因此，特向贵方提出不符合质量标准的货物按降低原成交价30%的扣价处理。

特此函达，候复。

附件：××市××检验所检验报告一份。

××百货公司

××××年××月××日

■ 案例分析

文种：索赔函。

写作结构：

(1) 标题——《质量不符索赔函》，标题为"索赔事由+文种"。

(2) 正文：该案例属于索赔函，其正文由"争议原因+索赔依据+赔偿意见"三部分构成。

写作要点：

索赔函在写作中要专业、严谨、有逻辑性。

索赔函是指买卖中的任何一方，以双方签订的合同条款为依据，具体指出对方违反合同的事实，提出要求赔偿损失或维护自身其他权利的专用信函。比较常见的索赔理由有：质量低劣；数量短缺；包装不善；运输拖欠。

1) 索赔函的特点

索赔函是一种正式的书面申请，用于向相关方索赔或要求赔偿。它具有以下几个特点。

(1) 事实性。索赔函应基于事实和证据，详细描述索赔人遭受的损失或损害，并提供相关的证据和支持文件。函件应该清楚地陈述索赔的金额和理由，并解释索赔人的权益和赔偿要求。

(2) 逻辑性。索赔函需要按照清晰的逻辑结构组织，以便读者能够理解索赔人的主张和要求。它应该包括一个引人注目的开头、详细的事实描述、相关证据的陈述和支持、索赔金额的计算和合理性解释，以及一个明确的结尾和索赔人的联系方式。

(3) 专业性。索赔函需要以专业和礼貌的语言表达索赔人的要求和期望。避免使用过于情绪化或冲突性的措辞，以维护良好的合作关系。函件应该遵循商业信函的写作规范，包括正确的语法、拼写和标点符号。

(4) 合法性。索赔函应基于相关法律和合同条款，以支持索赔人的权益和要求。它可以引用相关的法律规定、合同条款和先例案例，以加强索赔的合法性和合理性。

2) 索赔函的分类

索赔函可以根据不同的情况和目的进行分类。

(1) 保险索赔函。该类索赔函用于向保险公司提出索赔请求，如车辆保险索赔函、医疗保险索赔函等。

(2) 劳动争议索赔函。该类索赔函用于向雇主或劳动争议解决机构提出劳动争议索赔请求，如工资索赔函、工伤索赔函等。

(3) 消费者索赔函。该类索赔函用于向商家或服务提供者提出消费者权益保护索赔请求，如商品质量问题索赔函、服务不满意索赔函等。

(4) 合同索赔函。该类索赔函用于向合同方提出违约或损失赔偿请求，如违约索赔函、违约金索赔函等。

(5) 损害赔偿索赔函。该类索赔函用于向责任方提出损害赔偿请求，如交通事故索赔函、人身伤害索赔函等。

3) 索赔函的结构

索赔函一般由标题、编号、受函者、正文、附件、签署等六部分构成。

(1) 标题。标题的形式比较灵活，可以直接写"索赔函"，也可以根据实际情况写成包括索赔事由文种的完全标题样式，如《关于××的索赔函》。

(2) 编号。编号是为了联系与备查，写在右上角，一般由年号、代字、顺序号组成。

(3) 受函者。写明受理索赔者的全称。

(4) 正文。正文包括缘起、索赔理由、索赔要求和意见。缘起提出引起争议的合同及其争议的原因，索赔理由具体指出合同项下的违约事实及根据。索赔要求和意见：根据双方签订的合同及有关国家的商法、惯例，向违约方提出要求赔偿的意见或其他权利。

(5) 附件。为解决争议，将有关的说明材料、证明材料、来往的函电作为附件。

(6) 签署。签署要写明索赔者所在地和全称，以及致函的日期。

4) 索赔函的写作要点

(1) 陈述索赔要求。明确说明你的索赔要求，包括受损物品的价值、损失的原因、索赔的金额等。

(2) 强调责任归属。说明索赔责任应由对方承担，并提供相关证据来支持你的主张。

(3) 设定最后期限。明确提醒对方处理索赔的最后期限，并提醒他们逾期可能导致的后果，如法律诉讼等。

(4) 跟进。如果对方在一定期限内仍未处理索赔，可以考虑发送跟进函件或进行电话跟进，以确保索赔得到妥善处理。

7.5　招标书、投标书

7.5.1　招标书

[招标单位名称]

[招标单位地址]

[招标单位联系电话]

[招标单位电子邮件]

[日期]

[投标人名称]

[投标人地址]

[投标人联系电话]

[投标人电子邮件]

尊敬的先生/女士：

我们诚邀贵公司参与我们的项目招标。本次招标的项目是[项目名称]，现向贵公司提供以下相关信息。

1.项目概述

　　项目名称：[项目名称]

　　项目背景：[项目背景介绍]

　　项目目标：[项目目标介绍]

　　项目规模：[项目规模介绍]

　　项目时间计划：[项目时间计划]

　　项目地点：[项目地点]

2.投标资格要求

　　注册资格：[注册资格要求]

　　经验要求：[经验要求]

　　技术能力：[技术能力要求]

　　财务状况：[财务状况要求]

3.投标文件要求

　　投标文件组成：[投标文件的组成部分]

　　格式要求：[投标文件的格式要求]

　　递交方式：[投标文件的递交方式]

　　截止时间：[投标截止时间]

4. 技术规格和要求

　　技术规格：[技术规格要求]

　　质量要求：[质量要求]

　　工作流程：[工作流程要求]

　　安全标准：[安全标准要求]

5. 合同条款和条件

　　付款方式：[付款方式]

　　保修期：[保修期要求]

　　违约责任：[违约责任规定]

6. 评标标准和程序

　　评标标准：[评标标准介绍]

　　评标程序：[评标程序介绍]

7. 提问和答复

　　联系人：[联系人姓名]

　　联系方式：[联系人电话/电子邮件]

　　提问截止日期：[提问截止日期]

　　答复日期：[答复日期]

请贵公司在[投标截止日期]之前提交完整的投标文件，并按照招标文件的要求递交。如有任何疑问或需要进一步信息，请及时与我们联系。

感谢贵公司对本次招标的关注和参与，我们期待与贵公司建立合作关系，并共同推进该项目的成功实施。

谢谢！

[招标单位名称]

[招标单位签名]

[招标单位日期]

■ 案例分析

文种： 招标函。

写作结构：

(1) 标题——只写文种，如"招标书"。

(2) 正文：该函件提供了详细的招标信息，并为投标人准备投标文件提供了相关指南。

写作要点：

招标书在写作方面应注意语言文字的周密严谨，重点突出，不要长篇大论。

招标书又称招标通告、招标公告、招标启事，是公开发布招标信息，通过招标的方式来招标人承包或承购的告示性文书。它在招标过程中提供全面情况，以便竞标方根据业主所提出的条件提前做好准备。同时在招标过程中，它起到统领全局的作用，指导招标工作按照一定的步骤有序展开。

1) 招标书的特点

(1) 公开性。招标书是一种告知性文种，它要像广告一样，借助大众传播手段进行公开，从而利用和吸收全国各地乃至各国的优势于一家，以达到提高经济效益的目的。

(2) 竞争性。招标书充分利用了竞争机制，它以竞标的方式吸引投标者加入，通过激烈的竞争实现优胜劣汰，从而实现业主优选的目的。

(3) 时间性。招标书要求在短时间内获得结果，因此具有时间性。

2) 招标书的分类

招标书按照不同的分类依据，可以划分成不同的类型，如按招标方式、时间长短、内容性质、招标范围等依据分类。

(1) 招标方式。招标书分为公开招标书和邀请招标书。公开招标书指招标人通过报刊、广播、电视和网络等媒介发布的招标文书。邀请招标书也称选择性招标，是指由采购人根据供应商或承包商的资信和业绩，选择一定数目的法人或其他组织 (不得少于3家)，向其发出招标邀请书时使用的一类招标书。

(2) 时间长短。招标书分为长期招标书和短期招标书。长期招标书指招标成功后签订的相关采购合同的期限较长(一年以上)的招标书。短期招标书指招标成功后签订的相关采购合同的期限较短(一年和一年以内)的招标书。

(3) 内容性质。招标书分为企业承包招标书、工程招标书和大宗商品交易招标书。企业承包招标书指发包方为选聘优秀企业管理人才而进行招标的文书。工程招标书指招标单位就大型建设工程挑选最佳建筑企业而进行招标的文书。大宗商品交易招标书指招标单位为了采购价廉物美的大宗商品所使用的招标书。

(4) 招标范围。招标书还可分为国际招标书和国内招标书。国际招标书指针对国内和国外的供应商所发出的招标书。国内招标书指只针对国内的供应商所发出的招标书。

如果根据内容和性质划分，招标书的种类很多，但这些类型的招标书在结构和语言风格等方面比较相似，了解其一就能举一反三。这里主要介绍公开招标书和邀请招标书的范本。

(1) 公开招标书。公开招标针对的投标者是全范围的，所以也称为无限竞争性招标。它是一种由招标人按照法定程序，在公开出版物上发布招标公告，所有符合条件的供应商或承包商都可以平等参加投标竞争，再从中择优选中标者的招标方式。对应发出的招标书类型就是公开招标。写作范例如下。

第一部分　招标公告

根据政府采购相关法律法规的规定，××市公共资源交易中心受(采购人)×××的委托，就×××项目进行公开招标，欢迎符合要求的供应商前来投标。

一、项目名称

本项目主要内容简介：×××(　)详见项目需求(　)。

二、采购项目编号

×××。

三、投标供应商的资格要求

1. 符合《中华人民共和国政府采购法》第×条对供应商的资格要求。

2. 须具备××市政府采购"会员证"，凭"会员证"参加投标活动。(非会员供应商请在××市公共资源交易网点击"会员登录"进行注册，并按要求提供相关资料进行现场审核，经审核合格后领取相应的电子会员证。办理电子会员证咨询电话：×××××，办法详见××市公共资源交易中心网http://××××××.gov.cn，"资料下载——政府采购"——《政府采购供应商电子会员证办理指南》)

3.投标供应商的其他资格条件。

(1)×××。

(2)×××。

四、招标采购方式

公开招标。

五、标书发售地点、报名时间

1.发售地点：凭电子会员证在××市公共资源交易网自行下载标书。

2.报名时间：××年×月×日至××年×月×时×分(凭电子会员证进行网上报名)。

六、投标保证金

×××万元人民币。于投标截止时间前一天下午×时之前缴纳并到账，保证金必须从基本账户汇出。

收款单位：××市公共资源交易中心。

开户银行：××农村商业银行××支行。

银行账号：×××××××××。

交纳保证金的供应商(下称投标人)无故未准时参与投标的，视为放弃收回本项目×%的投标保证金的权利。

已交纳年度保证金的投标供应商，不再另行缴纳投标保证金。

七、投标截止及开标时间

××年×月×日×时×分(北京时间)。

八、递交投标文件、开标地点

×市公共资源交易中心开标室(××市××路×号××市政务服务中心×楼)。

九、样品递交时间、地点(现场考察时间、地点)

联系人：×××。

联系电话：×××××。

备注：如有样品，或需要现场考察，本事项必须明确。

十、联系方式

采购单位联系人：×××。

联系电话：×××××。

招标单位联系人：×先生。

联系电话：×××××。

E-mail：××××。

有关对采购文件的询问，请与招标单位联系；有关技术及需求问题，请与采购单位联系。

十一、其他事项

参加投标的供应商在报名前须到"××市公共资源交易网(http://×××.gov.cn)"上登录后下载招标文件并网上报名，网上报名成功后须打印网上报名回执(网上报名回执须装订于投标文件中)。

友情提醒：

1. 报名后请各供应商继续关注本网站可能发生的相关变化等信息，没有及时获悉相关变化而引起的后果由供应商自负；

2. 请供应商认真阅读招标文件，严格遵守时间、资料提供等相关约定；

3. 招标公告发出后，潜在供应商凭电子会员证下载招标文件，下载后须仔细阅读招标文件，欢迎符合条件的供应商进行网上报名；

4. 请供应商认真对照资格要求，如不符合要求，无意或故意参与报名、投标所产生的一切后果由供应商自行承担。

第二部分　采购项目需求

第一章　有关要求说明

1. 优先采购：政府采购优先采购节能产品和环境标志产品。

2. 产品要求：产品必须是全新、未使用过的原装合格正品，完全符合采购文件规定的质量、规格和性能的要求，达到国家或行业规定的标准，实行生产许可证制度的，应提供生产许可证；属于国家强制认证的产品，必须通过认证。

3. 品牌要求：

① 招标文件中提供设备建议品牌的，投标供应商可以在建议品牌范围内自行选择一款，并根据市场行情及自身实际情况进行报价；

② 招标文件中未提供设备建议品牌的，投标供应商应根据清单及设计文件要求确定品牌后，根据市场行情及自身实际情况进行报价；

③ 投标供应商拟在建议品牌外自行选择品牌的，须在本项目投标截止时间×日前以书面形式向采购单位及××市公共资源交易中心提出，并同时提交该品牌设备在品牌、技术指标等方面不低于采购单位建议品牌的相关证明材料(含技术白皮书等)，经采购单位组织专家论证、实地考察，确认该品牌设备符合本项目相关要求的，将由采购单位出具书面材料告知该投标供应商予以增加可选品牌，专家论证没有通过的品牌一律不予接受，其相应的投标文件将视为未能对本招标文件做出实质性响应，将被判为无效标。

4. 主要技术参数：为鼓励不同品牌的充分竞争，如某主要技术参数属于个别品牌专有，则该主要技术参数不具有限制性，投标供应商可对该参数进行适当调整，并说明调整的理由。

第二章　采购项目内容与技术需求

一、项目背景、基本情况

×××××××××××。

二、项目采购内容(含技术参数)

采购项目名称	规格型号及技术参数	数量	单位	备注

编写招标书时，应考虑的都要考虑到，即使当时不能确定具体要求，也应把考虑的要求提出来，想到了但不能确定的也应提出来，让投标者根据自己的经验来给出建议。否则，招标单位很容易陷入被动局面，例如，只注意设备的技术性质而忽略其整体几何尺寸，可能导致设备进不了厂房的门，从而没有适合的面积来安装调试。

招标书中可能涉及的特殊要求有提供合同条款，如支付方式、售后服务、质量保证、保险费和投标企业资质文件等。另外，招标书中的技术规格要求也不要制定得过低，否则看似扩大了竞争面，实则会给评标带来很大的困难，评标的正确性很难体现，最后选择的结果可能带有倾向性。

公开招标适用所有采购项目，是政府采购的主要方式。它有利于开展真正意义上的竞争，最充分地展示公开、公正、公平竞争的招标原则，防止和克服垄断，能有效促使承包商或供应商在增强竞争实力方面修炼内功，努力提供项目质量，降低造价，创造最合理的利益回报，防范招投标活动操作人员和监督人员的舞弊现象。

(2) 邀请招标书。邀请招标具有针对性，也称为有限竞争性招标或选择性招标。一般由招标单位按照邀请招标流程选择一定数量的企业，向其发出投标邀请书。邀请他们参加投标竞争。以这种方式发出的投标书就是邀请招标书，实际运用中称为"投标邀请书"。写作范例如下。

前附表

序号		内容
1	工程综合内容	工程名称：××纺织服饰有限公司办公楼、厂房、食堂工程
		建设地点：××镇××线旁
		结构类型：框架
		建设规模：本工程共3幢，其中办公楼框架5层(含地下一层)，面积××平方米，厂房框架4层，面积××平方米，食堂框架3层，面积××平方米，3幢总面积××平方米
		工程类别：工业建筑
		招标方式：邀请招标
		评标方法：总造价下浮法
		设计单位：××建筑设计有限公司
		监理单位：另定
		承包方式：包工包料(除甲供材料外)
		质量标准：合格
		工期要求：××年×月×日计划开工，××年×月×日计划竣工，施工工期为×天(日历天数)
2		建设项目资金来源：自筹及银行贷款
3		投标人资质等级要求：房屋建筑施工总承包贰级(含)以上企业(××市外企业须已办理进××施工备案登记手续)
		项目经理资质等级要求：本企业建筑工程建造师，并持有《安全生产考核合格证书》
4		投标有效期：×天(日历天数)，从投标文件提交截止日起计算
5		投标保证金：×万元；招标文件工本费：×元；图纸押金：×元
6		投标文件份数：商务标一式三份，其中正本一份，副本两份

(续表)

序号	内容
7	合同履约保证金：合同履约保证金×万元(其中质量保证金×%，工期保证金×%，项目管理班子到位保证金×%) 开户银行：××支行 账户名称：××纺织服饰有限公司 账　　号：××××××× 款项用途：合同履行保证金 到账时间：××年×月×日上午×点前

投标保证金缴纳

1. 指定银行：××支行

2. 户名：××纺织服饰有限公司

3. 账号：×××××××

4. 款项用途：投标保证金

5. 到账时间：××年×月×日×点前

6. 联系人：×××，139×××××××

7. 联系地点：××制衣有限公司总经理办公室

招标日程安排表

程序	安排		
	时间	地点	备注
进行公开邀请招标 ××制衣有限公司	××年×月×日至××年×月 ××年×月×日下午×时止	×××广播电视台 ××制衣有限公司总经理办公室	
投标单位提交资质证书及投标文件中附件一、附件二中的附表二、附表三、附表四、附表六	××年×月×日至×日	××制衣有限公司总经理办公室	
招标单位初选入围投标单位并通知入围单位领取图纸	××年×月×日至×日	××制衣有限公司总经理办公室	
招标单位对入围投标单位进行考察	××年×月×日至×日	××制衣有限公司主要领导及邀请专家	
入围投标单位进行预算，编制投标文件	××年×月×日至×日		
入围投标单位提交投标文件(投标截止时间)	××年×月×日下午×时止	××制衣有限公司总经理办公室	现场提交，逾期视为弃权
开标	××年×月×日	××制衣有限公司会议厅	
中标单位签约合同	××年×月×日	××制衣有限公司会议厅	

注：本表日程如有变动，以××制衣有限公司通知为准。

第一章　投标须知

一、总则

(一) 工程说明：本工程共3幢，其中办公楼框架5层(含地下一层)，面积××m²，厂房框架4层，面积××m²，食堂框架3层，面积××m²，3幢总面积××m²。

(二) 招标范围

设计施工图纸内的建筑、水电、消防安装工程(包括门卫、配电房等)，详见设计施工图。

(三) 招标方式

1. 进行公开邀请招标。

2. 对报名后的投标人先进行资质审查，后进行近地在建和已建工程调查，符合招标要求的正式列入招标对象。

(四) 资金来源

招标人的资金通过自筹获得。

(五) 投标资格

1. 经邀请的施工单位应向招标人提交营业执照、资质证书、安全生产许可证等证件，以及履行合同能力的有关证明文件原件及复印件。

2. 经审查符合本工程要求并具备投标条件的施工单位，将作为合格的投标人，参加本工程投标。

3. 同一家建设施工单位只能出具一张授权委托书。

(六) 投标费用

投标人应自行承担编制、提交投标文件所涉及的一切费用。无论投标结果如何，招标人对上述费用不负任何责任。

二、招标文件

(一) 招标文件的组成

1. 招标文件由前附表、招标日程安排表、投标须知、合同主要条款、技术规范及图纸、投标文件内容及附件等组成。

2. 投标人应认真阅读招标文件中的所有内容。如果投标人编制的投标文件实质上不响应招标文件要求，其投标文件将被招标人拒绝。

(二) 招标文件的解释

招标文件(包括标底、图纸等)为报价、评标、定标、签订合同的依据。投标人应认真阅读招标文件，若有问题以书面形式(包括书面文字、传真等)向招标人提出，招标人应以书面形式或招标答疑会的方式予以解答，答复将送给所有购买招标文件的投标人，如未提交书面疑问的，将视作对招标文件(包括标底、图纸)的认同。

(三) 招标文件的修改

1. 投标截止日期前，招标人可以补充通知的方式修改或补充招标文件。

2. 补充通知应以书面形式发给所有获得招标文件的投标人，补充通知作为招标文件的组成部分，对投标人起约束作用。

……

　　一般来说，邀请招标方式下发出的大多是投标邀请书。而该"招标书"是在招标单位对投标者事先调查了解的基础上发出的，招标单位对被邀请单位的有关情况要有所了解。该类招标书具有保证工程建设质量高水准的作用，凡是被邀请的单位，一般属于企业规模较大、财力雄厚、技术力量强、质量可靠的大中型单位。

　　写作时，如果已经有了"招标公告""招标启事"等文书，则不需要再赘述具体事项等内容，只需说明"随邀请书附上"即可。

　　需要注意的是，以议标的方式进行采购的，实际上不属于招标范畴，而是谈判性采购，是采购人和被采购人之间通过一对一谈判而最终达到采购目的的一种采购方式，它不具有公开性和竞争性。它是指由业主邀请一家，最多不超过两家知名单位直接协商、谈判。

　　3) 招标书的结构

　　招标书通常由标题、正文和结尾这三部分构成，有些招标书还带有合同件，如工程施工招标书、政府采购招标书等。

　　(1) 标题。招标书的标题有4种常见写法：招标单位名称+招标性质和内容+招标形式+文种，如"××建筑公司××工程建设项目公开招标书"；招标性质和内容+招标形式+文种，如"××镇区污水处理工程公开招标书"；招标单位名称+文种，如"××公司招标书"；只写文种，如"招标书"。另外，还有一种不常见的标题类型，即广告性标题，如"谁来承包××厂"，这类标题通常比较个性化，因此在很多正式、严肃的场合都不会使用。

　　(2) 正文。招标书的正文又有两个细分部分：引言和主体。引言部分主要说清楚招标依据和原因，主体部分要详细交代招标方式、招标范围、招标程序、招标内容的具体要求、双方签订合同的原则、招标过程中的权利和义务、组织领导，以及其他注意事项等内容。主体是正文的核心，一般逐项列明，即条文式。有的招标书为了使内容更清晰，会使用表格列示重要信息，即表格式。

　　(3) 结尾。招标书的结尾应签具招标单位的名称、地址、电话和电报挂号等，以便投标者与招标单位取得联系并参与竞标。

　　招标书是签订合同的依据，所以内容和措辞都要周密严谨，招标书没有必要长篇大论，只要简要介绍必要内容、突出重点即可，切忌没完没了地罗列、堆砌。另外，招标书一般用在交易贸易活动中，所以要遵守平等、诚恳的原则，切忌盛气凌人，但也不能低声下气。

　　4) 招标书的写作要点

　　招标书的写作是很严肃的工作，写作时要遵循一定的原则，并注意以下细节。

　　(1) 遵守法律法规。招标文件是一份具有法律效力的文件，因此招标文件的内容应符合国内法律法规、国际惯例和行业规范。另外，相关采购从业人员要具有精湛的专业知识、良好的职业素养和法律法规知识。

　　(2) 反映采购人需求。招标书编制人在编制招标书之前，要对本单位的采购状况、项目复杂情况和具体要求等所有需求有一个真实全面的了解，防止细微疏漏造成被动局面。如果是招标代理机构负责编制招标书，其也需要对这些信息有全面的了解。

　　(3) 公正合理。招标书的发出应公正、平等地对待使用单位和供应商，双方都要遵守相关约定并承担义务。采购人在招标书中提出的技术要求和商务条件等必须依据充分并切合实际，不能盲目提高标准和设备精度等。合理的特殊要求可在招标书中列出，但不应过于苛刻，更不允许将风险全部转嫁给中标方。

(4) 公平竞争。招标文件不能存有歧视性条款，而为了减少招标文件的倾向性，可先根据使用要求和使用目的确定货物档次，制定一些必须满足的基本指标，载明配套的评标因素或方法，尽量做到科学合理，既满足采购人要求，又保证有足够的供应商参与竞争。

(5) 科学规范。以最规范的文字，把采购目的、要求、进度和服务等描述清楚，准确明了，使有兴趣投标并参与竞争的所有投标人都能清楚地知道需要提供什么样的货物、服务才能满足采购招标需求。不能使用"大概""大约"等不确定性词句，不能委婉描述，表达不能含糊不清，不要重复说明，防止前后矛盾而让投标人不知所措。

(6) 维护政府、企业利益。招标书的编制要维护采购单位的秘密，如给公安系统招网络设备项目时，要考虑安全问题；给公司生产部门招大型生产设备项目时，要考虑生产工人的安全问题等。

7.5.2 投标书

 案例导读

投标书

[你的公司名称]

[你的地址]

[城市，邮编]

[日期]

[投标机构名称]

[投标机构地址]

[城市，邮编]

尊敬的先生/女士：

我们谨以此函向贵公司提交我们的投标书，希望能有机会为贵公司提供我们的服务。我们对贵公司的项目非常感兴趣，并相信我们具备为贵公司提供高质量和专业的服务所需的能力和经验。

以下是我们的投标书内容：

1. 公司介绍：(如介绍公司背景、历史和经验，以及在相关领域的专业知识和技术能力)。

2. 项目概述：(如简要介绍项目的背景、目标和范围)。

3. 解决方案：(如详细描述解决方案，包括方法、流程和技术，以及如何满足项目要求)。

4. 团队能力：(如介绍团队成员，包括他们的经验、专业知识和资质)。

5. 时间计划：(如提供项目的时间计划，包括关键里程碑和交付日期)。

6. 费用估算：(如列出费用估算，包括项目费用、材料费用和其他相关费用)。

7. 质量保证：(如说明质量保证措施，包括质量控制流程和相关标准)。

8.合同条款：(如列出合同条款，包括付款方式、保密条款和违约责任等)。

9.参考案例：(如提供过去类似项目的参考案例，以证明能力和经验)。

我们相信，我们的专业知识、技术能力和承诺将使我们成为贵公司项目的理想合作伙伴。我们致力于与贵公司建立长期的合作关系，并为贵公司的成功做出贡献。

如果您有任何问题或需要进一步了解我们的投标，请随时与我们联系。我们期待与贵公司合作的机会，并希望能尽快与您讨论项目的细节。

谢谢您对我们的关注和考虑。

[公司名称]

[联系人姓名]

[职位]

[联系方式]

■ 案例分析

文种：投标书。

写作结构：

(1) 标题——直接以"投标书"为标题。

(2)正文：该案例属于投标书，其正文由"引言+主体+结尾"三部分构成。

写作要点：

一份投标书只针对某一个招标项目提出具体标价和有关事项。

投标书是投标单位按照招标书的条件和要求，向招标单位提交报价并填具标单的文书。它要求密封后邮寄或派专人送到招标单位，因此又称标函。

1) 招标书的特点

投标书是招标工作中甲乙双方都要承认遵守的具有法律效力的文件，因此，其逻辑性要强，不能前后矛盾，也不能模棱两可，用语要精练简短，投标书应具有以下特点。

(1) 针对性。一份投标书只针对某一个招标项目提出具体标价和有关事项，从而竞争中标，不对招标项目以外的其他事项进行说明。

(2) 求实性。提出的标价和有关事项必须与事实相符，因为投标书是采购双方订立正式合同的重要依据。

(3) 合约性。投标书是重要采购活动在正式签订采购合同或协议之前的凭证类文件，是采购双方约定货物价格、数量和质量等的说明性文件，作用与合同类似，因此具有合约性。

2) 招标书的分类

从内容和性质上看，投标书可分为生产经营类投标书、技术投标书和生活投标书。其中，生活投标书主要针对生活需要进行编制，实际使用中不常见，这里将介绍前两种投标书范本。

(1) 生产经营类投标书。该类投标书主要针对工程建设、承包租赁、劳动服务和产品采购等经营活动。写作范例如下。

目 录

一、商务文件部分

(一) 投标函

致：××市××区蔬菜果蔬技术服务中心

根据贵方××市××区××年现代农业示范区(园)奖补资金可控玻璃温室项目的招标公告×××(招标编号)，签字代表××经理(全名、职务)经正式授权并代表投标单位××现代农业科技工程有限责任公司提交下述文件正文1份、副本3份及电子文档一份。

据此函，签字代表宣布同意如下。

后附"开标一览表"中所涉及的货物和服务为我方参加此次投标响应的全部范围。投标单位完全理解并同意贵方在开标时根据"开标一览表"(用于唱标)唱标，并完全同意如果"开标一览表"(用于唱标)上的价格与投标文件中的价格不一致，以"开标一览表"(用于唱标)上的价格为准。投标单位完全理解并同意开标时未宣读和记录的投标价格和折扣声明在评标时将不予考虑。

投标单位将按招标文件的规定履行合同责任和义务。投标单位已详细审查全部招标文件，包括第×号(插入编号)(如果有的话)。我们完全理解并同意放弃对这方面有不明及误解的权利。

本投标有效期为自开标日起×个日历日。

如果在规定的开标时间后，投标单位在投标有效期内撤回投标或投标单位有违法违规行为给招标人造成损失的，其投标保证金将被贵方没收。

根据投标单位须知第2条规定，我方承诺，与招标人聘请的为此项目提供咨询服务的公司及任何附属机构均无关，我方不是买方或招标人的附属机构。

投标单位同意提供按照贵方可能要求的与其投标有关的一切数据或资料，完全理解贵方不一定接受最低价的投标或收到的任何投标。

投标单位是所供硬件和软件的知识产权的合法所有人，或已从其所有人那里得到了适当的授权。

与本投标有关的一切正式往来信函请寄以下地址。

地址	××市××区××镇×号楼
邮编	××××××××××××
电话	××××××
传真	××××××
电子邮件	××××××××××××
投标单位授权代表签字	×××
投标单位授权代表姓名、职务	经理
投标单位名称	××现代农业科技工程有限责任公司
公章	

(二)开标一览表

项目名称	××市××区××年现代农业示范区(园)奖补资金可控玻璃温室项目							
招标编号	×××××××××××							
投标单位名称	××现代农业科技工程有限责任公司				价格单位：人民币元			
货物名称	面积	投标报价	交货期	安装费	运费等其他费用	投标保证金(是/否)	是否有折扣声明	备注
可控玻璃温室	××m²	××	30天	包含	包含	是	否	
投标总价(小写)	¥××元整							
投标总价(大写)	×拾×万×仟×佰×拾×元整							

注：

1. 此表应按投标单位须知的规定密封标记并与投标函、投标保证金收据复印件一同密封单独提交；

2. 若没有在此表中标明有折扣声明，后附的折扣声明、降价声明、优惠价等有关价格调整的材料在开标和评标时均不予考虑。

××××年××月××日

(三) 投标保证金汇款凭证(略)

(四) 法定代表人授权书(略)

(五) 法定代表人身份证及被授权人身份证(略)

(六) 已标价项目清单(略)

(七) 商务条款偏离表(略)

(八) 资格证明文件(略)

……

通常，这样的投标书采用综合式的写法，既有表格式又有说明式，一方面可更清晰明了地展示项目的各项参数情况，如投标函部分的《开标一览表》《已标价项目清单》和《商务条款偏离表》等；另一方面可详细地阐述和说明相关资质情况。如投标保证金汇款凭证、法定代表人授权书、法定代表人身份证及被授权人身份证和资格证明文件等。

另外需要注意的是，有些内容如果不方便用正文进行描述，可以用附件的形式附在投标书正文之后。有封面的投标书，可以省略正文之后的落款。没有封面的投标书，一定要在正文之后落款，注明投标单位的名称和编写投标书的成文时间。

在写作生产经营类投标书时，要注意对工程量的差异、材料的价差、取费高低及利润高低等进行分析。要结合工程的具体情况，适当承诺让利；要考虑使用不同的材料可能给工程造价带来的不同影响等。

(2) 技术投标书。该类投标书主要指针对技术改进、开发或转让，以及科研课题和关键技术项目等。写作范例如下。

目 录

第一篇 施工技术措施

第一章 工程概况

一、工程名称

××桥××馆项目消防工程。

二、工程地点

上海××区××路以北，××路以西。

三、工程简介

本项目地处上海市××区。本项目规划用地面积约××m²；地上建筑面积为42 461.33m²；地下建筑面积为19 637.64m²；总建筑面积为62 098.97m²；由×栋×层小高层，×栋×层保障性住房，×个开关型站，×个街坊型站及地下车库组成。

四、施工范围

为地下车库，×至×楼及×至×楼报警、喷淋的设备材料供应及安装、调试、验收等。

1. 消防灭火系统，包括自动喷水灭火系统、灭火器等安装、调试、验收等。

2. 火灾自动报警及消防联动控制，包括火灾自动报警系统、消防联动控制系统、火灾应急广播系统、火灾报警电话系统、应急照明控制系统；包括系统穿线，设备安装(含软件)、调试、验收。

五、本工程的主要安装施工项目

本工程消防子系统项目有：

1. 地下车库，×至×楼及×至×楼火灾自动报警系统；

2. 地下车库，×至×楼及×至×楼自动喷水灭火系统。

第二章 施工方案和技术措施

第一节 施工布置原则

1. 集中力量保重点、保工期，在人力、物资、机具上给工程施工以充分保证。本工程项目部除组织好本专业施工工作外，还应争取到其他施工专业项目部的协助，互相积极协调，做好各专业间的施工配合工作。

2. 组织本专业及其他专业间的配合施工，穿梭作业；重点及关键(施工网络节点)部位要组织力量抢工期，以保证整体工程的工期。在建筑装修作业期间，应配合装修作业，组织安装力量抢工期，组织相关安装项目穿插作业，以达到装修、消防安装及内部各专业工种之间互创施工条件，确保工程总体进度的目标。

3. 采用先进施工机具、推行先进施工方法，提高作业水平；安装作业中应大量采用电、液动力小型工具，以提高机械作业水平和提高工效。

第二节 施工目标

根据我司的总体质量、环境、职业健康安全目标原则，并结合安装工程的实际情况制定质量、环境、职业健康安全目标如下(见表1)。

表1 消防工程质量、环境、职业健康安全目标

序号	类别	总体目标	安装工程的目标	备注
1	质量目标	工程一次交验合格率××%，总体质优	安装工程检验批一次交验合格率××%，确保各分项工程质量优质率70%以上，以确保安装工程质量优质	

(续表)

序号	类别	总体目标	安装工程的目标	备注
2	环境保护目标	噪声投诉处理率×%；噪声投诉率年平均降低率×%；争取×%；垃圾、废弃物品分类管理率×%；水消耗下调率×%，争取×%	现场加工库房封闭率×%，以尽量降低现场噪声，并尽量减少楼层管材加工量，安装工程的噪声投诉处理率×%；安装工程的噪声投诉率年平均降低率×%，争取×%；现场施工后所剩余的零星安装材料及时入库，现场临时用水的龙头和阀门使用完毕后随手关闭，避免长时间流水；施工用电做到人走闸关	
3	职业健康安全管理目标	严格控制死亡、重伤、火灾、设备等重大事故和职业病的发生；事故负伤频率控制在1.5‰以内；无业主、社会相关方和员工的重大投诉；施工现场安全检查必须全部达到JGJ××合格以上标准，确保优良	杜绝安装工程中死亡事故和职业病的发生；安装工程中的轻伤事故频率控制在×%以内	

第三节 施工准备、技术准备、施工进度安排及资源配置计划

一、施工现场准备

根据本工程特点及现场情况，与建设方和土建专业一起洽商，妥善处理施工用电用水等基本施工设施问题，做到临时用水、用电满足施工需要及运输道路畅通，住宿及加工场地完整，仓库材料堆放整齐。满足工程整体管理要求。

二、技术准备

1. 图纸会审，熟悉图纸。

2. 做好各级技术交底和安全交底。

3. 编制分部、分项工程流程图，填写分项工程控制表，编制关键工序的作业指导书。

4. 收集、准备好相关的技术资料、规范等文件。

三、资源准备

1. 根据施工进度及工程量需要，安排相应的劳动力。

2. 结合工程各种系统及进度，配备相应的机具。

3. 工程设备及主材按施工程序和进度分批进场。

……

投标书的内容较多，这里只展示了一部分，但从目录可看出，该投标书包括了15个大方向内容，如施工技术措施、施工组织设计、承诺书、需招标单位和承包人配合的详细内容、技术资料、所供设备质量检测方法和手段、技术偏离表乃建议、奖罚措施、备品备件清单及供应办法和主要材料品牌表等。

可想而知，技术投标书涉及的内容更多，从整体方案到具体措施，从工程概况到主要材料品牌，从施工技术措施到技术资料，再到奖罚措施，方方面面都要进行概括说明。具体注意事项可参考以下细节点。

(1) 主要技术管理人员简历是否与证书上注明的出生年月日及授予职称时间相符,其学历及工作经历是否符合实际、可行、可信。

(2) 劳动力、材料计划及机械设备、检测试验仪器表是否齐全。

(3) 主要技术管理人员一览表中各岗位专业人员是否完善,符合标书要求;所列人员及附后的简历、证书有无缺项,是否齐全。

(4) 过渡方案是否合理、可行,与招标文件及设计意图是否相符等。

3) 投标书的结构

投标书是投标单位在充分领会招标文件,进行现场实地考察和调查的基础上编制的投标文书,是对招标公告提出的要求的响应和承诺,并同时提出具体的标价和有关事项来竞争中标。因此,其格式和内容不能随意书写,无论是表格式、说明式,还是综合式,都由标题、招标单位名称、正文、附件和落款五部分构成。

(1) 标题。投标书的标题格式主要有4种:投标方名称+投标项目+文种,如"××建筑工程公司承包××厂移地改造工程投标书";投标方名称+文种,如"××建筑工程公司投标书";投标项目+文种,如"××厂移地改造工程投标书";文种,即直接以"投标书"为标题。

(2) 招标单位名称。投标书的招标单位名称部分即投标书的主送机关,也就是招标单位,在标题下方顶格书写招标单位的全称。此处一般按照招标书注明的联络单位书写,如"××工程招标办公室:"。

(3) 正文。投标书正文又可分为引言、主体和结尾部分。引言部分应简明扼要地说明投标方的名称、投标方针、目标及中标后的承诺等内容;主体部分是核心,要依照招标书的要求,认真仔细地写好投标的具体指标、完成指标的措施和投标书的有效期限;结尾部分通常以提出建议结束,即对招标单位提出予以支持和配合的要求,或者说明对招标单位不一定接受最低价和可能接受其他投标书表示理解,同时还要给出投标方的联系方式,如投标方全称、地址、邮编、联系电话、传真和法定代表人等。

(4) 附件。有些投标书只需在正文部分用简短的文字直接表明态度,写明保证事项即可。但有些投标书则要根据需要,附上报价明细表、施工流程图等附件。以建筑工程投标书为例,附件一般包括工程量清单、单位工程主要部分的标价明细表、单位工程的主要材料或者重要大型工程的保证书等资料。

(5) 落款。投标书的落款部分要注明投标单位名称或个人姓名,加盖印章,并在下方注明投标书的撰写日期。有时,因为投标书的正文结尾部分已经注明了投标单位的全称、法定代表人姓名、联系方式和撰写日期,所以会省略落款这一结构。

注意,表格式投标书一般由招标单位编制,投标方只需按要求填写即可。另外,大部分投标书都有封面,此时需要在封面上填写招标单位名称、招标项目名称、投标单位名称和负责人姓名或法定代表人姓名,并在封面的右下角写明标书的投送日期。在写作投标书时,自我介绍要真诚,提出的措施和办法要切实可行,内容表述要规范。

4) 投标书的写作要点

(1) 全面反映招标单位需求。这一原则与招标书的"反映采购人需求"原则相对应,投标单位要针对招标单位的需求做出响应,即投标书要反映其需求。

(2) 科学合理。该原则对应招标书的"公正合理"和"科学规范"原则,即投标书中涉及的技术和商务条件要切合实际,而技术要通过项目现场实际情况、可行性报告和技术经济分析等佐证，不能盲目夸大设备精度或项目标准，否则会给评标带来困难，严重时会被取消往后年度的竞标资格。

(3) 公平竞争。与招标书的"公平竞争"原则对应，即各参与竞标的投标单位在提交投标书时一定要走正规程序，要公开、公平、公正，不在投标书中提出不合理报价来达到中标目的。

(4) 维护企业、政府利益。与招标书的"维护政府、企业利益"原则对应，招标书的编制不仅要维护采购单位的秘密，还要维护本单位的秘密，如本单位的特殊生产工艺流程。

本章小结

本章主要介绍了商务贸易文书，如商务函、询价函、报价函、推销函、订购函、催款函、理赔函、索赔函，以及招标书和投标书的概念、特点、分类、结构和写作要点，要求学习者了解商务贸易文书的概念、特点、分类，掌握商务文书的结构和写作要点。

■ 思考与练习

1. 询价函和报价函的区别有哪些？

2. 投标书的写作要求有哪些？

3. 理赔函和索赔函的区别有哪些？

■ 写作训练

材料1：光明皮革有限公司生产各类人造皮革手套，产品质量上乘，价格合理。为开拓市场，业务部张明经理拟写了一封信函给四海贸易公司，提出希望与其建立合作关系的意图，并说明随函寄去商品目录，望得到对方回复。

材料2：全线通公司于20××年11月15日向东方科技发展有限公司订购了20台复印机，东方科技发展有限公司已按照订购函的要求将货发出，但全线通公司收货后一个星期依然没有支付货款，东方科技发展有限公司特发函催讨。

■ 参考文献

[1] 邓红. 经济应用文写作[M]. 重庆：重庆大学出版社，2016.

[2] 付家柏. 财经应用文写作[M]. 北京：清华大学出版社，2014.

[3] 郑延琦. 财经应用文写作方法与技巧[M]. 北京：人民邮电出版社，2017.

[4] 郑慧，周雯. 浅析公文中的写作模式[J]. 应用写作，2022(03)：12-17.

第8章

财经文书写作

案例导读

××桌面小风扇使用说明书

【物品清单】风扇、数据线、说明书和保修卡。

【产品参数】型号：××××；调速：3档风速；尺寸：150mm×150mm×100mm；重量：约240g；输入：5V⹀1A(MAX)；输出功率：3W。

【使用方法】本产品需要连接数据线插电使用。使用时请先连接好电源，再按下小风扇开关。初次使用时默认一档风速，如需调节风速，可以轻按风速调节按钮。

【注意事项】本产品使用过程中请注意安全，风扇周围请勿放置杂物，远离火源、水源。儿童需在监护人陪同下使用。

【制造商】××有限公司。

【联系电话】××××××。

【地址】××省××市××区××路××号。

■ 案例分析

该案例的文种为产品说明书，产品说明书的行文结构如下。

(1) 标题：产品名称+使用说明书。

(2) 内容：产品介绍、使用方法、生产商信息等。

财经文书是商业领域中不可或缺的重要工具，它们承载着企业运营、决策和沟通交流的关键信息。在现代经济中，准确、清晰地表达和传递财务数据和分析结果对企业的成功至关重要。因此，财经文书的写作有以下要求。

(1) 准确性与可靠性。财经文书必须基于真实、准确的数据，并通过科学、合理的分析方法得出可靠的结论。

(2) 逻辑性与条理性。财经文书应该按照一定的逻辑顺序进行组织，清晰地呈现问题陈述、分析过程和结论推导。

(3) 简洁性与易读性。财经文书需要言简意赅地表达要点，避免冗长的叙述和复杂的术语。

1. 了解各种经济财务文书的概念与类型
2. 理解各种经济财务文书的作用
3. 熟悉各种经济财务文书的内容结构及编写要点

8.1 财经文书概述

财经文书是指在财经活动中形成并使用，以书面语言(包括图表、公式、数字、符号等)为表达手段，反映财经情况、处理财经事务、研究财经问题，具有实用价值和惯用文章体式的应用文书。

8.1.1 财经文书的特点

1) 内容的专业性

财经文书种类繁多，涉及范围广，而且每一种都有自己的特点。但无论哪种特点，其内容都离不开财经。

(1) 内容围绕财经活动。财经文书直接服务于财经工作，不仅要反映财经领域各个环节的动态，而且要总结财经活动中解决各种实际问题的经验。

(2) 内容讲求经济效益。财经文书以财经业务活动为写作内容，若不以提高经济效益为目的，财经文书写作也就失去了意义。

(3) 内容符合经济规律。财经文书要促进经济部门提高经济效益，关键在于内容要符合经济规律。

2) 政策法规的制约性

政策法规的制约性是财经文书的突出特点。一是财经文书写作只有以党和国家的方针、政策为指导，符合党和国家在一定时期内的经济决策，才能充分发挥其作用；二是直接服务于财经活动的财经文书必须依法拟制，这样才能得到法律的保护。

3) 经济信息的时限性

财经文书是经济信息的载体。经济信息有两个突出特点：一是信息量剧增；二是市场信息瞬息万变。作为信息载体的财经文书，必须及时、准确地反映急速变化的经济活动情况。

4) 运用数据的普遍性

运用翔实的数据是财经文书写作的突出特点之一。在生产、交换、分配、消费等各个环节中，无论是企业生产的产品品种、产量、质量、产值、成本、利润，还是国民经济的工农业轻重比例、国家的预算和决算等，无不建立在量化分析基础上，其正是从量化的数据分析中发现问题，从而解决问题的。

5) 文字格式的规范性

财经文书文字格式的规范性与上述几个特点紧密相关。财经文书能否取得应有的写作效应，与文字格式是否规范密切相关。文字格式的规范性体现为行文精当、平实和简明。财经文书中常常用到行话术语，这些术语有单义性、客观性的特点，不易产生歧义。财经文书既要摒弃一切空话、套话，又要表达清楚明白，为达此目的，常常还需借助图表说明。

8.1.2 财经文书的作用

财经文书在商业和金融领域中具有重要作用，能帮助传递信息、支持决策、筹集资金、确保法律合规性，并履行信息披露义务。

(1) 信息传递。财经文书通过记录、整理和传达财经信息，帮助利益相关方了解企业或市场的情况。例如，财务分析报告向投资者提供了关于企业财务状况和经营成果的详细信息，可行性研究报告为企业提供了对特定市场或行业的深入分析和预测。

(2) 决策支持。财经文书为管理层、投资者和其他决策者提供了基于数据和分析的支持，帮助他们做出更明智的商业决策。可行性研究报告提供了企业发展目标、市场分析和运营策略等信息，帮助创业者制定战略规划；财务分析报告评估潜在投资机会，辅助投资者进行投资决策。

(3) 资金筹集。财经文书可以用于向银行、投资者或其他融资渠道展示企业价值，并获取必要的融资支持。可行性研究报告向潜在投资者介绍企业发展前景和回报预期，吸引投资；财务分析报告为银行或投资者提供了对企业资金需求和还款能力的评估依据。

(4) 法律合规。财经文书在满足法律合规要求方面起到重要作用。商业合同明确约定了交易双方的权益和责任，保护各方的合法权益；公司清算报告记录了企业清算过程中的详细信息，符合相关法律法规的要求。

(5) 信息披露。财经文书帮助企业履行信息披露的义务，向股东、监管机构和其他利益相关方提供必要的财务和经营信息。财务分析报告、审计报告等文件提供了企业的财务状况、经营成果及风险管理情况等信息。

8.1.3 财经文书的主旨

财经文书的主旨又称主题、题旨、立意等。具体来说，财经文书主要通过文章的具体材料所表达的中心思想、基本观点或要说明的主要问题，体现作者对经济事务的见解、评价和态度。

财经文书一般来自三种途径：单位领导、经济工作实践和党政机关文件。对财经文书主旨的要求与这些途径有关。

1) 对财经文书主旨的要求

(1) 符合党和国家的政策、法令。主旨是财经文书的灵魂，必须与党和国家的法律、法令、方针、政策相符合。

(2) 符合领导意图。领导意图是指领导对经济活动的基本目的、基本要求和基本主张。不符合领导意图的文稿，领导自然不会签发。

(3) 单一、鲜明，有强烈的针对性。单一是指一篇财经文书只有一个主旨；鲜明是指财经文书主旨要明确，不能含糊不清、模棱两可；有强烈的针对性是指财经文书主旨包含的意见、主张、办法、措施要清清楚楚。

2) 财经文书的显旨艺术

(1) 标题点旨。用标题概括点明主题，即为标题点旨。

(2) 开宗托旨，开门见山。

(3) 先写缘由，引出主旨。

(4) 以段旨、层旨整合出主旨。

(5) 小标题显旨。

(6) 头尾呼应，显示主旨。

(7) 转换揭旨，即内容的重大转换处提示主旨。

(8) 篇末点旨。

8.2　可行性研究报告

 案例导读

××地区生态鱼塘建设项目可行性研究报告

一、项目概况

本报告旨在对××地区生态鱼塘建设项目的最新技术进行研究和评估。通过引进最新技术，提高鱼塘水体中溶解氧的含量，以改善鱼类生存环境。本报告将分析项目的需求性、选址及要素保障、建设方案、运营方案、融资及财务方案、影响评价效果和风险管控方案等要素，结合宏观和背景政策，提出切合实际的建议。

二、项目建设必要性

鱼塘生态养殖是一种环保、高效的养殖模式，但目前××地区养殖业存在水体富营养化、溶解氧含量低等问题，导致养殖效益不高。因此，引进新增技术具有重要的现实意义和市场需求。本项目将通过科学的养殖技术、良好的管理模式和市场导向，提高鱼类养殖的产量和品质，保证产品的供应稳定性。通过充分利用当地水资源，开展鱼类养殖活动，满足市场对鱼类产品的需求，促进农渔业发展，增加农民收入，并推动当地经济的持续增长。同时，项目关注环境保护和可持续发展，促进生态平衡和生态系统的健康发展。

三、项目选址及要素保障

(一) 选址分析

项目选址应考虑水源供应、土地条件、市场接近度等因素，选择地理位置优越、水质清洁、土地利用合理的地点进行项目建设。此外，还需考虑当地政策支持、市场需求和人力资源等方面。

(二) 要素保障

为确保项目的顺利进行，需要配备必要的设施和设备，如养殖池、水处理设备、饲料供应等，同时需要保障高效水源供应、稳定的电力供应、运输和物流体系，以及物资的技术和管理人才支持。

四、项目建设方案

(一) 技术选型

根据实际情况，选择合适的先进技术，如曝气设备、进口氧气发生器等，满足鱼塘水体的氧气需求。

(二) 设施建设

应按照科学规划和施工进度进行，包括设备安装、管道连接、调试运行等阶段，确保系统的正常运行。此外，还需配备监测设备，用于实时监测水质和氧气含量。

五、项目运营方案

(一) 生产管理

建立科学的生产管理体系，包括养殖水质监测、饲料管理、疫病防治、水质监测等方面，确保养殖效益和产品质量。

(二) 市场营销

制定市场营销策略，加强品牌宣传和推广，与相关销售渠道合作，提高产品市场占有率，开拓市场份额。

六、项目融资及财务方案

(一) 融资方案

项目融资可以通过政府资金支持、银行贷款、合作投资等方式进行，寻求有效的融资渠道，确保项目的资金需求得到满足。

(二) 财务方案

制定合理的财务方案，包括项目投资回报周期、收入成本预测、利润预测、资金流动分析等，以评估项目的经济效益和财务可行性。

制定合理的财务方案，包括项目投资回报期、资金流动分析、成本效益评估等，确保项目的经济效益和财务可行性。

七、项目影响效果评价

通过鱼塘建设项目的实施，预计可以提高养殖效益，增加产值和就业机会，促进当地农渔业发展，提升当地经济水平。同时，该项目还能够改善生态环境，对当地水生态环境具有积极的保护作用，推动生态平衡和可持续发展。

八、项目风险管控方案

(一) 技术风险

建立技术研发团队，加强技术创新和研究，提高养殖技术的稳定性和可靠性。

(二) 市场风险

进行市场调研，了解市场需求和竞争情况，制定科学的市场推广策略，降低市场风险。

(三) 运营风险

建立完善的管理体系，加强人员培训和管理能力提升，减少运营风险，确保项目的顺利运行。

九、结论

××地区鱼塘建设项目具备重要的发展潜力和市场需求，该项目有望为××地区农渔业发展、经济增长和生态环境改善做出积极的贡献。

报告人：张××

××××年××月××日

■ 案例分析

文种： 可行性研究报告。

写作结构：

(1) 标题——《××地区生态鱼塘建设项目可行性研究报告》，包含项目名称+文种。

(2) 正文：写明该项目的概况、建设必要性、选址及要素保障、建设方案、运营方案、融资及财务方案、影响效果评价、风险管控方案等内容。

写作要点：

确保各方面分析充分、准确，对于可能的风险和挑战要提出明确的应对策略，同时提供可操作的建议和推进计划。

8.2.1　可行性研究报告的概念与类型

可行性研究报告是指在开展预期项目之前，从经济状况、技术条件、生产能力等内部角度与社会需求、资源环境、法律约束等外部角度进行综合、全面的调查与考量，分析该项目合理性与可行性的文书。

根据不同的分类标准，可行性研究报告的类型有所不同。例如，按照投资主体的不同，可以分为政府投资项目可行性研究报告和企业投资项目可行性研究报告。

8.2.2　可行性研究报告的特点

(1) 全面性和系统性。可行性研究报告需要全面而系统地分析项目或计划的各个方面，包括技术、经济、市场、法律等多个层面，确保决策者获得全面的信息。

(2) 客观性和中立性。可行性研究报告应当客观、中立地评估各种因素，避免主观性干扰，以便决策者能够根据真实情况做出决策。

(3) 实用性和可操作性。报告应当提供实际可操作的建议和意见，以帮助决策者在实施过程中解决问题和应对挑战。

8.2.3　可行性研究报告的内容结构

由于项目的侧重点不同，各类可行性研究报告的内容也会存在一定差异，一般由首页、标题、正文、结论与建议，以及附表、附图和附件构成。

(1) 首页。首页一般作为封面单独出现，主要注明项目名称、主办单位名称、主要负责人、参与人员名单、报告编写日期等内容。

(2) 标题。一般直接写明项目主办单位、项目名称与文种，也可将项目单位简化。

(3) 正文。正文部分是可行性报告的主体，一般需要包含以下内容。

① 项目及企业概况。该部分主要起到前言的作用，阐述项目概况、企业概况、项目单位、编制依据、立项目的等项目相关信息。

② 项目建设必要性及产出方案。该部分包括项目需求情况、政策符合性分析、项目战略目标与功能定位、建设内容与规模、项目实施模式等内容。

③ 项目选址及要素保障。该部分包括项目建设场址地点、项目建设条件、要素保障能力分析、征地补偿安置方案(如有)等内容。

④ 项目建设方案。该部分可从技术、设备、工程、资源开发、建设管理等多方面研究项目可行性、设计基本方案。

⑤ 项目运营方案。该部分包括运营模式选择、运营服务方案、生产经营方案、安全保障方案、机构设置方案、绩效管理方案等内容。

⑥ 项目融资及财务方案。该部分包括项目投资估算、自身盈利能力分析、项目可融资性分析、债务清偿能力评价、财务可持续性分析等内容。

⑦ 项目影响效果评价。该部分可从资源利用效率、节能效果、生态环境保护、碳排放与碳中和分析、经济影响、社会影响等方面进行评价。

⑧ 项目风险管控方案。该部分通过预测项目开展过程中各个环节可能会发生的风险，提出相应预案，如项目风险识别和管控方案、重大项目社会稳定风险管控方案、重大风险管控应急预案等。

(4) 结论与建议。该部分归纳总结项目实施方案的关键内容，综合性地给出是否可行的评价或结论，并根据项目可能存在的问题与风险点提出相关建议。

(5) 附表、附图和附件。该部分包括必要的各项图表、数据、资料文件等，为正文后的补充说明材料。

8.2.4 可行性研究报告的写作要点

(1) 结构清晰。报告应当有清晰的结构，确保读者能够快速定位信息。

(2) 客观分析。在分析各种因素时要注意保持客观，避免主观判断和个人偏见的影响。

(3) 数据支持。使用可靠的数据和信息来支持报告中的分析和结论，确保信息的可信度和说服力。

(4) 追求实效。可行性研究报告的最终目的是为决策者提供有用的信息，因此写作时要着重考虑实际应用的情况。

8.3 审计报告

 案例导读

ABC会计师事务所对甲股份有限公司进行20××年的年度财务报表审计，并出具无保留意见的审计报告。

审计报告

甲股份有限公司全体股东：

一、审计意见

我们审计了甲股份有限公司(以下简称甲公司)财务报表，包括20××年12月31日的资产负债表，20××年度的利润表、现金流量表、所有者权益变动表及相关财务报表附注。

我们认为，后附的财务报表在所有重大方面按照企业会计准则的规定编制，公允反映了甲公司20××年12月31日的财务状况，以及20××年度的经营成果和现金流量。

二、形成审计意见的基础

我们按照中国注册会计师审计准则的规定执行了审计工作。审计报告的"注册会计师对财务报表审计的责任"部分进一步阐述了我们在这些准则下的责任。按照中国注册会计师职业道德守则，我们独立于甲公司，并履行了职业道德方面的其他责任。我们相信，我们获取的审计证据是充分、适当的，为发表审计意见提供了基础。

三、管理层和治理层对财务报表的责任

甲公司管理层(以下简称管理层)负责按照企业会计准则的规定编制财务报表，使其实现公允反映，并设计、执行和维护必要的内部控制，以使财务报表不存在由于舞弊或错误导致的重大错报。

在编制财务报表时，管理层负责评估甲公司的持续经营能力，披露与持续经营相关的事项(如适用)，并运用持续经营假设，除非管理层计划清算甲公司、终止运营或别无其他现实的选择。

治理层负责监督甲公司的财务报告过程。

四、注册会计师对财务报表审计的责任

我们的目标是对财务报表整体是否不存在由于舞弊或错误导致的重大错报获取合理保证，并出具包含审计意见的审计报告。合理保证是高水平的保证，但并不能保证按照审计准则执行的审计在某一重大错报存在时总能发现。错报可能由于舞弊或错误导致，如果合理预期错报单独或汇总起来可能影响财务报表使用者依据财务报表做出的经济决策，则通常认为错报是重大的。

在按照审计准则执行审计工作的过程中，我们运用职业判断，并保持职业怀疑。同时，我们也执行以下工作。

1.识别和评估由于舞弊或错误导致的财务报表重大错报风险，设计和实施审计程序以应对这些风险，并获取充分、适当的审计证据，以此作为发表审计意见的基础。由于舞弊可能涉及串通、伪造、故意遗漏、虚假陈述或凌驾于内部控制之上，因此，未能发现由于舞弊导致的重大错报的风险高于未能发现由于错误导致的重大错报的风险。

2.了解与审计相关的内部控制，以设计恰当的审计程序，但目的并非对内部控制的有效性发表意见。

3.评价管理层选用会计政策的恰当性和做出会计估计及相关披露的合理性。

4.对管理层使用持续经营假设的恰当性得出结论。同时，根据获取的审计证据，则可能导致对甲公司持续经营能力产生重大疑虑的事项或情况是否存在重大不确定性得出结论。如果我们得出结论认为存在重大不确定性，审计准则要求我们在审计报告中提请报表使用者注意财务报表中的相关披露；如果披露不充分，我们应当发表非无保留意见。我们的结论基于截至审计报告日可获得的信息。然而，未来的事项或情况可能导致甲公司不能

持续经营。

5. 评价财务报表的总体列报、结构和内容，并评价财务报表是否公允反映相关交易和事项。

6. 就甲公司中实体或业务活动的财务信息获取充分、适当的审计证据，以对财务报表发表审计意见。我们负责指导、监督和执行集团审计，并对审计意见承担全部责任。

我们与治理层就计划的审计范围、时间安排和重大审计发现等事项进行沟通，包括沟通我们在审计中识别出的值得关注的内部控制缺陷。

ABC会计师事务所(特殊普通合伙)　　　　　中国注册会计师：＿＿＿＿＿＿
　　　　　　　　　　　　　　　　　　　　　(项目合伙人)
中国•上海　　　　　　　　　　　　　　　中国注册会计师：＿＿＿＿＿＿
　　　　　　　　　　　　　　　　　　　　　××××年××月××日

■ 案例分析

文种： 审计报告。

写作结构：

(1) 标题——《审计报告》，点明文种为审计报告。

(2) 正文：包含审计意见、形成审计意见的基础、管理层与治理层对财务报表的责任、注册会计师对财务报表的责任等内容。

写作要点：

应当注重客观、准确、清晰、具体地陈述审计结果和意见，以确保报告的可理解性和可信度。

8.3.1　审计报告的概念与类型

审计报告是指审计机关或注册会计师依据审计准则及相关法律的规定与要求，在开展审计工作的基础上，对被审计单位的财务报表、经营成果、经济效益及法律纪律遵守情况进行审查和评价，并提出意见和结论的书面文件。

按照审计意见类型划分，可将会计师事务所出具的审计报告分为无保留意见的审计报告与非无保留意见的审计报告，其中，非无保留意见审计报告可以进一步分为保留意见审计报告、否定意见审计报告和无法表示意见审计报告，如图8-1所示。

此外，若以审计主体为划分依据，除了由注册会计师签发的审计报告，还有由国家审计机关出具的政府审计报告和由单位内部审计部门出具的内部审计报告。

图8-1　注册会计师签发的审计报告类型

8.3.2 审计报告的特点

(1) 独立性。审计报告需要由独立的注册会计师或审计机构编制，确保审计结果客观、中立、真实。

(2) 专业性。审计报告编制人员需具备专业的会计和审计知识，能够准确评估财务信息的合规性和真实性。

(3) 客观性。审计报告应基于实际的财务数据和相关审计证据，以客观的态度对企业的财务状况、业绩和内部控制进行评价。

(4) 规范性。审计报告编制需遵循国家法律法规、会计准则和审计准则的规定，确保报告的内容和格式合规。

8.3.3 审计报告的内容结构

1) 政府审计机关出具的审计报告要素

(1) 标题。

(2) 文号。

(3) 被审计单位名称。

(4) 审计项目名称。

(5) 内容。

(6) 审计机关名称。

(7) 签发日期。

2) 注册会计师签发的审计报告要素

2022年12月22日修订的《中国注册会计师审计准则第1501号——对财务报表形成审计意见和出具审计报告》第二十一条规定，审计报告应当包括下列要素。

(1) 标题。

(2) 收件人。

(3) 审计意见。

(4) 形成审计意见的基础。

(5) 管理层对财务报表的责任。

(6) 注册会计师对财务报表审计的责任。

(7) 按照相关法律法规的要求报告的事项(如适用)。

(8) 注册会计师的签名和盖章。

(9) 会计师事务所的名称、地址和盖章。

(10) 报告日期。

3) 内部审计部门出具的审计报告要素

中国内部审计协会2019年12月发布的《第3101号内部审计实务指南——审计报告》第二十四条规定，审计报告的一般格式包括如下方面。

(1) 标题。

(2) 发文字号。

(3) 密级和保密期限。

(4) 收件人。

(5) 正文。

(6) 附件。

(7) 内部审计机构署名或盖章。

(8) 报告日期。

8.3.4 审计报告的写作要点

(1) 内容完整。审计报告应包括所有必要的信息，涵盖审计意见、形成审计意见的基础、管理层对财务报表的责任、注册会计师对财务报表的责任等内容。

(2) 事实清楚。应基于充分适当的审计证据得出审计意见。

(3) 用词恰当。报告的表达要清晰准确，避免模糊、歧义或不准确的陈述，使报告使用者易于理解。

8.4 财务分析报告

 案例导读

甲股份有限公司财务部门编制了该公司20××年度的财务分析报告，部分内容摘录如下。

甲股份有限公司20××年度财务分析报告(节选)

甲股份有限公司20××年度财务分析报告旨在对该公司的经营情况及财务状况进行综合评估。通过详细分析财务数据，揭示公司的盈利能力、偿债能力、运营效率及成长潜力等方面，为投资者、管理层和其他利益相关方提供全面的企业分析和决策参考。

甲股份有限公司是一家××××行业的企业，专注于××××领域的经营活动。本报告的数据基于甲股份有限公司的20××年度财务报表，包括资产负债表、利润表和现金流量表等。以下是对甲股份有限公司的运营情况及财务现状的详细介绍。

一、经营业绩概况

甲股份有限公司20××年第一季度至第四季度的主要经营业绩指标如下表所示。

财务指标	20××年第四季度	20××年第三季度	20××年第二季度	20××年第一季度
主营业务收入/万元	492.8	449.6	458.7	435.2
主营业务利润/万元	163.4	139.7	157.3	153.9
营业利润/万元	71.2	69.1	67.4	68.3
利润总额/万元	57.3	53.8	54.2	52.7
净利润/万元	42.6	37.3	38.9	35.1
每股收益/元	0.106	0.074	0.102	0.068
每股净资产/元	2.97	2.31	2.59	2.28
净资产收益率/%	4.63	3.21	4.11	3.97
每股净现金流量/元	0.03	-0.02	0.01	-0.01

甲股份有限公司20××年的主营业务收入总体呈上升趋势，除第三季度因为公司承接的××业务尚未完成导致该季度主营业务收入较第二季度下降了1.98%外，20××年一直保持着较高的增长势头。

......

二、偿债能力分析

甲股份有限公司20××年第一季度至第四季度的主要偿债能力指标如下表所示。

偿债能力指标	20××年第四季度	20××年第三季度	20××年第二季度	20××年第一季度
流动比率	4.06	2.86	3.92	2.79
速动比率	1.12	0.73	1.08	0.62
资产负债率	0.47	0.59	0.41	0.57

甲股份有限公司的流动比率、速动比率在20××年在第三季度虽有所下降，但仍处于安全范围之内，在第四季度处于较高的水平，总体而言，公司的短期偿债能力有所好转。

......

三、营运能力分析

甲股份有限公司20××年第一季度至第四季度的主要营运能力指标如下表所示。

营运能力指标	20××年第四季度	20××年第三季度	20××年第二季度	20××年第一季度
存货周转率	1.29	0.97	1.18	0.89
应收账款周转率	8.73	5.91	7.41	6.96
总资产周转率	0.68	0.49	0.52	0.47

甲股份有限公司的存货周转率、应收账款周转率与总资产周转率均处于较高水平且较为稳定，这说明甲股份有限公司的资产经营管理较好，不良资产较少，营运能力水平较高。

......

四、盈利能力分析

甲股份有限公司20××年第一季度至第四季度的主要盈利能力指标如下表所示。

盈利能力指标	20××年第四季度	20××年第三季度	20××年第二季度	20××年第一季度
毛利率/%	34.16	32.57	33.74	31.96
主营业务利润率/%	33.27	31.43	32.97	30.33
营业利润率/%	15.42	13.26	14.69	12.78
销售净利率/%	13.78	11.92	13.15	11.43
净资产收益率/%	4.63	3.21	4.11	3.97

由于市场竞争较为激烈，甲股份有限公司20××年的毛利率、主营业务利润率、营业利润率指标较为稳定，而甲股份有限公司的销售净利率、净资产收益率等指标呈现波动上升态势，其原因在于......

五、存在问题及分析

(一) 经营情况评价

甲股份有限公司的销售收入总体处于增长态势，这表明甲股份有限公司的产品在市场中受到认可和需求的增加，有助于提高企业的市场竞争力。同时，毛利率的波动上升说明甲股份有限公司在成本控制和产品定价方面取得了一定的成效。

（二）盈亏情况评价

净利润的波动增长反映了甲股份有限公司经营活动的有效性和盈利能力的增强。然而，需要进一步关注净利润增长的持续性和稳定性。确保净利润的增长不仅是一次性的，而且是可持续的，这有助于确保甲股份有限公司的长期发展和财务稳定。

（三）资产负债状况评价

流动比率和速动比率的波动上升表明甲股份有限公司的短期偿债能力得到了改善。较高的流动比率和速动比率意味着甲股份有限公司有足够的流动资产来偿还短期债务。这是一个积极的信号，表明甲股份有限公司在应对短期偿债风险方面更加稳健，但需要密切关注资产负债率的变化。如果资产负债率增加过快或超过了合理范围，可能会增加财务风险和偿债压力。因此，甲股份有限公司需要继续控制债务水平，确保资产负债状况的合理平衡，以保持财务稳定性和可持续发展。

……

六、建议与改进措施

（一）改善偿债能力

1.优化资金结构。审视债务结构，合理规划债务偿还计划，平衡短期和长期债务的比例，降低财务风险。

2.提高资金利用效率。加强资金管理，优化现金流量管理，减少不必要的资产投资，提高资金的使用效率。

（二）提高运营效率

1.加强供应链管理。优化供应商选择、物流配送和库存管理，提高供应链的响应速度和效率，降低库存成本。

2.加强应收账款管理。建立健全的信用管理机制，加强对客户的信用评估，缩短收款周期，减少坏账风险。

（三）提高盈利能力

1.进一步降低成本。通过优化生产流程、采购策略和供应链管理，寻找成本节约的机会，并控制不必要的费用开支。

2.提高产品附加值。通过产品创新、品牌建设和市场定位，提升产品的附加值，以增加产品的竞争力和利润空间。

3.加强市场营销策略。深入了解目标市场需求，制订有效的市场推广计划，拓展销售渠道，增加市场份额和销售额。

（四）投资拓展新业务领域

1.研究市场趋势。密切关注市场变化和行业趋势，抓住新兴的市场机遇，寻找新的增长点。

2.加大研发和创新投入。加强研发团队建设，增加对产品创新和技术升级的投入，不断推出具有竞争力的新产品和服务。

……

甲股份有限公司在20××年度取得了一定的经营成绩，但仍面临一些挑战和机遇。通过对财务数据的详细分析和评价，并结合行业和市场情况，我们对甲股份有限公司提出了具体的建议，以帮助其解决现存问题，实现更好的发展。

甲股份有限公司财务部

××××年××月××日

■ 案例分析

文种：财务分析报告。

写作结构：

(1) 标题——《甲股份有限公司20××年度财务分析报告》(节选)，包含"公司名称+财务分析年度+文种"。

(2) 正文：包括财务现状分析、现存问题剖析与改进建议措施。

写作要点：

应注重客观、准确地呈现公司的财务情况，为决策者提供有价值的信息和建议。

8.4.1 财务分析报告的概念与类型

财务分析报告是依据财务报表及相关数据资料，对企业的财务收支、资金周转、经营成果、预算完成等情况进行全面、系统、深入的分析，并进行科学预测的书面文件。财务分析报告不是简单地整理数字，而是运用科学的方法进行综合性分析，可为经营者、投资者提供决策参考。

依据不同的分类标准，财务分析报告有不同的类型。以范围与内容为分类依据，可将财务分析报告分为综合财务分析报告、简易财务分析报告和专题财务分析报告；以分析周期与时间为分类依据，可将财务分析报告分为定期财务分析报告和不定期财务分析报告。

8.4.2 财务分析报告的特点

(1) 客观性。财务分析报告应基于真实、准确的财务数据和信息，避免主观性和偏见，确保报告的客观性。

(2) 综合性。财务分析报告会涵盖企业各个方面的财务情况，包括财务报表、财务指标、资产负债状况、盈利能力、偿债能力、发展能力等多个方面。

(3) 比较性。财务分析报告可能会对企业的财务数据进行同行业、历史、预算等方面的比较，以帮助报告使用者更好地理解企业的财务状况。

(4) 预测性。财务分析报告可能会对未来的财务趋势和可能的发展进行一定的预测和分析，为报告使用者提供决策参考。

8.4.3 财务分析报告的内容结构

财务分析报告一般由标题、正文、落款与日期组成。其中，正文需要包括提要、说明、分析、评价和建议五部分内容。

1) 标题

标题通常需要依据具体内容拟定，可以由"单位名称+年度月度+文种"组成，也可以直接写明该报告的具体事项，表达精练、用语简洁醒目即可，无固定模式。

2) 正文

(1) 提要段。提要部分是对企业情况进行整体概述，让财务报告使用者对企业综合情况有一个基本了解，同时对该财务分析报告有一个总括认知。

(2) 说明段。说明部分需要准确引用数据，运用恰当的文字表述对企业的运营情况及财务现状进行介绍。

(3) 分析段。分析部分主要借助表格、图示等相关数据，对企业的经营情况进行具体的描述与分析，寻找现存问题及其症结所在，为解决问题打下目标基础。

(4) 评价段。评价部分需要在上述分析的基础上，从财务角度对当前企业的经营情况、盈亏情况、资产负债状况等给予客观公正的评价。评价部分既可单独成段，也可穿插在说明分析部分。

(5) 建议段。建议部分主要是基于前文的分析总结，对企业经营运作、财务管理等方面的决策提出具体可行的建议，以帮助企业解决现存问题，探寻更好的发展。

3) 落款与日期

落款处写明该分析报告的分析单位名称或个人姓名，日期以年月日的形式写明该分析报告的完稿时间。

8.4.4　财务分析报告的写作要点

(1) 明确目的和受众。应确定报告的目的，根据受众的需求调整报告内容和重点。

(2) 结构完整。财务分析报告的结构要清晰合理，各部分之间有明确的逻辑关系。

(3) 使用者定位。可以适当考虑该报告的受众群体，使报告披露更具针对性。

8.5　资产评估报告

案例导读

乙公司于20××年拟转让其土地使用权，委托ABC资产评估公司对其土地使用权进行评估，并出具资产评估报告。ABC资产评估公司出具的资产评估报告的部分正文内容摘录如下。

乙公司拟转让土地使用权项目资产评估报告(节选)

××××字〔20××〕第000152号

乙公司：

ABC资产评估有限公司接受贵公司的委托，按照法律、行政法规和资产评估准则的规定，坚持独立、客观、公正的原则，采用基准地价系数修正法，按照必要的评估程序，对乙公司拟转让的土地使用权在20××年5月31日的市场价值进行了评估。现将资产评估情况报告如下。

一、委托人、产权持有单位和资产评估委托合同约定的其他资产评估报告使用人

本资产评估报告的委托人及产权持有人均为乙公司，资产评估委托合同未约定其他资产评估报告使用人。

(一) 委托人暨产权持有人简介

(略)

(二) 资产评估委托合同约定的其他资产评估报告使用人

本资产评估报告仅供委托人和国家法律、法规规定的资产评估报告使用人使用，不得被其他任何第三方使用或依赖。

二、评估目的

乙公司拟转让土地使用权，ABC资产评估有限公司接受乙公司的委托，对涉及的土地使用权进行评估，为上述经济行为提供价值参考意见。

三、评估对象和评估范围

(一) 评估对象

评估对象是乙公司拟转让的土地使用权。

(二) 评估范围

委托评估对象和评估范围与经济行为涉及的评估对象和评估范围一致。评估基准日、评估范围内的资产账面价值未经审计。

(三) 主要资产情况

(略)

四、价值类型

根据本次评估目的、市场条件、评估对象自身条件等因素，确定评估对象的价值类型为市场价值。

市场价值是指自愿买方和自愿卖方，在各自理性行事且未受任何强迫的情况下，评估对象在评估基准日进行正常公平交易的价值估计数额。

五、评估基准日

本报告的评估基准日为20××年5月31日。

六、评估依据

(一) 经济行为依据(略)

(二) 法律法规依据(略)

(三) 资产评估准则依据(略)

(四) 资产权属依据(略)

(五) 取价依据(略)

七、评估方法

(一)评估方法选择

土地使用权的主要评估方法有市场法、收益法、成本法、剩余法和基准地价系数修正法。执行不动产评估业务，应当根据评估目的、评估对象、价值类型、资料收集情况等相关条件，以及上述评估基本方法的适用条件，选择评估方法。本次评估选用基准地价系数修正法进行评估。

......

(二) 评估方法介绍(略)

八、评估程序实施过程和情况

本次评估程序主要分四个阶段进行。

(一) 评估准备阶段

接受项目委托后，与委托方洽谈，明确评估业务基本事项，对自身专业胜任能力、独立性和业务风险进行综合分析和评价；签订资产评估业务约定书，明确评估目的、评估对象、评估范围、价值类型、评估基准日等重要事项；确定项目负责人，组成评估项目组，编制评估计划，准备评估所需资料。

(二) 现场调查及收集评估资料阶段

根据此次评估业务的具体情况，按照评估程序准则和其他相关规定的要求，遵照评估准则检查被评估单位提供的相关资料有无错漏，并实地查看地形地貌，核实评估对象范围，关注评估对象法律权属。对已收集的评估资料进行必要的分析归纳与整理，形成评定估算的依据。

(三) 评定估算阶段

依据已整理的评估资料，选取适当的评估方法，通过相应的公式和参数进行评定估算，形成初步评估结果。

(四) 编制和提交评估报告阶段

对初步评估结果进行必要的复查，确认估算适当的情况下得出评估结论。与委托人就资产评估报告有关内容进行必要的沟通，提交正式的资产评估报告。

九、评估假设(略)

十、评估结论

根据法律、行政法规和资产评估准则的规定，本评估机构坚持独立、客观和公正的原则，按照必要的评估程序，采用基准地价系数修正法对乙公司的土地使用权在评估基准日20××年××月××日的市场价值进行了评估。经评估，列入本次评估范围的土地使用权于评估基准日的评估价值为××××元。资产评估结果详细情况列表如下。

(略)

十一、特别事项说明(略)

十二、资产评估报告使用限制说明(略)

十三、资产评估报告日

资产评估报告日为二〇××年六月十五日。

十四、签名盖章

评估机构法定代表人：_____

资产评估师：_____

资产评估师：_____

ABC资产评估有限公司

二〇××年六月十五日

■ 案例分析

文种：资产评估报告。

写作结构：

(1) 标题——《乙公司拟转让土地使用权项目资产评估报告》(节选)，包括"被评估对象+评估目的+文种"。

(2) 正文：包括评估目的、评估方法、评估基准日、评估依据、评估过程、评估结论等内容。

写作要点：

严格遵循专业标准，确保报告准确、翔实，恰当反映所评估资产的价值情况，为委托人和使用人提供有价值的信息和决策支持。

8.5.1　资产评估报告的概念与类型

资产评估报告是资产评估机构及其资产评估专业人员依据法律、行政法规等相关规定，通过履行必要的评估程序，对被评估资产在评估基准日特定目的下的价值出具的专业书面文件。

资产评估报告按照不同的分类标准，可以分为以下几类。

(1) 按照资产评估的范围划分，资产评估报告可以分为单项资产评估报告与整体资产评估报告。

(2) 按照评估的对象划分，资产评估报告可以分为房地产评估报告、机器设备评估报告、无形资产评估报告，以及企业价值评估报告等。

(3) 按照资产评估的评估基准日划分，资产评估报告可以分为追溯性评估报告、现值性评估报告和预期性评估报告。

(4) 按照报告披露内容的繁简程度划分，资产评估报告可以分为完整评估报告和简明评估报告。

8.5.2　资产评估报告的特点

(1) 客观性。资产评估报告应当对评估对象的价值进行客观、公正的评定，不受主观因素影响，确保评估结果真实可信。

(2) 科学性。编写资产评估报告需要采用科学的方法和技术，选取适当的估值方法，确保估值结果准确可靠。

(3) 时效性。资产的价值可能随时间变化，因此报告应当在合适的时间范围内编制，以保持估值的时效性。

(4) 专业性。编写资产评估报告需要具备相关领域的专业知识和技能，以确保报告的专业性和准确性。

8.5.3　资产评估报告的内容结构

根据中国资产评估协会2018年印发的《资产评估执业准则——资产评估报告》规定，资产评估报告的内容包括：标题及文号、目录、声明、摘要、正文、附件。

(1) 标题及文号。标题的格式可以是"企业名称+经济行为关键词+评估对象+资产评估报告"。文号的格式包括资产评估机构特征字、种类特征字、年份、报告序号。

(2) 目录。目录部分需要列明各部分所在的页码，以方便报告使用者查找其希望阅读的内容。

(3) 声明。资产评估报告的声明通常包括以下内容。

① 本资产评估报告依据财政部发布的资产评估基本准则，以及中国资产评估协会发布的资产评估执业准则和职业道德准则编制。

② 委托人或者其他资产评估报告使用人应当按照法律、行政法规规定和资产评估报告载明的使用范围使用资产评估报告；委托人或者其他资产评估报告使用人违反前述规定使用资产评估报告的，资产评估机构及其资产评估专业人员不承担责任。

③ 资产评估报告仅供委托人、资产评估委托合同中约定的其他资产评估报告使用人和法律、行政法规规定的资产评估报告使用人使用；除此之外，其他任何机构和个人不能成为资产评估报告的使用人。

④ 资产评估报告使用人应当正确理解和使用评估结论，评估结论不等同于评估对象可实现价格，评估结论不应当被认为是对评估对象可实现价格的保证。

⑤ 资产评估报告使用人应当关注评估结论成立的假设前提、资产评估报告特别事项说明和使用限制。

⑥ 资产评估机构及其资产评估专业人员遵守法律、行政法规和资产评估准则，坚持独立、客观、公正的原则，并对所出具的资产评估报告依法承担责任。

⑦ 其他需要声明的内容。

(4) 摘要。资产评估报告摘要通常提供资产评估业务的主要信息及评估结论。

(5) 正文。资产评估报告正文应当包括下列内容。

① 委托人及其他资产评估报告使用人。

② 评估目的。

③ 评估对象和评估范围。

④ 价值类型。

⑤ 评估基准日。

⑥ 评估依据。

⑦ 评估方法。

⑧ 评估程序实施过程和情况。

⑨ 评估假设。

⑩ 评估结论。

⑪ 特别事项说明。

⑫ 资产评估报告使用限制说明。

⑬ 资产评估报告日。

⑭ 资产评估专业人员签名和资产评估机构印章。

(6) 附件。资产评估报告附件通常包括以下要素。

① 评估对象所涉及的主要权属证明资料。

② 委托人和其他相关当事人的承诺函。

③ 资产评估机构及签名资产评估专业人员的备案文件或者资格证明文件。

④ 资产评估汇总表或者明细表。

⑤ 资产账面价值与评估结论存在较大差异的说明。

8.5.4 资产评估报告的写作要点

(1) 完整的信息收集。收集关于评估对象的详尽信息，包括资产种类、数量、质量、用途、历史价值等。

(2) 准确的估值方法。应选择适当的资产估值方法，如市场比较法、收益法、成本法等，根据资产的性质进行准确估值。

(3) 客观的评估依据。应遵循评估依据，确保评估过程客观公正，不受主观偏见影响。

(4) 规范的内容结构。应确保资产评估报告内容结构的完整性与专业性，遵循相关规定的要求。

8.6 公司清算报告

丙公司由于经营困难，无法继续经营，决定将资产变现以偿还债务。丙公司清算报告的部分正文内容如下。

丙公司清算报告(节选)

丙公司是一家注册并合法运营的服装工厂，于199×年××月××日登记注册，注册地为×××××××，注册号为×××××××，统一社会信用代码为×××××××，注册资本为人民币×××万元。经营范围包括服装制作、服装销售等。

因公司连续多年亏损，经营资金缺乏，无法继续经营，根据公司股东会的决议，依据相关法律，丙公司决定解散并进行清算工作。特此编写公司清算报告，以向各方利益相关者说明清算工作的基本情况和财产分配情况。现将公司清算情况报告如下。

一、清算说明

基本原则：此次清算严格遵循"依法、合规"的原则。

机构设置：在董事会做出解散清算决议后依法成立了由××任组长的清算组并经工商备案，截至20××年××月××日，清算期间召开清算组会议××次。

聘用机构：为保证清算工作依法、合规，聘请了ABC会计师事务所、ABC资产评估有限公司、ABC税务师事务所、××公证处、××投资顾问有限公司、××律师事务所、××拍卖有限责任公司作为本次清算的中介机构。

清算程序适用法律、法规：(略)

清算方式及清算基准日：本次清算采取自行清算方式，基准日定为20××年××月××日。

清偿原则：(略)

资产处置依据：(略)

资产处置方式、程序：(略)

二、清算组成立情况

(略)

三、通知和公告债权人情况

清算组于20××年××月××日以EMS方式通知已知债权人申报债权，并于20××年××月××日在《××时报》《××日报》刊登了清算报告，公告所有债权人申报债权。债权申报期申报情况详见下表。

……

四、人员解除、安置情况

(略)

五、清算资产及负债、净资产状况

根据资产评估结果，截止清算基准日20××年××月××日，公司资产总额××××元，负债总额××××元，净资产××××元……

六、资产清理情况

清算期间清算资产评估价值××××元，变现总值××××元，其中非实物类资产变现××××元，实物类资产变现××××元……

七、债务偿还情况

(略)

八、费用发生情况

(一) 清算费用(略)

(二) 职工债权(略)

(三) 税收债权(略)

九、股东权益分配

依照公司法的清算程序，公司财产在分别支付清算费用，支付职工工资、社会保险费用和法定补偿金，缴纳所欠税款，清偿公司债务后的剩余财产，有限责任公司按股东出资比例分配。

清算组履行上述程序后，无剩余财产，因此对中、外双方股东在本次解散清算程序终结后不再进行任何财产分配。

十、债权人及员工权益保障措施

在清算过程中严格遵守相关法律法规，维护债权人利益，对申报的债权人采取自愿受偿的原则归还债务……

十一、受偿率

(略)

十二、清算终结的损益情况

(略)

十三、其他事项说明

(略)

此报告

丙公司清算组

××××年××月××日

■ 案例分析

文种：公司清算报告。

写作结构：

(1) 标题——《丙公司清算报告》(节选)，包含"被清算对象+文种"。

(2) 正文：包括清算内容。

写作要点：

应遵循客观、准确、合规的原则，确保报告的内容充分反映清算过程和结果，以满足相关法律法规和债权人的需求。

8.6.1 公司清算报告概述

公司清算报告是指公司清算结束后，由清算组依据《中华人民共和国公司法》及公司《章程》制作，经股东会、股东大会或者人民法院确认，并报送公司登记机关申请注销公司的书面报告。

8.6.2 公司清算报告的特点

(1) 正式性和法律性。公司清算报告是一份正式的法律文件，需要遵循相关法律法规的规定，如《中华人民共和国公司法》《中华人民共和国企业破产法》等。

(2) 全面性和翔实性。清算报告需要全面翔实地记录公司的财务状况、债权债务情况、资产情况等，确保相关信息准确无误。

(3) 透明性与客观性。清算报告应当真实反映公司的资产负债状况、债权债务情况等，避免主观性的评价和偏见，确保债权人和股东了解清楚公司的财务状况。

8.6.3 公司清算报告的内容结构

公司清算报告的主要内容一般包括标题、引言、正文、落款等部分。

(1) 标题。标题处需要使阅读者明确该报告的主题与文种。

(2) 引言。引言段可以写明股东会决议解散的法律依据和日期、清算组成立或开始清算的日期等背景信息。

(3) 正文。正文部分可以结合实际需求写明公司登记情况、清算工作的基本情况、企业债权债务处理情况、通知和公告债权人情况、公司财产财务状况、公司清算财产分配情况、清算其他情况等必要信息。

(4) 落款。落款处可以依照实际情况由清算组成员签字、加盖清算单位公章、加盖公司公章等，并写明日期。

8.6.4 公司清算报告的写作要点

(1) 合法合规。在清算过程中需要遵循相关法律法规，确保清算程序合法合规。

(2) 权益保障。应充分保障债权人的合法权益，确保债权人能够按照清算计划获得应有的权益。

(3) 翔实清晰。公司清算报告的内容应翔实清晰，避免使用模糊或不明确的表述。

8.7　合同

案例导读

　　张三经营一家花卉零售店，要向李四花卉批发店订购一批鲜花。2021年10月17日，双方在协商一致的基础上签订了花卉买卖合同。

花卉买卖合同

合同编号：H-005

甲方(买方)：张三花卉零售店

乙方(卖方)：李四花卉批发店

　　根据《中华人民共和国民法典》及相关法律、法规的规定，为明确双方权利义务，甲乙双方经充分协商，签订本合同。

一、品种、等级、数量、单价、金额、交货时间

花卉名称、品种、等级	数量	单价/元	金额/元	交货时间
A级戴安娜	200	0.8	160	2021年10月31日
A级荔枝	200	1.2	240	2021年10月31日
B级海洋之歌	100	1.2	120	2021年10月31日
B级金辉	100	1	100	2021年10月31日

合计人民币金额(大写)：陆佰贰拾元整

数量单位：□公斤 □盆 ☑枝 □棵

二、质量要求

(一) 花卉品种的规格：详见附件1。

(二) 等级等质量要求：有国家标准的执行国家标准，没有国家标准的，按双方约定标准执行。

(三) 双约定标准：鲜花完好，枝叶完整，无脱水、枯萎、腐烂等情况。

三、包装方式和要求

(一) 包装方式和要求：详见附件2。

(二) 包装物由乙方提供，费用由乙方承担，由乙方按合同约定的要求进行包装。

四、货物交付和货款支付

(一) 交付方式：乙方需将货物送至张三花卉零售店(X省Y市Q区D路28号)。

(二) 运输方式与费用承担：乙方组织运输工具将货物送至甲方指定地点，运输费用人民币200元整由甲方承担。

(三) 货款的支付：交付之日即时结清。

五、验收

甲方应于收货当日自行验收花卉。验收内容：花卉数量、质量，以及包装情况是否符合相关标准及合同约定；验收地点：张三花卉零售店(X省Y市Q区D路28号)。

甲方有权拒收不符合质量要求的花卉。

六、合同的变更

(一)交货时如市场价格高于或低于合同约定价格的20%，双方可对花卉价格进行重新协商。

(二) 因气候发生重大变化或不可抗力等因素造成无法按合同约定的时间交货的，双方可另行协商。

七、违约责任

(一) 交付的花卉质量不符合合同约定的，乙方应在3日内调换，无法按期调换的，应扣除不符合约定的花卉的相应价款，并按该价款的5%向甲方支付违约金；交付花卉的数量低于合同约定的，应在3天内补齐，无法在该期限补齐的，按欠交花卉价款的5%向甲方支付违约金；交付的数量超出合同约定的，超出部分，甲方有权选择是否接收，甲方同意接收的，则按合同约定的单价计算。

(二) 乙方延迟交货的，每延迟一日，应支付甲方约定批次价款额万分之五的违约金；甲方逾期提货的，每延迟一日，应支付该批次价款额万分之五的违约金。

(三) 因甲方逾期提货或不能提货等原因造成花卉变质等损失，甲方除赔偿乙方的损失外，还应承担违约责任。甲方逾期提货的，每迟延一日，应向乙方支付应提货货款万分之五的违约金；甲方不能提货的，应向乙方偿付不能提货部分货款5%的违约金。

(四) 甲方逾期支付货款的，每延迟一日，应支付延迟付款额万分之五的违约金。

(五) 因包装物质量不符合要求造成的损失由包装物提供方承担。

八、合同争议的解决

本合同在履行过程中发生的争议，由双方协商解决；协商不成的，依法向人民法院起诉。

九、本合同自双方签字盖章之日起生效，合同一式二份，合同双方各执一份

十、其他未尽事宜，由双方协商并达成书面补充协议，该补充协议与本合同具有同等法律效力

附件1 (略)

附件2 (略)

甲方：(盖章)	乙方：(盖章)
法定代表人：张三	法定代表人：李四
委托代理人：王二	委托代理人：赵五
身份证号码：××××××	身份证号码：××××××
地址(住所)：××××××	地址(住所)：××××××
电话：××××××	电话：××××××
邮箱：××××××××	邮箱：××××××××

签订地点：李四花卉批发店(X省Y市Z区A路12号)

签订时间：××××年××月××日

■ 案例分析

文种： 合同。

写作结构：

(1) 标题——《花卉买卖合同》，包含"合同类型+文种"。

(2) 正文：包括当事人信息、具体约定事项、当事人责任划分等。

写作要点：

应考虑合同的明确性、完整性、合法性和实用性，以确保各方在合同执行过程中的权益得到保障。

8.7.1 合同的概念与类型

根据《中华人民共和国民法典》(以下简称《民法典》)第四百六十四条，合同是民事主体之间设立、变更、终止民事法律关系的协议。

合同类型的划分标准较多，常见的分类如下。

1) 典型合同与非典型合同

典型合同又称有名合同，是指法律明确规范，并赋予一定名称的合同。《中华人民共和国民法典》中，将典型合同分为19种，分别是：买卖合同、供用电、水、气、热力合同、赠与合同、借款合同、保证合同、租赁合同、融资租赁合同、保理合同、承揽合同、建设工程合同、运输合同、技术合同、保管合同、仓储合同、委托合同、物业服务合同、行纪合同、中介合同、合伙合同。

非典型合同又称无名合同，是指法律尚未特别规定，亦未赋予一定名称的合同。

2) 双务合同与单务合同

双务合同是指双方当事人互负权利义务的合同；单务合同是指双方当事人中，一方仅享有权利，另一方仅承担义务的合同。

3) 诺成合同与实践合同

诺成合同是指当事人各方的意思表示一致即成立的合同；实践合同是指除双方意思表示一致外，尚须交付标的物或完成其他给付义务才能成立的合同。

4) 主合同与从合同

主合同是指不以他种合同的存在为前提，自身能够独立存在的合同；从合同是指必须以他种合同的存在为前提；自身不能独立存在的合同。

8.7.2 合同的特点

(1) 依法成立的合同受法律保护，仅对当事人具有法律约束力，但法律另有规定的除外。

(2) 签订合同的主体是自然人、法人及其他组织，且具有地位的平等性，不应存在强迫、欺诈、操纵等不平等情况。

(3) 合同的订立通常涉及双方或多方当事人的意愿，因此合同具有确立当事人之间民事权利与义务关系的目的性。

8.7.3 合同的内容结构

《民法典》第四百六十九条规定，当事人订立合同，可以采用书面形式、口头形式或者其他形式。书面形式是合同书、信件、电报、电传、传真等可以有形地表现所载内容的形式。以电子数据交换、电子邮件等方式能够有形地表现所载内容，并可以随时调取查用的数据电文，视为书面形式。

当事人可以参照各类合同的示范文本订立合同。根据《民法典》第四百七十条，合同的内容由当事人约定，一般包括下列条款：

(1) 当事人的姓名或者名称和住所；

(2) 标的；

(3) 数量；

(4) 质量；

(5) 价款或者报酬；

(6) 履行期限、地点和方式；

(7) 违约责任；

(8) 解决争议的方法。

8.7.4 合同的写作要点

(1) 合法合规。合同必须符合法律规定，合同的内容和目的不能违反法律法规。

(2) 避免歧义。避免使用模棱两可的措辞，以减少双方在合同解释上的歧义。

(3) 细节完备。确保合同中包含所有重要细节，避免遗漏关键内容。

8.8 产品说明书

 案例导读

××牌速食麻酱米线说明书

食用方法

1. 准备工作

打开包装袋，取出麻酱米线碗和配料包。

准备热水，确保足够的热水量能够覆盖麻酱米线碗。

2. 烹饪方法

将麻酱包中的麻酱倒入麻酱米线碗中。

将适量的热水倒入麻酱米线碗中，至水位线或按个人口味加水。

用叉子或筷子搅拌麻酱，直到麻酱充分溶解。

打开其他配料包，将其中的米线、蔬菜、调味粉等配料倒入麻酱米线碗中。

3.搅拌均匀

用叉子或筷子搅拌麻酱米线，盖上麻酱米线碗的盖子，静置3～5分钟，待米线熟软。

4.品尝美食

打开麻酱米线碗盖子，搅拌均匀，确保麻酱和配料充分融入米线。

根据个人口味，可以加入醋包和其他调味料，如辣椒油、香菜等，增添口感和营养。

搅拌均匀后，即可品尝美味的××牌速食麻酱米线。

配料表

米线：大米、食用玉米淀粉、饮用水。

麻酱包：花生酱、食用植物油、食用盐、食用香精。

蔬菜包：根据产品的不同，可能包括蔬菜、豆芽等。

醋包：食用醋、食用香精。

调味粉包：食用盐、味精、食用香精、辣椒粉、五香粉等。

致敏原信息：本产品可能含有花生及其他坚果成分，可能引发过敏反应。

营养成分表(每100克)

能量	××千焦	碳水化合物	××克	维生素A	××微克
蛋白质	××克	膳食纤维	××克	维生素C	××毫克
脂肪	××克	钠	××毫克	钙	××毫克

生产日期：××××年××月××日。

保质期：××个月。

储存方式：请储存在阴凉、干燥的地方，避免阳光直射。

厂家信息

厂家名称：××有限公司。

厂家地址：××市××区××街道××号。

厂家联系电话：×××××××××××。

食品生产许可证号：×××××××××××××。

注意事项

本产品适合速食，不需要煮沸。

在搅拌过程中，请小心不要烫伤自己。

请遵循配料包上的储存要求，并在开封后尽快食用完毕。

如果您有任何关于使用××牌速食麻酱米线的疑问或需要进一步的帮助，请联系我们的客户服务部门，我们将竭诚为您服务。

■ 案例分析

文种：产品说明书。

写作结构：

(1) 标题——《××牌速食麻酱米线说明书》，包含"品牌+产品+文种"。

(2) 正文：包括产品介绍、食用说明、生产厂家信息、注意事项等。

写作要点：

要注重用户体验，确保内容翔实、准确，并与产品的实际情况相符，以便用户更好地了解和使用产品，提升用户满意度。

8.8.1　产品说明书的概念与类型

产品说明书主要是商家以通俗、易懂的文字向产品使用者介绍产品的性能用途、规格特征、使用方式、注意事项、服务保障等信息的文书。产品说明书既是对产品的介绍和宣传，也是对消费者权益的保护。

依据不同的分类标准，产品说明书的种类也不同。常见的产品说明书的类型如下。

(1) 以产品说明书的表达形式为划分依据，可将产品说明书分为文字式说明书、图文式说明书、表格式说明书、综合式说明书等。

(2) 以商品所处行业为划分依据，可将产品说明书分为食品说明书、药品使用说明书、电子产品使用说明书等。

(3) 以产品说明书内容的详细程度为划分依据，可将产品说明书分为简要式产品说明书和详细式产品说明书等。

(4) 以文字语种为划分依据，可将产品说明书分为中文产品说明书、外文产品说明书、中外文对照产品说明书。

8.8.2　产品说明书的特点

(1) 介绍性。产品说明书中会详细介绍产品的相关信息，帮助消费者尽可能地了解产品，明确使用方法。

(2) 宣传性。产品说明书中的产品特点与功能介绍等信息有助于宣传该产品。

(3) 保护性。产品说明书中会明确该产品的正确使用方法、注意事项及售后保障服务，有利于保护消费者的安全与权益。

8.8.3　产品说明书的内容结构

产品说明书一般由标题、正文和落款组成。

1) 标题

标题一般包括品牌型号、产品名称和文种等信息，主要目的是让产品说明书的使用者明确该说明书介绍的产品是什么，如《×××(药品名称)说明书》。

2) 正文

正文部分是产品说明书的主体部分，需要详细描述产品信息与产品使用注意事项。不同类型的产品说明书，其侧重点和结构略有不同。例如，药品使用说明书正文部分通常包括药品名称、成分、性状、功能主治、规格、用法用量、不良反应、禁忌、注意事项、药物相互作用、贮藏、包装、有效期、执行标准、批准文号、说明书修订日期、药品上市许可持有人等信息。

3) 落款

落款部分主要写明生产企业的名称、生产地址、邮政编码、电话号码、传真号码、注册地址、网址等信息，便于产品使用者联系。

8.8.4　产品说明书的写作要点

(1) 语言简明。应使用简洁明了的语言，避免使用复杂的术语和句子结构，以便用户易于理解。

(2) 格式清晰。应采用合适的标题、段落和编号，使说明书的内容结构清晰。

(3) 图文结合。必要时可以在说明书中使用图片、图表等辅助材料，从而更好地帮助用户理解。

8.9　专利申请书

8.9.1　专利申请书的概念与类型

专利申请书是指个人或法人依法向国务院专利行政部门申请在一定时期内享有专利权的文书，主要目的是使其专利受法律保护。

按照专利类型的不同，可将专利申请书分为发明专利申请书、实用新型专利申请书和外观设计专利申请书三类。

8.9.2　专利申请书的作用

专利申请书是一种法律文件，其作用主要有以下五方面。

(1) 启动国家知识产权局对专利申请的审批程序。

(2) 向全社会充分公开发明创造的内容。

(3) 阐明申请人对该发明创造所请求的保护范围。

(4) 国家知识产权局对申请文件记载的内容进行审查，申请时提交的专利申请文件是审查的原始依据。

(5) 专利批准后的授权文本是判断侵权的依据。

8.9.3　专利申请书的内容结构与编写要点

《中华人民共和国专利法》第二十六条规定，申请发明或者实用新型专利的，应当提交请求书、说明书及其摘要和权利要求书等文件。请求书应当写明发明或者实用新型的名称，发明人的姓名，申请人姓名或者名称、地址，以及其他事项。说明书应当对发明或者实用新型作出清楚、完整的说明，以所属技术领域的技术人员能够实现为准；必要的时候，应当有附图。摘要应当简要说明发明或者实用新型的技术要点。权利要求书应当以说明书为依据，清楚、简要地限定要求专利保护的范围。依赖遗传资源完成的发明创造，申请人应当在专利申请文件中说明该遗传资源的直接来源和原始来源；申请人无法说明原始来源的，应当陈述理由。

《中华人民共和国专利法》第二十七条规定，申请外观设计专利的，应当提交请求书、该外观设计的图片或者照片以及对该外观设计的简要说明等文件。申请人提交的有关图片或者照片应当清楚地显示要求专利保护的产品的外观设计。

发明专利请求书、实用新型专利请求书、外观设计专利请求书以及其他相关文件材料的表格模板均可以在国家知识产权局官网查询下载，这里不再一一赘述。

本章小结

本章依次介绍了可行性研究报告、审计报告、财务分析报告、资产评估报告、公司清算报告、合同、产品说明书和专利申请书的概念、类型、作用，以及主要内容结构与编写要点，要求读者了解各种经济财务文书的概念、类型、作用，掌握各种经济财务文书的内容结构及编写要点。

■ 思考与练习

1. 合同内容的一般条款包括什么？

2. 产品说明书的作用有哪些？

3. 请登录国家知识产权局官网查询下载发明专利请求书、实用新型专利请求书、外观设计专利请求书以及其他相关文件材料的表格模板，掌握各种专利请求书的撰写方法。

■ 实践训练

材料1：请根据以下材料信息拟写劳动合同。

2022年9月20日，西安市某网络科技有限公司招录李某为网络编辑，主要负责公司网站的编辑、更新，以及公司微信公众号的编辑与发布。

材料2：请根据以下材料信息拟写简要的审计报告。

中汇会计师事务所接受委托，审计巴士在线股份有限公司(以下简称巴士在线公司)财务报表，包括2017年12月31日的合并及母公司资产负债表，2017年度的合并及母公司利润表、合并及母公司现金流量表、合并及母公司所有者权益变动表以及财务报表附注。但在对巴士在线公司全资子公司巴士在线科技有限公司(以下简称巴士科技公司)审计过程中，所实施的函证、访谈等程序未能获取满意的审计证据，涉及应收账款37 639.06万元、营业收入45 137.45万元。

■ 参考文献

[1] 子志. 办公室公文写作技巧及范例大全[M]. 北京：外文出版社，2011.

[2] 杨洪峰. 公文写作大全[M]. 厦门：鹭江出版社，2011.

[3] 王首程. 应用文写作[M]. 4版. 北京：高等教育出版社，2019.

[4] 方玲，万立群. 财经应用文写作：附全套范例模板[M]. 北京：人民邮电出版社，2020.

[5] 陈承欢. 财经应用文写作[M]. 2版. 北京：人民邮电出版社，2021.

[6] 陈晓兰，董菁. 财经应用文写作[M]. 北京：中国人民大学出版社，2022.

[7] 李彦. 财经应用文写作[M]. 2版. 苏州：苏州大学出版社，2022.

[8] 杨文丰. 财经写作[M]. 北京：中国人民大学出版社，2014.

天价寻狗？为了流量搬起石头砸自己的脚

赵志疆

2023年07月12日14:36 | 来源：人民网-观点频道

7月9日，一张"寻狗启事"成为网络关注的热点。与普通的寻狗启事不同，这次"悬赏金额"堪称天价。狗主人称，提供重要线索者奖励200万元人民币，找到并平安归还者奖励1000万元人民币。一时之间，舆论哗然。网友纷纷猜测，这条狗有什么不同寻常的经历，狗主人是否有什么显赫的身世背景。

舆论的强烈关注之下，此事迅速出现反转：这件事是个彻头彻尾的骗局。7月11日，郑州市公安局郑东新区分局发布警情通报：系有人杜撰，已行政拘留。警方查明，某传媒有限公司法人杨某冰为吸引关注，编造了"悬赏1000万元人民币寻狗"的虚假信息，在引起网络广泛关注之后，杨某冰继续发布"狗已在警方协助下找到"等不实信息，试图以此"降温"，没想到引发舆情反弹。

纵观此次事件，再次印证了一个道理：说一个谎，就需要用无数个谎去圆。杨某冰拙劣的谎言，不仅浪费了公众感情，而且消耗了大量公共资源，其"某传媒有限公司法人"的身份，更是令人感到愤怒——如此无中生有、惹是生非，为了攫取流量无所不用其极的所谓传媒公司，到底能提供什么样的产品？更进一步说，对于这类以出格博出位，以谎言骗流量的行为，到底应该如何处置？

近年来，"天价寻狗启事"已多次出现，其中，有人承诺"重金悬赏"，有人表示"以房相赠"，但实际情况大多是子虚乌有的谣言。对于此类事件，如果警方仅止于辟谣，显然不足以打击网络谣言。哗众取宠的网络谣言之所以屡见不鲜，一个很重要的原因就是，炮制谣言者一门心思兴风作浪，而没有感受到法律问责的切肤之痛。就此而言，有必要给郑州警方点个赞。他们不仅迅速展开调查，而且在查明事实真相后，果断将始作俑者绳之以法。这既是给所有关心这件事的网友一个说法，也是给形形色色的不良用网行为一个警告。

网络有道义，言论有边界。营造清朗的网络环境，才能保障大家的切身利益。

(责编：燕帅、曲源)

■ 案例分析

该案例的文种为新闻评论，新闻评论的行文结构为"标题+正文+落款"。标题是"事件概括＋观点表达"，标题下方是发表新闻评论的作者署名、时间与出处。正文的开头是"事件概括"，正文的主体是评论，可采用并列式、递进式、对比式的论证方法，正文的结尾是概括或展望。最后是落款，作者署名可放在落款处，如果有责编，在落款处署名是责编，而作者署名放在标题下方。

传播文书指出于某种目的将特定信息传递散布给大众的专用文体，其作为有效传达和分享信息的工具，在信息社会中起着重要的作用。传播文书写作要求如下。

(1) 明确目标。在撰写文书之前，明确想要传达或实现的目标，并围绕这个目标进行思考和组织内容。

(2) 精练表达。传播文书通常需要在有限的篇幅内准确地传递信息，应注意使用简洁明了、精练准确的语言。

(3) 结构合理。传播文书应该具备清晰合理的结构，通过合理安排段落和章节间的逻辑连接，使文书内容条理清晰、层次分明。

 学习目标

1. 了解各种传播文书的概念与类型
2. 理解各种传播文书的作用与特点
3. 熟悉各种传播文书的内容结构及写作要点

9.1　传播文书概述

9.1.1　传播文书的内涵

1) 传播文书的定义

传播文书是指借助于一定的传播媒介向社会公众介绍某些人物、事件或相关知识，以让人知晓的一种专用文书。它的主要任务是针对社会和经济活动中的不同事实向公众和特定对象进行宣传、教育、鼓动、引导、解释、说明、介绍。

2) 传播文书的特点

传播文书是有目的地进行信息传输、信息接收和信息反馈的专用文体，具有公开性、真实性、时效性、简明性、媒介性等特点。

(1) 公开性。传播文书最显著的特点是无保密要求，将相关的人、事、物、理等向公众传播，使公众了解。

(2) 真实性。传播文书所传播的内容必须完全真实，观点必须客观公正，不能弄虚作假、歪曲事实。

(3) 时效性。传播文书具有较强的时效性，即及时收集和掌握信息，及时公开报道、传播和反映事实。

(4) 简明性。传播文书讲究内容精练、简明通俗，能让读者很快地了解传播内容的重点，获取主要的信息。

(5) 媒介性。传播文书往往需要借助电视、广播、网络、报纸等宣传媒介进行传播，吸引公众的注意力。

9.1.2　传播文书的作用

(1) 传递信息的作用。传播文书最重要的作用是借助各种渠道将信息公开传播出去，为公众提供信息传递的服务。

(2) 宣教引导的作用。传播文书通过对思想、政策、纲领、事迹、成就、经验及新事物等方面进行宣传报道，起到对公众进行提醒、鼓舞及引导的作用。

(3) 咨询的作用。传播文书可为人们的工作、生活和重大决策提供重要的咨询服务，使人们从容地面对社会中的新情况，进而做出科学的决策。

9.1.3　传播文书的类型

传播文书的种类很多，按照其内容可以划分为如下几类。

(1) 新闻类传播文书。该类传播文书主要是指报纸、广播、电视、网络等媒体经常使用的记录与传播信息的一种应用文体，包括消息、通讯、深度报道、新闻评论、新闻特写、专访等。

(2) 宣讲类传播文书。宣讲类传播文书是指面向特定受众宣传讲解观点、主张或事物特征的一类文书，主要包括演讲稿、广播稿、板报、发刊词、序和跋等。

(3) 广告类传播文书。广告类传播文书是各类企业或个人为了树立企业形象、进行产品促销和推广而使用的文书。这类文书包括广告文案和产品说明书等。

(4) 事项类传播文书。事项类传播文书是各级机关、组织、团体、个人为配合一段时期内的任务或工作而使用的专项宣传文书。这类文书包括启事、声明、情况说明等。

(5) 电子社交类传播文书。在当前的社交活动中，手机短信、博客、电子邮件等成为人们沟通交流的重要方式，人们通过各种各样的电子社交类传播文书完成工作任务。

9.1.4　传播文书的写作规范

要写出一篇出色、规范的传播文书，需注意以下写作规范。

(1) 明确写作意图。传播文书的写作首先要明确写作意图，即写作主旨。传播文书的写作主旨必须正确、鲜明、集中，特别是新闻类传播文书。

(2) 讲究客观真实。传播文书的写作以传播信息为目的，不能像进行文学创作一样虚构内容，一定要做到客观真实、实事求是。

(3) 注意表达方式。在表达方面一是语言应准确、简明、朴实和庄重；二是讲究文采，具备较高的文学性，以便实现快速传播的目的。

9.2　广告策划文案

甲公司是一家净饮水机生产销售厂家，该公司M型号净饮水机广告策划文案的部分正文内容如下。

甲公司M型号净饮水机广告策划文案

一、环境分析

市场需求：随着人们对健康生活的重视和对饮用水质量的关注增加，净饮水机市场呈现出稳步增长的趋势。

技术发展：净饮水机技术不断创新，功能多样化和智能化成为市场竞争的重要因素。

环保意识：消费者对环保产品的需求上升，注重净饮水机的能耗和过滤材料的环保性。

……

二、市场竞争分析

竞争对手：净饮水机市场存在多个品牌和产品，包括国内和国际品牌，竞争激烈。

品牌优势：甲公司具有多年的行业经验和技术实力，产品质量可靠且性能优越。

市场定位：甲公司可通过品牌形象塑造、产品创新和服务优势来区分自己，赢得竞争优势。

……

三、消费者分析

目标消费者：家庭用户、办公场所和商业客户，注重生活质量和健康饮水需求。

消费者需求：安全、方便、高品质的饮用水，便捷的操作和维护，符合环保潮流的产品。

……

四、产品分析

M型号净饮水机：先进的过滤和净化技术，高效去除有害物质、异味和重金属，提供纯净健康的饮用水。

智能控制：具备智能调节、定时提醒和自动清洁等功能，提升用户体验和便利性。

设计优势：外观精美，小巧且占地少，适应不同环境和装饰风格。

……

五、广告策略

宣传健康：突出产品能够提供纯净健康的饮用水，强调对家庭和办公场所健康的关爱。

产品特点：强调M型号净饮水机的过滤技术、智能控制和设计优势，突出产品的独特性和优势。

品牌形象：打造甲公司的品牌形象，以可靠性、高品质和专业性为核心价值观。

……

六、广告期间

计划为期三个月的广告宣传活动，从××××年××月××日开始至××××年××月××日结束。

七、广告对象

目标消费者：家庭用户，办公场所和商业客户，注重生活质量和健康饮水需求的人群。

广告重点：重点关注家庭用户和中小型办公场所，以其为主要目标受众。

……

八、广告地区

初期阶段：重点覆盖本地市场，建立品牌知名度和口碑。

扩大阶段：逐步拓展到周边地区，提升销售覆盖范围和市场份额。

……

九、广告策划

宣传主题：享受纯净健康，选择M型号净饮水机。

核心信息：高效过滤技术、智能控制、小巧、精美设计。

传播方式：结合多种广告渠道，包括电视广告、网络广告、社交媒体宣传、户外广告等。

广告创意：通过情境展示、用户案例和品牌故事，强调产品的实用性和品质。

广告语：选择M型号净饮水机，为您的家庭带来健康与便利。

……

十、广告预算

预计广告总预算为××万元，按照以下方式分配。

广告媒体费用：根据广告媒体选择和投放周期，预计总投入为××万元。

创意制作费用：预计创意制作费用为××万元。

其他费用：包括宣传物料制作、推广活动费用等，预计总投入为××万元。

……

十一、广告效果

品牌知名度提升：通过多渠道广告宣传，使甲公司和M型号净饮水机的品牌知名度得到提升，预计品牌知名度将提升××%。

销售增长：预计广告活动将吸引更多消费者购买M型号净饮水机，实现销售增长，预计销售额将增加××%。

市场份额提升：预计广告活动将带来市场份额提升，预计市场份额将增加××%。

用户满意度提高：传递产品优势和价值，增加用户对M型号净饮水机的认可和满意度。

……

■ **案例分析**

文种：广告策划文案。

写作结构：

(1) 标题——《甲公司M型号净饮水机广告策划文案》，包含"策划对象+文种"。

(2) 正文：包括"现状分析+策划内容+预期成果"。

写作要点：

注意将重点放在受众和产品之间的关系上，以引起受众的兴趣。同时，保持文案的创意性和创新性，使之在竞争激烈的广告市场中脱颖而出。

9.2.1　广告策划文案的概念与类型

广告策划文案是指在进行广告活动前所编写的一份详细计划文件，用于指导和规划广告的执行过程。它是广告策划人员或广告代理公司为客户制定的文档，旨在明确广告活动的目标、目标受众、传播策略、媒介选择、创意内容、预算分配等关键要素。

广告策划文案可以根据不同的分类标准进行分类，常见的分类方式如下。

(1) 广告类型：根据广告的类型，可以分为品牌广告策划文案、产品广告策划文案和活动广告策划文案等。

(2) 媒介渠道：根据广告投放的媒介渠道，可以分为电视广告策划文案、广播广告策划文案和数字媒体广告策划文案等。

(3) 目标受众：根据目标受众的不同，可以分为消费者广告策划文案和企业客户广告策划文案等。

(4) 策略重点：根据策略的重点，可以分为创意广告策划文案和媒介规划广告策划文案等。

(5) 时间跨度：根据时间跨度的长短，可以分为短期广告策划文案和长期广告策划文案等。

9.2.2　广告策划文案的作用

广告策划文案起到了提供全面指导和沟通的作用。通过对市场环境和目标受众进行分析，确定广告活动的目标与定位，并制订相应的传播策略和推广计划。同时，在编写过程中还会考虑预算控制、时间安排及评估指标等方面。

(1) 广告策划文案明确广告活动的目标和方向。通过对市场环境、竞争对手、目标受众等进行分析，策划书可以确定广告活动所追求的具体目标，并制订相应的策略和计划。

(2) 广告策划文案形成一个共同认可的思路和理念。促进团队内部沟通与协调，确保各个成员都对广告活动的目标、战略和执行计划有清晰的认识。

(3) 广告策划文案帮助决策者做出明智的决策并采取相应行动。包含对市场状况、消费者行为、品牌定位等方面进行的深入分析，为决策者提供全面的信息和数据支持。

(4) 广告策划文案是与客户、合作伙伴或上级领导进行沟通与合作的重要工具。以清晰、详细的方式呈现广告活动的目标、策略和计划，帮助相关方理解并共享相同的思路和预期。

(5) 广告策划文案中设定对广告效果的评估指标和方法。通过对广告活动进行监测和分析，可以及时了解广告的影响力、知名度和市场反馈等情况，并根据评估结果进行调整和改进。

9.2.3　广告策划文案的特点

一份优秀的广告策划文案通过精准地传递信息和激发情感共鸣，有效地吸引目标受众并达到营销目标，广告策划文案具有以下几个特点。

(1) 引人注意。通过使用有趣、独特或引人入胜的标题、口号或开场语，吸引目标受众的注意力，产生兴趣并愿意继续阅读。

(2) 简洁明了。由于篇幅有限，应避免冗长和复杂的句子，用简单易懂的语言表达核心信息，使受众能够迅速理解广告的主旨。

(3) 创意突出。通过巧妙运用文字、图像或其他元素，以新颖独特的方式呈现产品或服务的优势和价值，从而引起受众共鸣并激发购买欲望。

(4) 情感共鸣。通过描绘场景、讲述故事或展示真实生活中的情感体验，使受众能够更深层次地理解和认同品牌或产品所传达的价值。

(5) 突出差异化。通过突出独特的卖点、核心优势或特殊功能，使受众明确品牌或产品相较于其他选择的优势，吸引其进行购买或采取行动。

(6) 呼吁行动。该部分通常会包含一个明确的呼吁行动，鼓励受众采取具体行动，如点击链接、购买产品、拨打电话等。促进受众与品牌建立联系，并转化为实际销售或其他预期目标。

9.2.4 广告策划文案的内容结构

一份完整的广告策划文案应包括封面、目录、前言、正文和附录五部分。

(1) 封面。广告策划文案可以将写明标题、参与人员、完成日期等信息的单独一页作为文件封面，力求排版精美大方，给使用者留下良好的印象。

(2) 目录。目录部分应完整准确地写明该广告策划文案中各个章节的标题，简洁直观地将文章内容呈现给读者，同时还应标明对应的页码，便于读者快速定位到想浏览的内容。

(3) 前言。前言部分应简明扼要地介绍该广告策划的公司策划基本情况、广告目标、大致时间安排、广告策划要点等信息，使阅读者对该广告策划方案有一个大致的了解。

(4) 正文。正文部分是广告策划文案的主体，具体内容依据广告策划侧重点而定，可以包括环境分析、市场竞争分析、消费者分析、产品分析、广告策略、广告期间、广告对象、广告地区、广告策划、广告预算、广告效果等内容，详细具体地阐述该广告策划方案的分析及预测情况即可。

(5) 附录。附录部分主要包括与该广告策划文案相关但不方便展示在正文中的其他材料。

9.2.5 广告策划文案的写作要点

(1) 明确的目的性。广告活动的目标、广告媒体、广告作品、广告宣传的时间、活动地点等必须明确。

(2) 严谨的科学性。综合运用经济学、美学、新闻传播学、心理学、统计学、文学等学科的研究成果。

(3) 完整的系统性。广告策划从调研开始，根据目标市场的特点确定广告目标，在制定广告活动的具体策略时，要以整体广告目标为出发点，各环节相互衔接、密切配合。

9.3　声明

公司地址变更声明

尊敬的客户：

我们衷心感谢您一直以来对甲公司的支持和合作。因我司业务发展需要和公司规模的扩大，从20××年××月××日起，公司的办公地址将迁至××区××路××大厦××层，邮编、公司网址、联系电话和传真号码均保持不变。

请您在收到本声明后，及时更新您的记录，并相应调整与我们联系的方式。

我们将确保在地址变更期间的平稳过渡，以最大程度减少对您的影响。我们将采取一切必要措施，确保业务的持续运行和服务的连续性。您的合作和支持对我们非常重要，我们将继续努力为您提供优质的产品服务。

如有任何疑问或需要进一步了解的信息，请随时与我们联系。我们将尽快回复您的咨询并提供帮助。

再次感谢您一直以来对甲公司的信任和支持！我们期待与您在新的办公地点继续保持良好的合作关系。

甲公司

20××年××月××日

■ 案例分析

文种：声明。

写作结构：

(1) 标题——《公司地址变更声明》，包含"事由+文种"。

(2) 正文：包括"缘由+事项"。

写作要点：

确保信息清晰、真实，表达明确的态度或立场，合理安排结构，使声明内容有条理，有助于读者理解和接受。

9.3.1　声明的概念与类型

声明是指个人或单位团体为向社会公众表明态度立场或说明真相而发表的告启文书。

声明的类型有多种，依照发表声明主体的不同，可以分为个人声明、公司声明、协会声明等；依照声明内容的不同，可以分为道歉声明、免责声明、遗失声明等。

9.3.2　声明的作用

(1) 清晰表达立场。声明可以明确表达个人、组织或公司在某一问题上的立场和观点。

(2) 传递信息和沟通。声明可以作为有效的沟通工具，将重要信息传递给目标受众。

(3) 塑造形象和品牌。通过声明可以塑造个人、组织或公司的形象和品牌。

(4) 应对危机和管理舆论。当遭遇负面事件、危机或争议时，及时发布声明可以帮助组织或公司控制局势并管理舆论。

(5) 法律保护和责任规范。在法律层面上，声明可以起到明确权利、义务和责任的作用。

9.3.3　声明的特点

声明是一种正式的书面表达，用于清楚地陈述某个立场、观点或决定，具有以下几个特点。

(1) 直接明确。声明通常以直接、明确的方式陈述观点或立场，避免模糊或含糊不清的表达。

(2) 逻辑严密。声明需要有逻辑性，通过合理的论证和论据来支持所陈述的观点。

(3) 公开透明。声明通常公开发布并向广大受众传达，须提供足够清晰和详尽的信息。

(4) 简洁明了。声明使用简练的语言和精确的表达方式，以确保读者能够迅速理解核心内容。

(5) 具备法律效力。某些声明可能具有法律效力，如公司公告、政府声明等，这些声明需要符合相关法律规定。

9.3.4　声明的内容结构

声明通常由标题、正文和落款三部分组成。

(1) 标题。标题处需要使阅读者明确该声明的主体信息，可以写明发表声明的公司名称，也可以写明该声明的主要内容(如道歉声明)，还可以仅写"声明"。

(2) 正文。正文部分需要写明声明的主要内容，说明具体事项。需要声明的事项写完后可以另起一行，以"特此声明！"为结尾。

(3) 落款。落款处需要写明声明者及声明日期，必要时加盖单位公章。

9.3.5　声明的写作要点

(1) 写出发表声明的原因。在写发表声明的原因时，要写明声明人对基本事实的认定。这是声明人表达自身立场和态度的基础，要写得准确、简洁。如果授权律师发表声明，则律师在声明的开头一定要注明受谁的委托。

(2) 表明声明人的态度。声明的写法要视声明的重点而定。如果重点在于澄清事实，则可以采取概述的方式；如果重点在于说明问题，则可以按照某个顺序逐步加以说明；如果重点在于主张或申诉某项权利，则可以使该部分内容自成一段。若声明中提及需要他人协助，则应在文中或文末注明联系方式。有时，声明人可以直接写出下一步要采取的行动。

(3) 尊重事实。声明的内容一定要真实，表述要简明扼要，用词要得体。在声明中，不可以侵犯他人的合法权益。在声明的末尾，可以注明"特此声明"以示强调，也可以不写。署名可以是单位，也可以是个人，但必须用真实的名称，不可以用化名。

9.4 启事

案例导读

> ### 寻物启事
>
> 　　本人于××年××月××日在××路口等车时不慎遗失一只手提袋，内有一双××牌运动鞋。如果您拾到或有任何线索，烦请与我联系，万分感谢！
>
> 　　联系方式：×××××××××。
>
> ××先生/××女士
××××年××月××日

■ 案例分析

文种： 启事。

写作结构：

(1) 标题——《寻物启事》，包含"事由+文种"。

(2) 正文：包括缘由及目的等内容。

写作要点：

合理安排结构，使启事内容有条理，用语礼貌，以便读者理解和接受。

9.4.1 启事的概念与类型

启事是机关、团体、个人有事情需要向公众说明，或者请求有关单位、广大群众帮助时所写的一种说明事项的文书。按其内容，启事可分为不同类型的多种启事，主要有：招生启事、寻物启事、招聘启事、挂失启事、征集启事、征婚启事、庆典启事等。

9.4.2 启事的作用

启事是一种公告形式，用于传达特定信息、宣布某种事项或寻求帮助。启事的作用如下。

(1) 传递信息。启事通过公开发布来传达特定的信息、通知或公告，确保受众能够及时了解相关事项。

(2) 求助和寻找。启事可以用于求助和寻找帮助，吸引潜在帮助者的注意，并获得所需支持。

(3) 宣示立场。某些启事可以用来表达组织或个人的立场，通过正式和权威的方式向公众传达相关观点或决定。

(4) 调动行动。一些启事旨在调动受众行动起来参与某项活动或采取某种措施，通过明确的呼吁行动鼓励读者参与并采取具体行动。

9.4.3 启事的特点

(1) 公开性。启事是出于一定目的和原因向社会公开发布的文书，具有公开性。

(2) 针对性。启事的内容具体明确，指向特定的人群，具有针对性。

(3) 广泛性。启事的类型多样，涉及范围比较广泛，而且发布启事的人员也不具有特殊性，单位或个人均可发布，使用广泛。

9.4.4 启事的内容结构

启事的内容一般由标题、正文和落款组成。

(1) 标题。启事的标题形式多样，一般而言，需要简明扼要地写明该启事的内容与目的。常见的写法包括：① 直接标明"启事"；② 直接写明"事由"与"文种"；③ 写明"发文单位或发文人""事由"与"文种"。

(2) 正文。启事的内容不同，正文形式也有所不同，一般包括发出启事的目的、意义、具体事由、条件要求等内容。注意恰当的礼貌用语，用词清晰明了，描述内容具体，无歧义。

(3) 落款。落款主要在正文右下方写明发出启事的单位或个人的署名，以及发文日期，必要时还可以在正文后另起一行，写明联系方式、联系地址、邮政编码等信息。

9.4.5 启事的写作要点

通常，启事应做到一事一启，不能将几件事放在一起写。所写的内容务必真实，语言表述应当简明、准确。除此之外，不同的启事，其写作的侧重点应有所不同。

(1) 周知类启事。搬迁启事、更名启事属于此类启事，发布这类启事的目的是让公众知道某件事情或某种情况。

(2) 声明类启事。这类启事主要起明确法律责任的作用。当企业遗失营业执照或个人遗失身份证时，往往需要刊登遗失(作废)启事。解聘、授权等启事，也属于此类启事。

(3) 寻找类/招取类启事。寻找类启事主要包括寻人启事和寻物启事；招取类启事主要包括招领启事等。寻找类启事要写清楚寻找的人或物的主要特征，走失或遗失的时间、地点等，如有可能，最好附上照片。必须注明联系方式，有时还要提供答谢方式。与寻人启事、寻物启事相对应的是招领启事，它不必写得很详细，写清楚认领方式即可，具体细节由遗失的一方提供，便于确认失主。

(4) 征招类启事。这类启事在征稿、招聘时常用。撰写这类启事时，要写清楚征稿、招聘的目的、要求，以及相关的报酬等。联系方式同样必不可少，还可以留下网址等，便于受众进一步了解情况，增加应征、应聘的兴趣。

9.5 消息

案例导读

我国成功发射卫星互联网技术试验卫星

　　中新网北京7月9日电(记者 马帅莎) 北京时间2023年7月9日19时，我国在酒泉卫星发射中心使用长征二号丙运载火箭，成功将卫星互联网技术试验卫星发射升空，卫星顺利进入预定轨道，发射任务获得圆满成功。

　　此次任务是长征系列运载火箭的第478次飞行。

【编辑：李太源】

(摘自中国新闻网，2023年7月9日发布)

■ 案例分析

文种：消息。

写作结构：

(1) 标题——《我国成功发射卫星互联网技术试验卫星》，高度凝练消息内容。

(2) 正文：包含时间、地点、事件等关键信息。

写作要点：

应以事实为主体，内容真实准确，不添加主观评论或个人观点，逻辑清晰，语言凝练。

9.5.1 消息的概念与类型

　　消息是新闻报道中的常见体裁，是指从国内外发生的大小事件中选取有意义、有价值的内容进行整理后报道给大众。

　　消息的分类有多种，依据写作特点的不同可以分为评述消息、经验消息、动态消息和综合消息；依据报道内容的不同可以分为经济类消息、文化类消息、生态环境类消息等。

9.5.2 消息的作用

　　消息是指传递信息或新闻的一种方式，它具有以下几个作用。

　　(1) 传递信息。消息的主要作用是传达特定的信息。通过及时发布和传播消息，可以让人们了解重要事件、发展动态、新闻资讯等内容。

　　(2) 影响舆论和观点。消息在社会舆论中具有重要的影响力。通过报道和评论，消息可以塑造公众对某一事件或议题的观点，并引导舆论形成。

　　(3) 促进交流与互动。消息有助于促进人们之间的交流与互动。当人们分享新闻、讨论热门话题或参与在线社区时，他们可以通过消息来表达自己的观点、分享经验和寻求反馈。

(4) 提供知识和教育。消息不仅仅是简单地传递信息，还可以提供知识和教育。例如，科学报道、健康建议、技术更新等方面的消息可以帮助人们获取新知识并增进对某一领域的理解。

9.5.3　消息的特点

(1) 短。消息一般篇幅较短，简洁明快地报道事情动态，便于读者快速了解。

(2) 平。消息通常以通俗朴实的语言进行报道，不加华丽的辞藻修饰。

(3) 快。消息需要保障时效性，事情发生与消息报道之间不能间隔太长时间。

(4) 真。消息报道应以真实性为基础，需要保证消息来源可靠、内容真实。

(5) 新。消息内容应做到事件新或视角新，让读者拥有新鲜感。

9.5.4　消息的内容结构

消息的基本元素一般包括标题、导语、主体、背景、结尾等。

(1) 标题。标题应具体明确、简洁生动，其主要作用在于提示消息内容、吸引读者阅读、美化消息版面，通常有单行题、双行题、三行题三种形式。

(2) 导语。导语部分可以是一段话也可以是一句话，是指用简洁明快的语言将事件最重要、最精彩的内容概括出来，可以起到烘托气氛、引起读者关注的作用。

(3) 主体。主体部分即消息的正文部分，用于对导语中未能详细描述的细节进行进一步的完善和补充，充实消息内容。

(4) 背景。背景部分是指向读者阐明新闻消息发生的人物关系、事件因果等背景信息，使读者了解事件发生的来龙去脉。

(5) 结尾。结尾部分可以是不加评论的自然结尾，事件叙述完毕即结束，也可以是对读者关注问题的解答。

9.5.5　消息的写作要点

(1) 标题要吸引人。拟定标题时要抓住消息的核心，用尽可能精简的语言将其概括出来，以突出主题。

(2) 叙事要客观真实。在简短的文字中舒展自如地叙述新闻事实，要尽量写出新闻事件的现场感，提高读者对所报道的人物或事件的关注度。

(3) 突出个性特点。要抓住主要特点，不必求全。换句话说，就是把笔墨集中落到个性特点上，"以少胜多"。

(4) 议论要适当。消息主要以事实说话，必要时可以适当发表一下议论，但一定不要多，而且要适当，要有感而发。

需要特别注意的是，动态消息的报道虽然要迅速及时，但是在涉及重大利益，特别是国家利益时，一定要谨慎，要等条件允许后才可报道。

9.6 通讯

案例导读

再读樊锦诗
回望她陪伴莫高窟的六十年

新华每日电讯记者 张玉洁

六十年一甲子。在敦煌莫高窟，85岁的樊锦诗已工作整整60年。

人们都知道敦煌研究院名誉院长樊锦诗事迹感人、荣誉等身，但她反复说，她没有三头六臂，只是尽了职责，陪了莫高窟一程。"国家把这么重要的遗产交给我们，我们要对得起国家，对得起祖宗，对得起历史。能为莫高窟做事，是我的幸运。"

奔赴与扎根的故事，已经广为传颂。这次，我们想换个角度，用她习惯的、非大而化之的方式，具体谈谈樊锦诗。

出发与回归

"理解樊锦诗，不仅要从敦煌出发。她是当今中国文博考古，乃至历史学的代言人。"

——北京大学教授、中国敦煌吐鲁番学会会长荣新江

樊锦诗的职业曲线，化作一个闭合的圆。

60年前，我国近代考古学奠基人之一的苏秉琦，请即将从北京大学历史系考古专业毕业的学生樊锦诗喝了一杯咖啡。忐忑中，她记下了先生的嘱托：做好莫高窟的考古报告，就像研究历史必看二十四史，研究石窟也必看考古报告。这一嘱托，同样来自樊锦诗的业师、我国石窟寺考古开创者宿白先生。

在莫高窟的60年间，樊锦诗的青春年华曾被耽误过，她也因其他工作奔忙过，但她从未忘记老师们的嘱托和自己肩上的责任。终于在73岁那年，她完成了《敦煌石窟全集》第一卷《莫高窟第266～275窟考古报告》，两分册8开780页，仅单册就是无法一手拿起的厚重分量。这也是我国第一份正规的石窟寺考古报告。

与墓葬考古相比，石窟寺考古更为复杂，也更鲜为人知。

从时间看，莫高窟的营造从4世纪至14世纪持续千年。从空间看，735个洞窟里有壁画4.5万平方米、彩塑2000余身。复杂的洞窟结构、庞杂的壁画内容，都是挑战。

"考古报告既是洞窟最全面的资料，也是最科学的档案。考古报告的最高要求是，即使洞窟不存在了，后人还能够依据考古报告对洞窟进行完整复原。樊院长是带着历史责任感和使命感做这项工作的。"敦煌研究院副院长张小刚说。

"没把考古报告做好，我这一辈子到敦煌干什么来了？"这是樊锦诗的信念。她常说，要用历史的态度看考古报告，它不仅是给今天读者的，还要流传后世。留史的东西必须科学、准确、全面，绝不能以讹传讹、误导他人。

条件不成熟时，她始终蓄力。

樊锦诗曾参加莫高窟南区窟前遗址等发掘清理工作；运用考古类型学的方法，合作或独自完成了敦煌莫高窟北朝、隋及唐代前期的分期断代，这是学术界公认的敦煌石窟分期排年成果。

条件成熟时，她抓紧出击。

20世纪90年代，随着人才培养、技术储备等条件日趋成熟，编撰考古报告重新提上日程。"《敦煌石窟全集》的编辑出版，可能需要几代人的努力才能最终完成，因此我们没有理由将这项无比重要的工作再次推延。这对我们是全新的工作，一切在探索和尝试中进行。"樊锦诗在序言中写道。

(后面内容略)

(摘自新华每日电讯，2023年7月9日发布)

■ 案例分析

文种：通讯。

写作结构：

(1) 标题——《再读樊锦诗 回望她陪伴莫高窟的六十年》，主标题+副标题，在简明地传达主题的同时提供更具体的背景和内容信息。

(2) 正文：本案例通讯内容中包含节标题，以便读者更容易理解通讯稿的结构，并快速找到感兴趣的信息部分。

写作要点：

应注重通讯稿内容的准确性和吸引力，保持专业性和礼貌性，有效地传达信息、激发读者兴趣。

9.6.1 通讯的概念与类型

通讯是指综合运用记叙、说明、议论、描写、抒情等多种表达方式，对人物、事件或场景进行详细具体、生动形象报道的新闻体裁。根据通讯报道的内容，可以将通讯分为人物通讯、事件通讯、工作通讯和概貌通讯四类。

9.6.2 通讯的作用

通讯是指人与人之间进行信息交流和沟通的过程，它具有以下几个作用。

(1) 传递信息。通讯的主要作用是传递信息。通过语言、文字、图像、声音等方式，人们可以相互交流和传达各种类型的信息，包括事实、观点、意图等。

(2) 建立联系和沟通。通讯有助于建立人与人之间的联系并促进彼此的沟通。无论是面对面交流还是远程通信，都能够加强社会关系、增进理解和共享经验。

(3) 促进合作与协调。通过有效的通讯，人们可以更好地合作和协调行动。在工作场所或团队中，良好的沟通能够提高工作效率、减少误解，并促进团队成员之间的协作。

(4) 传播知识和文化。通过教育机构、媒体渠道等，人们可以获取各种学术知识、文化遗产及社会价值观念，并将其传递给其他人群。

(5) 塑造舆论和影响决策。通过媒体、社交网络等渠道，人们可以获取各种观点和信息，从而形成自己的看法，并参与公共事务的决策过程。

9.6.3　通讯的特点

(1) 真实性。通讯以事实为基础，报道内容是真实的。

(2) 具体性。通讯报道的内容详尽具体，向读者交代清楚事情的起因、经过、结果。

(3) 文学性。通讯报道综合运用多种表达方式，具有一定的文学色彩。

(4) 感染性。通讯报道描写细致、语言生动、富有感染力，可以引起读者共情。

9.6.4　通讯的结构形式

通讯的结构形式灵活自由，没有固定的格式，标题一般不必写明"通讯"，导语及内容均无强制规定。每一篇通讯都有自己独特的结构形式。常见的三种结构形式如下。

(1) 纵式结构。该结构又称顺序结构，是按照事件发生、发展的先后顺序，层层深入地安排作品的结构形式。使用这种结构形式的通讯情节自然，主题明确，真实感强。

(2) 横式结构。该结构又称并列式结构，是按照主题表达的需要，从不同性质、不同类别、不同方位、不同时间、不同角度来叙述事物、描述事件、论证问题的结构形式。

(3) 纵横式结构。即将纵式结构和横式结构结合起来的结构形式。它体现的是事物上下左右的整体关系。它以时间为中心轴，在从上往下描述事实的同时，又要围绕这个轴对事物的方方面面进行描述。

9.6.5　通讯的写作要点

通讯是由消息发展而来的，可以说它是消息的补充与延伸，而且比消息更为详尽和形象。

(1) 报道要完整具体。报道的事实要详细、完整，满足读者欲知详情的需要。通过详尽、具体地报道事件的经过，演绎人物的命运，充分展开情节，甚至描写细节和场面。

(2) 内容要真实生动。表达方式上，用除虚构外的一切文学创作手法；语言上，用比喻、象征、拟人等修辞手法报道真实的人物和事件时，善于再现情景，使人物更加生动、形象，给人以立体感、现场感。

(3) 适时适当评论。第一种以描述事实为主，用事实本身打动读者；第二种以夹叙夹议为主，在叙述中表明作者的观感、评价和倾向。必须时时紧扣人物或事件，依据事实做适时的、恰到好处的评价和点拨。

9.7 特写

 案例导读

新闻特写｜点亮"微心愿"，让"家"更温暖

工人日报—中工网记者 刘建林 李彦斌

"妈妈在老家一直从事繁重的家务农活，身体常有酸痛，我的心愿是送给妈妈一台按摩仪。"近日，在中铁十七局深圳公司山西太原地铁1号线项目部，正在实习的黄文在参加项目部工会举办的"真情颂母爱 奋进新时代"主题活动时，提出了一个"微心愿"。

活动现场，劳务队的黄世明也哽咽着道出他的"微心愿"：自己常年在外打工，不能为79岁的独居母亲尽孝，也希望能给母亲送上一台按摩仪，让劳累一生的母亲享受难得的一丝轻松。

活动结束后不久，两位远在他乡的老人就分别收到项目部工会寄送的惊喜礼物——颈椎按摩仪。

这是中铁十七局深圳公司工会开展点亮"微心愿"活动的一个缩影。在该项目部党群活动室，记者看到，心愿树上已经挂满了心愿贴。职工随时可将自己的"微心愿"挂在心愿树上。项目部工会还制作了"微心愿"认领表，按月更新"微心愿"的完成情况。

"'微心愿'可以是物质上的，也可以是精神上的，以微小、易实施为导向，搭建职工表达诉求的平台和通道。我们将征集到的'微心愿'汇总、梳理、分类，逐一帮助职工'圆梦'。"项目部工会主席王瑜说。

据介绍，中铁十七局深圳公司工会从职工常年离家在外的实际出发，通过开展点亮"微心愿"项目、组建"知心姐姐"团队等多项服务，从职工的实际生活需要入手，不断为职工带来"小确幸"。

(摘自中工网，2023年5月19日发布)

■ 案例分析

文种： 特写。

写作结构：

(1) 标题——《新闻特写｜点亮"微心愿"，让"家"更温暖》，本案例中标题部分点明文种，同时简明扼要，语言生动。

(2) 正文：以陈述为主，紧扣主题，语言富有感染力。

写作要点：

将细节和情感相结合，以引发读者的共鸣和深入思考。

9.7.1 特写的概念与类型

特写是指选取有价值、有意义的新闻事件，运用生动形象的笔法将其中的某一部分情节或

场面进行细致描写的新闻体裁。依据特写内容的不同，可以分为事件特写、人物特写、景物特写、景物特写、工作特写等。

9.7.2　特写的作用

特写是指通过近距离、详细的展示方式来突出报道对象的细节和情感，有以下几个作用。

(1) 增强真实感和身临其境感。通过特写，观众能够更加真实地感受到报道对象的情况。近距离、详细的展示能够让观众身临其境地了解事件发生现场或被采访者的真实感受。

(2) 强调故事性和人物形象。特写可以帮助记者将故事更生动地呈现给观众。通过突出展示被报道对象的面部表情、动作及环境背景等细节，可以使人物形象更加鲜明，故事更具戏剧性。

(3) 增加观众关注度和吸引力。特写往往能够吸引观众的注意力。精心拍摄的特写镜头能够增加新闻报道的视觉吸引力，使观众更愿意关注和了解相关事件或话题。

(4) 引发共鸣和关注度。通过特写展示被报道对象的情感和困境，能够引发观众的共鸣并提高对问题的关注度，这有助于推动社会对于相关议题的讨论和行动。

9.7.3　特写的特点

(1) 聚焦性。即通过焦点反映整体。特写不是在事物的全貌上平均用墨，而是将构思、运笔都集中到一点，从而折射出事物的概貌和本质特征。

(2) 描绘性。即对最能表现人物或事件特性的焦点如实地进行再现和放大，浓墨重彩，工笔细描。"再现"是指除了要有必要的简练叙述，还要有绘声绘色的现场描写。"放大"是对新闻事实某个局部的实录和展开，并详尽、生动地描绘典型细节。

(3) 感染性。即写人写事，文情并茂，如入画中，极富感情色彩。特写的感人力量既体现在激荡人心的内容中，又体现在看似平常的生活里。只有既突出典型的意义，又抓住有情有景的细节，新闻特写才具有感人的力量。

9.7.4　特写的内容结构

特写一般由标题、导语、主体和结尾四部分组成。

(1) 标题。特写的标题一般简明扼要，生动形象，可根据表达的需要设置单行标题或多行标题。

(2) 导语。即正文的第一自然段，或开头的一两句话。特写导语的形式有很多种，包括概括式、解释式、引入式等，至于采取哪种形式，作者应根据实际情况来选择，目的是吸引读者。

(3) 主体。主体导语之后便是主体。主体是新闻特写最重要、最精彩的部分，通常必不可少。主体的结构可根据表达的需要灵活安排。

(4) 结尾。主体之后便是结尾。结尾要响亮、有力，发人深思，给人以启迪。

9.7.5　特写的写作要点

特写借鉴电影摄影的手法，将对象镜头化，所以能产生强烈的可视性，人们常把特写称为"视觉新闻"。特写的写作要点如下。

(1) 重视并善于进行现场观察。特写的撰写特别强调记者要重视并善于进行现场观察，强调获取第一手材料。观察是为了把新闻事实中最精彩、最关键、最生动的情节和场面抓住，并形象生动地再现出来。

(2) 善于再现现场情景。特写主要是通过再现现场情景表现出来的。其通常用文学表现手法再现现场情景，尤其是瞬间印象；要求在完全真实的前提下，绘声绘色、声情并茂地再现现场情景。

(3) 善于集中突出题材。无论是写人还是写事，特写都应当重视事实的细节，集中内容，突出一点，以小见大，再把细节放大，并如实地加以描绘。

(4) 善于白描与细描并用。特写在表达方式上要特别注重描写，巧妙运用白描、细描的手法表现事件或刻画人物。白描是以朴实的文字，简单的几笔，鲜明地勾勒出所要报道的事实的形象；细描常表现事物的动态和人物的内心活动、表情、姿态，讲究逼真细致。

9.8　专访

案例导读

专访故宫博物院古钟表修复师王津：择一事，"钟"一生

中新社记者 应妮

记者与中国文物学会副会长、国家级非物质文化遗产古钟表修复技艺代表性传承人王津的第一次见面是在2013年。那时候大火的《我在故宫修文物》纪录片还没有诞生，他以故宫博物院钟表修复师身份出现时，是向媒体介绍翊坤宫被游客砸碎玻璃后，导致临窗陈设的一座钟表跌落地面受损的情况。

王津说话慢条斯理，不急不躁，对媒体的提问应对自如，他给人的感觉，就像是一座钟，端端正正，不紧不慢，有自己的节奏，丝毫不会被周围的状况打乱。这种气质的养成，或许源自其四十多年在故宫修钟表的人生经历。

王津自幼与故宫结缘，其曾祖父辈就在开始在故宫"上班"。爷爷去世那年他16岁，接班进了故宫。当时的故宫文物修复厂老厂长觉得这孩子机灵，就带他到各修复处看看。转到钟表室，王津说："诶，这个文物还能动啊，有趣。"

回望这段经历，王津近日接受中新社记者专访时笑称是"误打误撞"。"在故宫修钟表，和其他文物修复还真不太一样。比如一幅书画、一张古琴，这种静态文物，修好了就是修好了。钟表不成啊，你说修好了，可是它的指针不走动、有表演功能的不能表演，这就说明没修好。"

事实上，古钟表修复最让人有成就感的，正是修好后看着齿轮运动起来，带动整个机械工作。"看到它走起来，心里都是美滋滋的。那种成就感，真的很满足。"

拆解、清洗、修复、再组装，这是师父传授下来的修复古钟表步骤。一拆完，王津习

慣直接上手，伸进倒满煤油的盆里，他解释："戴着橡胶手套总摸不准零件的磨损程度。"拆出来的零件常有几百上千件，双手泡在煤油里一两个小时是常有的事。

"铜镀金变魔术人钟"可能是王津在历次采访中提及最多的钟表，因为这是他修复过的大型钟表中耗时最长的一座——耗时将近一年。

这座高70厘米的钟内，有一个变戏法的老人，手里拿着豆子、小球。运转时，钟顶小鸟不断张嘴、转身、摆动翅膀，身下圆球随之转动，三个圆盘也同时不断变色转动。这座钟一共有七套传动装置，总共一千多个零件，包括走时、音乐、鸟叫、开门等。最复杂的是联动变魔术的装置。每一套都有独立的运转模式，并通过一个连接在时间上联动起来。他记得瑞士的专家也来看过，公认这是世界上最复杂的西洋钟表之一。

2007年这座钟有外展任务。当王津和弟子亓昊楠把这座钟从库房取出来时才发现，机芯、开门坏了，链条也断了。一切都从头开始。该修的修，该补的补，该打磨的打磨，调试阶段才是最考验人的，一点点试，拆了装、装了拆，前前后后拆装了无数次，终于让这座古钟重焕新生。

每每被问及，为什么修复钟表这么有耐心？王津总是一句话，"磨出来的呗"。他告诉我们，其实他也有急的时候，就是完全没有头绪不知道怎么回事，"师父说过，这种时候就放一放，出门转一转、静一静，越急越容易出错，等心静下来，再回去接着干"。

最近十几年，故宫里修复过的钟表有了专属的修复册，修过的人都得签上名字。王津有时维护师父马玉良修过的古钟表，"拆开一看，师父就是师父，销子锉得角度都正好，几十年都不会出问题"。

在王津看来，文物修复就是几代工匠间的对话。"修复的痕迹永远跟着这座钟表，我希望几十年后，再有修复师拆开我修过的钟表，能由衷夸一句，修得真好"。

2023年，王津已经退休返聘了。虽然前年办理了退休，但这两年来，他仍然正常上班。最令王津欣慰的是，耳濡目染之下，他儿子也成为一名钟表修复师，目前在颐和园里修复皇家钟表。

(摘自中国新闻网，2023年7月9日发布)

■ 案例分析

文种：专访。

写作结构：

(1) 标题——《专访故宫博物院古钟表修复师王津：择一事，"钟"一生》，点明文种、专访对象及人物主要事迹。

(2) 正文：本案例主要为对被访者的介绍+被访者的表达。

写作要点：

通过深入的交流和探讨，将被访者的观点和经历展示给读者。

9.8.1 专访的概念与类型

专访是指事先确定好采访对象，然后根据人物、事件、场景等实际情况设计问题进行采访，并将采访时的对话内容编辑整理后形成的文稿。按照专访的内容进行划分，专访可以分为人物专访、事件专访、问题专访、风貌专访等。

9.8.2　专访的作用

(1) 提供独家信息。通过专访，记者可以与相关当事人进行深入交流，获取独家的信息和内幕消息。这些信息可能包括事件的背景、动机、细节等，能够丰富报道内容，并为读者提供更全面的信息。

(2) 增强权威性和可信度。通过与权威人士、专家学者等进行专访，新闻报道可以增强其权威性和可信度。当读者看到有权威背景的人士对某一事件或话题发表观点时，会更加倾向于相信该报道，并对其内容产生较高的认同感。

(3) 传递观点和立场。专访可以帮助相关当事人传递自己的观点和立场。通过直接采访并记录他们的言论，读者可以了解不同声音和观点，并形成自己的判断。

(4) 呈现真实感受和情感。专访可以展现被采访者的真实感受和情感。通过亲身经历、个人陈述等方式，被采访者可以更直接地表达自己的情感和态度，使报道更加真实且具有共鸣力。

(5) 人物塑造与故事性。专访有助于对当事人进行人物塑造，并增加报道的故事性。通过深入了解被采访者的背景、经历和观点，记者可以将其作为故事中的主要角色，从而使报道更具吸引力和可读性。

9.8.3　专访的特点

(1) 新闻性。专访作为报道的一种形式，其主题常常与新闻热点相关。

(2) 针对性。采访时设计的问题紧扣主题，针对性强。

(3) 互动性。专访文稿中会体现出采访时的问答内容，令读者有互动感。

9.8.4　专访的内容结构

专访通常由标题、开头、主体和结尾组成。专访的写作格式应根据实际情况确定，可以是一问一答的形式，也可以是叙事性描述结合受访人的回答或意思表达的形式。

(1) 标题。标题一般采用多行标题，可采用对仗式，如"真心做教育真情写人生——记××市××县××××优秀教师×××"；也可采用嵌入式，如"'慈母严父'××××大学×××校长"；还可采用引语式，如"科研如何与教学相辅相成——×××教授访谈录"。

(2) 开头。开头即篇首语，即用文字简单地介绍以下内容：被采访者的概况；被采访者的某一突出成就；关于采访现场的描述；此次采访的目的。

(3) 主体。专访是访问活动的实录，问答体是专访最主要的叙述方式，也是最简单、最能体现专访文体特征的叙述方式。其写作要领就是实录经过整理的采访过程，以采访者提问、被采访者回答的问答体发表。问答体能最大限度地再现访谈内容，其实录性、可信性与可读性都很强。实录包括正式访问时的话题、氛围、现场、采访者与被采访者的交流等，主要内容应该以被采访者的谈话为主，其间穿插一些现场情况和背景材料。

(4) 结尾。专访大体上可以归结为下列几种结尾方式：以作者的抒情和评论作结；以被采访者的希望和要求作结；以一个难忘的镜头作结；以对被采访者情况的补充交代作结。

9.8.5　专访的写作要点

(1) 专访前要做好充分的准备。提前准备好背景材料、知识资料，同时，要确定好访谈主题，针对主题设计问题，切忌广而泛地提问。

(2) 专访中要善于提问与观察。提出的问题要直截了当、言简意赅、通俗易懂。并且，要学会用眼睛观察，这是十分必要的。

(3) 专访后要注意核对，引语一定要准确。专访稿要准确地表达被采访者所陈述的内容、概念与意思，要准确地体现被采访者的性格、身份。

9.9　新闻评论

案例导读

央视网评丨对网暴者必须依法惩处

在制造了一个又一个悲剧后，网络暴力正引发众怒，舆论呼吁与道德谴责已无法对之进行有效制约，寄望于网络文化的自发向善更成为奢望。加之流量思维作祟与经济利益驱使，一些平台热衷于推送具有刺激性、情绪性、煽动性的内容，对催生网络暴力形成了推波助澜之势。

不能再任由这一"网络毒瘤"继续野蛮生长、肆意膨胀了，法律该亮出"牙齿"了。尽管我国尚无专门针对网络暴力的单行法律，但这并不意味着我们惩治网络暴力无法可依。

对于依法惩治网络暴力，我们上有宪法为依据，下有具体细致的规范。《刑法》对有关网络暴力的内容有定性规定，集中于侮辱诽谤罪、寻衅滋事罪、故意传播虚假信息罪等条款，"网暴追究刑责"案例甚至写入2022年最高法报告；《民法典》对公民人格权方面的规定亦可作为治理网暴的法律依据；《治安管理处罚法》《个人信息保护法》等多部法律都有相关的规定，形成了遏制网暴的法律框架。

法律是治理和惩治网络暴力的最后屏障，也是最有力的武器。面对日益泛滥的网络暴力，我们不能止于"一封了之"，更要一查到底，对网暴者依法惩处，对这一群体形成有力的威慑。在此之前，德阳女医生遭"人肉"自杀案、杭州女子取快递被造谣案等多起恶性事件中的被告人均受到了法律的审判，这应成为处理此类案件的示范。

当然，我们也要看到，全社会要更有效治理网络暴力目前还存在一些短板、不足。譬如，防治责任主体不明确、法律条款分布松散、缺少专门性法律进行规制等。进一步而言，在现有的法律法规中还缺乏对网络暴力概念内涵和外延的规定，也没有列举性的规范方式，这让司法实践中对网络暴力的认定存在诸多技术上的困难。除此之外，取证、诉讼等较高的法律成本也往往让受害者选择忍气吞声，助长了网暴者的嚣张气焰。

基于此，对于惩治网络暴力，短期而言，我们有必要结合我国立法实际和反网络暴力的需要，完善刑法、刑事诉讼法、行政法等有关"反网络暴力"的法律条款，出台相关司法解释，形成预防惩治网络暴力的完整法律体系，擦亮"法治利剑"；长远来看，有必

要认真考虑采取专门化、体系化的集中立法，从预防、惩处等全链条建立具体化、明确化的规定，让网络暴力无处滋生，让相关网络平台扛起责任，为打造风清气正的网络空间提供更有力的保障。

(摘自央视网，2023年6月4日发布)

■ 案例分析

文种：新闻评论。

写作结构：

(1) 标题——《央视网评 | 对网暴者必须依法惩处》，包含"文种+核心观点"。

(2) 正文：现状描述+问题分析+对策建议。

写作要点：

提供有深度、观点明确、逻辑清晰的分析，宣扬正确价值观，引导读者更好地理解和思考所讨论的话题。

9.9.1　新闻评论的概念与类型

新闻评论是指对当前发生的有重大影响的事件、有意义的客观事实或民众关注的热点问题进行评论的文体，是新闻媒体传播自己和受众观点与想法的重要方式。

新闻评论的类型多样，以评论对象的内容为划分标准，可以分为政治新闻评论、军事新闻评论、经济新闻评论、社会新闻评论、文教新闻评论等；以发表评论的主体为划分依据，可以分为编辑评论、专家评论、专栏评论等。

9.9.2　新闻评论的作用

(1) 分析解读。新闻评论能够对复杂的新闻事件进行深入分析和解读，帮助读者更好地理解事件的来龙去脉、背景和影响。

(2) 评价导向。新闻评论可以对新闻报道中的问题进行评价，通过批判性思维和独立观点，引导公众对某一事件或话题形成自己的看法，并促进社会舆论的发展。

(3) 监督与反馈。新闻评论起到了监督媒体工作及政府行为等方面的作用。通过批评与反馈，可以推动媒体改进报道质量，促使政府回应公众需求，并维护社会公平与正义。

(4) 彰显民意。新闻评论代表了一部分人的观点和看法，能够反映出一定程度上的民意倾向。通过汇集不同声音，可以更好地了解社会各个群体的需求和期望，为决策提供参考。

9.9.3　新闻评论的特点

(1) 新闻性。新闻评论是依据新闻事实而阐发论述的，新闻性是新闻评论存在的前提。新闻事实所具备的特征，如真实性、时效性、针对性及新颖性等，也适用于新闻评论。

(2) 针对性。新闻评论强调"有的放矢"，要求针对当前具有新闻价值的事件和问题发表意见和主张，评论对象都是客观的、具体的，所揭示与要解决的问题都是人民群众迫切需要解释、实际工作中迫切需要解决的问题。

(3) 公众性。新闻评论的公众性，首先表现在它所提出和解决的问题，应该是具有现实意义的；其次表现在它立论客观、公允，为民代言、为民立言；最后表现在它在论述方式和语言表达上也应当符合广大人民群众的特点和需要，尽量顾及他们的兴趣和爱好。

(4) 效率性。新闻评论作为重要的新闻体裁，主要表达作者对新闻事件或社会现象的判断和思考，是人们通过媒体发表和交流观点的工具。作为实用性议论文，新闻评论有着自己的形式和特征。

(5) 灵活性。从篇幅来看，新闻评论可长可短；从内容来看，新闻评论虽然主要对政策方针、社会问题、社会现象进行评述，但有时亦可对某个学术问题、某种先进工作经验、某个纪念日等"小事"进行评论。

9.9.4　新闻评论的内容结构

新闻评论通常由标题、正文和署名构成。

1) 标题

新闻评论的标题是概括或提示评论的范围、中心论点或基本倾向的简短文字。

2) 正文

正文通常由引论、主体、结尾三部分组成。

(1) 引论。新闻评论的开篇或起始部分，称为引论，通常用于提出话题、交代主旨及引出正文。引论应开门见山、引人入胜，切忌下笔千言、离题万里。新闻评论写作中常见的引论形式有以下几种。

① 开门见山，给出结论。在新闻评论的开头直截了当地把评论的话题方向和大致内容交代给受众，使受众在阅读时能够有一个明确的针对性和方向性。

② 用新闻事件引出论题。以新闻事件为由头，简要叙述该事件的经过和特点，引出下文。有时，事件在开头部分只是一个由头，由此引出论题；有时，事件本身也是整篇新闻评论评议的主体。

③ 交代背景，说明动因。在新闻评论的开头部分，先交代与评论话题相关的背景情况，这样能够从新闻事件的背后揭示出评论本身的现实意义。

④ 树起"靶子"，各个击破。在批驳性新闻评论中，引论部分可以先描述一种现象或指出要驳论的对象。

⑤ 引经据典，营造氛围。恰当采取引用的手法，通过引经据典，将生动活泼的氛围带到评论之中，使受众在特有的氛围中感受评论的思想内容，理解作者所要阐明的观点。

(2) 主体。主体就是本论部分，它担负着承上启下、组织论据、证明论点的任务。本论部分的写作既要结构严谨，又要曲折生动。所谓结构严谨，是指在论证的过程中应科学合理地组织好材料、安排好层次结构。所谓曲折生动，是指评论的主体应该有疑问、有辩论、有迂回、有悬念，使论证的过程能充分调动起受众的情感心理。

(3) 结尾。新闻评论的结尾是对全文的自然结束，其基本要求是简短有力，不落俗套，不拖泥带水，不说空话、套话。也就是说，新闻评论的写作既不能虎头蛇尾，也不能画蛇添足。

3) 署名

常见的新闻评署名方式有：署真实姓名、使用笔名、匿名、代表媒体机构。

9.9.5　新闻评论的写作要点

新闻评论起着启发、引导、监督的作用。它需要站在正确的立场上，运用正确的观点、方法对社会的种种事物、现象、问题做出分析，通过现象揭示本质，进而帮助和引导人民群众明辨是非，看清事实，做出正确的选择。

(1) 选题的确立。新闻评论的选题，就是选择和确定所要评论的对象和范围、需要阐明和论述的问题及主要观点。在选题时务必首先明确选题的根据，拓宽选题的来源。

(2) 立论的特点。立论是贯穿全文的中心思想，起统率全文所有观点和材料的作用，立论应具备准确性、针对性、前瞻性、新颖性等特点。

(3) 调查研究。积极地发现矛盾，在调查研究的过程中分析矛盾，并找出解决矛盾的方法；倾听各种言之有物的意见；对于不懂的或知之不多的事情，要向有实践经验和理论素养的群众或专家请教。

(4) 结构安排。新闻评论应布局合理，层次清晰，逻辑通顺。布局合理，即合理安排文章的结构；层次清晰，即合理安排评论各部分、各段落间的层次关系；逻辑通顺，即讲求结构布局的逻辑性。

本章小结

本章依次介绍了广告策划文案、声明、启事、消息、通讯、特写、专访与新闻评论的概念、类型、作用、特点、主要内容及写作要点，要求读者了解各种传播文书的概念与类型，以及作用与特点，掌握各种传播文书的内容结构及写作要点。

■ 思考与练习

1. 声明有哪些作用？

2. 消息与通讯有什么区别？

3. 专访有哪些特点？

■ 实践训练

材料1：请根据以下材料提供的信息，拟写一篇关于加强公共设施安全防范的新闻评论。

7月23日下午4时许，黑龙江省齐齐哈尔市龙沙区第三十四中学一个体育馆楼顶发生坍塌，7月24日上午10时，记者从齐齐哈尔市第三十四中学校体育馆楼顶坍塌事故救援指挥部获悉，最后一名被困学生已搜救到，已无生命体征。此次事故共造成11人死亡，事故调查工作正在全面推进中。

材料2：请根据以下材料提供的信息，拟写一篇人物专访。

钱七虎，我国防护工程学家。7岁那年，其父亲临终前叮嘱他"要干一番事业"，他铭刻在心。截至2022年，他资助了584位困难学生，将自己的院士津贴、获奖奖金、工资等捐助慈善事业，累计超过1800万元。钱老说："为国家和人民安全贡献心血，有价值。"

■ 参考文献

[1] 子志. 办公室公文写作技巧及范例大全[M]. 北京：外文出版社，2011.

[2] 唐铮. 新媒体新闻写作、编辑与传播[M]. 北京：人民邮电出版社，2020.

[3] 王首程. 应用文写作[M]. 4版. 北京：高等教育出版社，2019.

[4] 方玲，万立群. 财经应用文写作：附全套范例模板[M]. 北京：人民邮电出版社，2020.

[5] 陈晓兰，董菁. 财经应用文写作[M]. 北京：中国人民大学出版社，2022.

[6] 钟东霖. 传播文书写作作者[M]. 北京：电子工业出版社，2020.

第 **10** 章
法律文书写作

 **案例导读**

如何撰写民事起诉状？

2021年2月，张××到××电脑商城打算买一台笔记本电脑。在××电脑销售公司销售员王××的劝说下，他花了18 000元买了一款苹果新出品的笔记本电脑。回家后，张××的朋友李××来他的住处玩，看到了张××的新电脑。李××发现张××的电脑不是苹果新出品的笔记本电脑，而是一个翻新的二手货，其价值远不值张××所付出价格。

张××拿着对方开具的发票及电脑要求退货，王××不但不搭理他，反而对他恶言相向。张××心想我有证据，辛辛苦苦挣的钱不能这样被骗，想到法院告××电脑销售公司，他应该如何书写这份民事起诉状？

民事起诉状

原告：张××，男，××××年××月××日出生，××市××公司职员，现住××市××区××路×××号，联系电话：×××××××××。

被告：××市××电脑销售公司，注册地址：××市××区××商城×号，联系电话：×××××××××。

王××，××市××电脑销售公司职员，联系电话：×××××××××。

诉讼请求：

1. 被告××市××电脑销售公司收回其所售苹果电脑，返还原告电脑款18 000元；

2. 被告××市××电脑销售公司承担诉讼费用。

事实与理由：

2021年2月25日，原告张××到××电脑商城准备买笔记本电脑一台，××电脑销售公司的销售员王××向其推荐了苹果一款新出品的笔记本电脑，并用店内该型号机样品向张××进行展示。在王××的推荐下，张××决定购买该款电脑，双方商定价格为18 000元。张××当即微信扫码付款，王××将一台笔记本电脑提供给张××，并开具了发票和销售合同。

原告张××回家后，在朋友的提醒下，发现所购买的电脑根本不是苹果新出品的笔记本电脑，而是一个翻修过的二手货，其价值远不值张××所付出价格。原告与王××进行电话协商时对方不予理睬，两天后即2月27日，原告找到××电脑销售公司，王××不仅不搭理，反而对原告恶言相向。

现原告张××向贵院提出请求，要求××电脑销售公司收回该台电脑，并返还电脑款。希望人民法院可以依法支持原告上述诉讼请求，以维护原告作为消费者的合法权益。

证据和证据来源、证人姓名和住址：

(1) 2021年2月25日张××购买电脑发票一张；

(2) 证人：李××，可随时出庭作证，证明原告所购电脑不是新款的苹果电脑，而是翻新的二手货。

此致

××市××区人民法院

具状人：张××

××××年××月××日

附：1. 本诉状副本2份；

2. 证据2份。

■ 案例分析

该起诉状的事实和理由部分写清了所诉事项的经过、具体内容、纠纷产生的原因等，总体上格式规范、条理清楚、详略得当。

法律是社会的产物，我们的生活离不开法律。法律文书作为司法行政机关、当事人、律师等在解决诉讼和非讼案件时使用的规范文本，以及法律事件的记载凭证，在我们的生活中发挥着重要作用。法律文书作为一种特殊文书，其书写内容、结构形式、语言表达等都具有鲜明的特点。

(1) 合法性。必须根据法律的规定，按照不同的文种、要求和时限进行撰写。法律文书的制作必须符合一定的法律程序，履行一定的法律手续。

(2) 客观性。必须根据具体的案情事实来适用具体的法律条款，反映和体现实体法和程序法的规定，内容必须具有客观真实性，材料要受到事实的严格限制。

(3) 规范性。法律文书的撰写都有固定的格式要求，无论是表格文书，还是文字说明式文书，均应统一体例，便于制作、查阅和实施。

(4) 准确性。在撰写法律文书时，语言表述必须准确无误。无论是对案情事实的叙述、对问题性质的认定，还是对处理意见的说明，都必须做到准确无误。

✒ 学习目标

1. 了解法律文书的概念、属性和特征

2. 掌握法律文书的写作要求

3. 了解法律文书的文种分类

4. 掌握不同文种的法律文书内容结构和书写格式

10.1　法律文书概述

10.1.1　法律文书的概念

法律文书是指各写作主体依法处理各种诉讼、非诉讼案件时所写的具有法律效力或法律意义的文书，包括以下方面。

1) 写作主体

写作主体主要有公安机关、国家安全机关、检察院、法院、监狱、律师、公证处、仲裁委员会、当事人及其代理人等。

2) 适用范围

适用范围包括各类诉讼案件和非诉讼案件。

3) 写作依据

法律文书的写作必须依照法律规定，这是由法律文书的根本属性决定的。法律依据既包括实体法依据，又包括程序法依据。

4) 法律后果

法律文书不同于其他文书的一个显著特点是它具有法律效力或法律意义，并以国家强制力保障法律文书的执行。

10.1.2　法律文书的属性和特征

1) 法律文书的属性

法律文书具有双重属性，它以法律属性(即法律精神)为实质，以写作属性(即写作理念)为指导。

(1) 法律属性。法律属性(法律精神)是法律文书的实质和灵魂。法律文书的基本内容与法律精神有着极为密切的依存关系，随着法律规定的变化而变化。一是法律精神以程序法条文的形式出现，决定着一些重要的法律文书的内容设置和写作方法。二是法律精神以实体法条文的形式出现，决定着法律文书的主要内容。

(2) 写作属性。写作属性(写作理念)是法律文书根本属性的另一方面，是实施法律的重要载体和依托。首先，写作理念以法律文书基本写作技巧和规律的形式出现，是法律精神的表现形式。其次，每一种写作方法，每一类法律文书，因案件的性质、复杂程度不同，会呈现出各自不同的特点；即便是同一类案件、同一种文书，不同的作者也会有各自不同的写作与表述方法，这说明写作理念中具有个性色彩。

2) 法律文书的特征

(1) 内容的法律性。内容的法律性是法律文书的本质特征。法律文书既要反映实体法的内容，反映对案件实体问题的处理情况；又要反映程序法的内容，反映如何依照法定程序处理各种诉讼和非诉讼案件；还要根据案情反映相关司法解释的内容；涉外的法律文书还需要反映有关国际条约、国际公约的内容等。法律文书反映法律内容的方式有两种：直接反映和间接反映。

(2) 体式的规范性。体式的规范性主要表现在以下几方面：一是统一的格式是法律文书的一个显著特色；二是内容上也要有统一的要求；三是规范化语言的使用正是法律精神的体现。

(3) 实施的强制性。实施的强制性是指法律文书作为反映案件处理情况的具体形式，作为以国家强制力为后盾的物质载体，在一经写作并生效后，就成为强制性执行的法律凭证。实施的强制性，是由法律文书本质属性所决定的又一突出特征。

10.1.3 法律文书的写作要求

1) 对法律文书主题的要求

(1) 主题要准确。这是首要的要求。主题的准确性是指写作者对案件处理结论的准确反映，即指主题内容与所办理案件结论的一致性。

(2) 主题要明白。必须把主题的内容明明白白地显示在法律文书中，既不能含蓄，更不能模棱两可。

(3) 主题要集中、有序。要求写作者要根据法律文书格式的具体要求，在规定位置将案件处理结论的全部内容用恰当的方式集中写作。

2) 法律文书材料要求

写作法律文书的材料，大体上可以分为两类：一类是事实材料，包括各写作主体认定的案情事实材料和诉讼或非诉讼当事人反映的事实材料等；另一类是法律材料，指诉讼案件或非诉讼案件涉及的有关法律条款，主要包括实体法和程序法条文。对这些材料要认真地加以选择，做到恰当、准确、无误，使材料真正为主题服务。

(1) 刑事法律文书的选材。在写作有罪的刑事法律文书时，应选取有罪的事实材料，舍弃非罪的事实材料；在写作无罪的刑事法律文书时，应注意依照刑法具体规定，紧密结合案情，有针对性地选择当事人不构成犯罪或因证据不足、不能认定有罪的事实和法律材料，以证明其无罪的主题。

(2) 民事、行政类法律文书和非诉讼文书的选材。民事、行政法律文书主要是指法院的民事裁判文书和行政诉讼裁判文书。非诉讼文书主要包括仲裁文书、公证文书等。这类法律文书的选材的基本方法是：突出争执焦点，分清是非责任。

3) 法律文书选材的要求

(1) 围绕主题选材。一是以主题为中心进行选材，这是法律文书选材的关键。二是法律文书中选取的事实材料必须确实可靠，不能假设、编造，不允许夸大、缩小；要用充分、真实、合法的证据，并通过对证据的分析论证来证明事实。

(2) 选材要有针对性。要准确地、有针对性地选择法律材料，这样才能更充分有力地证明案件性质，辨析罪与非罪，分清是非正误。要特别注意所选法律材料能否与事实材料、证据材料保持应有的一致和协调，使法律材料与事实材料形成一个有机的整体，共同证明主题的准确性。

10.2 起诉状

起诉状是指当事人认为其合法权益受到侵害，为维护和实现自身的合法权益，依法向人民法院提起诉讼时使用的法律文书。起诉状包括：民事起诉状、刑事自诉状、刑事附带民事起诉状和行政起诉状。

10.2.1　民事起诉状

 案例导读

民事起诉状

原告：××市海滨城建支行(以下称城建支行)，住所地：××市幸福路88号。

法定代表人：李××，行长。

被告：××市体育展销厅(以下称展销厅)，住所地：××市长安路251号。

法定代表人：张××，主任。

××市××配件公司(以下称配件公司)，住所地：××市海盛路154号。

法定代表人：康××，董事长。

请求事项：

1. 被告偿还欠款18万元；

2. 被告补还原告贷款30万元的利息及逾期罚息(于××××年6月26日起至偿还借款日止)；

3. 诉讼费用由被告承担。

事实和理由：

××××年××月××日，被告展销厅为购买农用三轮摩托车，与原告城建支行签订一份借款合同。该合同约定：城建支行借给展销厅人民币30万元用于购进农用摩托车，期限为3个月，利息按月息9.45‰计收，如遇国家调整利率按新规定执行，被告配件公司作为被告展销厅的借款保证人，出具了贷款担保。合同签订后，原告城建支行按约将30万元贷款发放给被告展销厅。被告用该笔贷款的大部分购买了农用三轮摩托车，其余贷款挪作他用。借款期满时，被告展销厅归还了12万元整，剩余欠款及利息迟迟不还。原告曾多次找被告展销厅及配件公司要求还款，均无结果。鉴于以上事实，原告认为借款合同一经签订，即具有法律约束力，借款双方均应严格遵守。被告展销厅应按合同约定履行义务，当被保证人不履行合同约定的义务时，保证人有责任代为履行或承担连带赔偿责任。因此，在被告展销厅不履行其还款义务时，被告配件公司作为保证人应负连带还款责任。根据《中华人民共和国民法典》第四百六十五条、《中华人民共和国民法典》第六百八十八条之规定，特诉请人民法院判允原告的前列诉讼请求。

此致

××市人民法院

起诉人：××市滨潭城建支行(公章)

××××年××月××日

附：

1. 本诉状副本2份；

2. 证据：

(1) ××市体育展销厅向原告贷款30万元借据1份；

(2) ××汽车配件公司作为展销厅的借款保证人出具的贷款担保书1份。

■ 案例分析

文种：起诉状。

写作结构：

(1) 标题——《民事起诉状》，点明文种。

(2) 正文：原告及法定代表人信息+被告及法定代表人信息+请求事项+事实和理由。

写作要点：

在该民事起诉状的事实和理由部分，写清了合同签订的经过、具体内容、纠纷产生的原因等，总体上格式规范、条理清楚、详略得当。

民事起诉状是指原告认为自己的民事权益受到侵害或者与他人发生争议时，为维护自身合法权益而依法向法院提起民事诉讼，诉请法院做出裁判时所制作的法律文书。《中华人民共和国民事诉讼法》(以下简称《民事诉讼法》)第一百二十条规定，起诉应当向人民法院递交起诉状，并按照被告人数提出副本。书写起诉状确有困难的，可以口头起诉，由人民法院书记员记入笔录，并告知对方当事人。

1) 民事诉讼起诉条件

《民事诉讼法》第一百一十九条规定，起诉必须符合下列条件：

(1) 原告是与本案有直接利害关系的公民、法人和其他组织；

(2) 有明确的被告；

(3) 有具体的诉讼请求和事实、理由；

(4) 属于人民法院受理民事诉讼的范围和受诉人民法院管辖。

2) 民事起诉状事项

《民事诉讼法》第一百二十一条规定，起诉状应当记明下列事项：

(1) 原告的姓名、性别、年龄、民族、职业、工作单位、住所、联系方式，法人或者其他组织的名称、住所和法定代表人或者主要负责人的姓名、职务联系方式；

(2) 被告的姓名、性别、工作单位、住所等信息，法人或者其他组织的名称、住所等信息；

(3) 诉讼请求和所根据的事实与理由；

(4) 证据和证据来源，证人姓名和住所。

以上是制作民事起诉状的法律依据。

3) 民事起诉状结构

民事起诉状一般由首部、正文和尾部三部分构成。

(1) 首部。首部应当依次写明下列事项。

① 文书名称，即在诉状上部居中书写"民事起诉状"。

② 原告的基本情况，依《民事诉讼法》第一百二十一条规定。

③ 被告的基本情况，依《民事诉讼法》第一百二十一条规定。

(2) 正文。正文是民事起诉状的主体，应依次写明下列事项。

① 诉讼请求，这是原告要求人民法院解决民事权益的具体事项。

② 事实，该部分主要叙写民事权益发生争议或受到侵害的事实经过。

(3) 尾部。尾部应依次写明下列事项：致送人民法院的名称；起诉人签名或盖章；递交起诉状的时间，具体到年月日；附项，主要写附起诉状副本的份数、附证据材料的名称和份数等。

4) 民事起诉状格式

民事起诉状

原告

被告

诉讼请求

事实与理由

证据和证据来源，证人姓名和住所

此致

×××人民法院

起诉人：×××

××××年××月××日

附：本诉状副本×份

……

10.2.2 刑事自诉状

 案例导读

刑事自诉状

自诉人：杨××，女，1978年4月18日出生，汉族，××市××县人，农民，住××市××县××乡×村。

委托代理人：齐××，男，1980年10月9日出生，汉族，××市××县人，××公司技术员，住××市××县××路20号，系自诉人之弟。

被告人：董××，男，1978年1月4日出生，汉族，××市××县人，系××市××县××厂工人，住本厂工人宿舍。

案由和诉讼请求：

被告人董××犯虐待罪，请求法院依法追究被告人刑事责任。

事实与理由：

我与被告人董××系夫妻关系，2002年结婚，生一男孩董××(9岁)，婚后感情尚好。自2005年7月被告人与女职工林××来往密切，后发展为通奸关系。我知道后曾多次向××厂领导反映要求解决，因种种原因未能及时得到解决。被告人董××为了达到与我离婚和林××结婚的目的，自2005年开始，从精神上、肉体上、经济上长期虐待、摧残我，使我的身心受到严重伤害。根据《刑法》第二百六十条的规定，被告人的行为已构成虐待罪，情节恶劣，请求人民法院依法追究被告人董××的刑事责任。

证人姓名和住址，其他证据名称、来源：

　　我患有精神分裂症的事实，有××医院诊断证明证实；被告人董××用剪刀将我右手扎伤的事实，有××医院外科诊断证明和邻居王××、刘××证实，现王××、刘××与我住同村。

　　此致
××县人民法院

自诉人：杨××
××××年××月××日

　　附：本诉状副本1份。

■ 案例分析

文种：起诉状。

写作结构：

(1) 标题——《刑事自诉状》，点明文种。

(2) 正文：自诉人信息+委托代理人信息+被告人信息+案由和诉讼请求+事实与理由+证人姓名和住址，其他证据名称、来源。

写作要点：

该刑事自诉状的格式符合要求，行文流畅，表述清楚，观点明确，重点突出。但要注意的是，引用法律条款应当写明所引用法律的全称，如本文中"根据《刑法》第二百六十条"应改为"根据《中华人民共和国刑法》第二百六十条"。

刑事自诉状是指自诉案件的被害人或者法定代理人，根据事实和法律直接向人民法院控诉被告人的犯罪行为，要求追究被告人刑事责任的法律文书。

1) 刑事自诉状写作条件

(1) 刑事自诉状指控的犯罪行为属于法定的自诉案件的范围。

(2) 刑事自诉状应当以自诉人的名义写作。

(3) 刑事自诉状中必须书写清楚下列事项，即明确的被告人、具体的诉讼请求，并附有能证明被告人犯罪事实的证据。

(4) 自诉的犯罪行为属于受诉人民法院管辖的范围。

2) 刑事自诉状结构

刑事自诉状由首部、正文和尾部构成。

(1) 首部。首部应当依次写明下列事项：一是文书名称，在文书顶端居中书写"刑事自诉状"；二是当事人基本情况，刑事自诉案件的自诉人分别称为"自诉人"和"被告人"。

(2) 正文。刑事自诉状的正文依次包括以下三项内容。

① 案由和诉讼请求。案由是指被告人涉嫌的罪名。诉讼请求是指自诉人向人民法院提出的要求给予被告人刑事处罚的具体要求。

② 事实与理由。这是自诉人要求追究被告人刑事责任的事实根据和法律根据。

③ 证据表述。自诉人提起刑事自诉，应当有足够的证据证明其诉讼请求，否则人民法院将不予受理。

(3) 尾部。刑事自诉状的尾部应当依次写明下列事项：致送人民法院的名称；附项，即附自诉状副本的份数；自诉人或者代为自诉的人签名或者盖章；提起自诉的具体年月日。

3) 刑事自诉状格式

刑事自诉状

自诉人：……(依次写明自诉人的姓名、性别、出生年月日、民族、籍贯、职业、工作单位和职务、住所等)

被告人：……(依次写明被告人的姓名、性别、出生年月日、民族、籍贯、职业、工作单位和职务、住所等)

案由和诉讼请求

……

事实与理由

……

证人姓名和住址，其他证据名称、来源

……

此致

×××人民法院

自诉人：×××

××××年××月××日

附：本自诉状副本×份。

10.2.3 刑事附带民事起诉状

案例导读

附带民事起诉状

原告人：海××，男，42岁，农民，住沂水县××乡××村12号。

被告人：花××，男，39岁，××县汽修厂工人，住沂水县××乡××村5号。

诉讼请求：

1. 请求人民法院依法追究被告人花××故意伤害罪的刑事责任；

2. 请求人民法院判令被告人赔偿自诉人的医疗费、护理费和误工费。

事实和理由：

我与被告人素有矛盾，但已经村民调解委员会调解解决。2001年4月22日下午，我在路上遇见被告人，他因对村民调解委员会调解的结果感到不满意，便对我破口大骂。我当时对他说："兄弟，过去的事就过去了，不要再纠缠了。"被告人花××二话没说，就往我腰部踢了几脚，被告人的弟弟花×上来劝阻，被告又从我手中夺过挑水的扁担，嘴里骂道："什么玩意，今天我打不死你，也得把你打残。"边骂边持扁担朝我头部打来，我头部被打了一道两寸长的口子，当时就鲜血直流，昏了过去。被告见我被打伤，扬长而去。此后两天，我一直感到恶心，浑身疼痛难忍，吃不下东西。4月29日，我在妻子李××的陪同

下到被告家要求他给我看病，被告人非但不给看病，反而把我反锁在他家里，连续48个小时无人问津，我粒米未进。5月1日下午，被告人指使其弟弟花××将我从他家中拖出，扔在我家门口。事发后我曾找过被告人的单位，单位令其处理好这件事后方可上班，而被告人却置之不理。后来我的病情逐渐加重，5月12日我妻子带我去医院诊疗，现在伤口虽然已经愈合，但时感头昏、头疼，属脑震荡后遗症。后在秋忙季节，我也没法回家干农活。我在医院看病治疗期间，共花去医药费、车旅费6000余元，我在家中需要有人长期陪伴，影响了生产和生活。在我未受伤之前，我从事面粉加工业，每天纯收入500元左右，而我被被告人打伤后50余天不能从事劳动，经济上受到巨大损失。

综上所述，被告人花××无视法律，故意伤害我的身体，致我身体伤害程度达到轻伤，其行为已经构成了故意伤害罪。另外，由于被告人的殴打行为，我遭受了经济上的损失，我要求法院判令被告人向我承担经济损害赔偿责任。为此，根据《中华人民共和国刑事诉讼法》的规定，特向你院提起诉讼，请依法公正判决。

此致
×××人民法院

附带民事诉讼原告人：×××

××××年××月××日

附：本诉状副本×份。

■ 案例分析

文种：起诉状。

写作结构：

(1) 标题——《附带民事起诉状》，点明文种。

(2) 正文：原告及被告信息+诉讼请求+事实和理由。

写作要点：

该刑事附带民事起诉状在格式和具体内容上都符合要求，将本案的事实、证据和法律有机地结合在一起，结构完整、内容全面、详略得当。

刑事附带民事起诉状是指在刑事诉讼进行过程中，附带民事诉讼原告人向人民法院提出诉讼请求，要求法院判令被告人赔偿因其犯罪行为导致附带民事诉讼原告人遭受的物质损失的法律文书。

1) 刑事附带民事起诉法律依据

《中华人民共和国刑事诉讼法》第一百零一条规定，被害人由于被告人的犯罪行为而遭受物质损失的，在刑事诉讼过程中，有权提起附带民事诉讼。被害人死亡或者丧失行为能力的，被害人的法定代理人、近亲属有权提起附带民事诉讼。如果是国家财产、集体财产遭受损失的，人民检察院在提起公诉的时候，可以提起附带民事诉讼。

2) 刑事附带民事起诉状结构

刑事附带民事起诉状由首部，正文、尾部及附项构成。

(1) 首部。

① 标题：写"刑事附带民事起诉状"。

② 当事人基本情况：当事人基本情况这一部分主要是原告人和被告人的基本情况。当事人

是公民的，应当写明姓名、性别、出生年月日、民族、籍贯、职业(或工作单位和职务)、住址；当事人是法人、其他组织的，应写明其名称、所在地址、法定代表人(或代表人)的姓名、法定代表人(或代表人)的职务和联系电话。

(2) 正文。

① 诉讼请求。具体写明要求附带民事诉讼被告人赔偿的范围、具体数额。

② 事实与理由。附带民事诉讼本质上是一种民事诉讼，因此该部分的具体写法可参照民事起诉状的制作方法。

③ 证据和证据来源，证人姓名和住址。有关举证事项应写明证据的名称、件数、来源或证据线索。有证人的应写明证人的姓名、住址。

(3) 尾部及附项。

尾部包括：致送人民法院的名称；自诉人签名；自诉时间；附项主要应当列明材料的内容及份数，并标号分项。

3) 刑事附带民事起诉状格式

刑事附带民事起诉状

原告人：×××

被告人：×××

诉讼请求：

……

事实与理由：

……

证据及其来源，证人姓名和住址：

……

此致

×××人民法院

具状人：×××

××××年××月××日

附：相关证据材料。

10.2.4 行政起诉状

 案例导读

行政起诉状

原告：胡××，男，××岁，汉族，××市××厂退休工人，住本市××区××村××街××号。

被告：××市××区城市建设环境保护局。

法定代表人：李××，局长。

请求事项：

1. 要求撤销被告××××年××月××日对原告所做的《处罚决定书》；

2. 要求确认原告在××村××街××号所建二层楼为合法建筑；

3. 请求法院依法责令被告立即给原告兑换《房产证》。

事实和理由：

原告为了解决家庭人多、住房紧张的困难，经过向被告申请，按照被告批准的《私房建筑许可证》(×建字第×号)及建楼图纸和其他要求，于××××年××月××日在××号自家院内建成一座二层楼。在施工前，被告曾派人到现场查看，施工过程和竣工的楼房也都符合被告所批准的建楼要求。但是，被告却趁原告兑换《房产证》之机，擅自扣押《私房建筑许可证》，不给兑换《房产证》，并依仗职权，于××××年××月××日错误地做出处罚决定。《处罚决定书》上说原告建房"违反了(××)国函字××号文和×政××号文及《××市城市建设规划管理办法(试行)》有关条款"。到底是哪一条、哪一款，被告含糊其词，并没有说明。因此，被告的提法是没有准确的法律依据的，是错误的。在《处罚决定书》中还说："查你在××区××村××街××号所建二层楼有五处违章……"此说法是不能成立的。第一，原告是按照《私房建筑许可证》和审批图纸建筑施工的，怎么能说"所建二层楼有五处违章"呢？第二，从施工开始到施工结束，被告曾派王×到施工现场查看，直到竣工验收，一直没有提出异议，即应视为建筑全部合格，符合要求。假如说建筑有五处违章，为什么不当场提出，而在事隔很长时间，扣押《私房建筑许可证》后才做出处理决定呢？可见，被告的这种说法是不正确的。

综上所述，被告××××年××月××日所做的《处罚决定书》不仅没有准确的法律依据，而且违背了被告所审批的图纸和《私房建筑许可证》上的技术规定，是完全错误的。原告所建的二层楼是合法建筑。被告扣押《私房建筑许可证》，不给兑换《房产证》更是错误的。被告错误的行政行为直接侵犯了原告的合法权益，给原告造成了不应有的损害。《中华人民共和国行政诉讼法》第二条规定，公民、法人或者其他组织认为行政机关和行政机关工作人员的行政行为侵犯其合法权益，有权依照本法向人民法院提起诉讼。为此，特依法向贵院提起诉讼，请依法裁判。

此致

××区人民法院

具状人：胡××

××××年××月××日

附：1. 诉状副本1份；

2. 证据5件。

■ 案例分析

文种：起诉状。

写作结构：

(1) 标题——《行政起诉状》，点明文种。

(2) 正文：原告及被告信息+请求事项+事实和理由。

写作要点：

该行政起诉状在格式和具体内容上都符合要求，将本案的事实、证据和法律有机地结合在一起，结构完整、内容全面、详略得当。

行政起诉状是公民、法人或者其他组织认为行政机关及其工作人员的具体行政行为侵犯其合法权益，以行政机关为被告向人民法院提起行政诉讼，为请求法院做出撤销被告的具体行政行为的裁判而制作的法律文书。

1) 行政起诉条件

公民、法人或者其他组织提起行政诉讼，应当提交行政起诉状。《中华人民共和国行政诉讼法》(以下简称《行政诉讼法》)第四十九条规定，提起诉讼应当符合下列条件：

(1) 原告是符合本法第二十五条规定的公民、法人或者其他组织；

(2) 有明确的被告；

(3) 有具体的诉讼请求和事实根据；

(4) 属于人民法院受案范围和受诉人民法院管辖。

2) 行政起诉状结构

行政起诉状与民事起诉状的结构和行文格式相同，由首部、正文和尾部三部分组成。

(1) 首部。首部应当依次写明文书名称、原告基本情况和被告基本情况。

① 文书名称。即在文书顶端居中书写"行政起诉状"。

② 原告基本情况。原告是公民的，依次写明原告姓名、性别、年龄、民族、籍贯、职业、工作单位及职务、住址。原告是法人或其他组织的，书写方法与民事起诉状相同。

③ 被告基本情况。应依次写明被告的名称、住所，以及法定代表人或者主要负责人的姓名、职务。

(2) 正文。正文是行政起诉状的主体内容，包括下列内容。

① 诉讼请求。诉讼请求是原告向人民法院提出的具体权利主张。

② 事实和理由。行政诉讼实行举证责任倒置，由被告对具体行政行为的事实根据和法律根据负举证责任。

③ 证据材料。对证据材料进行表述，是行政起诉状正文的重要组成部分。

(3) 尾部。尾部应依次写明：致送人民法院名称；附项，书写行政起诉状副本的份数；起诉人签名或者盖章；注明起诉的年月日。

3) 行政起诉状的格式

行政起诉状

原告：(写明原告姓名、性别、年龄、民族、职业、工作单位和职务、住所等)

被告：(写明被告行政机关名称)

所在地址：法定代表人(或主要负责人)；(写明其姓名、职务)

诉讼请求

......

事实与理由

……

证据和证据来源，证人姓名和住址

……

此致

×××人民法院

起诉人：×××

××××年××月××日

附：本起诉状副本×份。

10.3 答辩状

答辩状是指被告人针对原告向法院提交的起诉状中的诉讼请求直接予以承认，或者提出起诉状中陈诉的诉讼请求不成立、没有法律根据、没有事实根据或证据不足等抗辩理由的法律文书。与起诉状相对应，答辩状也分为民事答辩状、刑事答辩状和行政答辩状。

10.3.1 民事答辩状

 案例导读

民事答辩状

答辩人：汤××，男，31岁，××公司工人，现住××市××区××街××巷×号。

答辩人就被答辩人所诉离婚一案，具体答辩如下。

答辩人认为被答辩人所诉离婚之理由纯属捏造，答辩人不能同意被答辩人离婚的要求。理由有三。

一、被答辩人诉称答辩人不务正业，对家务事不管不问，经常在外赌博，致使被答辩人生活困难，连买衣服都得回娘家要钱等情况，纯属捏造。事实是：答辩人单位工作制度为三班倒，答辩人下夜班后还要干包工活，根本没有赌博之事。答辩人将赚来的钱交被答辩人支配，现被答辩人有3000元储蓄，根本不存在买衣服回娘家要钱之事。

二、被答辩人诉称近三四年来，答辩人对被答辩人张口就骂、抬手就打，常夜不归宿，在外赌博，被答辩人稍加询问，便对被答辩人进行毒打，逼得被答辩人曾两次自杀，经抢救脱险等，更是不符合事实。答辩人从未打过被答辩人，除夜班外，答辩人都在家住。至于被答辩人两次自杀，与答辩人毫无关系，只不过是为其离婚创造条件而已。

三、应当指出的是，被答辩人生活作风不正派。曾于××××年跟×××乱搞两性关系，答辩人发现后，由于被答辩人和×××苦苦哀求，并表示悔改，答辩人才勉强把事情压下去。事情过后，被答辩人未有悔改表现，但答辩人考虑两个女儿幼小，愿等待被答

辩人悔改后重归于好。

综上所述，答辩人请求法院对合法婚姻予以保护，对被答辩人的不法行为给予教育，对其无理要求给予驳回，做出公正判决。

此致

××市××区人民法院

答辩人：汤××

××××年××月××日

附：本答辩状副本1份。

■ 案例分析

文种： 答辩状。

写作结构：

(1) 标题——《民事答辩状》，点明文种。

(2) 正文：答辩人信息+答辩内容。

写作要点：

该民事答辩状的内容有针对性，有的放矢。在反驳过程中，紧扣事实和证据，用语冷静、简洁，语气平和，总体上格式规范，逻辑清晰，语言流畅。

民事答辩状是指民事案件的被告人或者被上诉人，针对原告在起诉状或者上诉人在上诉状中提出的诉讼请求、事实陈述、证据材料和法律依据，进行答复和辩驳而制作的法律文书。《民事诉讼法》第一百二十五条规定，人民法院应当在立案之日起五日内将起诉状副本发送被告，被告应当在收到之日起十五日内提出答辩状。

1) 民事答辩状的作用

首先，民事答辩状的内容，要么是对起诉状、上诉状中提出的诉讼请求和事实陈述进行承认，要么是进行抗辩。其次，被告或被上诉人提出答辩状是其反驳对方的诉讼请求，维护自身合法权益的重要诉讼手段，是我国民事诉讼法上确立的当事人诉讼权利平等原则的重要体现。

2) 民事答辩状的结构

民事答辩状属于叙述式文书，没有严格的格式限制，一般由首部、正文和尾部三部分构成。

(1) 首部。首部应当依次写明以下几点。

① 文书名称。居中书写"民事答辩状"。

② 答辩人身份情况。依次写明答辩人的姓名、性别、年龄、民族、职业、工作单位和住所。答辩人是法人或其他组织的，应当写明法人或其他组织的名称、所在地址、法定代表人或者主要负责人的姓名、职务。需要注意的是答辩状无须写明对方当事人的身份情况。

(2) 正文。正文包含导语、答辩理由和答辩意见三部分。

① 导语。导语即答辩的根据和对象。一般情况下表述为"×××诉×××一案，法院已经受理。现根据事实和法律，答辩如下"。

② 答辩理由。答辩理由即答辩的事实根据和法律根据。答辩理由的写作应对应起诉状或上诉状中的内容，对对方当事人的诉讼请求、事实主张、证据材料和法律根据，以及当事人是否适格、法院是否享有管辖权等立案条件，依据事实和法律，分别表明自己的观点。

③ 答辩意见。在充分阐释答辩理由的基础上，答辩人应提出自己的答辩意见。

(3) 尾部。尾部应当依次写明：致送的人民法院；答辩状副本份数；答辩人签名或盖章；答辩日期，具体到年月日。

3) 民事答辩状的格式

民事答辩状

答辩人：×××

×××诉×××一案，已被你院受理(在上诉过程中表述为：×××已于××月××日向你院递交上诉状)。答辩人根据事实和法律，现答辩如下：

......

此致

×××人民法院

答辩人：×××

××××年××月××日

附：本答辩状副本×份。

10.3.2　刑事答辩状

 案例导读

刑事答辩状

答辩人：张××，男，62岁，汉族，××省××市人，××××学院退休教师，住××市××××大院宿舍区甲楼×门×号。

因殷××诉我侵犯名誉权一案，现答辩如下。

我与原告(实为本案自诉人，下同)原系同事，都在××××学院××××教研室任教，我于2010年退休。2011年暑假，我曾为××会计师事务所和××××教研室牵线，二者合办一期《××××条例》辅导班。2012年元月2日，教研室同事赵××、钱××、孙××、李××来我家中看望我。聊天中，他们谈到：教研室在与××会计师事务所合办《××××条例》辅导班时，原告拿着她儿子刚刚创办的公司的发票(据说免税)告诉学员们，交10元钱开100元发票，交100元开1000元发票，开资料费回去可以报销。于是学员们纷纷交钱买假发票，但具体数目不详。我随即打电话给××会计师事务所的周××询问此事，周××亦证实此事，并表达不满，还说可以提供学员名单备查。我觉得原告作为一个共产党员这样做是十分错误的，便给学校纪委写了信，希望他们调查，如属实，应加强教育。6月14日，退休党员进行支部活动。活动中，退休党员对学院工作提了许多意见和建议，我也提到对类似原告虚开发票这样的问题，应进行认真调查，不能只听她本人一句话就

过去了。活动结束后，恰巧原告从会场门口路过，有人说："说曹操，曹操就到。"原告就问："说我什么？"我说："关于办班开假发票的事，希望你再跟任××如实谈一下。"原告甩了一句"少跟我来这一套"，就匆匆走了。活动之后的这个过程，只不过一分钟，根本不容我有在大庭广众"侮辱"她的言行。我认为，我退休前是系总支纪检委员，退休后也应该维护党风党纪。我向纪委写信反映原告的问题，在党员活动中交流我所了解的情况，与原告当面交谈中表达我对她的希望，这既是一个共产党员与公民的权利，也是一个共产党员与公民的义务，根本谈不上侵犯名誉权。根据上述事实和理由，现提出答辩请求如下：(1)驳回原告之诉讼请求；(2)责令原告向我赔礼道歉。

　　此致
××市人民法院

答辩人：张××

××××年××月××日

■ 案例分析

文种： 答辩状。

写作结构：

(1) 标题——《刑事答辩状》，点明文种。

(2) 正文：答辩人信息+答辩内容。

写作要点：

刑事答辩状是针对自诉人在自诉状中所述事实不实而展开答辩的，应先写自诉人所犯错误，有时间、有环境、有答辩人发现的过程、有答辩人核对的环节；再写答辩人对自诉人所犯错误的态度，详述事情经过；最后从权利与义务上进行说理，并对全文进行归纳。

该答辩状以时间为序，陈述事实，重点突出，最后提出请求，有理有节，是较好的实例，但缺少附项部分。

刑事答辩状是指为了平等地保护每一个公民的合法权益，包括被控告犯罪的人。法律规定对于被害人提起自诉的案件，被告人也可以"针锋相对"地进行反驳，以表明自己没有犯罪或情节轻微。而相应地，被告人就此答辩向法院提交的文书即为刑事答辩状。

1) 刑事答辩的法律依据

《中华人民共和国刑事诉讼法》第二百一十二条规定，人民法院对自诉案件，可以进行调解；自诉人在宣告判决前，可以同被告人自行和解或者撤回自诉。本法第二百一十条第三项规定的案件不适用调解。人民法院审理自诉案件的期限，被告人被羁押的，适用本法第二百零八条第一款、第二款的规定；未被羁押的，应当在受理后六个月以内宣判。《刑事诉讼法》第二百一十三条规定，自诉案件的被告人在诉讼过程中，可以对自诉人提起反诉。反诉适用自诉的规定。

2) 刑事答辩状格式

刑事答辩状

答辩人：×××

因_____诉我_____一案，答辩如下：

……(针对诉状或上诉状的指控所作出的答辩理由)

此致

×××人民法院

答辩人：×××

××××年××月××日

附：答辩书副本×份；

其他证明文件×份。

10.3.3 行政答辩状

案例导读

行政答辩状

答辩人：×××市公安局××区公安分局，所在地址：×××市××区政府路10号。

法定代表人：张××，职务：局长，电话：××××××。

委托代理人：赵××，×××市公安局××区公安分局干部。

因原告李××诉我局行政处罚侵犯其合法权益，现我局依据事实和法律答辩如下。

一、我局对李××的行政处罚是依法行使职权，并不构成超越职权。2022年7月5日，我局接到报警，××区东明面粉厂职工李××与王××因琐事发生争执，李××将王××打伤。我局民警林××、商××接到报警后火速赶到现场，王××被打伤躺在地上。林××、商××进行现场勘验，对双方当事人进行了询问，对现场群众进行了询问，并制作了笔录。李××对笔录核实，认为无误。后经法医鉴定王××构成轻伤。我局在认真调查、核实的基础上，听取了双方当事人的叙述和辩解，依据《中华人民共和国行政处罚法》第××条、《中华人民共和国治安管理处罚法》第××条的规定做出了对李××行政拘留15天、罚款300元的行政处罚。本案原告对被害人王××的人身造成了伤害，违反了《中华人民共和国治安管理处罚法》，我局依法做出行政处罚是依法履行职权的行为，处罚合法、合理，并没有侵犯李××的合法权益。

二、原告对我局工作人员违反法定程序的指控并不成立。处罚程序经过了立案、调查取证、说明理由、当事人陈述与申辩、做出处罚决定等程序，送达我局工作人员在处理李××一案时，严格按照《中华人民共和国行政处罚法》规定程序，手续齐全，程序合法，并不存在原告所说的违反法定程序的情况。

三、原告对我局工作人员打骂、接受当事人贿赂的指控并不成立。我局工作人员依法调查、取证，依法制作询问笔录，并不存在打骂、威逼的情况。不准打人、骂人，是公安机关的一项重要纪律；"刑讯逼供"更是为刑法所禁止的犯罪行为。在这方面，我局对干警一直有严格的要求，如有违反，定然及时从严处理。我局工作人员在现场询问李××时，有众多群众在场，群众可以证明我局工作人员没有打骂、威逼行为。李××在我局执行行政拘留期间，我局工作人员没有提讯过李××，更不会存在打骂、威逼行为。关于原告指控我局工作人员收受另一方当事人贿赂的问题，我局已经做了调查，调查结果证实原告的指控并不存在。以上是针对原告诉讼请求及其所指证据，我局所做的答辩。以上是针对原告诉讼请求及其所指证据，我局所做的答辩。

此致
×××市××区人民法院

答辩人：×××市公安局××区公安分局

法定代表人：张××(盖章)

委托代理人：赵××(盖章)

××××年××月××日(盖公章)

附：1. 本答辩状副本2份；

2. 证人证言3份；

3. 法医鉴定书1份；

4.《中华人民共和国行政处罚法》《中华人民共和国治安管理处罚法》复印件3份；

5. 调查笔录2份。

■ 案例分析

文种：答辩状。

写作结构：

(1) 标题——《行政答辩状》，点明文种。

(2) 正文：答辩人信息+法定代表人信息+委托代理人信息+答辩内容。

写作要点：

起诉状属于立论，而答辩状属于驳论。驳论文章强调针对性，应避开枝节问题，抓住对方的"软肋"，在关键问题上一针见血。

该起诉状能够根据本案的特点，将写作的重点放在对事情经过的交代上，在分析和论证上利用案件事实和相关的法律层层深入，很有说服力。

行政答辩状是行政诉讼中的被告(或被上诉人)针对原告(或上诉人)在行政起诉状(或上诉状)中提出的诉讼请求、事实与理由，向人民法院做出的书面答复。提出答辩状是诉讼当事人的一项诉讼权利，而不是诉讼义务。根据《行政诉讼法》第六十七条的规定，被告不提出答辩状的，不影响人民法院审理。

1) 行政答辩状结构

(1) 首部。

① 标题。居中写明"行政答辩状"。

② 答辩人的基本情况。答辩人是作为第一审被告或第二审被上诉人的行政机关时，答辩状应当先记明答辩人的单位全称和地址，接下来另起一行列出该单位的法定代表人或主要负责人的姓名、职务、电话，然后另起一行逐一列出委托代理人及其姓名、职务；答辩人是作为第二审被上诉人的不服行政机关具体行政行为的行政管理相对人时，应当记明答辩人的姓名、性别、年龄、民族、职业、工作单位、住所、联系方式或者其他组织的名称、地址和法定代表人(或者主要负责人)的姓名、职务、联系方式。如果答辩人委托律师代理诉讼，只要写明其姓名及律师事务所名称即可。

③ 答辩事由。写明答辩人因××一案进行答辩。具体写法通常为"答辩人因××(原告或上诉人)提起××(事由)一案，现答辩如下："。

(2) 正文。

① 答辩理由。答辩理由是答辩状的主要部分，大体包括以下内容。

一是就案情事实部分进行答辩。对原告(或上诉人)在起诉状(或上诉状)中所叙述的案件事实经过与实际情况不符的地方，必须明确提出并予以纠正。如果起诉状(或上诉状)中所说的事实存在，也应当明确表示，说明事实没有出入。

二是就具体行政行为的正确性进行答辩。《行政诉讼法》第三十四条规定，被告对作出的具体行政行为负有举证责任，应当提供作出该具体行政行为的证据和所依据的规范性文件。根据这条规定，可以针对原告(或上诉人)起诉状(或上诉状)中的论点，提出充分的证据证明案情事实，列举有关的法律、法规并适当摘引其相应的条款进行辩驳，说明自己做出的具体行政行为所适用的实体法和程序法都是正确的。

三是就法定程序方面进行答辩。如果起诉状(或上诉状)指责被告(或被上诉人)做出的具体行政行为不符合法定程序，而且这种指责是没有根据的，应当依法予以驳斥。

② 证据和证据来源、证人姓名和住址。

③ 提出答辩主张。在提出事实和法律方面的答辩之后，应引出自己的答辩主张，即要求对具体行政行为判决维持、部分撤销，还是表示愿意重新做出具体行政行为。

(3) 尾部。写法与民事起诉状基本相同。

2) 行政答辩状的写作注意事项

(1) 需要进行答辩的，可能是作为第一审被告或第二审被上诉人的行政机关，也可能是作为第二审被上诉人的不服行政机关具体行政行为的行政管理相对人。

因此，当被诉行政机关进行答辩时，不仅要对原告(或上诉人)的诉讼请求和提出的事实、理由进行反驳，还必须提供自己做出该具体行政行为的证据和所依据的规范性文件，否则会导致败诉。当作为第二审被上诉人的公民、法人或其他组织进行答辩时，应当对上诉人上诉的请求、事实和理由进行答复、辩解和反驳。

(2) 根据我国《行政诉讼法》第六十七条的规定，人民法院应当在立案之日起五日内，将起诉状副本发送给被告。被告应当在收到起诉状副本之日起十五日内向人民法院提交作出具体行政行为的证据和所依据的规范性文件，并提出答辩状。

10.4　反诉状

反诉状是指民事诉讼中的被告或刑事自诉中的被告人，为维护自身的合法权益，就与本诉有内在联系的事由，以本诉的原告为被告或以本诉中的自诉人为被告人提起新的诉讼，要求人民法院将本诉与反诉一并审理的法律文书。反诉状只适用于民事诉讼和刑事自诉中，所以包括：民事反诉状、刑事自诉反诉状。

反诉状一般分为三部分：首部、正文和尾部。首部包括标题和当事人情况，正文包括诉讼请求、事实和理由、证据和证据来源，尾部为落款、附项等内容。

10.4.1　民事反诉状

 案例导读

民事反诉状

反诉人(本诉被告)：张××，男，36岁，汉族，××省××市人，住××市××区×路×号。

被反诉人(本诉原告)：××市××有限公司分公司。

住所：××市××区××镇×公司×号。

负责人：高××，分公司经理。

电话：××××××××。

因×市×有限公司分公司诉反诉人购销合同纠纷一案，现对被反诉人提起反诉。

反诉请求：

1. 判令被反诉人接受反诉人退回0.4吨瑕疵大米；

2. 判令被反诉人给付违约金8 194.5元；

3. 判令被反诉人承担全部诉讼费用。

事实与理由：

被反诉人起诉状所述与事实不符。被反诉人供货存在瑕疵，供货量严重不足。2019年1月13日双方签订大米购销合同。反诉人于2019年1月14日向被反诉人预付全部货款额的10%。被反诉人于2019年4月24日供货2吨，其中除0.6吨因不符合合同约定已于2019年4月28日退货外，反诉人处尚有0.4吨瑕疵供货，反诉人多次与被反诉人交涉退货未果。被反诉人符合合同约定的实际供货(大米)仅为1吨，与合同约定的相去甚远。反诉人多次要求被反诉人供货未果。

证据和证据来源：

1. 大米购销合同书；

2. 瑕疵大米样本。

综上所述，被反诉人起诉状所述没有事实根据，法院不应支持其全部诉讼请求；而且，被反诉人应承担违约责任。请求法院依法判决，维护反诉人利益。

　　此致

××市××区人民法院

　　　　　　　　　　　　　　　　　　　　　反诉人：张×××

　　　　　　　　　　　　　　　　　　　　　××××年××月××日

　　附：1. 本反诉状副本1份；

　　　　2. 相关证据材料×份。

■ 案例分析

文种： 反诉状。

写作结构：

(1) 标题——《民事反诉状》，点明文种。

(2) 正文：反诉人及被反诉人信息+反诉请求+事实和理由。

写作要点：

反诉状的写作应抓住当事人双方在事实上的分歧及由此产生的争议焦点进行论证，该民事反诉状格式基本符合要求，内容简明扼要。需要注意的是，在反诉人和被反诉人后应该分别注明其在本诉中的诉讼地位，这样更为规范。

民事反诉状是民事诉讼的被告就原告起诉的同一事实，向人民法院提交的请求适用同一诉讼程序与原告的起诉合并审理，并追究原告相应民事责任的法律文书。

在民事诉讼中，被告针对原告提出反诉是被告在诉讼中享有的权利，目的在于就原告起诉的同一事实阐述原告应当承担的相应责任。民事反诉状既是被告指控原告的书面依据，也是人民法院对原告的本诉、被告的反诉适用同一诉讼程序合并审理的基础。民事反诉应当以本诉为基础。

民事反诉状结构如下。

1) 首部

(1) 标题。居中写明"民事反诉状"。

(2) 当事人的基本情况。分别写明反诉人(本诉被告)和被反诉人(本诉原告)的姓名、性别、出生年月日、民族、职业、工作单位和职务、住址等。在反诉人和被反诉人后应分别注明其在本诉中的诉讼地位。如果反诉人或被反诉人是法人或其他组织的，应写明其名称和所在地址，以及法定代表人(或主要负责人)的姓名和职务。

有代理人的应列出其基本信息，但律师作为诉讼代理人的只需列出其姓名及所在律师事务所名称。

2) 正文

(1) 反诉请求。反诉请求是反诉人基于与本诉诉讼请求相同的事实或法律关系，而向被反诉人提出的诉讼请求，应当简要说明反诉人向人民法院提出的反诉主张和具体请求事项。

(2) 事实和理由。反诉的事实和理由是反诉人提出反诉请求所依据的事实基础和法律根据，是反诉状的核心内容。首先，应详细、客观地阐述反诉赖以成立的事实，对与当事人争议有联系的关键情节要阐述得详尽、清楚，并提出相关证据和材料予以证明。其次，阐明反诉与本诉的关联性，写清两诉在诉讼标的、诉讼理由上具有事实或法律上的利害关系。最后，根据所述反诉事实，引用有关法律规定，提出具体的反诉请求，以抵消、吞并或否定本诉原告的诉讼请求。

(3) 证据。反诉状同样需要举证，应列明能够支持反诉请求、证明反诉事实真实性的证据和材料，应写明证据名称和来源、证人姓名及现住地。

3) 尾部

尾部的写法与民事起诉状基本相同。

10.4.2 刑事自诉反诉状

 案例导读

刑事自诉反诉状

反诉人(本诉被告人)：史××，女，××岁，汉族，××县人，××县向荣市场洁雅餐馆业主，住××县柳泉镇黑沟村。

被反诉人(本诉自诉人)：谭××，男，××岁，汉族，××县人，××县石村乡政府干部，住××县石村乡平原村。

反诉请求：

1. 被反诉人谭××犯诽谤罪，请人民法院依法惩处；

2. 驳回被反诉人的诉讼请求。

事实和理由：

被反诉人系反诉人洁雅餐馆顾客。2022年6月24日下午，被反诉人与其同事在反诉人所开的洁雅餐馆就餐后将一个棕色皮包遗忘在饭桌上。反诉人在收拾餐桌时发现该皮包(包中有现金70 000元和几张单据)，因为不知是谁遗忘的，反诉人遂将该皮包暂放店里等待失主领取。随后，被反诉人两次找反诉人索要钱款，反诉人因无法确认对方身份而没有将钱物交回，直到公安机关对被反诉人身份予以确认后，反诉人认为没有问题，即主动交回。不料，被反诉人在两次索要未果后，竟在向荣市场四处散布谣言，说反诉人开的店是黑店，甚至利用其职权公然在向荣市场门口张贴小字报，对反诉人进行造谣中伤、污蔑陷害。被反诉人的这些行为是对反诉人人格的侮辱，败坏了反诉人的名声和餐馆的信誉，尤其在向荣市场造成了极坏的影响。反诉人认为，被反诉人采取散布流言和张贴小字报等手法，捏造事实，公然对反诉人进行诽谤，情节严重，其行为触犯了《中华人民共和国刑法》第二百四十六条之规定，构成诽谤罪。被反诉人的犯罪行为，侮辱了反诉人的人格，败坏了反诉人的声誉，在群众中造成了恶劣的影响，给反诉人带来了重大伤害。因此，请人民法院从重惩处。

证据和证据来源，证人姓名和住址：

1. 向荣市场保卫部门提供的被反诉人张贴的小字报影印件1份，证明被反诉人捏造事实、侮辱诽谤反诉人的罪行属实；

2. 向荣市场××理发店学徒李××证言1份，证明小字报为被反诉人所贴。李××暂住向荣市场××理发店。

此致

××县人民法院

反诉人：史××

××××年××月××日

附：本反诉状副本1份。

■ 案例分析

文种：反诉状。

写作结构：

(1) 标题——《刑事自诉反诉状》，点明文种。

(2) 正文：反诉人及被反诉人信息+反诉请求+事实和理由。

写作要点：

刑事自诉反诉状在反驳自诉人的同时，要提出独立的诉讼请求，属于驳论、立论相结合的文书。该刑事自诉反诉状格式符合要求，逻辑清楚，观点明确，有事实、有证据，基本做到了破中有立，说服力较强。

刑事自诉反诉状是指刑事自诉案件中的被告人在已经开始的刑事诉讼程序里，以刑事自诉案件的自诉人作为被告向同一人民法院提出和本诉有牵连的，旨在保护自己合法权益的法律文书。刑事自诉反诉状是人民法院审查并决定受理刑事自诉案件的反诉案件的书面根据，如同刑事自诉状一样，它对人民法院的审理和判决活动具有重要的意义。

刑事自诉反诉状结构如下。

1) 首部

(1) 标题。居中写明"刑事自诉案件反诉状"或"刑事自诉反诉状"。

(2) 当事人的基本情况。主要内容包括：反诉人与被反诉人的姓名、年龄、民族、出生地、文化程度、职业、工作单位、住址、电话、邮政编码等。如果反诉人已经委托了诉讼代理人，还应写明诉讼代理人的有关情况(姓名、性别、年龄、职务和住址)。诉讼代理人是律师的，应写明律师所在律师事务所名称和地址。在反诉人和被反诉人后应分别注明其在本诉中的诉讼地位，如反诉人(本诉被告人)、被反诉人(本诉自诉人)。

2) 正文

(1) 反诉请求。反诉请求是反诉人通过反诉所要达到的目的。

(2) 事实和理由。在这一部分，要注意证明反诉被告人犯罪的事实必须是与本诉案有牵连的事实，如果无牵连，则属独立的自诉案件，不是反诉案件，需要另案处理。其他方面的要求同刑事自诉状。

(3) 证据。对证据、证人名单要以列举的方式逐个写清，以便人民法院查证核实。

3) 尾部

尾部的写法与民事起诉状基本相同。

10.5 上诉状

上诉状是指当事人不服第一审人民法院的判决或裁定，在法定期限内请求上一级人民法院对本案再次进行审理时制作的法律文书。上诉状包括：民事上诉状、刑事上诉状、行政上诉状。

10.5.1　民事上诉状

 案例导读

民事上诉状

上诉人：陈××，女，×年×月×日出生，汉族，××厂职工，住××市××区×街×号。

被上诉人：张××，女，×年×月×日出生，汉族，××厂职工，住××市××区×街×号。

上诉人因遗产纠纷继承一案，不服××××年××月××日收到(××××)××初字第××号民事判决书，提起上诉。上诉的请求和理由如下。

上诉请求：

1.请求法院撤销(××××)××初字第××号民事判决书；

2.请求法院驳回被上诉人的诉讼请求；

3.请求法院判决被上诉人承担本案，上诉费。

事实与理由：

一、一审法院程序严重违法

(一) 一审法院违背当事人的意愿将审判程序由普通程序转换为简易程序审理，这明显违反了《最高人民法院关于适用简易程序审理民事案件的若干规定》第二条规定，人民法院不得违反当事人自愿原则，将普通程序转为简易程序。一审法院的程序违法直接影响上诉人在一审中的各种程序权利，造成上诉人仓促应诉，使上诉人处于极为不利的境地。

(二) 在上诉人依照法律规定提交证人出庭申请书的情况下，一审法院开庭审理中认定我方证人(证明被上诉人是否对其父亲尽到赡养义务)出庭作证不合法，不予采纳。但在(××××)××初字第××号民事判决书中，对我方出庭证人××、××证言因何不予认可未加以阐述，这明显违反民事诉讼法诉讼证据规则，从根本上导致了一审法院对本案关键事实认定不清。

二、一审法院认定事实不清

一审法院对上诉人在一审中提出的"被上诉人自××年对其父亲不理不睬，不尽赡养义务，依法不应当继承财产"的事实毫未理会，也未予以认定。

综上，一审法院审理程序严重违法、认定事实错误，应当依法予以改判。

此致

××市中级人民法院

上诉人：陈××

××××年××月××日

附：1. 本上诉状副本1份；

　　2. 一审证人出庭申请书；

　　3. 被上诉人于××年前后遗弃其父的材料(证明内容：被上诉人自××年对其父亲不理不睬，不尽赡养义务)。

■ 案例分析

文种：上诉状。

写作结构：

(1) 标题——《民事上诉状》，点明文种。

(2) 正文：上诉人及被上诉人信息+上诉请求+事实与理由。

写作要点：

该民事上诉状请求事项写得明确、具体、详尽。对于想达到的目的，没有说空话套话，而是直接提出，对于上诉理由部分，有理有据，措辞得体。

注意不能只是说"请求上级法院依法做出公正判决"或者"请求上级法院给我做主"等类的空话。上诉理由切忌无限上纲，要避免重复叙述，也不必说明对判决中的哪些部分表示同意等。

民事上诉状是指民事诉讼当事人不服第一审法院做出的判决、裁定，在法定期限内向上一级法院提出上诉，请求撤销或变更原裁判而制作的法律文书。我国《民事诉讼法》第一百六十四条规定，当事人不服地方人民法院第一审判决的，有权在判决书送达之日起十五日内向上一级人民法院提起上诉。当事人不服地方人民法院第一审裁定的，有权在裁定书送达之日起十日内向上一级人民法院提起上诉。

1) 民事上诉条件

一是必须是有上诉权的人才能提起上诉。二是上诉状必须在法定的上诉期限内提出，才能发生上诉的法律效力。即不服一审判决的，上诉期限为15日；不服一审裁定的，上诉期限为10日。三是上诉的对象必须是还没有发生法律效力的民事判决、裁定，这主要是地方各级人民法院作出的第一审判决裁定。

2) 民事上诉状法律依据

我国《民事诉讼法》第一百六十五条规定，上诉应当递交上诉状。上诉状的内容，应当包括当事人的姓名，法人的名称及其法定代表人的姓名或者其他组织的名称及其主要负责人的姓名；原审人民法院名称、案件编号和案由；上诉的请求和理由。这是诉讼当事人制作民事上诉状的法律依据。

3) 民事上诉状结构

民事上诉状由首部、正文和尾部三部分构成。

(1) 首部。首部应当依次写明下列内容：一是文书名称，在民事上诉状的顶端居中书写"民事上诉状"；二是上诉人基本情况，依次写明上诉人的姓名、性别、年龄、民族、籍贯、职业、工作单位及职务、住所；三是被上诉人基本情况，与上诉人基本情况写法相同。

(2) 正文。正文部分依次写明案件来源、上诉请求和上诉理由。一是案件来源是一个过渡性、程式化的段落，该部分应写明案由、原审法院名称和案件的编号。二是上诉请求应当写明要求二审法院撤销或变更原裁判的具体要求。三是上诉理由是上诉请求的根据，应写明上诉请求的事实根据和法律根据。

(3) 尾部。民事上诉状的尾部应当依此写明：致送人民法院的名称；附项，书写民事上诉状副本的份数；上诉人签名或盖章；注明上诉年月日。

4) 民事上诉状的格式

民事上诉状

上诉人：(原审原告／原审被告)

被上诉人：(原审被告／原审原告)

上诉人因××(写明对方当事人姓名／名称和案由)一案，不服×××人民法院××××年××月××日[××××]×民初字第×号民事判决(裁定)，现提出上诉。上诉的请求和理由如下。

上诉请求：

……

上诉理由：

……

此致

×××人民法院

上诉人：×××

××××年××月××日

附：本上诉状副本×份。

10.5.2　刑事上诉状

 案例导读

刑事上诉状

上诉人：陈××，男，33 岁，汉族，××省××市××区人，××厂工人，住××市×街×号。

上诉人因盗窃一案，不服××市××区人民法院××××年××月××日(××)刑普判字第××号刑事判决，现提出上诉。

上诉请求：

请求撤销原判，重新审理，依法改判，对于上诉人从轻或者减轻处罚。

上诉理由：

上诉人于××××年××月××日盗窃了赵××的笔记本电脑一部，卖出后得人民币 5 000 元。后此事被我家人知道，便劝我去自首，在家人的感召下，我去公安局自首坦白，并主动将赃款全部退回。在审讯中，××法院审判员张××再三逼迫，说我是个惯犯，绝不是只盗窃了一台笔记本电脑，一定还有很多曾经盗窃过的事件没有交代，如不交代，就要从严判处；如果彻底交代，保证从宽处理、不判刑或者只判很轻的刑。我听信了张××的话，为了从宽判刑，我就胡说曾经还盗窃过一部苹果手机。谁知我一"交代"却说我是供认不讳，罪行严重，判处了 10 年有期徒刑。我所坦白的盗窃过一部苹果手机的事情是假的，是根本没有的事，是在审判员张××的诱惑下才编造的。只有盗窃笔记本电脑一事才是真的，

并且事后我还自首坦白并积极退款了。根据我国《刑法》第六十七条规定，对于自首的犯罪分子，可以从轻或者减轻处罚。而法院在判决时并未对我的自首情节予以考虑。

因此我不服原判，特提出上诉，请求撤销原判，重新审理，依法改判，对于上诉人从轻或者减轻处罚。

此致

××市中级人民法院

上诉人：陈××

××××年××月××日

附：1. 上诉状副本2份；

2. 张审判员审问我的庭审记录。

■ 案例分析

文种： 上诉状。

写作结构：

(1) 标题——《刑事上诉状》，点明文种。

(2) 正文：上诉人信息+上诉请求+上诉理由。

写作要点：

该刑事上诉状的请求事项写得明确、具体、详尽，想达到什么目的直接提出。对于上诉理由部分叙述有理有据，措辞得体，条理清晰。

但要注意的是，引用法律条款应当写明所引用法律的全称，如本文中"根据我国《刑法》第六十七条规定"应改为"根据《中华人民共和国刑法》第六十七条规定"。

刑事上诉状是刑事诉讼被告人、自诉人及其法定代理人，不服地方各级人民法院第一审刑事判决、裁定，在法定期限内依照法定程序向上一级人民法院提出上诉请求，要求变更或者撤销原判决、裁定的法律文书。

两审终审制是我国刑事诉讼法规定的一项基本诉讼制度，不服地方各级人民法院第一审刑事判决、裁定而提出上诉，是法律赋予当事人的一项重要诉讼权利。

1) 刑事上诉状的适用条件

(1) 刑事上诉状只能由具有上诉权的人制作和提交。

(2) 刑事上诉状指向的对象只能是地方各级人民法院作出的第一审刑事判决或裁定。

(3) 刑事上诉状必须在法定期限内制作和提交。

2) 刑事上诉状结构

刑事上诉状由首部、正文和尾部构成。

(1) 首部。首部应当依次写明下列事项。

① 文书名称。在文书顶端居中书写"刑事上诉状"。

② 上诉人基本情况。应当依次写明：上诉人(原审被告人／原审自诉人)姓名、性别、年龄、民族、籍贯、职业、工作单位及职务、住所。

③ 被上诉人基本情况。被上诉人的基本情况与上述写法基本相同。需要注意的是，公诉案件中没有被上诉人。

(2) 正文。正文包括案由、上诉请求和上诉理由三部分。

① 案由。根据最高法院的司法解释，案由部分应当写明：案由、收到一审裁判的时间、第一审法院的名称和裁判文书号。

② 上诉请求。上诉请求是上诉人因不服第一审法院的裁判，而向第二审法院提出的具体要求。

③ 上诉理由。上诉理由主要是说明原裁判认定事实不清、证据不足或者适用法律错误、程序违法等事由，以论证上诉请求成立的事实根据和法律根据。

(3) 尾部。尾部应当依次写明以下事项：致送人民法院的名称；附项，主要写明所附上诉状副本份数，以及所附证据材料情况；上诉人签名或者盖章；上诉的年月日。

3) 刑事上诉状格式

刑事上诉状

上诉人：……(写明上诉人基本情况)

上诉人××××一案，于××××年××月××日收到×××人民法院××××年××月××日[××]刑初字第××号刑事×××，现因不服该××判决，提出上诉。

上诉请求：

……

上诉理由：

……

此致

×××人民法院

上诉人：×××
××××年××月××日

附：本上诉状副本×份。

10.5.3　行政上诉状

 案例导读

行政上诉状

上诉人(一审原告)：××省××市第三建筑公司，地址：××市××区××街×号。

法定代表人姓名：蒋×，职务：经理，电话：××××××，企业性质：全民，工商登记核准号：×××××××，经营范围和方式：一、×××××××××，二、×××××××××，开户银行：中国工商银行××分理处，账号：×××××××。

被上诉人(一审被告)：××省工商局，地址：××市××区××街×号。法定代表人姓名：金××，职务：局长。

上诉人因××省工商行政管理局行政处罚一案，不服××市××区人民法院2010年

×月×日(2010)×行初字第×号行政判决，现提出上诉。

上诉请求：

1. 撤销××市××区人民法院(2010)×行初字第×号维持行政处罚的判决；

2. 要求判决被上诉人赔偿上诉人经济损失×××××元。

上诉理由：

1. ××市第三建筑公司没有违反国家工商法律规定，其工程合同符合被上诉人审验的营业许可范围。2010年3月，被上诉人在处理××市医药公司中药饮片厂与上诉人××市第三建筑公司建筑安装工程合同纠纷中，以我公司非法转包工程主体部分为由，认定该工程合同系违法合同，并给予罚款一万元的处罚。上诉人认为这种行政处罚是错误的。因为我公司虽然将工程土建中的一部分转包给外地施工单位，但我公司并未放弃对建设工地进行工程技术、质量、经济的管理，而且××市医药公司中药饮片厂对转包一事完全知情，亦未提出任何异议，依据住建部发布的法规，该转包是合法的。

2. 上诉人因受被上诉人的错误行政处罚，使信誉及业务活动受到很大损失，某些客户对上诉人的信誉表示怀疑，纷纷提出取消已签合同，极大影响了上诉人的正常业务。而且行政机关对上诉人的罚款是从流动资金中划拨的，影响了上诉人流动资金的使用和业务活动的开展，使上诉人的经济收入蒙受重大损失。与去年同期相比，直接经济损失达×××××元。根据《中华人民共和国行政诉讼法》第六十七条、第六十八条之规定，××省工商局应赔偿由此给上诉人造成的经济损失。

综上所述，被上诉人所作出的行政处罚是不符合事实的，是错误的。一审法院维持被上诉人行政处罚的判决是不合法的。为此，请求××市中级人民法院依法撤销原判，判令被上诉人赔偿上诉人经济损失×××××元。

此致

××市中级人民法院

上诉人：××市第三建筑公司

××××年××月××日

附：上诉状副本1份。

■ 案例分析

文种：上诉状。

写作结构：

(1) 标题——《行政上诉状》，点明文种。

(2) 正文：上诉人及被上诉人信息+上诉请求+上诉理由。

写作要点：

上诉理由是行政上诉状的重点，应通过事实和证据说明原审错误所在，阐明自己的观点，以实现上诉的目的。该行政上诉状层次清楚、结构完整、符合规范，但上诉理由部分的阐述不够深入，没有提出很有力的证据，因此总体说服力较弱。

行政上诉状是行政诉讼的当事人不服人民法院做出的未生效的第一审行政判决、裁定，在法定期限内向上一级人民法院提交的请求重新审理、撤销或变更原审裁判的法律文书。行政上诉状既是行政诉讼当事人声明上诉的诉讼文书，也是第二审人民法院适用行政诉讼法中规定的第二审程序对行政案件进行上诉审判的依据。

行政上诉状结构如下。

1) 首部

(1) 标题。居中写上"行政上诉状"。

(2) 当事人基本情况。分别写明上诉人和被上诉人的相关情况。

(3) 上诉事由。这一部分包括案由，原审人民法院名称，处理时间，文书的名称、字号，以及做出上诉的表示等内容。通常表述为"上诉人因与被上诉人××纠纷一案，不服××人民法院××××年××月××日[××××]××字第××号行政判决(裁定)，现依法提出上诉"。

2) 正文

(1) 上诉请求。上诉请求一般包括：撤销原判决、裁定，进而要求驳回诉讼请求或驳回起诉；要求发回重审；要求部分或全部改判，要求改判的应当具体说明改判的请求。

(2) 事实与理由。该部分是行政上诉的重点。通过事实和证据，说明原审的错误所在，阐明自己的观点，以实现上诉的目的。

(3) 证据。如有新的证据、证人，应写明向人民法院提供的能够证明上诉要求的证据名称、件数，证人姓名和住址。

3) 尾部

尾部的写法与民事起诉状基本相同。

10.6　申诉状

申诉状是指当事人对已经发生法律效力的人民法院的判决或裁定不服，依据法定程序请求原审法院或者原审法院的上级法院再次进行审理时制作的法律文书。申诉状也有民事、刑事和行政申诉状之分。

民事申诉状、刑事申诉状和行政申诉状三者之间存在差异，但结构均由首部、正文和尾部三部分构成。

1) 首部

首部应当写明下列事项。

(1) 文书名称。文书顶端居中书写"申诉状"。

(2) 申诉人基本情况。申诉人为公民的，依次写明姓名、性别、年龄、民族、籍贯、职业、工作单位及职务、住所。申诉人为法人或者其他组织的，依次写明单位名称、所在地址、法定代表人及代表人姓名、职务。

(2) 申诉人基本情况。申诉人为公民的，依次写明姓名、性别、年龄、民族、籍贯、职业、工作单位及职务、住所。申诉人为法人或者其他组织的，依次写明单位名称、所在地址、法定代表人及代表人姓名、职务。

2) 正文

正文部分由案由、诉讼请求、事实与理由三部分构成。

(1) 案由。案由部分的具体内容包括原来案件的案由、原处理机关名称、处理时间、处理法律文书的名称及编号等。

(2) 诉讼请求。即申诉人提出的具体要求，是申诉人通过申诉所希望达到的目标。

(3) 事实与理由。事实与理由就是申诉人的申诉请求的事实根据和法律根据。

10.6.1 民事申诉状

 案例导读

民事申诉状

申诉人：王梅花，女，××××年××月××日出生，汉族，现住××市×××区××路×××号

被申诉人：李东升，男，××××年××月××日出生，汉族，现住××市×××区××路×××号

申诉人因李东升诉王梅花抚养关系纠纷一案不服××市××区人民法院(2×××)××字第×号判决，现提出申诉，申诉请求及理由如下。

请求事项：

撤销(2×××)××字第×号判决事实和理由。

2×××年申诉人因感情不和与被申诉人分居，被申诉人起诉时申诉人已经离开××市，并不居住在××市××区的××地址。法律文书送达到××地址后，因被申诉人已经搬离该住所，因此没有收到法院的法律文书和起诉状，该案件公告送达及缺席审理。

原抚养关系诉讼中，被申诉人没有如实向法院提供双方已经结婚登记证明，及生育婚生子女的证明，而是谎称和申诉人没有办理结婚手续，女儿"子女的姓名"属于非婚生子女。事实上早在××××年××月××日双方已经在××省××市××区的民政处办理合法的婚姻登记手续，女儿也是婚后2×××年××月××日出生，属于婚生子女，申诉人的说法均有民政部颁发的结婚证和医院出具的出生证明可以印证。

因被申请人的不实陈述，以及原审法院没有查明双方之间的婚姻状况，导致××××年××月××日××区法院作出了(2×××)××字第×号判决，判令女儿"子女的姓名"随被申请人共同生活，申请人每月支付×××元抚养费直至"子女的姓名"十八周岁。申请人认为双方目前还存在着合法的婚姻关系，都有抚养子女的权利和义务，不存在女儿和谁一起共同生活的说法。目前因申诉人居住困难(没有住房，和人合租)，所以女儿暂和被申诉人共同生活，但不代表申诉人放弃对女儿的抚养和探望的权利义务。双方还没有解除婚姻关系，夫妻所取得的收入都是夫妻共同收入，任何一方的收入都可以用于抚养女儿成长，鉴于申诉人收入有限并且要支付房租，和女儿同住的被申诉人在经济上相对较为宽裕，因此在离婚前，不存在申诉人需要按月支付抚养费的做法，离婚后申诉人会依民政处的离婚协议或者法院的判决或者调解文书履行自己的法定抚养义务。

原判决、裁定认定的基本事实缺乏证据证明，申诉人特向贵院提出申诉，望贵院依法审理，还申诉人女儿一个婚生子女的合法地位。

此致

××市××区人民法院

申诉人：×××

××××年××月××日

■ 案例分析

文种：申诉状。

写作结构：

(1) 标题——《民事申诉状》，点明文种。

(2) 正文：申诉人及被申诉人信息+申诉事项。

写作要点：

该民事申诉状的写法基本符合要求，具体叙述了事实和法理，并论证了法院的判决错在何处，体现出申诉的针对性，总体上做到了逻辑清晰、观点明确、文字简练。

民事申诉状是指民事诉讼当事人不服人民法院制作的已经发生法律效力的民事判决书、裁定书和调解书，依法申请人民法院再次审理此案的法律文书。民事申诉状又称为再审申请书。

1) 民事申诉状的法律依据

《民事诉讼法》第一百九十九条规定，当事人对已经发生法律效力的判决、裁定，认为有错误的，可以向上一级人民法院申请再审。

《民事诉讼法》第二百零一条规定，当事人对已经发生法律效力的调解书，提出证据证明调解违反自愿原则或者调解协议的内容违反法律规定的，可以申请再审。经人民法院审查属实的，应当再审。当事人的申诉必须符合法定条件，人民法院才会决定再审。

2) 申诉状中必须表明下列情形

根据法律规定，当事人申诉状中必须表明下列情形。

(1) 有新的证据，足以推翻原判决、裁定的。

(2) 原判决、裁定认定事实的主要证据不足的。

(3) 原判决、裁定适用法律确有错误的。

(4) 人民法院违反法定程序，可能影响案件正确判决、裁定的。

(5) 审判人员在审理该案时有贪污受贿、徇私舞弊、枉法裁判行为的。

(6) 当事人的申请应该在判决、裁定生效后2年内提出。人民法院对于不符合上述条件的申诉，予以驳回。

10.6.2 刑事申诉状

 案例导读

刑事申诉状

申诉人：刘××忠(受害人刘××华之兄)，男，1975年2月23日生，汉族，××市人，××市××中学教师，住××中学××号楼××单元××室。

申诉人因彭××故意伤害案，不服××市高级人民法院2020年6月5日做出的〔2020〕高刑终字第23号刑事判决，现提出申诉。理由如下。

一、原判决法律定性错误

判决书认定彭××构成故意伤害罪(致人死亡)属于定性错误，申诉人认为彭××的行为已经构成故意杀人罪。案件发生过程中，被害人刘×华并未对彭××及其他任何人造成人身威胁，彭××没有必要使用三棱刮刀对被害人刘×华进行伤害。如果彭××不是出于故意杀人的目的，在当时被害人刘×华赤手空拳且比彭××身体瘦小的情况下，完全可以采取劝阻或说服教育的方式解决，而根本没有必要使用三棱刮刀；即使使用三棱刮刀，也不应该选择人体最要害的部位——心脏进行攻击，并一刀扎死了被害人。可见，彭××主观上有杀人的故意，而非伤害的故意。

二、原判决认定事实错误

原判决书认定建筑队书记要去医院看病，被害人刘×华进行拦截和挑衅，这与事实真相不符。事实是：被害人的母亲多次去找××镇建筑队要求解决工作问题，均遭到建筑队队长袁××殴打。为此，被害人母亲曾找××区委和××法院，但均未获得满意处理。6月19日，被害人母亲找到建筑队书记杨××后，又遭到杨××打骂，然后杨书记要坐车去医院，因为遭到殴打，被害人母亲拦住车不让他走，他们强行将被害人母亲拉开，开车把杨书记送走了。申诉人和母亲也步行去医院了，整个过程中申诉人的弟弟刘×华根本不在现场，何来"拦截"和"挑衅"呢？此后，中午12时许，刘×华找申诉人的母亲回家吃饭，彭××这时从仓库拿出三棱刮刀，不由分说上来一刀刺在被害人的心脏部位，然后穿过马路逃跑了。彭××持刀刺死被害人并逃跑的事实，为什么判决书中只字不提呢？

综上所述，××高级人民法院终审判决书根据《中华人民共和国刑法》第二百三十四条的规定，以故意伤害罪判处彭××有期徒刑七年，实属认定事实错误，定性不准确，并由此导致适用法律错误。申诉人认为，彭××的行为已经触犯《中华人民共和国刑法》第二百三十二条的规定，应定故意杀人罪，并从重处罚。为此，特向你院提起申诉，请依法严惩彭××，替申诉人的弟弟刘×华申冤，以捍卫国家法律的尊严，保护公民的合法人身权。

此致
××市高级人民法院

申诉人：刘××
××××年××月××日

附：××市高级人民法院〔2000〕高刑终字第23号刑事判决书复印件一份。

■ 案例分析

文种： 申诉状。

写作结构：

(1) 标题——《刑事申诉状》，点明文种。

(2) 正文：申诉人信息+原判决+请求事项。

写作要点：

该申诉状的写法基本符合要求，具体叙述了事实和法理，并论证了法院的判决错在何处，体现出了申诉的针对性，总体上做到了逻辑清晰、观点明确、文字简练。

刑事申诉状是指刑事诉讼当事人及其法定代理人、近亲属、被害人对已经发生法律效力的刑事判决、裁定，依法申请人民法院或者人民检察院重新处理时制作的法律文书。

1) 刑事申诉状的法律依据

《刑事诉讼法》第二百五十二条规定，当事人及其法定代理人、近亲属，对已经发生法律效力的判决、裁定，可以向人民法院或者人民检察院申诉，但是不能停止判决、裁定的执行。

2) 刑事申诉应符合法定的条件

当事人的刑事申诉只有符合法定的条件，才会引起重新审判的程序，这些条件具体如下。

(1) 有新的证据证明原判决、裁定认定的事实确有错误的。

(2) 据以定罪量刑的证据不确实、不充分或者证明案件事实的主要证据之间存在矛盾的。

(3) 原判决、裁定适用法律确有错误的。

(4) 审判人员在审理该案时，有贪污受贿、徇私舞弊、枉法裁判行为的。当事人既可以向人民法院提出申诉状，也可以向人民检察院提出申诉状。

10.6.3　行政申诉状

 案例导读

行政申诉状

申诉人：××医院，住所地××县×街×号。法定代表人：徐××，职务：院长。电话：×××××××××。

申诉人因××市场监管局行政处罚纠纷一案，不服××市中级人民法院××××年××月××日(××××)×行××字第××号的判决，依法提出申诉。

请求事项：

1. 撤销原审判决，依法重新审理；

2. 撤销××市场监管局的行政处罚决定。

事实与理由：

×××××年××月××日，被申诉人以申诉人在城市晚报做医疗广告系虚假宣传，损害消费者的权益为由，认定申诉人所做的广告内容违反了《中华人民共和国广告法》第四条关于"广告不得含有虚假或者引人误解的内容，不得欺骗、误导消费者"的规定，根据《中华人民共和国广告法》第五十五条规定，对申诉人做出"罚款10 000元"的处罚。同时，被申诉人认为申诉人未取得《医疗广告审查证明》而发布该医疗广告，违反了《医疗广告管理办法》第三条规定，根据《医疗广告管理办法》第二十二条规定，对申诉人作出"罚款10 000元"的处罚。申诉人认为被申诉人的做法违反了《行政处罚法》第二十九条"对当事人的同一个违法行为，不得给予两次以上罚款的行政处罚"的规定，行政行为明显不当。

但××区人民法院经审理，认为被申诉人的行政处罚决定并没有违反"一事不再罚"，对被申诉人的行政处罚决定未予以撤销。申诉人认为一审判决在判断此事上存在严重错误，向××市中级人民法院提起了上诉，经审理，××市中级人民法院维持了一审判决。

申诉人不服，特提出申诉，请求重新审理，依法改判，撤销被申诉人的行政处罚决定。

此致

××省高级人民法院

申诉人：××医院

定代表人：徐××

××××年××月××日

附：原审判决书各1份。

■ 案例分析

文种：申诉状。

写作结构：

(1) 标题——《行政申诉状》，点明文种。

(2) 正文：申诉人信息+请求事项+事实与理由。

写作要点：

该行政申诉状申诉理由针对原判认定的事实和结论，将自己不服判决的论点明确写出。在摆出不服原判的论点后，充分运用事实论据进行说理、反驳及论证。论点与论据要一致，原因和结果、前提和结论要吻合。

注意：

行政申诉状不受时间限制，接受申诉状的机关是原审法院或上一级人民法院。

行政申诉状是指行政诉讼当事人不服人民法院制作的已经发生法律效力的行政判决、裁定，申请人民法院再次审理此案时制作的法律文书。

1) 行政申诉状的法律依据

《行政诉讼法》第九十条规定，当事人对已经发生法律效力的判决、裁定，认为确有错误的，可以向上一级人民法院提出申诉，但判决、裁定不停止执行。

2) 行政申诉状应符合法定的情形

当事人制作和使用行政申诉状，必须符合法定的情形才能引起再审程序的发生。根据最高人民法院《关于执行〈中华人民共和国行政诉讼法〉若干问题的解释》第七十二条的规定，有下列情形之一的，属于《行政诉讼法》第六十三条规定的违反法律、法规规定：

(1) 原判决、裁定认定的事实主要证据不足；

(2) 原判决、裁定适用法律、法规确有错误；

(3) 违反法定程序，可能影响案件正确裁判；

(4) 其他违反法律、法规的情形。

10.7　仲裁协议书

 **案例导读**

仲裁协议书

　　甲方：内蒙古×××公司，呼和浩特市西路×××号。法定代表人：王××，男，45岁，系该公司总经理。

　　乙方：北京×××局×××公司，呼和浩特市北路×××号。法定代表人：李××，男，38岁，系该公司经理。

　　双方于××××年3月1日签订并经×××市公证处公证了松散型联营汽车运输煤炭的《联营协议书》，联营的1年期限已经届满，双方未获得利润；又实际联营半年多，仍未见利润。鉴于此，双方一致同意选择呼和浩特仲裁委员会确认联营业务终止，解除联营协议，分割联营投资购置的固定资产，分担债务，分享债权，彻底清算双方的联营业务。双方一致接受呼和浩特仲裁委员会依据我国《仲裁法》和国家的示范仲裁规则，以及该会自己的仲裁规则，对上述纠纷所作的裁决结果。

　　甲方(盖章)：　　　　　　　　　　乙方(盖章)：

　　法定代表人(签字)　　　　　　　　法定代表人(签字)

　　××××年××月××日签订于×市×区

■ 案例分析

文种：仲裁协议书。

写作结构：

(1) 标题——《仲裁协议书》，点明文种。

(2) 正文：当事人信息＋协议内容

写作要点：

　　该仲裁协议书表述清晰明确，详细说明引起争议的事项、双方争议的范围和具体纠纷情形，使用简洁明了的语言，使得当事人能够准确理解。

　　仲裁协议书是双方在合同中未订立仲裁条款，而在发生争议后，双方同意签订的表示愿意将他们之间已经发生的争议提交仲裁解决的协议，也称为提交仲裁的协议。

　　有效的仲裁协议书必须具备下列条件：必须是书面的；具有所确定的法律关系上可能发生或已经发生的争议；争议事项是可仲裁的事项；当事人具有订立仲裁协议的行为能力；形式和内容是合法的。

10.7.1　仲裁协议书结构

　　仲裁协议书由首部、正文、尾部三部分构成。

1) 首部

首部包括文书名称和当事人基本情况。

(1) 文书名称。即在文书的正上方居中写明"仲裁协议书"。

(2) 当事人基本情况。当事人是自然人的，写明当事人的姓名、性别、年龄、职业、通讯方式、工作单位和住所；当事人若为法人和其他组织的，应写明当事人的全称、地址及法定代表人的姓名和职务。如果有委托代理人的，应写明其姓名、单位等事项。

2) 正文

根据《中华人民共和国仲裁法》(以下简称《仲裁法》)第十六条的规定，仲裁协议书的正文应包括如下内容。

(1) 请求仲裁的意思表示。它是双方当事人在发生纠纷时要提请仲裁的表示。一般多在合同中载有"本合同所发生或者与本合同有关的一切争议，双方自愿提交仲裁解决"的条款。

(2) 仲裁事项。它是指提请仲裁的纠纷范围。仲裁事项必须明确约定，不可疏漏也不能超出法律规定的仲裁范围，否则无效。

(3) 选定的仲裁委员会。根据《仲裁法》的规定，我国的仲裁委员会设立在直辖市和省、自治区人民政府所在地的市以及其他设区的市，不按行政区划层层设立。仲裁委员会独立于行政机关，与行政机关没有隶属关系。仲裁委员会之间也没有隶属关系。仲裁不实行级别管辖和地域管辖，只要当事人协商同意，可以任意选择一个仲裁委员会进行仲裁。

3) 尾部

尾部应写明双方当事人的名称、地址、电话号码，并由当事人签名盖章，最后写明签订日期和地点。

10.7.2　仲裁协议书写作要求

1) 仲裁协议书一定要订得明确、具体，切忌模棱两可。尤其在仲裁委员会的选定上，更应避免出现"若发生纠纷，由仲裁委员会仲裁"的字样，而应明确由哪个仲裁委员会仲裁。

2) 为避免出现仲裁协议书无效的情况，应注意以下事项。

(1) 约定的仲裁事项不能超出法律规定的仲裁范围。婚姻、收养、监护、扶养、继承纠纷以及依法应当由行政机关处理的行政争议不能申请仲裁。

(2) 订立仲裁协议书的当事人必须是有民事行为能力的人。

(3) 任何一方均不能采取胁迫手段，迫使对方签订仲裁协议。

(4) 仲裁协议对仲裁事项或者仲裁委员会没有约定或者约定不明确的，当事人可以补充协议。达不成补充协议的，仲裁协议无效。

10.7.3　仲裁协议书格式

仲裁协议书

当事人：×××

当事人：×××

当事人双方愿意提请××仲裁委员会依照其《中华人民共和国仲裁法》的规定，仲裁如下争议(争议的事项)。

……

　　当事人名称：×××　　　　　　　　当事人名称：×××

　　地址：……　　　　　　　　　　　　地址：……

　　签字(盖章)：　　　　　　　　　　　签字(盖章)：

　　签订日期：　年 月 日　　　　　　　签订日期：　年 月 日

10.8　公证书

 案例导读

公证书

〔2004〕×证字第238号

申请人：王××，男，1970年4月3日出生，汉族，济南市××公司职员，现住济南市××区××小区××单元××号。

公证事项：保全物证。

申请人王××于2004年10月2日来到我处，向我处申请对其购买的家具进行保全证据。

根据《中华人民共和国公证暂行条例》的规定，本公证员与公证人员龚××、录像人员张××跟随申请人王××于2004年10月10日上午来到济南市××区××路60号××家具商场，对王××选购的××牌家具进行了录像和拍摄，本公证员现场制作了《现场记录》一份，张××拍摄录像带一盒，公证人员龚××拍摄照片12张。兹证明与本公证书相粘连的《现场记录》的复印件与原件内容相符，原件上所有人员签名属实；本公证书后所附照片共12张为现场所拍摄，存放于本处的录像带(一盒，当事人处另有复制VCD带两盒)为现场录制。

中华人民共和国山东省××市公证处

公证员：宋××

××××年××月××日

附：1.《现场记录》一份；

　　2.照片12张。

■ 案例分析

文种：公证书。

写作结构：

(1) 标题——《公证书》，点明文种。

(2) 正文：申请人+公证事项。

写作要点：

该公证书内容撰写准确、清晰地描述事件或行为，并注明相关当事人信息、见证人信息和公证机关信息。遵循法律法规的规定，并确保内容客观中立、真实可信。

公证书是指国家公证机关根据当事人提出的公证申请，按照法定的程序依法证明法律行为、有法律意义的事实和文书的真实性、合法性，以保护公民身份上、财产上的权利和合法利益而制作的各类法律文书的总称。

10.8.1 公证书分类

1) 按照适用范围的不同，可划分为国内公证书、涉外公证书和涉港澳台公证书

国内公证文书是指不含涉外因素的公证书。涉外公证书是指公证机构办理涉外公证所出具的公证文书，即公证事项中含涉外因素，如公证当事人、证明对象或者证书使用地等诸多因素中至少含有一个涉外因素。涉港澳台公证书是指公证机构办理涉港澳台公证时出具的公证文书。

2) 按照公证事项的不同性质，公证书可分为以下五类

(1) 法律行为公证书。如合同公证书、遗嘱公证书、委托公证书、财产赠与公证书、有奖活动公证书、继承公证书等。

(2) 法律事实公证文书。如出生公证书、结婚公证书、亲属关系公证书、学历公证书、学位公证书、法人资信情况公证书等。

(3) 文书公证书。如证明印鉴属实公证书、证明专利证书的公证书、证明文件的副本与原本相符的公证书、证明董事会决议的公证书等。

(4) 债权文书公证书。公证机关对于符合一定条件的债权文书可以依法赋予强制执行的效力，如追偿债款、物品等，统称为强制执行公证书。

(5) 其他事务公证书。如票据拒付公证书、不可抗力公证书、商标权公证书、家庭经济状况公证书、选票公证书、查无档案记载公证书、保管遗嘱公证书等。

3) 按照制作格式和要求的不同，可划分为定式公证书和要素式公证书

(1) 定式公证书是指按照固定的格式语言，填充其中的变量撰写的公证书。

(2) 要素式公证书是指文书内容由规定的要素构成，行文结构、文字表述等则由公证员根据具体的公证事项酌情撰写的公证书。

10.8.2 公证书结构

公证书一般由首部、正文和尾部构成。定式公证书的结构框架，主要由程式化用语组成，写作要素已经被固定在文书的相关位置，不注重对事实的叙述和理由的分析，因此制作方法比较简单。这里以要素式公证书为主来分析公证书的结构，要素式公证书主要由首部、正文和尾部构成。

1) 首部

(1) 文书名称。在文书开头居中位置写"公证书"。

(2) 文书编号。编号的位置在公证书名称的右下方，由年度、制作机构简称、公证处及公证类别代码和公证书顺序号组成，写为"〔××××〕×证 ×字第××号"。公证类别代码分为国内民事、国内经济、涉外民事、涉外经济、涉港澳、涉台等。年度编码和顺序号编码使用阿拉伯数字。

(3) 当事人的基本情况。当事人指"申请人"和"关系人"，如果具体案件中没有"关系人"，此项可不写。申请人为自然人的，依次写明其姓名、性别、出生年月日、住址。如为外国人还应写明国籍。申请人为法人的，首先写明法人全称和住所地，另起一段写明法定代表人的姓名、性别、出生日期。申请人为非法人组织的，首先写明其全称、住所地，另起一段写明代表人的姓名、性别、出生日期。申请人有委托代理人的，应在"申请人"下面另起一段，写明委托代理人姓名、性别、职务和住址。

(4) 公证事项。公证事项是要素式公证书的新增内容，应单列一项，写明公证证明对象的名称或类别。一是公证对象。要素式公证书公证的对象主要是证据保全、现场监督和合同协议。二是申请事由。明确写明三个要素：申请人提出申请的时间；申请人向公证机构提出申请、要求公证的意思表示；公证对象的具体类别。

2) 正文

公证书正文又称"证词"。公证书正文的基本内容可以从不同角度进行分类，这也是公证书的一个显著特色。

(1) 按照写作要素区分，公证书的正文包括两大部分。一是"必备要素"。"必备要素"是公证书证词中必须具备的内容，一般包括：申请人姓名或全称、申请日期及申请事项。二是"选择要素"。"选择要素"是指根据公证证明的需要，或者根据当事人的要求，酌情在公证书证词中写明的内容。

(2) 按照结构要素区分，公证书的正文包括以下几部分。一是公证机构查明的事实。应如实写明案件发生的时间、地点、具体过程和相关证据等内容，具体写作方法可参照其他法律文书。二是公证的理由。公证的理由即公证的事实依据与法律依据，其中的法律依据包括实体法、程序法、暂行条例及程序规则等。三是公证结论。公证结论即公证书的主题，是公证书的制作目的。

3) 尾部

(1) 公证机构名称。名称必须用全称，不能用简称，位置在证词右下方。

(2) 公证员签名章或签名。签名章为横排式，应使用蓝色印油。

(3) 出证日期。出证日期即出具公证书的年月日，用汉字的数字表示，年度用全称。出证日期应当为主办公证员签发公证书的签字日期。

(4) 公证机构印章及钢印。公证处印章使用红色印油，加盖在出证日期上。

10.8.3 公证书格式

以保全物证、书证为例，公证书格式如下。

公证书

〔××××〕××字第××号

申请人：甲(基本情况)

关系人：乙(基本情况)

公证事项：保全物证(书证)

证词内容

一、必备要素

申请人姓名或名称、申请日期及申请事项。

保全标的的基本状况。包括：物证的名称、数量、表状、特征等；书证的数量、名称、页数、标题、形成时间等。

保全物证或书证的时间、地点。

保全的方式方法。包括：申请人提交、公证人员提取、公证人员记录、现场勘验、照相录像、技术鉴定等。

保全证据的关键过程：……

参与保全的人员。包括：承办公证人员及在场的相关人员的人数、姓名。

公证人员保全过程中所做的主要工作。例如，对重要事实进行了现场勘验、询问，对取得的证据履行了提示义务等。

物证(书证)取得的时间、方式，或物证的存在方式、地点、现状等。

取得的证据数量、种类、形式、存放处所等。

当事人对取得的证据予以确认的方式和过程。

公证员结论。应包括以下内容：保全证据的方式、方法、程序是否真实、合法，用于作证的书面文件(如发票、产地证明等)要同时证明这些书证的真实性。取得证据的数量、种类、日期，取得证据的存放方式及存放地点。

二、选择要素

申请保全证据的原因、用途。

办理该项公证的法律依据(公证法规或有关规章等)。

有书证能够证明物的来源或存在的，应写明书证的名称。

保全拆迁房屋时，要写明与该房屋有关的所有权人或使用权人、代管人等。

物品难以长期保存的，在结论中应写明保存期限。已采取变通保存措施的，结论中也应一并写明。

公证书的正本和副本

中华人民共和国××省××(县)公证处

证员(签名章或签名)

××××年××月××日

附件

本章小结

本章介绍了法律文书的基本概念、属性和特征，以及写作要求，通过多个案例详细讲述了起诉状、答辩状、反诉状、上诉状、申诉状，以及仲裁协议书和公证书等不同文种的法律文书的写作结构和写作内容。

■ 思考与练习

1. 什么是起诉状，分为哪几种？什么是答辩状，分为哪几种？

2. 什么是反诉状，分为哪几种？什么是上诉状，分为哪几种？什么是申诉状？分为哪几种？

3. 什么是仲裁协议书？有效的仲裁协议书必须具备哪些条件？

4. 什么是公证书？

■ 实践训练

根据以下素材，请选择法律文书的文种，并撰写相应的法律文书。

材料1：刘××自2018年以来，因琐事与陈××多次发生争执，并恶语相加。陈××将此事反映到被告人刘××所在单位，刘×受到单位领导的批评教育。为此，刘××十分不满，多次当众对陈××进行辱骂。2022年1月16日早晨，被告人刘××在街上将准备去上班的陈××拦住，用"下贱""婊子""不要脸"等下流语言对陈××辱骂近一小时，围观行人达数百人。2月10日晚，刘××在住宅附近，再次用下流的语言当众辱骂陈××，引起数百人围观。陈××因此受到刺激，精神恍惚，卧床静养达20余天。

材料2：××市场监管局以××医院在城市晚报做医疗广告系虚假宣传，损害消费者的权益为由，认定××医院所做的广告内容违反了《广告法》的规定，对××医院做出"罚款10 000元"的处罚。同时，××市场监管局认为××医院未取得《医疗广告审查证明》而发布该医疗广告，违反了《医疗广告管理办法》的规定，对××医院做出"罚款10 000元"的处罚。××医院认为××市场监管局的做法违反了《行政处罚法》的规定，行政行为明显不当。但××区人民法院经审理，认为××市场监管局的行政处罚决定并没有违反"一事不再罚"，对××市场监管局的行政处罚决定未予以撤销。××医院认为一审判决在认定事实上存在严重错误，现提起上诉。

■ 参考文献

[1] 王文生. 法律文书写作[M]. 北京：电子工业出版社，2021.

[2] 陈卫东，刘计划. 法律文书写作[M]. 5版. 北京：中国人民大学出版社，2022.

[3] 杜福磊，赵朝琴. 法律文书写作教程[M]. 2版. 北京：高等教育出版社，2020.

[4] 平云旺. 新编常用法律文书[M]. 5版. 北京：中国法制出版社，2020.

[5] 王启敏. 应用写作教程主编[M]. 北京：中国人民大学出版社，2014.

[6] 李莉. 新编法律文书写作教程[M]. 杭州：浙江大学出版社，2018.

[7] 刘金华. 法律文书写作[M]. 北京：北京大学出版社，2019.

[8] 刘国涛，范海玉. 法律文书学[M]. 2版. 重庆：重庆大学出版社，2011.